트랜스젠더 이슈

트랜스젠더 이슈
—정의를 위한 주장

손 페이 지음 ┃ 강동혁 옮김

2022년 2월 27일 초판 1쇄 발행

펴낸이 한철희 ┃ 펴낸곳 돌베개 ┃ 등록 1979년 8월 25일 제406-2003-000018호
주소 (10881) 경기도 파주시 회동길 77-20 (문발동)
전화 (031) 955-5020 ┃ 팩스 (031) 955-5050
홈페이지 www.dolbegae.co.kr ┃ 전자우편 book@dolbegae.co.kr
블로그 blog.naver.com/imdol79 ┃ 트위터 @Dolbegae79 ┃ 페이스북 /dolbegae

편집 유예림
표지디자인 워크룸 ┃ 본문디자인 이은정·이연경
마케팅 심찬식·고운성·한광재 ┃ 제작·관리 윤국중·이수민·한누리
인쇄·제본 한영문화사

ISBN 979-11-91438-52-9 (03330)

책값은 뒤표지에 있습니다.

트랜스젠더 이슈: 숀 페이 지음
정의를 위한 주장   강동혁 옮김

돌베개

일러두기

본문 아래쪽의 주는 옮긴이와 지은이가 단 것이다. 별다른 언급이 없다면 옮긴이의 것이다.

솔직히 말해

어머니가 내게 해 준 헌신에는

불충분한 보답이지만,

그분께 이 책을 헌정한다.

내가 트랜스라고 말할 때는

탈출이라는 뜻이다.

선택이라는 뜻이다.

자율성이라는 뜻이다.

당신이 내게 지시한 것보다 위대한 무언가를

원한다는 뜻이다.

당신이 내게 강요한 것 이상의 가능성을

원한다는 뜻이다.

— 트래비스 알라반자Travis Alabanza

한국어판 머리말

영국인 작가로서, 이 책을 한국의 독자들에게 소개할 수 있다는 것은 큰 영광입니다. 트랜스 해방은 국경을 넘어서는 연대 운동이 될 수 있고, 그래야만 합니다. 이 책과 그 안에 담긴 메시지가 이제는 제가 사는 나라 너머 먼 곳의 독자들에게까지 닿을 수 있다니 희망이 차오릅니다. 저는 한국의 LGTBQ+ 권리를 다룬 한국 기자들의 글을 읽을 기회가 있었습니다. 이때 놀라웠던 점은 국적이야 어떻든 거부와 적대감, 단호함에 직면하면서도 이런 것에 저항해 즐거운 삶을 살아가며 주변의 세상에 기여하고자 하는 의지를 똑같이 보여 준다는 점에서, 전 세계 트랜스인들trans people의 투쟁이 무척 비슷하다는 점이었습니다.

이 책의 한국어판이 출간된 이유 중 하나는 2021년 3월 충청북도 청주의 자택에서 목숨을 끊은 23세의 트랜스젠더 여성 변희수 하사의 1주기를 기리기 위한 것입니다. 그녀는 트랜지션(성전환)을 한 이후 군에서 강제 전역을 당하고 나서 얼마 지나지 않아 자살했습니다. 군법에서는 그녀의 트랜지션이 정신질환의 지표라고 판단했습니다. 트랜스인들은 100년도 더 전인, 의료적 트랜지션이 행해지던 초창기 이래 줄곧 일종의 질병을 가진 것처럼 치부당해 왔습니다. 그토록 어린 나이에 변희수 하사가 사망한 일은 한 생명이 비극적으로 세상을 떠난 사건으로, 트랜스인들의 삶에 차별과 배제, 편견으로 인한 흉터가 덜 남으려면 사회에서 무엇을 해야 하는지에 관하여 우리 모두가 잠시 멈추어 질문을 던져야 할 일입니다. 한국의 또 다른 트랜스 여성인 22세의 어느 학생은 숙명여자대학교에 입학 허가를 받았다가, 여성 전용 교육기관에 입학한다는 것이 논란거리가 되어 2020년에 미디어의 주목을 받았습니다. 이 기사는 그녀가 입학을 포기했다는 이야기로 끝납니다. 최근에 벌어진 이 두 가지 사건은 모두 수많은 트랜스인들의 열망을 이들에 대한 태도와 관용이 미처 따라가지 못하는 사회에서, 자유롭게 살아가고자 하는 너무도 많은 트랜스인들이 여전히 경험하는 개인적 시련을 조명합니다.

트랜스 해방을 위한 현재의 투쟁에서 이런 터무니없는 사건들은 변화를 일으키려는 우리 모두의 동기가 되어야 하겠지만, 이미 더 나은 미래를 위한 희망이 있습니다. 2017년에 이루어진 '입소스 트랜스젠더에 대한 세계적 태도 조사'Ipsos Global Attitudes Toward Transgender People에 따르면, 한국인 대다수(59.1%)가 트랜스인이 수술 등 젠더 확정gender affirmative 의료에 접근할 수 있어야 한다고 응답했으며 56.9퍼센트는 트랜스인이 차별로부터 보호받아야 한다고 말했습니다. 프라이드Pride 행진이 한국에서 점점 더 많이 열리고 기념된다는 점도 LGBTQ+인 사람들이 점점 더 많이 가시화되고 받아들여진다는 또 한 가지 증거입니다. 앞으로 이어질 이 책의 내용에서, 나는 독자들이 문화와 국가를 넘어선 유사성을 찾아보고 트랜스 해방이 모든 인류가 누려야 할 존엄성과 권리, 즉 신체적 자율성, 보건, 가족과 공동체 구성, 일터에서의 안전을 위한 투쟁이라는 점을 살펴 주시기 바랍니다. 우리는 모두 이런 것들을 누릴 자격이 있으며, 목표를 이룰 때까지 전 세계에서 연대해야 합니다.

2022년 1월, 런던에서
숀 페이

차례

○

프롤로그

Prologue

트랜스인°의 해방은 우리 사회에 속한 모두의 삶을 나아지게 할 것이다. 내가 '해방'이라고 하는 이유는 '트랜스젠더 권리' 혹은 '트랜스젠더 평등권' 같은 비교적 소박한 목표로는 부족하다고 생각하기 때문이다. 트랜스인이라면, 자본주의적이자 가부장적이며 그 안에 사는 사람들을 착취하고 모멸하는 이 세상에서 평등한 존재가 되기를 바라서는 안 된다. 오히려 우리는 정의를 추구해야 한다―우리 자신은 물론 다른 사람들을 위해서도 말이다.

트랜스인들은 100년 넘게 불의를 견뎌 왔다. 그동안 우리는

°   원문에서 transgender를 사용한 경우 '트랜스젠더', transsexual을 사용한 경우 '트랜스섹슈얼', trans person/people을 사용한 경우 '트랜스인/들'으로 옮겼다. 그 외의 경우에 trans는 문맥에 따라 달리 옮겼다. 트랜스인이라는 용어는 트랜스젠더 역시 특이한 종족이 아니라 인간이라는 점을 환기하기 위해 쓰인다.

차별의 대상이 되었고, 병자 취급을 받았으며 희생당했다. 우리의 완전한 해방은 지금 우리가 살고 있는 사회와는 완전히 다른 사회를 상상할 수 있을 때에야 달성될 것이다. 이 책의 주된 관심사는 현재와 같은 사회가 트랜스인들의 삶을 불가피하게 어렵게 만드는 경우가 많다는 점을 설명하는 것이다. 그러나 이런 문제에 대한 해결책을 제시할 때는 오직 트랜스인들에 관해서만 생각하지 않고, 일상적으로 힘과 가진 것을 빼앗기는 모든 사람을 포용하고자 한다.

우리 자신의 신체에 대한 완전한 자율성과 자유롭고도 보편적인 보건, 모든 사람을 위한 적정 가격 주택affordable housing, 대단히 불공평한 우리 체제에서 이윤을 착취하는 특권층 소수가 아니라 일하는 사람들에 의해 행사되는 권력, (성폭력으로부터의 자유를 포함한) 성적 자유, 인간을 대규모로 감금하는 일의 종식 등은 모두 트랜스인들이 더 이상 학대, 혹사당하거나 폭력에 굴하지 않는 사회를 만드는 데 대단히 중요한 요소다. 이런 시스템의 변화는 영국에서든, 전 세계에서든 사회의 경계선으로 밀려나는 다른 모든 사람에게도 특히 도움이 될 것이다.

진정한 트랜스 해방을 향한 요구는 노동자, 사회주의자, 페미니스트, 반反인종차별주의자, 퀴어인 사람들의 요구와 공명하며 중첩된다. 이런 요구는 우리 사회의 정체正體와 그 가능성의 뿌리를 파고든다는 면에서 **근본적**이다. 이런 이유로, 트랜스인들의 존재는 지금 이대로의 상황에 몰입해 있거나 현상現狀을 대체할지도 모르는 것에 관해 두려움을 느끼는 수많은 사람들에게는 지속적인 불안의 원천이다.

트랜스인들의 존재로 인해 제기되는 사회적 규범에 대한 잠재적 위험을 중화하기 위해, 제도는 늘 그들의 자유를 제한하고 제약하고자 했다. 21세기 영국에서 이는 많은 부분 우리의 정치적 요구를 사소한 것으로 치부하고, 그 요구를 문화 전쟁의 '이슈'로 바꾸는 방식으로 이루어졌다. 일반적으로 트랜스인들은 트랜스인의 삶이라는 복잡성을 일축하고 삭제하여, 그들을 다양한 사회적 불안이 드러날 수 있는 일련의 고정관념으로 축소시키는 방식을 통해 '트랜스젠더 이슈'로 뭉뚱그려진다. 대체로 트랜스젠더 이슈는 '중독성이 있는 토론', 텔레비전 프로그램과 신문 사설란, 대학 철학과에서 (대체로 트랜스인이 아닌 사람들이) 계속해서 되새김질하는 '어려운 주제'로 간주된다. 실제 트랜스인들이 눈에 들어오는 경우는 드물다. 이 책은 트랜스인들을 마주 보지 않는 사람들이 상상하는 대로가 아니라, 오늘날 트랜스인들이 마주하는 문제의 현실을 개략적으로 그려 보고자 일부러, 의도적으로 '트랜스젠더 이슈'라는 표현을 재규정한다.

그러기 위해 이 책은 트랜스젠더 경험의 다양한 측면을 광범위하게 살펴본다. '들어가기'에서는 미디어가 영국 트랜스인들에 대한 논의를 비틀고 왜곡시켜 온 방식을 살핀다. 첫 장은 어린 시절에서 노년기에 이르기까지 트랜스인의의 일상과 가족 관계, 교육과 주거를 개관한다. 두 번째 장은 트랜스젠더 억압의 가장 구체적인 한 분야로 들어가 보건과 신체적 자율성이 부정당하는 문제를 검토한다.

트랜스인들의 권리가 자유주의적인 인권 이슈로 간주되는 경우가 많고, 자유주의자들은 개인의 해방 문제로서 트랜스젠더 평등을 주장하는 경향이 있으나, 트랜스인들은 일자리를 얻는 데서부터, 또 일자리를 얻는다 해도 직장에서 끊임없는 차별을 겪는다. 이에 따라 세 번째 장에서는 트랜스인들을 계급 투쟁이라는 더 큰 맥락에 놓고 고용 시장에서 트랜스인들이 경험하는 일을 살핀다. 세계적으로 성 노동은 트랜스인들이 생계비를 벌어들이는 가장 흔한 방식으로 남아 있다. 이에 따라, 4장에서는 트랜스젠더 성 노동자의 정치적 투쟁에 초점을 맞춘다.

트랜스인들에 대한 차별과 폭력이 늘 개인 간의 관계에서 벌어지는 것은 아니다. 국가적 폭력—경찰력, 감옥, 이주민 강제수용소를 통한 국가의 법적 권력 독점과 그 결과로 국가가 갖게 되는, 트랜스인들이 사생활과 존엄성을 누리며 공적 공간에서 자유롭게 이동하지 못하도록 제한하는 권력—은 5장에서 다룬다.

억압과 폭력으로부터의 자유를 위한 이런 투쟁에서 트랜스인들은 종종 소외된 다른 사람들과 함께 싸우게 된다. 그러나 트랜스인들과 레즈비언, 게이, 양성애자bisexual인 사람들의 관계와 페미니스트 운동은 역사적으로도 심한 논쟁의 대상이었으며 지금도 그렇다. 21세기에는 젠더의 다양성을 더욱 넓게 인정한 결과로 전보다 많은 사람들이 인간 섹슈얼리티의 스펙트럼이란 예전에 생각했던 것보다 훨씬 더 복합적이며 덜 경직되어 있음을 인식하게 되었는데, 이 점은 일부 사람들에게 불안감을 줄 수 있고 실제로도 그렇다. 이간질을 통해 LGBTQ+ 세력을 약화하고자 하는 보수주의자들과 종교 집단은 이런 소요를 이용해 왔다. 이와 비슷하게, 여성 억압에 대한 공동의 투쟁은 누가 '여성'의 범주에 포함될 수 있느냐는 문제에 대한 걱정 때문에 너무도 자주 엉망진창이 되었다. 그러나 이 책의 마지막 몇 장에서, 나는 트랜스 해방의 핵심적인 요구란 동성애자 권리나 페미니즘과 일치하는 것만도 아니지만 이들에 대한 위협도 아니며, 오히려 이러한 운동의 목표와 아주 밀접하게 연관되어 있다고 주장한다.

트랜스인들에 관한 글에서는 관습적으로 '트랜스'trans라는 용어 자체가 무슨 의미인지부터 설명한다. 이 자체가 시사하는 바가 있다. 신문 기사 제목에도, 미디어 보도에도 트랜스인이 그토록 많이 등장하지만 트랜스인을 개인적으로 모르는 대부분의 사람들은 이 용어를 정의하는 데 어려움을 겪는다. 일반적으로, 트랜스젠더 관련 용어에는 이 주제를 새로 접하는 사람들이 자주 혼란스러워하는 측면이 몇 가지 있다. 하나는 트랜스 정치가 편의상 포괄적 용어를 사용한다는 것이다. 즉, 트랜스 정치에서는 매우 다양한 경험과 정체성을 설명하는 데 한 단어를 사용한다. 또 다른 헷갈리는 점은 언어가 너무 빠르게 진화해서 겨우 5년 전에 흔히 쓰였던 전문적인 용어가 머잖아 언어적 유행이나 사회의 변화, 혹은 언어가 쓰이는 방식을 변화시키는 새로운 관점의 발달에 따라 쓸모없는 것이 된다는 점이다. 트랜스 운동, 정치, 정체성과 관련된 현대의 용어 중 상당수는 인터넷에서 처음 생겨났다. 그러므로 매우 빠르게 인기를 얻을 수도, 인기가 식을 수도 있다. 앞으로 다룰 내용에서 나는 최대한 명료한 언어를 사용하려 노력하는 한편, 내 용어가 몇 년쯤 뒤처진 것으로 보일지 모른다는 위험을 감수했다.

내가 이 책에서 사용하는 '트랜스'라는 용어는 젠더 정체성(자신의 젠더에 대한 개인의 감각)이 외부 생식기의 모습에 따라 출생증명서에 기재되는 생물학적 성별biological sex와 달라 이를 편하게 받아들이지 못하는 사람을 가리키는 포괄적인 용어다.

성별sex과 젠더가 세상에 드러나는 방식에 관한 표준적인 관점은 다음과 같다. 식별 가능한 음경을 가지고 태어난 아기들은 남성으로 기록되고, 소년으로 불리고 양육되며, 성인이 되면 남자로 여겨진다. 식별 가능한 음문을 가지고 태어난 아기들은 여성으로 기록되고, 소녀로 불리고 양육되며, 성인이 되면 여자로 여겨진다. 트랜스인으로 산다는 것은, 개인의 출생 시 성기에 따라 이분법적 젠더 정체성 중 하나를 지정받는 상황이 개인의 신체에 대한 감각을 정확히 반영한다고 여겨지는 것과 달리, 이처럼 표준화된 관계에서 어느 정도 단절을 경험한다는 뜻이다. 이런 식의 단절을 경험하는 사람이 그에 반응하는 방식은 매우 다양하다. '트랜스'가 다양한 정체성과 경험을 모두 포괄하는 단어인 이유다. '트랜스'라는 용어가 깔끔한 이분법이 작동하리라고 가정하는, 젠더 다양성에 관한 서구적 사고방식을 설명하기 위해 사용된 20세기의 용어라는 점을 지적하는 것도 가치 있는 일이다. 다른 문화권과 사회에는 생식기와 재생산 능력과 사회적 역할의 관계를 이해하는 다양한 방식이 있었고, 인간을 남자와 여자라는 두 개의 범주에 따라 엄격하게, 억지로 나누는 서구적 전통이 없었다. 예컨대 북아메리카 원주민 공동체의 의례적, 사회적 역할에서 나타나는 다양한 젠더 유형을 묘사하기 위해 영어에서는 "두 영혼"two-spirit이라는 표현을 가장 흔하게 썼다. 이와 유사하게, 전 세계에는 제3의 젠더 문화가 존재한다. 인도네시아의 와리아, 사모아의 파아파핀, 인도의 히즈라, 멕시코 남부 사포텍 문화권의 무셰 등이 그 사례다.°

°   와리아는 인도네시아어에서 여성을 뜻하는 단어 '와니타'와 남성을 뜻하는 단어 '프리아'를 조합한 단어로 트랜스젠더를 말한다. 파아파핀은 사모아 등지에서 자신을 제3의 성 혹은 논바이너리로 정체화하는 사람을 말한다. 히즈라는 인도 등 남아시아 지역에서 생물학적 남

트랜스인들에 관해 말할 때 우리는 보통 출생 시에 남성으로 기록되었으나 자신을 여성이라고 이해하는 사람(트랜스 여성)이나 역으로 출생 시에는 여성으로 기록되었으나 자신을 남성으로 이해하는 사람(트랜스 남성)을 말한다. 하지만 모든 트랜스인들이 남성과 여성이라는 기존의 범주 사이를 오가는 것이 만족스럽거나 정확하거나 바람직하다고 보는 것은 아니다. 비교적 이해를 덜 받는 이런 트랜스인들은 보통 트랜스 남성이나 여성보다 주류 사회를 더욱 불안하게 한다. 이들은 출생 시의 성기와 젠더를 분리할 수 없다는 만연한 관념뿐 아니라 젠더에는 오직 두 가지 범주만이 있다는 관념에도 도전장을 던지기 때문이다. 이런 사람들은 관심을 받기 위해서나 특별한 존재가 되고 싶다는 욕망 때문에 경험을 꾸며 낸다는 비난을 받는다. 현실에서나, '논바이너리'non-binary 트랜스인들이(자신을 남성이나 여성이라고 곧이곧대로 보지 않는 사람이) 치러야 하는 정치적·경제적·사회적 비용이 어마어마할 수 있는데도 말이다. 이 책 전체에서 '트랜스인'이라는 말은, 다른 구체적 언급이 없다면 트랜스 남성, 여성, 논바이너리인 사람들 모두를 지칭한다. 나는 이 책 전체에서 LGBTQ+ 공동체에 관해서도 언급한다. 'LGBTQ+'도 포괄적 용어다. 현재 이 용어는 레즈비언, 게이, '바이'인 사람들, 트랜스인들을 포함해 자신의 정체성을 퀴어라고 여기는 사람들 사이의 정치적 연대를 지칭하는 약자로 널리 받아들여진다. 6장에서처럼 일부 사례에서 나는 "LGBT" 공동체라는 용어를 쓰는데, 그건 내

성 중 거세한 사람, 간성인 사람, 무성인, 트랜스인 등을 말한다. 무셰는 출생 시 남성으로 지정되었으나 여성의 정체성으로 생활하는 사람을 말한다.

가 인용한 원전에서 그 용어를 사용했기 때문이거나 내가 인용하는 연구서 혹은 내가 다루는 기관이 앞의 네 글자에만 국한되어 있기 때문이다.

마지막으로, 현재 트랜스인이 아닌 사람을 설명하기 위해 가장 흔하게 쓰이는 용어는 '시스젠더'cisgender의 약자인 '시스'cis다. '시스젠더'는 '트랜스젠더'의 라틴어 반의어다. 당신이 음경을 가지고 태어나 남성으로 지정되었고, 부모님이 당신을 소년이라 부르며 소년으로 키워서 오늘날 당신도 자신을 남자라고 말할 경우, 이 책의 "시스 남성" 혹은 "시스젠더 남성"이라는 말은 당신 같은 사람을 뜻하는 말이다.

'시스'라는 용어는 비교적 새로운 단어이며 이런 단어의 사용은 논쟁을 야기할 수 있다. 일부 사람들은 과거에 단지 '정상'으로 여겨졌던 상태를 다수자의 경험으로 재정의하는 방식을 싫어하는 게 분명하다. 이 용어에서 비난이나 모호함을 읽어 내는 사람도 있다. 일부 페미니스트들은 '시스'라는 용어가 모든 시스젠더 여성은 여성성을 편안하게 느낀다는 의미를 내포하고 있다는 이유로, 혹은 이 용어가 가부장제에 따라 성차별주의적인 세상의 여성에게 부과된 엄청나게 많은 제약을 최소화한다는 생각에 이 용어를 거부한다. 나는 시스젠더라는 용어를 이런 방식으로 해석하지 않는다. 내가 보는 대로라면 시스젠더 여성은 성차별주의적인 규범을 거부하지만 여전히 법적으로, 사회적으로, 정치적으로 여성으로 분류되고 싶어 하는, 젠더 불일치를 겪는 여성이 될 수도 있다.

이 책에서 '시스'라는 용어를 사용할 때 나는 단지 비⸼트랜스인을 의미할 뿐이다. 우리에게는 트랜스인으로 살아 본 경험이 없으며 권력과 권위가 따르는 대부분의 지위를 차지하고 있고 보건과 교육에 대한 접근권을 통제하며 법을 제정하는, 우리 사회 99퍼센트에 해당하는 사람들을 지칭할 용어가 필요하다. 시스젠더인 사람들은 단순히 다수자라는 이유로 트랜스인들이 살아가는 세상을 만든다.

　모든 시스인들cis people이 트랜스인들을 억압적으로 대하는 것은 아니며, 시스인들의 모든 경험이 자신의 신체나 젠더를 완벽히 편안하게 느끼는 것도 아니다. 하지만 보통 시스인으로 사는 데에는 자동적으로 몇 가지 이점이 따라온다고 말할 수 있다. 젠더는 우리가 어떤 사람을 볼 때 가장 먼저 찾아보고, 물어보고, 직관하는 요소 중 하나다. 시스 남성과 여성은 자신의 인격을 이루는 이토록 근본적인 사실에 관해 오해받은 적도 없고 이와 관련해 누군가를 속여 본 적도 없다는, 헤아리기 어려운 이점을 누리고 있다. 이 말은 여러 맥락에서 시스인들이 자신의 정체성은 물론 트랜스인들의 정체성에 대해서도 트랜스인들 자신보다 더 많은 권위와 통찰력, 혹은 전문성을 보인다는 뜻이다. 트랜스젠더들 삶의 현실을 생각할 때, 이 책을 쓰면서 내가 기대한 것은 이처럼 내재적이고, 많은 경우에 불의한 권위를 전복하는 것이다.

보이지만 들리지 않는

Introduction: Seen but Not Heard

업튼 선생님^{Mr. Upton}은 최근 인생을 바꿀 중대한 결심을 하고, 트랜지션해서 여성으로 살기로 하셨습니다. 크리스마스 휴가 이후에는, 메도스 선생님^{Miss Meadows}으로서 학교로 돌아오실 예정입니다.

랭커셔 애크링턴에 있는 세인트 메리 맥덜린 학교의 가정통신문에 실린 이 짧은 공지문은 별로 눈에 띄지 않았다. 이 소식은 아무렇지 않게, 2012년 크리스마스 휴가가 시작할 때 공지되던 수많은 교직원 변동 사항 사이에 묻혀 있었다. 1학년 교사가 정규직으로 전환되었고, 다른 교사는 근무 시간을 줄이게 되었다는 소식, 어떤 교사는 에스파냐의 새 직장으로 옮기게 되었다는 소식, 어떤 교사는 여자가 된다는 소식. 교장인 캐런 하드먼은 나중에 메도스 씨의 트랜지션이 학교 공동체 안에서 "관심을 유발할 수밖에 없다"고 생각했음을 인정했다. 아마 이 공지사항을 늘 실리곤 하는 교직원 변동 사항들 사이에 집어넣은 것은 불필요한 반응을 최소화하거나, 교직원의 트랜지션이 추문이 되지 않기를 바라는 마음에서였을 것이다. 만일 그랬던 거라면, 이는 허망한 기대였다.

가정통신문이 나가고 며칠 만에 루시 메도스라는 이름—그녀가 트랜지션 이후로 불리고 싶어 했던 이름—은 그녀가 전에 썼던, 남자, 이름과 함께 전국 단위로 앞 다투어 보도되었다. 얼마 지나지 않아 기자들이 그녀의 집 주변에 진을 쳤다. 그로부터 세 달도 되지 않아 32세의 루시 메도스는 자기 집 계단 밑에서 사망한 채 발견되었다. 자살이었다.

교장을 비롯한 학교에서는 루시 메도스를 공적으로 지지하고자 최선을 다했고, 가정통신문은 그들이 예상할 수 없었던 신경질적 연쇄 반응을 일으켰다. 처음 반응을 보인 것은 『애크링턴 옵저버』Accrington Observer라는 지역 신문이었다. 이 신문에서는 해당 공지문이 "그를[sic]° 남자로 알고 지낸 학생들을 혼란시킨다고 주장하는 몇몇 부모들에게서 우려를 자아냈다"고 보도하며, 루시 메도스가 "응원해 주신 학교 이사와 동료 들에게 감사하며, 그의[sic] 사생활을 존중해 달라고 요청했다"고 진술했다고 덧붙였다.

다음 날, 이 기사는 전국으로 퍼져 나갔다. 기사의 어조는 덜 신중해졌다. 『데일리 메일』Daily Mail의 칼럼니스트 리처드 리틀존의 주간 칼럼 헤드라인은 "잘못된 몸, 잘못된 직업"이라고 큰소

° 지은이는 '그녀를'이라는 표현을 쓰고 싶었으나, 인용된 원문에서 '그를'이라는 표현을 쓰고 있음을 밝혀 두었다.

리로 외쳤다. 이 칼럼은 메도스를 공격하는 데 전념하는 내용이었다. 이 칼럼니스트는 기사 전체에서 메도스를 남자 이름과 남자 대명사로 부르면서 경멸이 담긴 어조를 사용했다. "그는 핑크색 매니큐어를 바르고 반짝이 머리띠를 쓴 채 교실에 나타나기 시작했다." 그는 이렇게 비웃었다. "학교에서는 '평등과 다양성에 대한 책무'를 다했다며 대단히 자랑스러워할지 모르겠지만, 이 모든 일이 정말로 중요한 사람들, 즉 아이들에게 미칠 파괴적인 영향을 잠깐이라도 생각해 본 사람이 과연 있을까? 일곱 살밖에 안 된 아이들은 이런 종류의 정보를 처리할 준비가 되어 있지 않다." 리틀존은 "성별 변경을 추구하는" 트랜스인들의 권리를 지지한다고 주장하면서도, 아이들이 겪을 수 있는 혼란의 탓을 사회가 아닌 메도스 개인에게 돌렸다. "그가 세인트 메리 맥덜린 학교로 돌아오겠다고 고집을 부린 것은 자신의 이기적인 욕구를 지난 몇 년 동안 가르쳐 온 아이들의 안녕well-being보다 우선했다는 뜻이다. (중략) 자신이 돈을 받고 가르치는 아이들의 감수성에 그토록 무관심했다면, 그는 잘못된 몸에 갇혀 있었던 것만이 아니라 잘못된 직업을 가졌던 셈이다."

『데일리 메일』은 폭발적인 미디어의 관심을 불러일으켰다. 기자들이 메도스의 집 앞에서 대기했다. 이들은 학교에 아이들을 데려다주러 온 부모들을 괴롭혀 부정적인 의견을 내도록 했다. 메도스가 친구들에게 한 말에 따르면, 기자들에게 응원의 말을 하려던 사람들은 무시당했다. "언론이 내 사진을 구해 달라면서 학부모들한테 돈을 줬다는 걸 알아." 그녀는 2013년 새해 첫날 친구에게 보낸 이메일에 이렇게 적었다. 결국 그런 사진을 손에 넣지 못한 언론사에서는 메도스의 형제자매 페이스북 페이지에서 허락 없이 옛 사진을 건져 냈다. 메도스가 트랜지션을 한 이후 5학년 학생이 그녀를 그린 그림은 메도스를 보호하기 위해 학교 웹사이트에서 삭제되었음에도 캐시^{cache} 저장본을 통해 언론의 손에 들어갔다(리틀존의 기사가 이 그림을 묘사한다). 메도스의 전 배우자로서, 메도스가 트랜스인으로 커밍아웃하기 전에 메도스와의 사이에서 아들 하나를 두었던 루스는 나중에 메도스가 매우 우울해했으며, 그 이유는 특히 가까운 친구의 죽음과 트랜지션에서 오는 스트레스, 그에 뒤따른 언론 보도 때문이었다고 말했다. 사실, 메도스는 죽기 한참 전부터 자살 충동을 느끼고 있었다. 2013년 2월 7일, 그녀는 자살을 기도했으나 실패했다. 한 달 뒤에, 그녀는 다시 시도했다. 이번에는, 살아남지 못했다.

　루시 메도스가 자살한 유일한 이유가 그녀의 사생활에 대한 끔찍하고도 불필요한 침해였다고 주장하는 것은 환원주의^{還元主義}적인 접근이다. 자살 시도는 일반인보다 트랜스인들 사이에서 더 높은 비율로 발생한다. 사실, 통계를 보면 무척 걱정스럽다. 2017년에 영국의 LGTBQ+ 인권 단체인 스톤월^{Stonewall}에서 수행한 연구에 따르면, 젊은 트랜스인들 중 45퍼센트가 적어도 한 번은 자살을 시도한 적이 있다고 한다. 그러나 통계 이면에는 홀로 괴로워하며 복합적인 인간으로서 살아가는 개인들이 있다. 이런 비극을 단 한 가지 이유로 단순하게 설명할 수 있는 경우는 거의 없다. 하지만 이 말은 분명히 할 수 있다. 상당한 수준의 정신적 고통을 겪었을 게 분명한 인생 최후의 몇 달 동안, 루시 메도스는 영국 미디어의 괴롭힘과 가혹 행위에 시달렸고 조롱당했으며 악마화됐다. 그녀의 죽음은 영국 트랜스 공동체 역사에서 가장 어두운 대목이자 영국 황색 언론의 길고도 부끄러운 역사에서 가장 수치스러운 사건으로 남아 있다. 메도스가 다른 이런저런 측면에서 고통스러워했다 한들 그녀는 공인이나 유명인이 아니었고, 그렇게 되려고 한 적조차 없었다. 그녀는 오랜 세월 젠더 문제로 혼자 씨름해 왔으며, 트랜지션을 하겠다는 그녀의 결정은 어느 모로 보나 가볍게 내린 것이 아니었다. 메도스는 그저 트랜스인으로 살면서 자신이 어떤 사람인지에 대해 솔직했을 뿐이고, 그녀를 지지해 주는 학교에서 자신이 잘하던 일을 계속하려 했을 뿐이다. 하지만 대중은 그녀의 사연에 아무런 관심을 두지 않았다. 그녀의 사인死因을 조사한 검시관 마이클 싱글턴은 미디어가 메도스를 다룬 방식에 부끄러움을 느껴야 마땅하다고 말했다. 마무리 발언에서, 싱글턴은 법원 방청석에 모여 있던 기자들을 돌아보며 이렇게 말했다. "다들 부끄러운 줄 아세요."

　루시 메도스 이야기에서 가장 암울한 측면 중 하나는 이 사건의 전개가 여러 면에서 예상 가능했다는 점이다. 메도스의 트랜지션을 알리는 크리스마스 가정통신문이 발송되기 1년 전인 2011년 12월에 리브슨 청문회Leveson Inquiry—뉴스 인터내셔널의 휴대폰 해킹 추문을 계기로 시작된, 영국 언론에 대한 사법 기관의 공적 조사—는 2009년에 트랜스젠더 이슈를 다루는 미디어의 보도 태도를 개선하고자 발족한 단체인 '트랜스 미디어 워치'Trans Media Watch로부터 진술서를 받았다. 이 진술서는 영국 언론이 어떻게 조직적으로 트랜스인 개인들을 잘못된 방식으로 다루면서 비방하거나 조롱거리로 삼는지를 자세히 담고 있었다. 루시 메도스 사건을 소름 끼칠 정도로 정확하게 예언했다고 할 수 있다. "언론인들은 자신들이 사회를 좋은 방향으로 만들어 가는 힘을 발휘할 수 있다는 점을 부정하지 않을 것이다. 그러나 이들은 트랜스젠더인 사람들을 다룰 때만큼은 많은 부분에서 도덕주의적인 경찰 역할을 자임한다. 이런 경우에 대해 언론이 하는 변명은 자신들이 그저 대중의 우려를 반영할 뿐이라는 것이다. 애초에 그런 우려를 낳고 만들어 온 자신들의 역할은 별것 아니었다는 말이다." 진술서의 내용이다. 트랜스 미디어 워치에서 청문위원회에 전한 바에 따르면, 언론은 두 가지 방법을 써서 이런 결과에 이르렀다. 첫째, 언론은 조롱조의 제목과 유치한 언어를 사용함으로써 비웃고 모욕하는 분위기를 조성하고 유지했다. 이 때문에 특히 온라인에서 대중들이 트랜스인들을 심하게 모욕하기가 쉬워졌다. 둘째, "트랜스젠더인 사람 개인과 그들의 가족을 특정하여 인격적 모독을 지속"했다. 트랜스 미디어 워치에서는 조사위원회에 트랜스인들에 대한 보호책을 개선하도록 권고했다. 이런 보호책에는 보도 대상이 공인이 아닐 경우 익명성을 보장할 것과 규제를 강화할 것, 그리고 사법 절차에 대한 접근권을 늘릴 것 등이 포함되었다. 오늘까지도 이러한 권고 사항은 실현되지 않았다.

루시 메도스가 사망한 이후로, 영국 미디어가 트랜스인들을 대상으로 오랫동안 이어 왔던 잔인한 패턴이 개선되리라는 희망이 잠깐 동안 생겨났다. 1961년에 『선데이 피플』Sunday People에서 트랜스 모델인 에이프릴 애슐리를 "'그녀의' 비밀이 드러나다"라는 헤드라인으로 아웃팅한—그녀의 모델 커리어를 즉시 끝장내버린—이후로, 언론은 트랜스인들에 관한 정보를 대중에게 알려주기보다는 조롱과 의심이 꼬리에 꼬리를 물고 이어지는 이윤의 고리를 만드는 데 더 큰 관심을 보여 왔다. 루시 메도스가 사망한 이후로 트랜스인 **개인**에 대한 언론의 관행이 소소하게 개선되기는 했으나, 이런 효과는 다른 현상이 극적으로 부상함으로써 대체로 상쇄되었다. 언론이 **소수자 집단으로서의** 트랜스인들에 대한 적대감을 어마어마하게 키운 것이다.

2010년대가 끝날 무렵, 트랜스인들은 타블로이드 신문에나 가끔 보도되는 괴물 쇼의 주인공이 아니게 되었다. 그보다 우리는 거의 매일, 거의 모든 주요 신문사의 헤드라인으로 다루어졌다. 우리는 더 이상 기상천외하지만 위협적이지는 않은, "성별을 교체하는" 중인 동네 정비공처럼 묘사되지 않았다. 이제 우리는 공공기관을 장악하고 대중의 삶을 지배하는 새롭고도 강력한 '이데올로기'의 지지자로 그려졌다. 우리는 더 이상 조롱할 만한 존재가 아니라, 두려워해야 하는 존재가 되었다. 루시 메도스 사건에 관한 조사가 이루어지고 나서 얼마 뒤에, 트랜스인들을 향한 괴롭힘을 조명할 찰나의 기회는 증발해 버렸다. 그사이 몇 년 동안 언론에서 말하는 방식을 뒤집은 것이다. 이제는 트랜스인들이 바로 남을 괴롭히는 사람이 되었다. 메도스가 사망하고 나서 5년 뒤에는 영국에서 가장 명망이 높은 신문사인 『타임스』The Times 에서도 경멸감이 묻어나는 어조를 사용했다. 트랜스인들을 다룬 2018년의 한 기사는 "소수자 집단을 돕자는 가치 있는 운동이 싸구려 가발에 망사 스타킹을 신은 일종의 매카시즘으로 변해 버린 건 한 무리의 깡패와 트롤, 유머를 모르는 미소지니스트 탓이다."라고 적었다. "'트랜스젠더'에 관해서는 겁이 나서 무슨 말을 못 하겠다고? 잘됐다! 그거야말로 깡패들이 원하는 일이다."[1]

영국은 트랜스젠더인 사람들의 '이슈'를 놓고 전국적으로 뜨거운 대화를 하는 중이다. 브렉시트나 최근의 코로나바이러스 대유행을 제외하면, 지난 몇 년 동안 그 어떤 주제도 대중 미디어로부터 이토록 높은 관심을 반복적으로, 꾸준히 받은 적이 없다. 2020년 한 해에만 『타임스』와 그 자매지인 『선데이 타임스』The Sunday Times에서는 트랜스인들에 관해 300건 넘는 기사를 냈다— 거의 하루에 한 건씩 낸 셈이다. 무가지인 『메트로』Metro는 대중에게 '젠더인정법'Gender Recognition Act 개정에 저항하라고 촉구하는 활동가 단체의 전면 광고를 실었다. 젠더인정법이란, 영국에서도 법적 성별을 바꾸는 절차의 비용과 부담을 유럽의 다른 국가 수준으로 줄이도록 고안된 법률이다. 그보다 한 해 전에는 타블로이드 신문 『데일리 스타』Daily Star에서 악명 높은 아동 살해범 이언 헌틀리가 트랜스젠더라고 주장하는, 전혀 사실이 아닌 연속 기사를 냈다가 2년 뒤에야 그 기사가 사실이 아니었음을 인정했다.

같은 시기, 이 주제에 관한 텔레비전 토론이 〈굿모닝 브리튼〉Good Morning Britain, 〈디스 모닝〉This Morning, 〈빅토리아 더비셔〉Victoria Derbyshire, 〈루스 우먼〉Loose Women 등 주간 TV 프로그램의 주요 고정 코너가 되었다. 이런 프로그램의 사회자들은 트랜스인들에게도 공적인 삶에 완전히 참여할 권리가 있다는 당연한 주장을 엄숙한 체하며 검토한다. 2018년 5월, 채널4에서는 〈젠더퀘이크〉Genderquake라는 토론회를 주최했다. 텔레비전으로 생중계된 '트랜스젠더 이슈'에 관한 이 토론회는 너무도 적대적으로 치닫는 바람에 트랜스 참가자들이 황금 시간대의 텔레비전 프로그램에서 생생하게 모욕당했고, 그 결과 200건 넘는 민원이 정보통신부Ofcom°에 전달됐다.

○　　　우리나라의 과학기술정보통신부에 해당한다.

당연하게도 유명인들이 끼어들었다. 2017년, TV 프로그램 〈굿모닝 브리튼〉에서는 진행자인 피어스 모건이 트랜스 게스트 두 명에게 트랜스 정체성이란 그저 "그들만의 전문용어"에 불과한지 물으면서, 자신이 '흑인 여성'이나 '코끼리'의 정체성을 가지게 될 수도 있는지 궁금하다고 했다. 생방송에서 말이다. 이런 발언은 심각한 언쟁으로 이어졌고, 놀랄 것도 없지만 트위터로까지 번졌다. 한편 2020년 6월에는 역사상 가장 큰 성공을 거둔 영국 작가 J. K. 롤링이 "TERF°° 전쟁"이라는 글을 자신의 웹사이트에 게시함으로써 국제적인 논쟁에 뛰어들었다. 트랜스인들의 정체성에 관한 롤링의 입장은 2019년 12월부터 이미 논란의 대상이었다. 당시에 롤링은 마야 포스테이터라는 인물을 공개적으로 지지했다. 포스테이터는 어느 단체의 세제 전문가로 일하던 인물로, 그녀의 트위터를 살펴본 고용주가 트랜스인을 혐오하는 내용의 트윗이 있다고 판단해 해고한 인물이었다. 롤링은 이렇게 썼다. "나는 현재의 트랜스젠더 운동이 가져올 결과를 깊이 우려한다. 나는 젊은 여성 사이에서 트랜지션을 희망하는 사람들이 폭발적으로 많아진다는 점이 우려스러우며 (중략) 신체를 되돌릴 수 없게 바꿔 놓는 일부 사례를 포함해 트랜지션의 길로 들어선 것을 후회하고 역트랜지션(원래의 성으로 돌아가는 것)을 하는 것처럼 보이는 사람들이 늘어 간다는 점도 걱정스럽다." 트랜스인의 여성성에 대한 롤링의 비판은 이보다도 직설적이었다. "'여성'이란 입었다 벗었다 할 수 있는 옷이 아니다. '여성'은 남

°° TERF는 트랜스젠더 배타적 급진주의 페미니스트(Trans Exclusionary Radical Feminist)의 약자로, 트랜스 여성을 여성으로 인정하지 않는 페미니즘의 한 사조를 말한다.

성의 머릿속에 있는 어떤 관념이 아니다. '여성'은 핑크색 두뇌도 아니고, 지미추 구두에 대한 선호도 아니며, 요즘은 어째서인지 진보적인 것으로 내세워지는 그 어떤 성차별주의적인 관념도 아니다."

트랜스인들에 관한 의견을 가지고 이 논쟁에 끼어든 또 다른 영국의 유명인사는 코미디언 리키 저비스다. "우리는 여성의 권리를 보호해야 한다. 몇몇 남성이 한 성별 전체를 지배하고 악마화할 새롭고도 교활한 방법을 찾아냈다는 이유로 여성의 권리를 침해해서는 안 된다." 이건 트랜스인들의 존재에 관해서 저비스가 처음으로 한 발언이 아니었다. 이에 앞서 저비스는 트랜스젠더인 사람들의 신체 자체가 이상하다는 생각을 골자로 한 농담 여러 건을 트윗했다. "모든 여성은 자신이 원하는 사람에게 페니스를 보여 줄 권리가 있다"는 말은 이 문제에 대한 저비스의 유머 감각이 어떤 식인지 엿볼 수 있게 해 준다. 놀랍지도 않지만, 트랜스인들의 정체성에 관해 모건, 롤링, 저비스 같은 이들이 종종 안이하게 공개적으로 던진 발언은 대중의 머릿속에 트랜스인이란 만만한 사냥감이라는 느낌을 더욱 단단히 자리 잡게 했다―이 세 사람의 트위터 팔로어 수를 합하면 3600만 명에 이른다.

정계에서도 비슷한 변화가 보인다. 2019년 영국 총선 유세 현장에서, 자유민주당 대표 조 스윈슨은 트랜스젠더 이슈에 관한 진보적 입장 때문에 미디어로부터 끊임없이 공격을 받았다. 이런 질문 공세는 이어진 2020년 노동당 대표 선거에서도 재현되었다. 이때는 모든 후보가 트랜스인들의 권리에 관한 질문을 받았다. 트랜스인들은 갑자기 모든 사람들이 의견을 내놔야 하는 이슈가 되었다. 남성 혹은 여성으로 산다는 것, 또는 자신의 존재를 완전히 다르게 주장한다는 것은 무슨 의미일까? 만약에 누군가가 자신의 젠더를 스스로 결정할 수 있다면, 인종 문제에 있어서도 마찬가지일까? 백인이 자신을 흑인이라고 '정체화'正體化할 수 있나? 트랜스 아동들은 과연 몸에 대해 되돌릴 수 없는 결정을 성급히 내리곤 하는 걸까, 아니면 대기 시간이 길어지는 탓에 필요한 치료를 제때 받지 못하고 방치되는 것일까? 젠더라는 경계를 넘어온 사람들을 포용해야 할까, 아니면 두려워해야 할까?

　이처럼 영국이 트랜스인들에 관한 귀 아픈 논쟁에 몰두해 있다는 건 사실이다. 하지만 사실 우리가 지금까지 엉뚱한 대화만 해 왔다는―지금도 하고 있다―점은 분명하다. 나는 이 시기에 언론계에서 일해 온 트랜스인이므로 이런 문제에 관해 약간 알고 있다. 나는 LGBTQ+ 단체에서 트랜스 권리를 옹호하는 활동을 해 왔으며, 동시에 몇몇 신문사와 잡지사에도 기고해 왔다. 그랬기에 지면상에서만이 아니라 라디오와 텔레비전에서도 트랜스인들의 권리와 자유를 옹호하는 주장을 해 달라는 요청을 정기적으로 받았다. 나는 이런 요청을 거의 항상 거절한다. 그 이유는 다음과 같다. '트랜스젠더 이슈'에 관한 한, 미디어의 의제 설정은 보통 냉소적이며 트랜스인들의 정의와 해방이라는 명분에도 도움이 되지 않는다. 트랜스 공동체에 대한 미디어의 보도는, 어느 모로 보나 평생 심각한 차별을 겪을 가능성이 큰 집단의 실제적인 이슈와 고난을 대중에게 알리고 인식을 고취하겠다는 의도가 아닌 경우가 많아 보인다. 오늘날, 트랜스인들을 다루는 전형적인 뉴스 보도는 한쪽에 트랜스인에게 우호적인 토론자가 나오고, 한쪽에는 '우려'하는 토론자가 나오는 토론의 형태다. 마치 이런 논의가 양측에 미치는 영향이 동등하다는 것처럼 말이다. 트랜스인들은 보건의료 시스템의 단절을 맞닥뜨린다. 그 결과로 이들은 젠더 측면에서도, 가족의 거부와 괴롭힘, 노숙, 실업 등에서 유래하는 경우가 너무도 많은 정신건강상의 피해에 대해서도 절망적일 만큼 지원을 받지 못한다. 그렇기에 어떤 형태든 기반을 가졌거나 미디어에 접근이 가능했던 트랜스인들은 언론 보도의 초점을 이런 이슈에 맞추려고 노력해 왔으나, 소용없었다. 대신에 우리는 트랜스인들이 공중화장실을 이용하는 것을 허용해야 하느냐는 문제를 논하는 텔레비전 프로그램에 초대되었다. 트랜스인들의 인간성은 말살되고, 그들은 논점이나 개념의 문제에 불과하게 되었다. 끝없이 토의하고 토론해야 할 '이슈'가 된 것이다. 알고 보니, 언론이 트랜스젠더 이슈에 관해 이야기하고 싶어 한다는 건 **우리가 당면한** 난점을 다루고 싶어 하는 것이 아니라 **우리**를 활용해 **자기들** 이슈를 이야기하고 싶어 한다는 뜻이었다.

트랜스인들의 삶에 영향을 주는 구조적 이슈를 제기하려 할 때마다, 나는 종종 답답함을 느꼈고, 심지어 목소리를 빼앗기기도 했다. 그리 놀라운 일도 아니다. 트랜스 로비의 힘이 막강하다는 언론계의 신화와는 달리, 이 글을 쓸 때만 해도 영국에는 커밍아웃한 트랜스인 중 주요 일간지의 편집장이나 기자, TV 위원회원, 대법원 판사, 하원 의원, 웨일스, 스코틀랜드, 북아일랜드의 입법 관료, 주요 재단의 이사가 한 명도 없었다. ('젠더 인텔리전스' 청년 단체의 단체장 제이 스튜어트만이 트랜스젠더 이슈에 관한 캠페인을 특별히 진행하는 영국 단체의 유일한 트랜스인이었다.) 그렇다면, 이는, 권력 문제다. 트랜스인들에 **관해** 벌어지는 대화의 전제 조건이 트랜스인들에 **의해** 설정되는 경우는 거의 없다. 부분적으로, 이는 영국 내 트랜스 인구가 적기 때문이다. 사실, 우린 확실한 숫자도 모르기는 한다. 공공기관에서 사용하는 '트랜스'라는 정의 안에 들어가는 사람을 가능한 한 폭넓게 추산하면, 영국 내 트랜스인들의 숫자는 20만~50만 명이다. 그렇다면, 우리가 인구에서 차지하는 비중은 어느 모로 봐도 1퍼센트 미만이다.°

이 책을 집어 드는 사람 중 다수에게는 개인적으로 알고 지내는 트랜스인이 없을 것이다. 적어도 그들이 아는 한에서는 말이다. 인간은 타인을 이해하고 공감할 때 친숙함의 정도에 따라 판단하며, 우리가 공감할 수 있는 사람들을 동정하기가 더 쉬운 법이다. 이 점을 고려했을 때, 여느 소수자들이 그렇듯, 트랜스인들도 평균적인 사람에게는 낯선 존재다. 그래서 우리는 미디어에 재현되는 모습과 트랜스인으로서 목소리를 내지 않는 사람들이 보여 주는 정치적 연대, 사회의 다른 구성원들이 이해와 공감을 보여 줄 수 있는 적절한 환경을 만들어 내는 공공기관의 지속적인 지원에 크게 의지한다. 같은 이유로, 우리는 잘못된 정보와 해로운 스테레오타입, 선입견에 사로잡힌 반복적인 비유의 확산에 유달리 취약하다. 불행히도 후자가 대중문화에 널리 퍼져 있다. 그동안 내내 그래 왔듯이 말이다. 우리 문화의 구조에 새겨진 채 우리의 공감 능력에 독을 풀고, 트랜스인들을 온전한 인간으로조차 인정하지 않으려는 깊은 선입견 때문에 트랜스인들은 전 세계에서 차별과 괴롭힘을 당하며 폭력에 노출되어 있다.

2010년대에는 트랜스 공동체에 속한 수많은 운동가와 활동가들이 '가시성 정치'visibility politics와 트랜스인에 관한 더 나은 재

°   2021년 기준 영국의 인구는 약 6820만 명이다.

현 방식을 통해 이처럼 절실히 필요한 이해를 구할 수 있었으면 하고 바랐다. 이런 운동의 근거는 문화 및 예술계에 속한 소수의 선별된 트랜스인들이 미디어에서 더 큰 주목을 받으면, 이들의 존재를 통해 트랜스인 전반이 더 익숙한 존재가 되고 결과적으로 낙인찍기의 대상이 되거나 오해받는 일이 줄어들리라는 것이었다. 미국에서는 트랜스 가시성 정치의 중요한 이정표가 『타임』 Time 잡지의 2014년 5월호 표지였다. 이 표지에는 당시 넷플릭스 TV 시리즈 히트작인 〈오렌지 이즈 더 뉴 블랙〉Orange is the New Black의 트랜스 캐릭터를 맡은 노동 계급 흑인 트랜스 배우, 러번 콕스가 실렸다. 콕스의 사진 옆에는 "트랜스젠더라는 분수령: 미국 시민권의 새로운 최전방"이라는 캡션이 달렸다. 사진과 제목 둘 다 대담했으며, 직관적이고 상징적이었다. 콕스는 트랜스 권리를 맹렬히 옹호했고, (나 자신을 포함한) 트랜스인들 다수는 콕스가 나온 표지를 포함해 그와 유사한 문화적 재현이 이루어지는 2010년대 중반의 분위기 때문에 좀 더 편하게 커밍아웃하거나 공개적으로 정체성을 밝혀도 되겠다고 느꼈다. 하지만 콕스 개인이 유명인으로 부상한 데서 뒤따랐을지 모르는 이런 낙관주의는 환원주의적인 동시에 순진한 것이었다. 2년 뒤, 미국은 도널드 트럼프를 대통령으로 선출했으며 트럼프 행정부는 미국의 트랜스인들이 시민권 측면이나 보건의료 접근권 면에서 이루어 낸 모든 진전을 뒤집기 위해 고안된 반尽트랜스젠더 법안을 연달아 도입했다. 특히 트랜스인이 인종이나 사회적 계급 때문에, 또는 마약 혹은 성 노동 등 범죄화된 경제 활동에 참여한다는 이유로 주 정부에 의해 '범죄자'로 간주되는 몇몇 트랜스 공동체에서는 가시성과 더 심해진 감시망 사이의 구분선이 너무도 가늘어서, 더 넓은 사회의 눈에 띈다는 것은 해방보다는 해로울 가능성이 더 커졌다. 가시성 정치가 미국 트랜스 공동체를 돕는 데 완전히 실패했다고는 할 수 없겠지만, 이런 활동이 (잡지 표지에 실릴 일이 절대 없는) 트랜스인들 대부분의 삶을 성공적으로 향상했다는 건 대단히 과장된 주장이다.

2010년대 중후반 영국에서도 같은 상황이 벌어졌다. 일정 정도, 트랜스인들은 더욱 넓은 문화에서 눈에 보이는 존재가 되기 시작했다. 〈이스트엔더〉EastEnders나 〈에머데일〉Emmerdale처럼 사랑받는 전국 단위 드라마에서는 트랜스 배우들을 고용해 트랜스인 역할을 맡겼다. 트랜스인들은 잡지 표지에 실리기 시작했고, 뉴스쇼에 패널로 초청받기도 했다. 다른 많은 사람들과 마찬가지로 나도 텔레비전 PD나 신문 편집자와 '평범한' 트랜스인들 사이에서 논쟁적이지 않은 만남을 주선하고자 노력하는 '올 어바웃 트랜스'All About Trans 등 새로운 단체에 자원했다. 이런 활동은 긍정적인 도움을 주기도 했다. 하지만 이 활동의 성공은 미디어 조직 내부의 특정 개인이 베푸는 선의나 '적절한' 트랜스인들이 '적절한 인상'을 주는 데에 심하게 의존했다. 트랜스인들은 (뭔지는 몰라도) 올바른 모습을 하고, 올바른 방식으로 말하고 행동해야 했던 것이다.

전통적인 미디어에서 더 나은 모습을 보이고자 하는 이처럼 조직화되고 의도적인 활동과 함께 SNS 활동이 폭발적으로 증가했다. 이 덕분에 일부 트랜스인들은 더 넓은 범위에서 서로 이야기하고 자신들만의 콘텐츠를 만들고 온라인에서 정치적으로 조직화할 수 있었다. 그때까지는 지리적 문제도 있었고 트랜스젠더 정체성을 드러낼 때 신중해야 했기에 수많은 트랜스인들이 공동체 활동에 참여할 수 없었다. 전통 미디어에 종사하는 비평가 대부분에게는 다양하고 대단히 참여율이 높은 온라인 트랜스 서브컬처의 빠른 확장이 놀랍게 느껴졌다. 갑자기 트위터 같은 플랫폼에서는 트랜스인들에게 접근권과 자유롭게 답변할 권리를 허락하게 되었다. 이는 언론 보도에 문제를 제기하고자 하는 사람은 누구나 언론사에 개인적으로 편지를 보내야 했던 시절과는 무척 달라진 상황이었다. 이제 전통 미디어 플랫폼에서는 더 이상 처벌을 받지 않고는 잘못된 정보를 퍼뜨릴 수 없게 되었다. 사람들이 그들에게 문제를 제기하고, 공적인 책임을 물릴 수 있게 된 것이다. 영국 비평가 중에는 이런 새로운 책임성에 더 쉽게 적응한 사람도 있고, 그러지 못한 사람도 있었다. 언론계에서 일하는 35세 이하의 우리 대부분에게 이런 책임성은 언제나 존재해 왔던 것처럼 느껴진다. 하지만 다른 사람들은 이러한 대중의 도전에 적대적인 반응을 보였다. SNS에서 활동하는 트랜스인들은 분노한 활동가, 토론을 묵살하려 드는 폭도, 『타임스』의 논평을 빌려 단순히 말하자면 "깡패"였다.

SNS에서 트랜스인과 그들의 권리에 관한 토론은 점점 양극화되었고, 이런 양극화는 2010년대 말쯤 독자 참여율 높이기, 낚시 기사, 공유나 태그 등의 금전적인 동기로 움직이는 미디어의 분노 주기cycle에 매우 요긴했다. 2010년대가 시작될 때 수많은 트랜스인들은 SNS에 트랜스인의 재현 방식과 가시성을 민주화할 잠재력이 있다는 기대를 품었으나, 2010년대 말이 되자 그중 다수는 점점 해로워져만 가는 온라인 환경에서 기진맥진하고 사기가 꺾였다. 이런 온라인 환경에서 눈에 띄는 트랜스 SNS 사용자들은 으레 매일 학대와 괴롭힘을 버텨 내야 했다. 주류 미디어에서 그랬듯, 온라인에서도 가시성 정치는 아무리 좋게 봐도 제한적인 성공만을 거두었다.

가시성은 재현 방식의 불공평함을 바로잡는 데 도움이 되지만, 그 자체로 재분배 정의를 달성하지는 못한다. 후자야말로 더 크고 복잡하고 궁극적으로 중요한 싸움이다. 이런 투쟁의 목표는 국가적 폭력(경찰의 괴롭힘, 감금, 추방 등), 가난, 재산 강취 등에 저항하고 더 나은 노동 조건을 얻기 위한 노력을 할 때 가장 취약한 트랜스 공동체에 자원을 재분배하는 것이다. 이런 싸움에서 영국 트랜스인들이 한때 확보했다고 보였던 것 중 가장 눈에 띄는 동맹은 '트랜스젠더 평등에 관한 여성과 평등 선별 조사위원회'라는 초당적 조사위원회로, 이 단체는 영국 트랜스인들의 정치적 현실을 살피고 그 결과를 2016년 1월에 공개했다. 조사위원회에서는 영국 내의 트랜스 평등을 달성하기 위해서 "다루어야 할 이슈가 복잡하고도 광범위한 위계질서를 이루고 있다"고 밝혔다. 또한, 트랜스인들이 좌절을 겪고 있다고 강하게 천명했다.

> 어떤 사회가 공정과 평등의 원칙을 지키고 있는지 알아보는 리트머스 시험지는 그 사회가 가장 소외된 집단에 속한 사람을 포함한 모든 시민의 권익을 지지하고 보호하는 정도를 살펴보는 것이다. (중략) 최근 몇 년 동안 반가운 진보가 이루어졌으나, 트랜스인들과 관련해서 우리 사회는 여전히 이 시험에 낙제하고 있다.[2]

이 보고서는 보건의료, 교육, 증오범죄, 트랜스 수감자 관리 등 수많은 분야에서 트랜스인들의 삶을 개선하기 위해 입법부터 정책 변화에 이르는 광범위한 권고안을 내놓았다. 하지만 오늘날까지도 이런 권고안 중 실행된 것은 하나도 없다. 머지 않은 미래에 이런 권고안의 일부가 실현될 것 같지도 않다. 더 심각한 문제는 이 보고서가 발간된 이후로 트랜스인들의 상황이 여러 가지 측면에서 나빠졌다는 점이다. 당시에는 테리사 메이가 이끄는 토리 정부에서 단 하나의 권고안을 받아들여, 트랜스인들 일부가 법적 성별을 바꾸고 출생증명서를 재발급받을 수 있게 해주는 절차에 관한 '2004년 젠더인정법'을 개혁하기로 했다. 트랜스젠더 조사위원회에서는 젠더 인정 제도의 접근성을 높이고 트랜지션을 질병처럼 보는 경향을 줄이기 위해, 의사에게 광범위한 의료적 증명서를 받도록 한 규정을 없애도록 권고했다. 메이는 NHS나 학교를 대상으로 권고되는 더욱 체계적인 개혁에 비해 실행 비용이 훨씬 적게 드는 이처럼 단순한 법률상의 변화가, 어려움에 빠져 있던 그녀의 정부에 무척 필요하던 홍보 기회를 제공하고 진보적 보수라는 그녀의 이미지에 도움이 되기를 바랐다. 전임자 데이비드 캐머런도 동성결혼을 도입해 비슷한 효과를 거두었으니 말이다.

하지만 이 권고안이 느릿느릿 진행되는 동안 미디어의 압도적인 반발backlash이 일어났다. 여성과 아동을 보호한다는 일부 풀뿌리 활동가 단체에서는 더욱 인간적인 젠더 인정 절차가 가능해지면 성범죄자들이 시스젠더 여성이나 아동 등 더욱 취약한 사람들에게 더 쉽게 접근할 수 있을 것이라며 이 권고안을 저지하기 위한 단호한 활동을 벌였다. 이슈의 폭발력이 너무 강해, 2018년에 정부에서 젠더인정법 개혁안에 관한 공청회를 열었을 때는 10만 건 이상의 의견이 들어왔다. 대부분은 개혁을 지지했지만,

수천 건은 이 개혁안에 반대하는 활동가 단체가 보낸 '복사해 붙여 넣은' 민원이었다. 테레사 메이가 2019년 브렉시트 협상에 관한 지지를 확보하지 못한 채 사임하자 젠더인정법 개혁안도 완전히 보류되었다.

오늘날, 재현에 있어서의 평등과 진정한 재분배 정치는 트랜스인들을 교묘히 배제한다. 이전 그 어느 때보다 많은 트랜스인들이 커밍아웃하고 있는데도 말이다. 트랜스인들은 이제 이슬람교도, 이민자 일반, 집시 로마 앤 트래블러 공동체°, 블랙 라이브스 매터Black Lives Matter 운동, 비만인 포용 운동, 여성에 대한 국가적 폭력에 문제를 제기하는 페미니스트 등과 함께 우익 미디어의 수많은 표적 중 하나가 되었다. 이 모든 집단은 가치관 체계의 대립이 이루어지는 유독하고도 양극화된 환경 속 하나의 토론 이슈로 전락하고 말았다. 중요한 것은 지난 몇 년 동안 트랜스인들을 둘러싼 토론은 해로워졌을 뿐 아니라 지극히 따분한 것이 되었다는 점이다. 트랜스인이라는 '화제'는 현재 얼마 되지도 않는 반복적인 화두로 제한되었다. 양성 중 어느 한쪽에도 속하지 않는 사람이 존재하는지, 젠더 중립적인 대명사를 쓰는 것이 합리적인지, 디스포리아젠더 위화감을 느끼는 아이들이 트랜지션을 시작할 수 있어야 하는지, 트랜스 여성이 올림픽 여성 경기를 제패하게 될 것인지에 관한 토론이나 화장실과 탈의실에 관한 끝없는 논쟁 등이 그 사례다.

이 책은 이런 식의 화두들을 또 한 번 반복하지 않는다. 나는 트랜스인들에게 이처럼 폐쇄적으로 영원히 이어지는 ad infinitum

°　　　　　　유랑 집시를 말함.

토론에 참여하라고 강요하는 것 자체가 우리를 억압하려는 사람들의 전략이라고 본다. 이런 토론은 우리가 정말로 집중해야 할 문제, 다시 말해 우리가 억압당하는 물질적인 방식에 집중하지 못하게 한다. 대신, 이런 논쟁은 우리가 시간을 허비하고 진이 빠지는 논쟁에 주의를 빼앗기게 한다. 작가 토니 모리슨은 백인들이 바로 이런 전략을 유색인종에 대해 쓴다고 말했다. 1975년, 포틀랜드 대학교에서 그녀는 학생들에게 이렇게 말했다. "인종차별주의의 기능, 그것도 매우 중대한 기능은 집중력을 빼앗는 것입니다. 인종차별주의는 여러분이 일을 하지 못하도록 막습니다. 여러분이 계속해서 여러분의 존재 이유를 설명하게 만들죠. (중략) 이런 행동은 전혀 필요하지 않습니다. 늘 또 다른 문제가 나올 겁니다." 이와 거의 비슷한 방식으로, 트랜스인들의 경험에 관한 대중의 담론은 왜곡되고 초점을 빗나가 있다.

나는 이 책을 통해 이런 궤도를 바꾸고 싶다. 나는 소위 문화 전쟁이라는 것을 일으키고 싶어 하는 사람들이 틀 지은 트랜스인들에 관한 토론을 넘어서서 영국은 물론 전 세계의 트랜스인들에 관한 새롭고 더 건강한 대화를 시작하려 한다. 다만 한 가지, 이 책은 회고록이 아니다. 여행기 작가인 잰 모리스가 1974년 자신의 트랜지션에 관한 회고록인 『어려운 문제』Conundrum를 출간한 이후, 영국을 비롯한 전 세계의 트랜스 작가들은 작가 자신의 몸이 그 몸이 존재하는 사회에 관한 논평을 할 수 있는 유일한 출발점이라도 되는 양 고백적인 글만을 출간하는 식으로 스스로 제약을 가해 왔다. 트랜스 회고록이 트랜스인들 자신에 대한 이해를 낙인찍기와 신화화에서 벗어나도록 하는 데 중요한 역할을 수행한 것은 사실이지만, 고백과 솔직함만이 트랜스인들이 공적이고 정치적인 말하기를 할 권리의 유일한 토대가 되어서는 안 된다. 이런 면에서 우리는 시스젠더 여성 작가들과 많은 점이 비슷하다. 그들도 분석적인 글보다는 회고록을 쓰라는 압력을 받으니 말이다. 당신이 내 사생활을 속속들이 알아야만 나를 지지할 수 있는 건 아니다. '왜' 하는지에 대해서는 걱정하지 말라. '무엇'을 하는지 염두에 두고 행동하라. 트랜스혐오적transphobic인 사회에서 트랜스인으로 살아가는 결과는 무엇인가? 현재는 그 결과가 여전히 폭력과 편견, 차별인 경우가 너무도 많다.

좌우간 내 개인적인 이야기는 당신에게 별 쓸모가 없을 것이다. 나는 대학교에서 학위를 받고 친구와 가족으로 이루어진 강력한 지지 네트워크를 갖춘, 중산층 계급의 백인 트랜스 여성이다. 이런 내 경험은 트랜스인들 대부분의 인생을 전혀 대표하지 못한다. 내게 이 책을 쓸 기회를 제공한 미디어 플랫폼은 내 사회적 계급과 민족적 배경, 교육 때문에 주어진 대단한 이점 덕분에 내게 기회를 주었다. 늘 그래 왔듯이 말이다. 20년 전, 페미니스트 학자인 비비안 나마스테가 썼듯이 "중산층에 속하는 전문가들의 기준은 트랜스인들이 무슨 말을, 어떤 공간에서 할 수 있는지만 결정하는 것이 아니다. 이런 기준은 중산층의 담론 코드를 준수하려는 트랜스인들에게 발언의 권리를 부여"한다.[3] 나는 이 책을 쓰면서, 나만큼 일상적으로 목소리를 내거나 토론의 대상이 되지 못하는 트랜스인들의 목소리를 확대하는 데 내가 가진 특권을 활용하고자 노력했다. 나는 이 책이 트랜스인들과 관련된 지속적인 대화에 기여하기를 바란다. 한편, 나는 소수의 자금력 좋은 LGBTQ+ 단체에 속해 있는 데다 트랜스인 당사자가 아닌 경우도 많은, 자원이 많은 트랜스 운동 현장에서 보이는 수많은 중산층 전문가들의 위계질서를 해체하고 관련 도서의 다양성을 더 높이지 않는 한 트랜스 해방 논의에는 한계가 있을 수밖에 없음을 인정한다.

　이 책 전반에서 시스젠더 독자들은 트랜스인들이 자주 견뎌 내는 불평등이 바로 그들 자신이 경험하고 있거나, 그들이 잘 아는 다른 소수자 집단이 경험하고 있는 것과 같은 불평등이라는 점을 알게 될 것이다. 좋은 일이다. 트랜스인들을 '트랜스젠더 이슈'로 틀 짓는 행위는 우리를 연대의 고리에서 잘라 내고 우리를 '타자화'하는 결과를 낳는다. 그렇다면 새로운 대화는 이런 소외를 해소하고, 우리가 공유하는 것은 무엇이며 우리가 다른 소수자나 소외된 집단과 겹치는 부분이 어디인지를 생각하는 데서 시작해야만 한다. 연대와 공감, 근본적인 상상력만이 우리 모두가 살아갈 더욱 정의롭고 즐거운 세상을 만들 수 있는 유일한 방법이다.

1 트랜스젠더의 삶, 지금

Trans Life Now

"저는 미디어를 통해 트랜스인들에 관한 선입견이 생겼어요. 트랜스 아동에 대해서는 확실히 들어 본 적도 없었고요. 트랜스젠더란 성별에 관한 고정관념 때문에 생기는 것이라고만 생각했죠. 딱히 '여성적'인 관심사가 있는 것도 아닌데 계속 '난 여자예요.'라고 말하는, 남성이라는 성별로 지정된 자식이 생기니 어쩔 줄을 모르겠더군요."

케이트는 이렇게 맏딸 알렉스° 이야기를 전했다. 따뜻한 7월의 저녁이었고, 우리는 알렉스의 집 주방에 앉아 있었다. 자식이 있는 중산층 부부들이 많이 사는 안락한 교외 지역이었다. 아직 초등학교에 다니는 알렉스는 트랜스인이다. 몇 년 전, 알렉스의 엄마는 알렉스가 소위 '여성적'인 것들을 원하는 서툰 소년이라

°   모든 트랜스 아동과 그 부모의 이름은 사생활 보호를 위해 변경했다.
    —지은이 주

고 생각했다.

> 알렉스가 아주 어린 시절부터 너무 불편해서 차에서 대화를
> 나누곤 했어요. 저는 "네가 여자라고 달라지는 게 뭔지 모르겠
> 구나. 네가 여자면 할 수 있는 일 중에 지금 못하는 게 뭔데? 인
> 형을 갖고 싶니?"라고 묻곤 했죠. 알렉스는 그냥 "난 인형 싫
> 어!"라고 대답하곤 했어요.

이 책을 쓰기 위한 조사에 응해 달라는 내 요청에 케이트와
그녀의 남편 조가 동의했을 때, 나는 직접 집으로 찾아가겠다고
제안했다. 부분적으로는 다른 곳에서 만나는 것이 어린아이를 둔
부부에게 당연히 어려운 문제가 되리라고 느꼈기 때문이었다. 또
나는 집에서 만나는 편이 부부에게 편하리라고 생각했다. 케이
트나 조 같은 처지인 사람들은 보통 자신의 사연을 공개적으로
말하기를 무척 꺼린다. 트랜스 아동과 그들의 부모에게 미디어
가 적대적이기 때문이다. 케이트와 조는 나를 저녁 식사에 초대
했고, 그날 저녁 이른 시간에 나는 가족 모두와 함께 피자와 마늘
빵을 먹었다. 내 옆에 앉은 알렉스는 나를 식탁에 함께 앉은 낯선
사람으로 받아들이는 그 나이 또래의 평범한 아이로 보였다. 알
렉스의 부모도 말했지만 알렉스의 패션 감각에 특별히 여성적인
구석은 없었다. 알렉스는 사람들이 "여자여자 하다"고 하는 아이
가 아니었다.

"알렉스는 아주 어린 나이부터 책을 무척 좋아했고, 지금도
그래요." 조가 말했다. "책 좀 그만 보고 자라고 말해야 하죠." 조
와 케이트는 딸이 "자존감과 정의감이 강한 사람, 옳고 그름을 분

명히 구분하며 생각이 아주 깊은 사람"이라고 자랑스럽게 말한다. 하지만 케이트는 이렇게도 덧붙인다. "가끔은 정말 미성숙한 모습을 보이기도 하죠. 뭐, 완벽하지는 않으니까요."

알렉스는 세 살 즈음부터 엄마가 자신을 남자아이라고 부를 때마다 교정해 주기 시작했다. 케이트는 이렇게 설명했다. "부모라면 누구든 그러겠지만, 저도 알렉스가 착한 행동을 하면 '착한 아들' 같은 말로 아이를 칭찬해 줬어요. 그러면 알렉스는 '아냐. 착한 **딸**이야.'라고 대답했죠."

조와 케이트는 머잖아 상황을 감당하기가 벅차다고 느꼈다. 케이트는 말했다. "어린 자녀를 둔 많은 부모가 그러듯이, 저는 알렉스한테 가르쳤어야 했는데 못 가르친 뭔가가 있다는 생각이 들었어요. 그냥 이해가 안 됐죠."

조는 알렉스가 유치원에서 다른 아이와 직원 들에게 자기가 여자라고 말하기 시작했다는 이야기도 해 주었다. 하지만 상대방은 보통 알렉스의 말을 고쳐 주었다. 곧 알렉스는 자주 화를 내기 시작했다. 잠자리에 들기 전에 특히 그랬다. 조의 말에 따르면, 알렉스가 느끼는 괴로움의 근원은 늘 분명했다. 알렉스는 늘 "왜 나를 여자애라고 불러 주면 안 돼?", "왜 나를 여자애라고 불러 주지 않아?", "난 여자야.", "난 여자야.", "난 여자야.", "왜 난 여자가 될 수 없어?"라고 말했다. 조는 딸이 주변 사람들에게 여성으로 보이는 일에 집착하기 시작했다고 조심스럽게 강조했다. 알렉스는 곧이어 유치원 반 친구들을 설득해 자신을 부를 때 여성형 대명사를 쓰게 했다. 반면 유치원 직원들은 알렉스의 부모님이 그랬듯 이처럼 평범하지 않은 상황에 어떻게 반응해야 할지 확신하지 못했다. 하긴, 잘 알려져 있다시피 성인은 아이들만큼 다름을 잘 받아들이지 못하니 말이다. 다만 알렉스 주변 모든 사람에게 한 가지는 확실했다. 알렉스가 정말로 불행하다는 점이었다.

알고 지내는 트랜스인이 없는 사람에게는 출생 시에 지정된 젠더에 문제를 제기하는 아이들의 숫자가 지난 10년 동안 대단히 큰 폭으로 증가한 것으로 보일지 모르겠다. 이는 현실에 대한 위험한 오해다. 사실, 과거에 비해 트랜스인으로서의 정체성을 주장하는 아이들의 숫자는 늘지 않았다. 그저 공개적으로 이 문제를 이야기하고 부모의 응원과 보호를 요청할 수 있다고 느끼는 아이들이 많아졌을 뿐이다. 2017년 3월에는 패트리셔 데이비스라는 90세의 제2차 세계대전 베테랑이 평생 느껴 온 젠더 디스포리아gender dysphoria에 관해 주치의와 의논한 끝에 트랜스젠더 여성으로서 커밍아웃하고 호르몬 치료를 받기 시작했다. 그녀는 『데일리 미러』Daily Mirror와의 인터뷰에서 세 살이던 1930년에 처음으로 자신이 여성이라고 인식하게 되었다고 말했다. 알렉스가 부모님에게 자신의 젠더 정체성을 주장하기 시작한 나이였다.

"난 세 살 때부터 내가 트랜스젠더라는 걸 알았어요. 내가 아는 여자아이 중에 패트리셔라는 아이가 있어서 나도 그 이름으로 불리고 싶었죠. 하지만 그렇게 되지 않더군요."[1] 패트리셔는 어머니가 자신의 여성성을 참아 주었으나 사회에서 그녀를 이해해 주지 않으리라고 느끼고 젠더에 관한 본능을 억누르게 되었다고 했다. "사람들은 자기가 나를 고쳐 줄 수 있을 거라고 생각했어요. 이게 치료할 문제가 아니라는 건 몰랐죠. 사람들이 일반적으로 보이는 적대감 때문에 난 입을 다물었습니다."

패트리셔와 알렉스 사이에는 세 세대가 가로놓여 있지만, 둘의 경험은 가족과 교육, 전반적인 사회의 태도가 트랜스인의 평생을 결정하는 데 중요하다는 점을 보여 준다. 패트리셔의 부모님은 그녀를 도와줄 방법에 관한 참고 사항이나 따를 모범이 전혀 없는 시대에 살았고, 패트리셔는 성인기 대부분을 자신의 젠더를 억누르느라 애쓰며 보냈다. 알렉스는 부모님의 포용 덕분에 그런 고생을 하지 않아도 됐다.

알렉스와 패트리셔에게는 다른 공통점도 있었다. 이들은 둘 다 트랜스 인구 중에서 점점 비율이 높아지는 집단인 아동과 노인에 속한다. 즉, 이들은 학교(아동의 경우)나 보건 및 사회복지 시설(노인의 경우) 같은 사회기관에서 일하는 사람들의 선의에 의존할 가능성이 더 큰 사람들이다. 그러므로 이 장에서는 수많은 트랜스인들이 일상에서 경험하는 난관을 폭넓게 훑어보도록 하겠다. 이 장은 모든 연령대의 트랜스인들이 각자의 집과 가정, 공동체에서 어떤 삶을 영위해 나가는지 알아본다. 아침에 학교 정문을 지날 때 트랜스 아동이 직면하는 어려움은 무엇인가? 가장 가까운 사람들의 거부는 어린 트랜스인에게 어떤 영향을 미치는가? 트랜스인이라면 어떤 방식으로 배우자의 가정폭력에 취약해지는가? 어떻게 하면 사회 차원에서 우리가 시스젠더 노인을 위한 공간과 함께 트랜스젠더 노인을 위한 공간을 만들 수 있을까? 이는 매우 중요한 질문이고, 다양한 취약 계층에게도 똑같은 영향을 미치는 폭넓은 사회적 정의에 관한 문제이기도 하다. 이는 개인적 편견의 문제라기보다 체제의 실패다. 여러 맥락에서 나타나는 트랜스혐오적 선입견이 끼치는 영향은 계급, 인종차별주의, 성차별주의, 장애인 차별주의 같은 다른 어려움을 확대한다. 예컨대 트랜스 노숙자를 돕기 위한 수많은 실천적 행동은 노숙자 일반을 돕기 위해 필요한 행동과 거의 같다. 물론, 트랜스 노숙자 인구가 트랜스혐오transphobia 때문에 정책적으로 고려되지 못하고 유달리 취약해지는 특정한 문제도 있지만 말이다.

많은 트랜스인들에게 수치심, 억압, 차별의 경험은 인생 초기부터 시작된다. 보통은 가정에서부터다. 최근 수십 년 동안 성인 트랜스인들의 존재가 점점 널리 받아들여지고 심지어 정상화되었다고는 하지만, 트랜스 아동은 상황이 다르다. 이들의 존재는 비교적 자주 논쟁의 대상이 된다. 또한 이 아이들은 트랜스인으로서의 정체성을 표현했다는 이유로 성인으로부터 검열은 물론 처벌의 대상이 되기도 한다. 영국에서, 미디어가 주도한 트랜스 아동에 관한 국가적 논의는 아동이 왜 트랜스가 되느냐는 질문에만 초점을 맞추어 왔다(가끔은 트랜스 아동이 존재하는지 자체가 문제가 되었다). 또한 트랜스 아동과 청소년 문제에 관해서 사람들이 내놓는 관점은 유독 비관용적이고 모멸적인 경우가 많았다. 이들의 반응은 트랜스 아동의 복지에 관한 염려에서부터 노골적인 경멸에 이르기까지 다양하다. 과거 2017년에는 BBC에서 〈트랜스젠더 아동: 누구 말이 맞을까?〉Transgender Kids: Who Knows Best? 라는 TV 다큐멘터리를 제작했다. 이 다큐멘터리에서는 캐나다인 의사 케네스 저커의 의견을 담았는데, 그는 젠더 불일치 아동에 관한 접근법으로 큰 논란의 대상이 된 인물이었다. 그는 사실상 교정 혹은 전환 치료를 실시하는 것으로 알려졌다. (저커는 이러한 추정을 전면적으로 부정한다.) 전환 요법은 보통 한 사람의 성적 지향이나 젠더 정체성을 바꾸려고 드는, 해로운 사이비 치료법으로 알려져 있다. 아동이 트랜스인으로서의 정체성을 표현하는 경우에 관한 질문을 받자 저커는 이렇게 대답했다. "4세 아동은 자기가 개라고 말할 수도 있습니다. 그러면 나가서 개밥을 사다 주실 건가요?" 극단적이긴 하지만, 그가 표현한 느낌(트랜스 아동의 정체성 주장이 기이하고 망상에 사로잡힌 것이라는 느낌)은 트랜스 아동의 인생을 다루는 미디어의 전형적 태도다.

이러한 태도는 아동의 성별적합수술^{성전환수술}에 관해 지금도 퍼지고 있는 잘못된 정보 때문에 더욱 강화된다. 강조해서 말하지만, 현실에서 영국의 18세 이하 아동은 **절대로** 생식기 관련 수술을 받을 수 없다. 내가 직접 만나 본 수많은 사람 중 이를 모르는 사람은 대부분 적대적인 언론과 선정적인 기사 제목 때문에 오해를 하고 있었다. 예컨대 2019년 6월의 『선데이 타임스』 기사에서는 트랜스 아동의 가족을 지원하는 영국의 대표적 단체 머메이드Mermaids를 "아동 성별 바꾸기 단체"[2]라고 표현했다. 다른 문제는 차치하더라도, 이는 전적으로 틀린 말이다. 사춘기를 거치지 않은 어린 트랜스 아동은 오직 사회적으로만 트랜지션을 거친다. 그러니까 이름과 대명사를 바꾸고, 사람에 따라 복장과 헤어스타일을 바꿀 뿐이다.

미디어에서는 트랜스 아동을 다루면서 트랜스 아동이란 악의적 이데올로기에 사로잡혀 있으므로 구출해야 하는 아무 죄 없는 존재로 보거나 두려워해 마땅한 위험한 존재로 보는 입장을 오간다. BBC의 전직 정치부 기자였던 사회자 닉 로빈슨과 트랜스 작가인 패리스 리스가 2018년 2월에 BBC 라디오 4에서 방송된 〈정치적 사고〉Political Thinking 팟캐스트에서 나눈 대화가 후자의 한 사례다. 리스는 미디어에서 트랜스인을 재현하는 방식을 의논하기 위해 팟캐스트에 나왔다. 그러나 로빈슨은 이 기회를 잡아, 리스에게 화장실이나 탈의실 같은 공간에 접근할 트랜스인들의 권리 문제를 제기했다. 그는 이렇게 말했다. "시커먼 남자들이 성별을 바꾸고 학교의 여자 탈의실에 들어가면요?"³ 리스가 단어 선택에 문제를 제기하면서 성인이 왜 여학생 탈의실에 들어갈 거라고 생각하느냐고 묻자, 로빈슨은 "아뇨, 성인을 말하는 게 아닙니다. 그보다 어린 사람일 수도 있죠."⁴라고 대답했다. 로빈슨은 결국 처음에 했던 말을 취소하긴 했지만, 이처럼 아동 트랜스 여성을 (성범죄를 저지를 가능성이 있는) "시커먼 남자"와 혼동한, 아무리 좋게 봐줘도 부주의했다고밖에는 할 수 없는 말이야말로 트랜스 아동의 경험에 관한 건전한 논의에 충격을 주는 수사적 속임수다.

　나는 리스의 입장에 공감한다. 2018년 6월에 나는 BBC의 〈뉴스나이트〉Newsnight에 초청받았다. 소녀단Girl Guide에 트랜스 아동의 가입을 허용해야 하느냐는 문제를 논의한다고 했다(소녀단에서는 다른 모든 소녀에 대해서 그렇듯 트랜스인 소녀의 가입도 허용하고 있다). 촬영이 시작되기 전에 나는 다른 아이들의 부모에게 말하지 않고도 트랜스젠더 소녀를 수련회나 외박 행사에 참여하게 해 주는 정책에 관한 '우려'를 중심으로 논의가 전개되리라는 말을 들었다. 나는 제작진에게 이런 식의 프레임은 트랜스 아동 집단이 다른 아동에게 더 큰 성적 위험이 된다는 암시를 담고 있어서 위험하다고 말했다. 다른 문제는 차치하더라도, 나는 제작진이 기초적인 사항을 제대로 이해하지 못한다는 사실에 충격을 받았다. 트랜스 아동의 의학적, 개인적 이력을 또래 친구들의 부모에게 폭로하는 것은 그 자체로 자명한 위법 행위이자 근본적인 인권, 특히 사생활의 권리 침해였다. 나는 이번 토론이 대중에게 트랜스 아동의 권리와 이들의 복지를 보호해야 할 성인의 책임을 알려 주기 위한 것이라기보다는 조작된 논란과 논쟁을 동원해 시청자들의 이목을 끌어 보려는 수작임을 빠르게 깨달았다. 나는 초청을 거절했다.

미디어는 또래 친구들이 하는 활동에 참여할 트랜스 아동의 권리에 기꺼이 초점을 맞추는 것으로 보이지만(아니, 사실은 트랜스 아동의 존재 자체에 초점을 맞추는 듯하다), 정말로 시급한 문제가 다뤄지는 경우는 별로 없다. 그 문제란, 트랜스 아동이 가정에서나 학교에서나 차별과 괴롭힘, 폭력을 경험할 가능성이 현저히 크다는 사실이다. 에식스주 위덤에서 한 무리의 10대들이 트랜스 남성 청소년의 얼굴을 칼로 그어 버렸다거나 맨체스터에서 11세 트랜스 소녀가 여러 달 동안 괴롭힘을 당한 끝에 학교에서 BB탄 총을 맞았다는 등의 끔찍한 이야기들이 지역 신문에 가끔 실린다. 하지만 오늘날까지 전국 단위 미디어에서는 이처럼 지독한 사건이 트랜스 아동을 괴롭히는 더 넓은 패턴을 이룬다는 점을 탐구하는 데 사실상 실패했다. 2017년에 LGBTQ+ 단체인 스톤월에서 수행한 연구에 따르면, 영국 트랜스 초등학생의 64퍼센트가 트랜스인이라는 이유로, 혹은 동성애자처럼 보인다는 이유로 괴롭힘을 당했다(어린 트랜스인들은 간혹 동성애자로 오해받곤 한다). 트랜스 학생의 13퍼센트는 이런 괴롭힘 문화의 일부로 신체적 폭력을 경험한다.[5] 괴롭힘의 유행과 트랜스 아동의 정신 건강이 어떻게 관련되어 있느냐는 문제는(충격적이게도, 영국의 어린 트랜스인 중 84퍼센트가 자해한 적이 있다[6]) 미디어에서나 교육 정책에서나 애석할 만큼 검토되지 못했다.

미디어를 탓할 수밖에 없는 이 모든 상황이 벌어지고 있지만, 가장 중요한 인간관계에서는 진보가 이루어지고 있다. 딸인 알렉스가 세 살일 때부터 그 아이의 젠더 정체성을 응원해 준 조와 케이트 같은 부모들이 점점 많아지고 있는 것이다. 조와 케이트의 말에 따르면, 알렉스를 도울 의지와 능력을 가지게 된 건 트랜스 아동과 젠더 디스포리아에 관한 정보를 더 많이 얻은 덕분이었다.

"이런 면에서 우리는 정말 운이 좋았어요." 케이트는 설명했다.

> 인터넷에 정보가 엄청나게 많았거든요. 5년 전만 해도 우리와 정확히 같은 처지던 부모들은 인터넷을 검색해 봐야 사실상 아무것도 찾을 수 없었죠. 우리는 아주 많은 정보를 찾았고, 특히 미국인 부모들이 쓴 블로그와 기사들을 봤어요. 미국은 영국보다 5년쯤 앞서나가고 있었어요.

아들이 그저 혼란을 겪고 있을 뿐이라는 확신이 무너지기 시작하면서, 케이트와 조는 아주 많은 공부를 해야 한다는 사실을 깨달았다. 알렉스는 여성으로서의 정체성을 주장하고자 했다. 알렉스의 부모님은 가정에서 남성형 대명사를 사용하지 않기로 했지만, 그것만으로는 알렉스가 자신을 소년으로 대우하는 세상에서 일상적으로 겪는 스트레스를 덜어 주기에 부족했다. 케이트는 말했다. "다른 모든 사람이 젠더화된 상황에서 젠더 중립적인 삶을 산다는 건 받아들일 수 없는 해결책이었어요. 그때 저는 이것저것을 읽어 보고, 진짜 계획이 필요하겠다고 생각했죠."

이 주제와 관련된 자료들을 읽으면서, 부부는 출생 시에 지정된 것과는 다른 젠더와 자신을 동일시하는 아동을 둔 가족의 경험담 수백 건을 보게 되었다. 케이트와 조는 이런 이야기가 자신들의 경험과 무척 가까워서 놀랐다. "그토록 어린 나이에 정말로, 정말로 강하게 자신의 정체성을 느끼고 이런 느낌을 말로 표현할 수 있는 아이들의 이야기는 무척 다양해요. 그런데도 소름 끼치도록 비슷하죠."

케이트는 트랜스 아동을 자녀로 둔 부모들의 다양한 경험담에서 발견되는 유사점이 트랜스 아동은 존재하지 않는다거나, 그들의 젠더를 인정받아서는 안 된다고 주장하는 평자들의 비판을 유발한다고 지적했다. "트랜스혐오자 중에서 우리 이야기를 믿지 않는 사람들이 있는 이유가 그래서예요."

> 그 사람들은 이 가족들이 '대본'을 따른다고 생각하거든요. 반면 우리는 다른 사람의 이야기를 읽기 한참 전부터 우리가 이런 일을 경험해 왔다는 걸 알죠. 그런데 정작 이야기를 읽어 보고, 여러 사람과 이야기를 나눠 보면 사연이 비슷한 거예요! 세 살짜리에게 그냥 **존재하는** 것처럼 보이는 젠더 정체성이, 그 아이에게는 다른 무엇보다도 중요한 문제인 거죠.

케이트와 조의 이야기에서도 드러나고 젠더 불일치를 표현하려는 트랜스 아동의 수많은 진술에서도 반복적으로 보이는 한 가지 주제가 있다. 자녀가 다른 젠더를 가지고 있음을 인정하고 싶어 하지 않는 대부분 부모의 마음이다. 부모들의 이런 거리낌은 트랜스 아동의 부모가 그냥 놔두었으면 '지나가는 단계'가 되었을지도 모르는 정체성 주장을 너무 빠르게 인정하도록 아이를 부추겼다는 널리 퍼진 오해와 선명한 대조를 이룬다. 현실에서, 자녀를 지원하는 수많은 부모는 오히려 무지나 두려움 때문에 아이의 행복을 너무 오랫동안 방해했다고 시인한다. 케이트와 조가 한 사례다. 이들이 알렉스의 정체성을 받아들인 과정은 점진적이었다. 처음 조사를 해 본 뒤, 이들은 주치의와 상담하고 나서 아동에게서 나타나는 젠더 정체성 문제를 다루는 전문가 기관인 '영국 젠더 정체성 계발 기구'Gender Identity Development Service, GIDS에 연락했다. 기관에서는 케이트와 조에게 뭐든 조언을 받으려면 알렉스가 공식적인 진단 의뢰를 거쳐야 한다고 말했다. 대기 기간이 열 달이었다. 케이트와 조는 머메이드에도 연락했다. 그때쯤 알렉스는 부모님의 지원을 받아 점점 더 여성적인 방식으로 처신하고 있었으며, 그 때문에 친척이나 유치원의 다른 부모로부터 이목을 끌고 있었다. 머메이드에서는 케이트와 조를 트랜스 자녀를 둔 다른 부모들과 연결해 주었다. 덕분에 부부는 '남들과 다른' 느낌을 받는 아이가 알렉스만은 아니라는 말로 아이를 위로할 수 있었다. 한편, 이처럼 경험을 공유하자 케이트와 조는 알렉스의 상황을 완전히 이해할 수 있게 되었다. 오직 여성복 코너에서만 옷을 샀던 날에도 알렉스는 집으로 돌아오는 차에서 기분이 좋지 않은 듯했고, 이에 조는 어떻게 하면 기분이 좋아지겠느냐고 물었다.

알렉스는 이렇게 말했다. "착한 행동을 하면, '오늘 잘했어, 우리 딸.'이라고 말해 주면 좋겠어."

조는 대답했다. "그래, 오늘 잘했어, 우리 딸."

그 순간, 조와 케이트는 혼란과 괴로움을 경험하는 아들이 아니라, 트랜스인 딸이 사회에서 받아들여질 수 있도록 하는 싸움에 일생의 많은 부분을 헌신하게 될 것임을 인정했다.

　　모든 트랜스 아동의 미래 복지에서 가장 중요한 요소는 부모의 포용이다. 『미국 아동청소년 정신의학 저널』Journal of the American Academy of Child and Adolescent Psychiatry에서 발표한 2017년의 한 연구에서는 부모가 트랜스 자녀에게 사회적 트랜지션을 할 수 있도록 해 주면, 시스젠더인 형제자매나 통제 집단과 비교해 높은 트랜스 아동의 우울증 발병률이나 낮은 자존감이 사실상 해결된다고 밝혔다. 다른 연구에서는 젠더 정체성을 더욱 잘 반영하는 새로운 이름을 선택한 어린 트랜스인들을 살펴보았다. 이 연구에 따르면, 어떤 상황에서도 자신이 선택한 이름을 사용할 수 없었던 또래 집단과 비교했을 때 부모를 비롯한 성인들로부터 집에서나 학교에서, 또 친구들 사이에서 자신의 이름을 사용하도록 허락받거나 권장받은 트랜스 아동들은 중증 우울증 위험이 71퍼센트 감소했으며, 자살 생각도 34퍼센트 줄었고, 자살 시도율은 65퍼센트 떨어졌다.[7] 물론, 자신이 선택한 이름을 사용하는 것이 트랜스 아동의 정신 건강을 개선하는 유일한 요소는 아니다. 하지만 자신이 선택한 이름을 사용한다는 건 아동이 주변 사람들에게 얼마나 잘 받아들여지고 있는지를 나타내는 상당히 강력한 지표다. 2016년에 출간된 책 『스트레이트 재킷: 동성애자로 행복하게 사는 법』Straight Jacket: How to be Gay and Happy에서 저자 매슈 토드는 LGBTQ+ 자녀의 '다름'을 부모가 받아들이지 않으면(그는 이런 다름이 보통 젠더 규범을 깨는 것과 관련되어 있다고 말한다) 성인기까지 지속되는 부정적인 수치심 반응이 연쇄적으로 일어나, 우울증, 불안, 중독 등의 문제와 연관된 불행과 부적응 행동을 낳을 수 있다고 말한다. 이때 토드는 자기계발서 작가인 존 브래드쇼의 책을 인용한다. 브래드쇼는 아이들이 위험하거나 해로운 행동을 하지 못하도록 하는 건강한 수치심과, 아이들의 근본적인 정체성을 가로막는 유해한 수치심을 구분한다. 토드는 아이에 대한 사랑을 지속적으로 확인해 주는 한편 나쁜 행동을 부끄럽게 여기도록 하는 것과 아이의 타고난 특징(남자아이가 보이는 화려한 취향 등)에 창피를 주어 그 아이를 나쁜 사람으로 만드는 것 사이에는 중대한 차이가 있다고 주장한다.

> 이런 특징은 우리가 선택한 것도 아니고, 우리가 한 행동도 아니다. 이는 우리의 자연스러운 일부다. 그러므로 우리는 문제로 여겨지는 것을 교정할 수 없다. (중략) 이건 마치 눈 색깔을 바꾸는 조건으로 부모의 사랑을 받는 것과 같다. 어린아이에게는 다른 인간(부모)의 행동과 생각이 잘못됐을 뿐이라는 점을 이해할 능력이 없다. 우리는 부정적 감정을 내면화하고, 잘못된 것은 **우리**라고 생각한다.[8]

부모가 게이, 레즈비언, 양성애자 아동을 지원해야 한다는 생각은 다행스럽게도 점차 논란의 대상에서 벗어난 반면, 트랜스 아동에 관해서는 아직 그렇지 않다. 트랜지션을 하고 다른 젠더의 사람으로 사회생활을 하고 싶어 하는 자녀를 지원하려는 부모는 여전히 논쟁의 대상으로 여겨진다. 이런 논란의 범위는 매우 다양하다. 최선의 경우에는 학교 근처의 쑥덕공론과 손가락질이, 최악의 경우에는 아동 학대나 뮌하우젠 증후군°이라는 노골적 비난이 날아온다. 더 나쁜 건, 일부 부모가 공권력의 잘못된 간섭으로 자녀를 잃을지도 모른다고 걱정한다는 점이다. 조는 GIDS에 알렉스의 진료를 의뢰하고 싶었던 주요 이유 중 하나가 알렉스가 공개적으로 여자아이로 처신하도록 허용하면 자신과 케이트가 사회복지국의 의심을 받을지도 모른다는 두려움 때문이었다고 말했다.

"그때는 무척 걱정스러웠습니다. 우리 같은 가족이 곤란한 상황에 빠졌다는 얘기를 들었거든요. 사람들이 사회복지국에 그 가족을 신고한 거죠. 우리는 불안했습니다." 조는 자신과 케이트가 "수많은 사람들이 우리가 이 일을 꾸며 낸다고 생각하리라고 걱정했다."라고 덧붙였다.

조의 걱정에는 근거가 있다. 2019년 5월에는 랭커셔 주의회 사회복지사들이 트랜스 자녀 둘을 둔 부모를 상대로 아이들을 복지기관에 위탁하라는 명령을 구하는 소를 대법원에 청구했다. 사회복지국은 부부의 세 살짜리 입양 아동으로서 남성으로 태어난 H가 여성으로 학교에 들어갔다는 사실을 알게 되었다. 겉으로 드러나는 H의 트랜지션은 사회복지국 직원들의 경계심을 불러일으켰다. 특히, 부부의 생물학적 자녀로서 역시 남성으로 태어난 7세 아동 R 또한 트랜지션을 거쳐 여성으로 살게 된 것이 이유가 되었다. 아마 한 가정에 트랜스 아동이 둘 있다는 점을 의심했을 사회복지국 직원들은 H와 R이 "아주 어렸을 때 여성으로 트랜지션했고, 이런 트랜지션을 부모가 적극적으로 부추겼으므로 심각한 감정적 피해를 경험해 왔으며 앞으로도 그럴 위험이

○ 실제로 앓는 병이 없거나 신체에 이상이 없는데도 아프다고 거짓말을 하거나 자해를 하여 타인의 관심을 끌려고 하는 정신 질환의 일종.

크다"는 근거로 아이들을 부모와 분리하고자 했다. 전문가 증언을 청취한 대법원 심리에서는 이런 주장을 기각하고, 부모가 자녀를 "적절히 지원해 왔다"고 판시했다. 대법관 저스티스 윌리엄스는 부모가 H의 사회적 트랜지션을 지원한 것이 해로운 일이었다는 아무 증거가 없으며, 이들이 "상황에 잘 적응한 신중한" 부모라는 점이 "압도적으로 명백"하고, 부부의 자녀가 위험에 처해 있을지 모른다는 우려는 "완전히 해소되었다"라고 덧붙였다. 이렇게 결론이 났는데도 해당 사건은 가족은 물론, 이 사건을 주목하면서 자신들도 같은 절차를 겪게 될지 몰라 걱정하던 비슷한 처지의 가족들에게 대단히 부정적인 충격을 주었다.

이런 사례를 보면, 관련 전문가들의 교육을 강화해야 함을 알 수 있다. 2018년에 '영국 국가 경제사회 연구소'National Institute of Economic and Social Research에서는 트랜스젠더 이슈에 관한 아동 및 가정 사회복지국 직원들의 교육이 "대단히 부족"하며, 이들의 지식수준이 "상당히 들쭉날쭉하다"는 점이 드러났다.[9] 내가 보기에 이 모든 상황은 트랜스인들에 적대적인 사회의 고집스러운 편견을 드러내 준다. 직원 교육만으로는 문제가 해결되지 않을 것이다. 시스젠더적 세계관에서 트랜스인으로 산다는 것은 가끔은 참아 줄 수 있을지는 몰라도 늘 바람직하지 않은 결과다. 이런 세계관에 따르면, 불행한 개인이야 성인이 되어 트랜지션을 하고 싶어 할지 몰라도 아무것도 모르는 아이들을 너무 쉽게 부추겨 재앙이 될지 모르는 선택을 하도록 하고, 나중에 그 아이들이 자라서 자신에게 일어난 일을 처절히 후회하게 해서는 안 된다. 이런 편견에서 드러나는 모순은 자명하다. 이런 식의 생각은 자신의 정체성을 확신하며 소리 내 표현하는 트랜스 아동을 지원하지 **않**

앉을 때의 위해를 전적으로 무시하기 때문이다. 많은 성인 트랜스인은 자신을 지원하지 않았거나 지원할 수 없었던 부모에게 정체성을 표현하려 했지만, 부모가 거부와 처벌, 창피 주기를 통해 그들의 정체성을 억누를 방법을 찾으려 들었던 기억을 가지고 있다. 매슈 토드가 설명하듯, 이런 전략은 아동에게 심대한 충격을 준다. 아동은 어른에게서 자신의 근본적인 심리적 구조가 잘못됐다는 정보를 얻지만, 그래도 바뀔 수 없다. 트랜스 아동을 올바르게 대하고 싶다면 일단은 자신의 정체성을 꾸준히 표현하는 아이들을 억압하려는 시도가 평생 이어지는 피해의 가장 큰 원천이 될 수 있음을 먼저 이해해야 한다. 한편, 어떤 형태로든 아이의 젠더 탐색을 응원하는 부모는 아동에게 안전하고 사랑을 느낄 수 있는 가정을 만들어 줄 책임을 다한 만큼 칭찬받아야 한다.

부모와 가족의 포용만큼 트랜스 아동의 일상생활에 크고 불가피한 영향을 미치는 요소는 학교다. 케이트와 조가 여자아이로 살며 '그녀'she' and 'her' 같은 여성형 대명사로 불리겠다는 알렉스의 사회적 트랜지션을 지원하기로 했을 때, 알렉스는 아직 유치원에 다니고 있었다. 이 때문에 알렉스의 친구 부모들이 혼란을 느낄까 봐 우려한 조와 케이트는 그들에게 알렉스가 오랫동안 정체성과 씨름해 왔으며, 남자아이로 보이는 데 스트레스를 받았기에 이제는 여자아이로 살게 되었다고 설명하는 편지를 썼다.

조는 조심스럽게 말했다. "그 편지에 대한 반응은 꽤 긍정적이었던 것 같습니다. 사람들은 '아무 문제 없어요.'라거나 '힘드셨겠어요.'라고, 또 '아이가 행복해졌다니 다행이네요.'라고 말했습니다. 그런 반응이 많이 왔어요." 조는 잠시 말을 멈추었다. "하지만 다들 거리를 두기 시작하더군요."

이들의 편지에 대한 초기의 긍정적 반응은 적대감으로 바뀌었다. 부부는 어느새 그들이 잘못된 행동을 하고 있다고 주장하는 다른 부모들과 시비에 휘말렸다. "상처가 된 반응은, 사람들이 자기 아이가 혼란을 느끼거나 우리 애가 자기 자식을 오염시킬 수 있다고, 혹은 그 둘 다라고 생각하는 사람들의 대응이었어요. 그 사람들은 자기 자식이 우리 아이랑 어울리지 못하게 막거나, 우리 아이가 참여하는 활동을 그만뒀습니다." 케이트는 사람들이 알렉스가 다니는 수영 교실이나 체육 교실에서 자기 자식을 뺐던 일을 떠올렸다. "사람들이 '우리 애는 트랜스 아동이나 혼란을 느끼는 아동과 어울리지 않았으면 좋겠어요.'라면서 자기 아이를 다른 반에 넣어 달라고 하더군요."

상황이 나아지기는 했다. 이 글을 쓰는 시점에 알렉스는 초등학교에 다니고 있다. 이곳의 학생 대부분은 알렉스를 여자아이로만 알고 있다. 알렉스가 친구들에게 자신의 과거나 자신이 트랜스인이라는 점을 공개하기로 선택했는데도 말이다. 케이트는 알렉스가 여성형 대명사를 쓰고 가정에서나 학교에서 여자아이로 불리기 시작하자마자 젠더에 대해 아이가 느끼던 괴로움과 불안이 "말 그대로 하루아침에" 해소되었다고 말했다. 이들 가족은 지금도 부정적인 태도를 띤 교사나 다른 부모들을 만나지만, 알렉스가 자기 자신으로 살 수 있는 작은 공간은 마련할 수 있었다.

케이트는 이렇게 말했다. "지금은 문제가 별로 복잡하지 않아요. 이 나이에는 아이들이 그냥 잘 어울리고, 제가 본 바로는 딱히 괴롭힘도 없거든요. 알렉스는 인기가 많고 정말로 좋은 친구들도 있어요."

그러나 어른의 세상에서는 편견을 주입하고 부추긴다. 케이트는 성인은 트랜스인들을 받아들이기를 종종 주저한다고 설명했다.

> 우리 아이를 제대로 받아들이는 부모가 많은 것 같지는 않아요. 그게 걱정돼요. 아이들이야 괜찮죠. 아이들은 사실 이 문제를 이해하거나 이 문제에 관해서 생각하지 않으니까요. 커서도 그럴지는 모르겠어요. 이 문제에 관한 적절한 교육을 받는 것 같지 않아서요.

트랜스 학생의 64퍼센트가 학교에서 LGBTQ+라는 이유로 괴롭힘을 당했다고 보고한다. 괴롭힘을 당한 아이의 절반가량은 그 사실을 절대 말하지 않으며, 46퍼센트는 학교에서 트랜스혐오적 발언을 '자주' 듣는다고 말한다.[10] 그런 마당이니 학교폭력, 괴롭힘, 따돌림 등을 보면 우리 교육제도가 위기에 봉착했다고 말하는 건 정당한 일이다. 이런 위기의 기원은 수십 년을 거슬러 올라간다. 1980년대에 우익 미디어가 학교에서 '동성애자 의제'를 홍보한다며 공포감을 연이어 부추긴 끝에, 대처 정부에서는 이 문제를 엄중히 단속하겠다고 약속했다. 마거릿 대처는 1987년 10월의 보수당 전당대회 연설에서 아래와 같이 탄식했다.

> 우리 사회에서는 아이들이 필요한 교육, 받아 마땅한 교육을 받지 못하는 경우가 너무 많습니다. (중략) 좌경화된 교육계 권위자들과 극단주의적 교사들 때문에 아이들이 기회를 빼앗기고 있습니다. (중략) 전통적인 도덕적 가치관을 존중해야 한다는 가르침을 받아야 할 아이들이 동성애자가 될, 빼앗길 수 없는

권리가 있다는 가르침을 받고 있는 겁니다.

대처 정부는 이런 흐름을 저지하기 위해 28항Section 28을 통과시켰다. 이는 "재정 지원을 받는 모든 학교에서 가족 관계로 가장한 동성애를 포용하도록 가르치지 못하게" 막는 법안이었다. 이런 입법은 게이와 레즈비언 이슈를 명시적으로 가르치려는 교사의 입에 재갈을 물리고, 이들이 LGBTQ+ 학생 개인을 지원하지 못하게 막는 결과로 이어졌다. 학교폭력의 초점이 되는 아이들의 행동 상당 부분이 사실은 젠더 규범을 깨는 행동이라는 점을 생각해 볼 때, 이런 법안은 주로 '동성애자'를 겨냥하고 있으나 트랜스인들에 관한 영국 사회의 인식 또한 저해하고 왜곡해 온 것이 분명하다. 28항은 결국 스코틀랜드에서 2000년에, 잉글랜드와 웨일스에서는 2003년에 폐지되었으나 이 법이 남긴 해악은 LGBTQ+ 이슈나 이와 관련해서 생겨나는 괴롭힘에 간섭하지 않도록 교육받은 세대의 교사들에게 지금껏 남아 있다.

28항은 내가 태어난 지 두 달 뒤에 관심의 초점이 되었으며, 내가 대학 준비 과정을 밟을 때까지도 유지되었다. 아직 출생지정성별로 살아가는 수많은 트랜스 청소년을 상대로 그러듯, 사람들은 나를 게이로 생각하는 경우가 많았다. 열한 살 즈음부터 나는 동성애혐오적homophobic 괴롭힘의 표적이 되었다. 이런 괴롭힘은 청소년기 초기에 일상적으로 지속됐다. 이런 괴롭힘의 근거는 내 억양과 걸음걸이, 관심사 등 또래 아이들이 여성적이라고 코드화한 여러 특징과 태도의 집합이었다. 지금 와서 이런 과거의 경험을 이야기하다 보면, LGBTQ+에 속하지 않는 사람들은 이런 괴롭힘이 욕설('queer', 'batty boy', 'faggot' 등 동성애혐오적 비난)과 이따금 일어나는 신체적 위협, 폭행의 형태였다고 생각하는 듯하다. 대다수가 본능적으로 깨닫지 못하는 부분은 이런 괴롭힘이 대단히 성적이었다는 것이다. 아이들은 내가 게이라는 이유로 섹스에 미쳐 있을 게 분명하다고 생각했다. 나는 나보다 몇 살 많은 남자아이들로부터 항문 성교를 하고 싶다거나, "내 걸 빨아 보라"는 식의 노골적인 말로 괴롭힘을 당하고 모욕을 겪었다. 다른 아이들과 숙소를 같이 썼던 어느 수련회에서는 자다가 깨 보니 누가 내 얼굴에 포르노 잡지를 펼쳐 놓은 적도 있었다. 열세 살 때는 다른 학년의 한 남자아이가 바지 위로 내 사타구니를 움켜쥐며 내가 여자인지 아닌지 "검사"하겠다고 했다. 그래도 나는 구타를 당한 적은 없었고, 나이가 들면서 학교생활은 나아졌다. 내가 이런 경험을 다행스럽게 여긴다는 사실은 슬프지만 학교에 만연한 동성애혐오와 트랜스혐오를 방증하는 것이다. 내 친구 일부와 직장에서 만난 트랜스인들 상당수는 매일 테러를 당하며 그야말로 비참한 학창 시절을 보냈다.

이런 경험 때문에 나는 동성애혐오적, 트랜스혐오적 괴롭힘이 주입할 수 있는 복잡한 수치심의 망을 예민하게 인식하게 되었다. 내 성적 지향이 무엇인지 나조차 확신할 수 없던 시기에 내 성적 지향에 관한 결론을 내린 사람들에게 놀림과 괴롭힘을 당한다는 건 혼란스러운 일이었다. 게다가 나는 학교에서든, 집에서든 그 누구와도 이런 상황을 의논할 수 없다고 느꼈다. 그래 봐야 나의 퀴어성이 더욱 이목을 끌고, 어른들을 자극해 아직 안전하게 대답할 준비가 되지 않은 질문을 유도할 뿐이었을 테니 말이다. 몇몇 진보적인 교사들이 PSHE° 수업 시간에 동성애자와 관련된 주제를 호의적으로 언급하기는 했으나, 이런 교사들은 숫자도 적었고 자주 만날 수도 없었다. 게다가 교육을 받는 내내 트랜스인들에 관한 언급은 전혀 이루어지지 않았다. 개인적으로 어떤 생각을 하는지는 몰라도 대부분의 교사는 이 문제에 관해 입을 다물었다. 더 나쁜 건, 소수지만 일부 교사들이 나를 괴롭히던 또래들만큼이나 편견에 사로잡혀 있었다는 점이다. 나는 한 번 이상 "목소리를 깔라"고 조언을 받았다. 부정적인 관심을 유발하는 여성성을 억압하라는 이런 명령은 완곡한 피해자 탓하기였다. 런던으로 수련회를 갔을 때 우리는 소호 거리를 지났는데, 이때 다름 아닌 교감이 "남자들은 여기서 뒤를 조심해야 한다."라는 농담을 던졌다. 28항은 무거운 그림자를 드리웠다. LGBTQ+ 문제에 관한 교육을 억압한 결과는 LGBTQ+ 아동이 학교에 공개적으로 존재하지 못하도록 막았을 뿐만 아니라, 아이들과 교직원 사이에 공통적으로 퍼져 있던 편견이 아무런 어려움 없이 번성하도록 허용하는 침묵의 문화를 만들어 냈다는 점에서도 치명적이었다. 퀴어 아동의 입장에서는 끊임없이 조금씩 주입되는 치욕을 내면화할 수밖에 없었다. 이들은 (나처럼) 이미 끔찍한 상황을 더 악화시킬지 모른다는 두려움에 목소리를 내기 싫어하는 경우가 많았다. 어린 시절에 이런 수치심을 흡수한 아동의 정신건강에 이후 다양한 부정적 결과가 나타난다는 건 놀랍지 않은 일이다. 28항은 있는 그대로 기억되고 비난받아야 마땅하다. 이 법은 영국의 어린이에게 이 나라의 정책 입안자들이 저지른 아찔한 의무 방기다.

○　　　　personal, social, and health education, 인성·사회·보건 교육.

28항이 폐지된 이후 수십 년 동안은 레즈비언, 게이, 양성애자 학생의 상황이 천천히, 아주 아주 천천히 나아지는 징후가 보였다. 스톤월에서 수행한 연구에 따르면 2007년 이후로 성적 지향 때문에 괴롭힘을 당한 레즈비언, 게이, 양성애자 학생의 숫자는 거의 3분의 1 감소했다. 그러한 괴롭힘을 명시적으로 금하는 학교의 숫자는 거의 세 배가 되었으며, 교실이나 학교 복도, 운동장에서 동성애혐오적인 말이 들릴 가능성은 훨씬 낮아졌다.[11] 학교에서 동성 관계와 성적 지향에 관해 공식적으로 교육해야 한다는 대중의 인식은 강화되고 있다. (그렇다고 이런 인식이 보편적인 것은 아니다. 2019년 3월에는 하원 의원 21명이 영국 학교에서 이루어지는 인간관계 및 성교육에 LGBTQ+ 포용적 지침을 내리는 것에 반대했다. 같은 달에는 버밍엄주의 초등학교인 파크필드 커뮤니티 학교 앞에서 LGBTQ+ 포용적 인간관계 및 성교육에 반대하는 시위가 벌어졌다.)

이처럼 점점 더 많은 사람이 더욱 포용적인 학교 환경을 만들어야 한다는 필요성을 받아들이게 됐지만, 이런 태도가 트랜스 학생에게까지 쉽게 확장되지는 않았다. 1980년대에 미디어가 학교에서 '동성애자 의제'가 퍼질까 봐 두려워했던 것처럼, 2010년 후반에는 '젠더 이데올로기'가 교육 시스템에 침투할지 모른다는 비슷한 공포 분위기가 형성됐다. LGB 포용적 교육에 대한 반대는 현재 종교적 보수주의자나 토리당의 극우파만이 하는 행동이지만, 아이들에게 트랜스인들의 존재를 가르치는 것에 대한 저항은 정치적 성향을 가리지 않고 나타난다. 한편, 미디어에서는 가정이나 학교, 공공기관을 지원하고 관련 교육을 제공하는 단체, 그중에서도 특히 머메이드에 대한 공격이 너무도 자주 일어나고 있다. 더욱 나쁜 것은, 학교에서 트랜스인을 포용하도록 가르치지 못하게 적극적으로 막는 운동을 전개하고자 특수 조직이 설립되었다는 것이다. 이런 단체들은 언론을 통해서나, 트랜스 포용적 지침을 실천하는 지역 의회에 수도 없이 소송을 거는 방법으로 운동을 해 나가고 있다. 그중 하나인 '트랜스젠더 트렌드'Transgender Trend는 『선데이 타임스』나 『데일리 메일』 같은 신문 사설에 정기적으로 기고한다. 이 단체에서 쓴 표현을 그대로 빌리자면, 트랜스젠더 트렌드는 "아동의 사회적, 의학적 '트랜지션', 그리고 성별이라는 생물학적 현실보다 '젠더'라는 주관적 관념에 기초해 학교 교육과 새로운 정책과 법안에 '젠더 정체성' 관련 교육을 도입하려는 시도를 우려하는 모든 사람"을 위해 "걱정하는 부모 집단"이 2015년에 설립한 곳이다. 2018년에, 이 단체에서는 학교에 배포할 자료집을 발행했다. 겉보기에는 주요 LGBTQ+ 단체와 트랜스 단체가 제공하는 자료와 눈에 띄게 유사한 이 자료집은 교사가 젠더 정체성으로 고생하는 아이들을 도와주는 자료라고 한다. 그러나 자세히 살펴보면, 이 자료집에서 제공하는 지침은 트랜스 아동의 요구를 의심하고 억압함으로써 그와 정반대로 작용한다. "트랜스젠더 조직이 하는 조언은 트랜스젠더 개인에게만 초점을 맞추고 있어, 학교가 공동체 전체에 해야 하는 전체론적 의미를 간과할 수 있다"는 것이 이 단체의 불길한 주장이다. 같은 자료집에서는 아무런 증거도 제시하지 않으면서 트랜스 아동과 청소년이 "대단히 새로운 현상"이라고도 주장한다. "학교에서는 사회적 전환을 포함한 아이들의 '트랜지션'을 뒷받침할 장기적 증거가 전혀 없음을 인식해야 한다."라는 것이다.[12]

트랜스젠더 트렌드 같은 반트랜스젠더 단체의 주장에는 학술적 근거가 없다. 그야 학술적 근거를 살펴보면 이들의 주장이 전혀 성립하지 않기 때문이다. 오히려 이들은 트랜스인들은 새로운 현상이라거나, 트랜스인으로 살 때 따르는 사회적 특권이 있으니 이를 꺾어야 한다는 식의 아무 근거 없는 신화와 의구심, 암시에 의존한다. 같은 자료집에서는 "학교에서는 그 어떤 트랜스젠더 아동도 학교의 행위를 통해 '유명인'이 되지 않도록 한다는 목표를 가져야 한다"라고 경고하는 한편, "의학적 트랜지션을 찬양하는 유명 인터넷 트랜스 브이로거로 인한 '사회적 오염'의 위험"에 관해서도 이야기한다.[13] 트랜스젠더 트렌드에 따르면, 트랜스인으로서의 커밍아웃은 아동에게 "비행이나 성적 저하의 핑계로 이용되거나, 다른 아이들은 누릴 수 없는 특권과 예외적 대우를 얻어 내는 방법으로" 활용될 수 있다.[14] 달리 말해, 트랜스인이라면 아이가 더욱 멋지고 인기 있는 존재가 될 뿐 아니라 '감옥 무료 탈출권'처럼 작용하는 특권을 얻을 수 있다는 것이다.

이 모든 주장이 철저한 헛소리라는 점을 강조해 두어야겠다. 사실, 연구에 따르면 영국 트랜스 학생의 현실은 반트랜스 운동 단체가 상상하는 것과 날카로운 대조를 이룬다. LGBTQ+ 학생의 77퍼센트는 젠더 정체성에 관해서든, '트랜스'로 산다는 것의 의미에 관해서든 학교에서 교육받은 적이 한 번도 없다고 말했다. 트랜스 학생의 33퍼센트는 학교에서 자신이 선호하는 이름으로 불리지 못하며 58퍼센트는 편안하다고 느끼는 화장실을 사용하지 못한다.[15] 어른들의 잘못으로 만들어진 이런 환경은 학생 간의 적대감과 괴롭힘을 가중할 뿐이다. 끔찍하게도 어린 트랜스인들 중 10퍼센트가량이 학창 시절에 살해 협박을 당한 적이 있다. 누가 오냐오냐해 주거나 특별 대우를 해 주기는커녕, 수많은 트랜스 아동이 제도적 지원을 거의 받지 못하며 일부 사례에서는 학교에서 온전히 자기 자신으로 살아가지 못하도록 명시적으로 방해받는다는 것이 적나라한 현실이다.

그런데도 더 넓은 포용과 학교폭력 방지를 위한 전면적 노력, 더욱 활발한 보호책이 필요한 이때, 트랜스 아동이 또래 친구들 사이에서 소요를 일으키고 특권을 부여받으며 사회적 오염을 일으킬 위험을 동반하고 다른 아이들에게 '젠더 이데올로기'를 퍼뜨린다는 거짓된 정치적 서사가 출현하고 있다. 위의 모든 사항을 고려하면, 영국이 트랜스 아동과 청소년에 관한 도덕적 공황°에 빠져 있다는 점은 자명하다.

도덕적 공황에 관한 고전적 연구에서, 사회학자 에리히 구드와 나흐만 벤-예후다는 다섯 가지 핵심적인 특징을 개괄한다. 첫째, '우려'는 문제 집단의 행동이 사회에 부정적 영향을 미칠 가능성이 크다는 생각이다. 단어 자체로 상당 부분 설명되는 '적대감'은 문제 집단이 '사회의 적'으로 여겨진다는 뜻이다. 이들은 미디어에 의해 외부자이자 일탈자로 그려지며 범죄를 비롯한 여러 사회 문제의 원인이라고 비난받는다. '합의'는 문제의 집단이 사회에 매우 현실적인 위협을 제기한다는 생각이 널리 받아들여진다는 뜻이다. '불균형성'은 그 결과로 발생하는, 해당 집단에 대한 사회의 반응이 실제로 그 집단이 제기한 위협에 비해 불균

° 어떤 상황이나 사건이 사회의 안녕을 위협한다는 두려움이 퍼지는 현상.

트랜스젠더 이슈

형적으로 심하다는 의미다. 마지막은 '변덕'이다. 전형적으로, 도덕적 공황은 매우 빠르게 나타났다가 잦아든다. 보통 도덕적 공황은 미디어가 만들어 낸 것이므로 공적인 관심사가 시들해지거나 새로운 공황이 이전의 공황을 대체하면서 갑작스럽게 사라진다.[16]

"트랜스젠더 로비로 아이들 희생", "젠더 정체성 광신자들이 어린이를 해친다"[17] 같은 기사를 통해 끊임없이 반복 생산된 트랜스 아동에 관한 이야기, 특히 학교에서의 이야기는 대중에게 경계심을 불러일으킨다—이런 기사 제목을 보고 다른 결론을 끌어내기는 불가능하다. 구드와 벤-예후다가 설명한 도덕적 공황에 꼭 맞는 셈이다. 트랜스인들에게 '사회의 적'이라는 프레임을 씌우는 전략은 크게 세 가지 요소에 의지한다.[18] 먼저, 이들은 트랜스 아동을 일종의 고정관념으로 무신경하게 환원한다. "성별을 바꾼 시커먼 성인 남자"에 관한 익숙하고 닳아빠진 캐리커처를 어린 트랜스 소녀에게 겹쳐 놓았던 닉 로빈슨의 접근이 그렇다. 둘째는 과장이다. 예컨대, 이들은 "급증" 같은 단어나 "성별을 바꾸고 싶어 하는 아동 수 4,000퍼센트 증가로 정부 조사 착수"[19] 등 주의 깊게 고른 통계를 사용해 트랜스인으로 커밍아웃하는 아동의 증가를 과대 선전한다. 2015~2020년 사이에는 잉글랜드 GIDS에 아동(18세 미만) 1만 478명의 진료 의뢰가 들어왔다. 잉글랜드의 전체 아동 인구는 약 1200만 명이다. 그러므로 젠더 문제로 NHS를 찾는 아이들의 숫자가 늘어났고 그 모두가 트랜스인으로서의 정체성을 계속 주장한다고 한들, 그 수는 많아 봐야 잉글랜드 전체 아동 인구의 약 0.09퍼센트에 불과하다. 학교에 대한 LGBTQ+ 단체의 영향력은 거의 변함없이 부정적으로 그려지는데, 그 정도 역시 과장되어 있다(영국에서 가장 큰 LGBTQ+ 재단인 스톤월은 영국의 3만 2,770개 학교 중 약 1,500개 학교와 협력하고 있다). 트랜스 자녀를 둔 가족이 의료적 치료에 접근할 수 있는 편리성과 이런 치료를 받을 수 있는 나이도 마찬가지로 과장된다. 마지막으로, 사회의 적을 만드는 전략은 해당 집단의 행동에 대한 예측에 의존한다. 적대적인 미디어의 기사 제목에서는 '트랜스 로비'가 아이들에게 끼친다는 영향을 설명하기 위해 '그루밍'[20]이라는 단어를 일상적으로 사용해 성 착취 관계를 일부러 암시한다. 트랜스혐오 블로그와 반트랜스 성향의 온라인 포럼 및 SNS에서는 동성애자 아동을 이성애자로 바꾸어 놓으려는 동성애혐오적 음모나 자폐증이 있는 젊은 층을 끌어들이려는 온라인 트랜스 광신도 단체가 존재한다는 터무니없는 주장을 내놓는다. 이런 주장은 트랜스인과 자폐증 사이에 상관관계가 있다는 일부 증거를 바탕으로 한다. 즉, 자폐증이 있는 사람이 젠더 디스포리아를 느껴 자신의 정체성이 트랜스인이라고 할 가능성이 크다는 것이다. 그러나 지금까지는 그 이유가 거의 밝혀지지 않았다. 혹시 있을지도 모르는 상관관계를 설명하는 것보다 더 중요한 것은 자폐증이 있거나 다른 방식으로 신경학적 다양성을 보이는 트랜스 아동이 그렇지 않은 트랜스 아동에 비해 학교에서 괴롭힘이나 따돌림을 당할 위험성이 더 크다는 분명한 사실이다.[21] 트랜스 반대 이론이 트랜스혐오적 고정관념만큼 자폐증에 대한 부정적 고정관념도 들여 올 수 있다는 점 또한 주목할 만하다.

사회학자들은 도덕적 공황이 퇴행적인 정책 변화와 시민권에 심각한 영향을 주는 처벌 수단으로 이어질 수 있다는 데 대체로 동의한다. 똑같이 중요한 점은, 도덕적 공황으로 인해 학교 같

트랜스젠더 이슈

은 기관에서 표적 집단을 보호하는 데 미온적인 태도를 보일 수 있다는 점이다. 아동의 복지와 교육을 책임져야 하는 사람들이 트랜스 아동을 보호할 수 있도록 사실관계에 관한 적절한 훈련과 교육을 받는 일은 그 어느 때보다 중요하다.

트랜스 아동과 그 가족을 둘러싼 도덕적 공황은 트랜스 아동이 이미 직면하고 있는 괴롭힘과 따돌림을 은폐할 뿐 아니라 적극적으로 조장한다.

케이트는 자신과 딸 알렉스가 매일 경험하는 주변 사람들의 태도에 관해 이렇게 말한다. "내킬 때는 받아 주거나 참아 주는 정도인 것 같아요. 트랜스 아동은 존재하지 않고 그저 부모한테 학대당하고 있을 뿐이라는 부정적인 기사라도 실리면, 다른 학부모들이 알렉스를 인지하는 방식이나 더 나아가 자기 자식한테 그런 인식을 심어 주는 방식에 어떤 영향이 있을지 정말 걱정됩니다."

케이트가 특히 걱정하는 것은 미디어의 보도가 알렉스의 학교 경험에 이미 영향을 끼쳤기 때문이다. "우리는 BBC 다큐멘터리(〈트랜스젠더 아동: 누구 말이 맞을까?〉)가 방영된 다음 주에 학교에서 심각한 문제를 겪었어요. 우연히 타이밍이 겹친 게 아닙니다. 부모가 그 프로그램을 보고 자식에게 뭔가 말했고, 그래서 그 아이들이 알렉스에게 적대적인 말을 한 건 아닌지 모르겠습니다. 그런 프로그램은 확실히 영향이 있어요."

조는 괴롭힘과 미디어의 잘못된 재현 방식이 맺고 있는 관계에 관해 비슷한 사연을 가진 수많은 부모의 이야기를 전해 주었다. "다큐멘터리나 신문 기사가 나오면 아이들이 학교에서 괴롭힘을 당해요. 스냅챗에서 욕을 먹고, 구타당하고, 창문에 벽돌이 날아 들죠. 아시다시피 이런 일은 실제로 벌어지고 있습니다. 우리는 우리가 속해 있는 집단에서 이런 일이 벌어졌다는 일화를 계속 듣고 있고요."

알렉스 같은 트랜스 아동도 다른 청소년과 마찬가지로 중학교에 진학하면서부터 전과 달리 편견으로부터 자유롭지 않으며 부모의 보호도 쉽게 받을 수 없는 환경에 들어서게 된다. 다른 10대 소녀와 마찬가지로 알렉스도 젠더로만은 규정되지 않는 개인으로서 세상에 자신의 정체성을 펼치려 할 것이다. 하지만 알렉스의 부모님은 알렉스가 다른 소녀들과 달리 독특한 어려움을 경험하게 될 것을 걱정한다. 10대는 어린아이들과 달리 남과 다른 사람을 괴롭히는 경향을 보이기 때문이다.

케이트는 이렇게 말했다. "중학교 문제요? 쉽지는 않을 거예요. 우리가 사는 동네는 브라이턴처럼 LGBTQ+ 아동에게 좀 더 진보적인 지역이 아니니까 특히 그렇겠죠."

단, 조와 케이트는 영국의 현재 미디어 상황이나 트랜스 아동을 다루는 방식에 경계심을 느끼면서도 좋은 점이 있다고 인정한다. 공적 공간에 더 많은 트랜스인들이 모습을 드러내면서 딸의 미래에 관해 희망을 품게 되었다는 것이다. 두 사람은 사회의 태도가 지금도 좋은 쪽으로 변하고 있으며 앞으로도 그러리라고 믿는다. 조는 이렇게 말했다.

예전에는 알렉스의 미래 인간관계와 장래에 관해서, 알렉스의 수명과 건강을 비롯한 모든 문제에 관해서 심하게 걱정했습니다. 지금은 어떠냐고요? 솔직히, 전 알렉스가 아무렇지 않을 거라고 생각해요. 모든 사람에게는 각자의 문제가 있죠. 저마다 각자의 싸움을 해야 합니다. 물론 알렉스가 걱정되기는 해요. 다들 자기 자신은 걱정하니까요. 다만 우리는 트랜스인이면서 공적으로 정체성을 드러내고 훌륭하게 잘 사는 사람들을 이미 많이 보고 있어요. 그런 사례는 앞으로 점점 더 많아질 것이고 알렉스는 괜찮을 겁니다.

나는 알렉스가 피할 수 없는 어려움을 겪긴 하겠지만, 끝까지 도와줄 준비가 된 부모님의 사랑과 응원으로 결국 잘 살아가게 될 거라고 생각하며 알렉스네 집을 떠났다. 알렉스를 만나자 미래에 대한 희망도 생겼다. 알렉스와 나는 둘 다 트랜스 여성으로 겨우 한 세대 차이를 두고 태어났지만, 알렉스가 어린 시절을 보내고 있는 세상은 내가 아는 세상에 비해 트랜스인들을 위한 공간이 훨씬 많은 곳으로 보인다.

하지만 이렇게 보면, 오늘날 영국 트랜스 아동의 또 다른 문제점이 떠오른다. 알렉스의 가정은 사랑과 안전을 제공했지만, 모든 트랜스 아동이 이런 상황에 있는 것은 아니다. 전 세계에서 수행된 LGBT 관련 조사 중 가장 규모가 큰 조사로서 2018년에 실시된 영국 정부의 '전국 LGBT 조사'National LGBT Survey에 따르면, 트랜스인의 44퍼센트가 부정적인 반응이 걱정돼 가정에서 자신의 젠더 정체성을 드러내지 않았다. 이 조사에서는 트랜스 아동이 두려워하는 부정적 반응의 종류도 살펴보았다. 27퍼센트는 설문조사 직전 해에 함께 사는 사람으로부터 언어폭력을 경험했다고 답했다. 5퍼센트는 함께 사는 사람에게 신체적 폭력을 경험했다고 말했다. 놀랍게도, 두 경우 모두 가해자는 부모인 경우가 가장 많았다.[22]

가족의 거부 또는 가족과의 절연은 장기적으로 건강에 파괴적인 영향을 끼친다. 물질적 영향도 있다. 가출할 수밖에 없는 아동도 있고, 부모에게 쫓겨난 만큼 그만한 선택지조차 없는 아동도 있다. 그 결과 10대에서 20대 초반에 이르는 영국의 트랜스 청소년과 청년은 시스젠더인 동년배에 비해 노숙을 경험할 확률이 훨씬 높다. 1989년부터 LGBTQ+ 젊은이들을 지원하며 안전한 주거를 제공해 온 단체인 akt(구 앨버트 케네디 재단)의 연구조사에 따르면, 청년 노숙자의 24퍼센트는 LGBTQ+ 정체성을 가지고 있다. 그중 77퍼센트는 보통 성적 지향이나 젠더 정체성과 관련된 가족의 학대나 거부로 노숙을 하게 됐다.[23] 트랜스 청년은 소수자 중에서도 소수자지만, 노숙자 중에는 이들이 불균형적으로 많다. 트랜스인들 4명 중 1명은 노숙을 경험한 적이 있다.

akt의 책임자인 팀 식스워스는 런던에 있는 akt 본사에서 이렇게 말했다. "유의미한 숫자 증가가 있었습니다. 12년 전 제가 akt 활동을 시작했을 때는 우리 서비스를 이용하는 사람의 5퍼센트 미만이 트랜스 정체성을 가지고 있었습니다. 지금은 그 비율이 약 35퍼센트입니다." 나중에 나는 akt의 뉴캐슬 지부장인 던과도 이야기해 보았는데, 그는 잉글랜드 북동부에서는 akt의 서비스를 이용하는 청년의 절반가량이 트랜스인이라고 말했다. 팀과 던은 10년을 겨우 넘는 시간 동안 발생한 이런 극적 증가의 원인이, 점점 더 많은 사람이 비교적 어린 나이에 커밍아웃을 하게 되었으나 가족과 공동체의 태도가 발전하는 속도는 그만큼 빠르지 않기 때문이라고 했다. 그 말은 10대 및 20대 초반의 트랜스인들이 적대감을 경험하고 있다는 뜻이다. 던은 젊은 레즈비언, 게이, 양성애자에게도 서비스를 제공하는데, 이들과 트랜스인들의 핵심적인 차이는 바로 이런 부정적 반응에 있다고 했다. "성적 지향은 비교적 쉽게 이해받고 있지만, 젠더 정체성은 여전히 사람들에게 이해하기 힘든 개념입니다. 부모들은 청년층에게 무슨 일이 일어나고 있는지 몰라서 형편없는 반응을 보일 수 있습니다."

11월의 어느 싸늘한 저녁, 나는 카디프에서 열린 트랜스 청년 모임에서 트랜스 남성인 25세의 루디 해리스와 처음 인사했다. 요즘 루디는 카디프 대학교에서 석사 과정을 밟고 있다. 그는 좋은 친구들을 두고 있으며 약혼도 한 상태로, 괜찮은 삶을 살아가고 있다. 하지만 루디의 말에 따르면, 그는 거의 1년 전만 해도 노숙자였다. 내가 모임을 떠나기 전에 루디는 내게 며칠 전 시머스 심루(웨일스의 주거 지원 단체 총연맹)에서 마련한 모임에서 했던 연설문을 내밀며 그 안에 자신의 경험이 온전히 담겨 있다고 말했다. 나는 집으로 돌아가는 기차에서 그 연설문을 읽었다.

연설문은 이렇게 시작한다. "저는 2016년 여름에 대학교를 졸업했습니다. 대학원 생활을 시작할 만큼 정신건강이 좋지 못했기에 사우스웨일스에 있는 집으로 돌아가야만 했습니다. 저희 집안은 종교적으로 놀랄 만큼 보수적입니다." 루디는 17세 때부터 퀴어로 커밍아웃했다. 처음에는 양성애자로 커밍아웃했지만, 대학에 와서 테스토스테론을 투여하며 의학적으로 남성으로의 트랜지션을 시작했고 그 결과 더 남성적인 모습과 목소리를 갖추게 됐다. 루디의 직계 가족은 이런 개념을 이해하지 못했다. 루디가 집으로 돌아왔을 때는 특히 한 친척이 그의 인생을 지옥으로 만들었다.

루디는 이렇게 말을 이었다. "집에서 제가 경험한 학대는 언어적인 것에서 신체적인 것으로 수위를 높여 갔습니다. 멀리 사는 연인과 의논한 끝에, 저는 지역 가정폭력 센터를 찾아가 도움을 받기로 했습니다." 가정폭력 센터의 전문가들은 루디가 목숨을 잃을 수 있다고 진심으로 걱정했다. "센터에서는 평가 결과 제가 언제든 살해당할 위험에 처해 있다고 판단하고, '그대로 집에 머문다면 6개월 이내에 사망할 것'이라고 말했습니다."

상황이 심각했지만, 루디는 기존의 가정폭력 피해자를 위한 복지 서비스가 자신 같은 사람(트랜지션 중인 트랜스 남성)을 염두에 두고 고안된 것은 아니라는 사실을 알게 되었다. 사실, 가정폭력 지원 서비스는 젠더화된 경향이 매우 컸다. 그는 이렇게 말을 이었다. "제게는 세 가지 선택지가 주어졌습니다. 여성 쉼터, 남성 쉼터, 혹은 시의회에 노숙 중인 주거취약자로 등록하는 것 등이었습니다. 제가 노숙 생활을 선택했다는 것만 봐도 2019년 현재 영국의 트랜스인들이 살아가고 있는 두려운 상황을 전부 짐작하실 수 있을 겁니다."

루디는 자신처럼 남성으로의 트랜지션 과정에 있는 사람은 심하게 젠더화된 가정폭력 쉼터에서 표적이 될 수 있다고 보았다. "호르몬 요법 때문에 제 모습과 목소리는 매일 더 남성적으로 변해 갔습니다. 젠더화된 쉼터에 들어가려고 했다가는 누군가가 저를 지라시에 제보할지 모른다는 걱정이 들었습니다."

루디는 위기 지원 서비스를 찾는 트랜스인들이 공통적으로 직면하는 문제에 부닥쳤다. 이들은 전문적인 지원을 충분히 받지 못할 뿐 아니라 강하게 젠더화된 서비스를 두려워하는 이유도 이해받지 못한다. 이들은 루디가 그랬듯 복지 체계 내에서 더 심한 괴로움과 편견을 겪을지 모른다는 두려움 때문에 오히려 서비스에서 배제되는 편을 택하곤 한다. 루디는 지역 당국에 노숙 중인 주거취약자로 등록했지만, 문제는 끝나지 않았다. 지난 10년간 영국 전역에서는 노숙자 수가 매년 증가했다. 웨일스에서 수용 대기 중인 노숙자 인구가 엄청나게 많았기에 루디는 가정폭력 때문에 집을 나왔는데도 4단계 긴급 분류상 겨우 3단계인 'C등급' 우선순위밖에 부여받지 못했다. 루디는 주거 제공을 기다리는 사람들이 보통 그렇듯 조식 제공 숙박 시설에 배정됐다. 여기에서 사태가 더욱 나빠졌다.

"그곳에서 지낸 지 2주쯤 지났는데, 새로 온 남자가 우리와 같은 테이블에서 아침을 먹기 시작했습니다. 게이를 구타해 수감되었다가 막 출소한 사람이었습니다. 그는 자기 범죄를 자랑스러워하는 것처럼 보였습니다. 저는 그곳에서 나오지 않으면 더 심한 학대를 당할 심각한 위기에 빠져 있음을 직감했습니다."

여기에서 루디는 주거 문제나 노숙을 경험하는 트랜스인들의 핵심적 문제와 또 한 번 맞닥뜨렸다. 동성애혐오적이거나 트랜스혐오적인 사람들과 함께 공동 숙소에서 살아갈 때 뒤따르는 학대의 위험 말이다. 복지 혜택에 관한 영국 정부의 기본적 입장은 유니버설 크레딧° 혜택을 받는 35세 미만의 모든 비혼 인구(과거에 이들은 주거 혜택을 받았다)는 국가의 비용 지출을 줄이기 위해 다른 사람들과 함께 공용 숙소에서 살아야 한다는 것이다(시설 출소자나 특정 장애인에게는 예외 규정이 적용된다). 노숙 직전까지 내몰린 사람들에게 제공되는 긴급 숙소(루디가 머물렀던 조식 제공 숙박 시설 등)에서는 가장 기본적인 사생활도 보

° 소득별로 다른 복지 혜택을 제공하는 제도.

장되지 않는다.

akt의 던은 이렇게 말했다. "트랜스 청년이 공용 화장실이 딸린 호스텔에 배치되는 경우가 있습니다. 트랜지션 중인 젊은 트랜스 여성이 공용 화장실을 써야 했던 경우도 있고요. 받아들일 수 없는 일입니다." 이런 사생활 부족은 비트랜스인으로 '패싱'pass°될 수 없는(혹은 그러기를 원하지 않는) 트랜스 청년에게 특히 곤란한 문제다. 화장실 같은 사적 공간에서 괴롭힘을 당하는 경우가 많기 때문이다. 던은 이렇게 설명했다. "공용 시설에 살면서 하루 종일 가슴을 동여 매고 다니는 트랜스 남성도 문제가 됩니다. 다른 거주자들에게 비밀을 알리고 싶지 않아서 다른 사람들이 잠든 깊은 밤까지, 몸에 해로울 정도로 오랜 시간 동안 가슴을 동여 매고 지내는 트랜스 남성은 매우 곤란한 처지에 빠져 있는 것이죠."

akt의 책임자 팀 식스워스가 "대단히 사적이고 개인적인 트랜지션 과정을 겪고 있는 사람에게는 공용 숙소가 적합하지 않다."라고 강조해서 말했듯이 말이다.

루디는 폭력적인 동성애혐오 범죄를 저질렀던 사람과 한 숙소를 쓸 수밖에 없는 상황이 되자 웨일스 의회의 지역구 의원에게 편지를 써서 다른 기관으로 이관되었다. 시의회에서 그에게 적합한 임시 주거를 찾아 주는 데 애를 먹는 바람에 3개월간은 비상 숙소에 머물러야 했지만 말이다. 루디가 시머스 심루에서 한 2019년 11월 연설문에 따르면, 그에게 머물 곳을 찾아 줄 때 발생

°　　　특정 성별에 대한 고정관념과 일치하는 겉모습을 가진 사람이 으레 그 성별의 구성원이라고 생각되는 것.

한 어려움은 트랜스인이라는 정체성에서 직접적으로 기인했다. 활용할 수 있는 호스텔과 공용 주거, 임시 숙박시설은 성별에 따라 구분되어 있거나 특정한 연령 제한을 두고 있었기 때문이다.

"저는 나이가 너무 많아서, 충분히 여자가 아니라서, 충분히 남자가 아니라서 어느 곳에도 들어가지 못했습니다. 연옥에 갇힌 것이나 마찬가지였습니다. 가정폭력 피해자인 트랜스젠더 남성으로서, 저의 존재는 그 누구의 프로토콜에도 들어 있지 않았습니다." 이런 문제는 부분적으로 외모 때문에 발생한다. 트랜지션 중인 트랜스 남성은 남성으로 보이면서 여성 쉼터에 들어가는 것에 불안을 느끼는 한편, 남성 쉼터에서 트랜스인으로 드러날 경우 공격에 노출될 수 있다는 두려움도 느낀다.

팀 식스워스가 내게 한 말에 따르면, 이는 다면적 정체성을 가진 취약 계층 사람들의 근본적 문제다. "복지 서비스에서는 한 번에 한 가지 문제만을 다룰 수 있기에 우리를 구획화합니다. 그래서 사람을 온전한 인간으로 보지 못하죠. 이건 엄청난 문제입니다. 너무 많은 것을 놓치게 되니까요."

루디는 웨일스의 노숙자 지원 단체인 라마우Llamau 소속 활동가의 도움으로 마침내 홀로서기에 성공했다. 라마우에서 운영하던 긴급 숙소에 배정된 것이다. "라마우에서는 제가 뿌리를 내리고 다시 삶을 일으킬 수 있도록 일을 하며 머물 수 있는 장기 숙소에 저를 배정해 주었습니다." 루디도 팀과 같은 의견이다. "인간은 체크박스의 항목으로 표현할 수 없는 복잡한 존재입니다. 우리는 틀에 넣고 찍어 낸 존재가 아닙니다."

최근 활동가들은 다양한 형태의 소외와 편견, 억압이 특정 맥락에서 결합한다는 점을 폭넓게 인식한다(이를 '교차성'intersectionality이라 한다). 그러나 공동체 복지 시스템의 최전선에서 일하는 사람들의 입장에서는, 가족들에게 거부당해 살 곳을 찾는데 어려움을 겪는 트랜스 청년의 교차적 취약성을 고려할 만한 시간도, 자원도 없기가 십상이다. 예컨대 특정 인종, 문화, 종교적 배경을 가진 트랜스 청년은 도움이 필요할 가능성이 더 크다. 팀의 말에 따르면, 런던에서는 akt 서비스 이용자의 80퍼센트가 흑인, 아시아인 및 소수민족이다. 런던 외의 지역에서도 akt 서비스 이용자 중 이들의 비율은 58퍼센트에 이른다. 그렇다면 주거 지원을 받아야 할 유색 인종 트랜스 청년은 그 비율이 불균형적으로 높다고 할 수 있다. 이들은 트랜스인이어서 겪을 수 있는 제도상의 장벽에 더해, 인종 때문에도 비슷한 문제를 경험한다고 볼 수 있다. 팀의 설명에 따르면, 이런 일이 발생하는 이유는 자선단체와 주거 분야에서 도움을 제공하는 사람이 해당 지역사회를 제대로 반영하지 않기 때문이다. "유색 인종의 입장에서 보면, 이들의 도움 요청에 응답하는 사회 서비스 대부분이 종교적이지 않은 백인들의 손으로 운영됩니다. 그러므로 도움이 필요한 청년에게 서비스에서 일하는 백인 청년들이 보이지 않거나, 그분들이 다른 유색인 혹은 종교를 믿는 사람을 보지 못하는 경우가 생깁니다."

akt에서는 직원과 자원봉사자 모두가 서비스를 이용하는 청년층과 비슷하게 구성되도록 노력하고 있다. 이런 자원봉사자 중한 명은 과거 akt의 지원을 받았던 27세의 로빈으로, 그녀는 트랜스 여성적 정체성을 가지고 있는 논바이너리 트랜스인이다(그 말은 로빈이 출생 시 남성이라는 성별로 지정되었으나, 현재는 젠더 스펙트럼에서 여성에 가까운 정체성을 가지고 있으며 여성 대명사를 쓴다는 뜻이다).

"저는 버밍엄에서 태어나고 자랐어요. 거의 모든 주민이 이슬람교도고 대체로 파키스탄 출신인 조그만 동네에서 컸죠." 로빈은 말했다. 그녀는 파크필드 커뮤니티 학교에 다녔는데, 이 학교는 2019년에 LGBTQ+ 포용적인 인간관계 교육을 했다는 이유로 학교 정문 앞에서 시위가 벌어져 신문에까지 났던 학교다. "하필 그 학교에서 시위가 일어난 것도 놀라운 일은 아니에요." 로빈은 말했다. 로빈의 가족도 이슬람교를 믿었지만, '엄청나게 종교적'이지는 않았다. 오히려 로빈의 가족은 '문화적으로' 신앙을 드러내는 편이었다. 로빈은 성적 지향이나 젠더가 문제가 되기 한참 전부터 자신이 집안의 '검은 양'이 된 기분이었다.

"저는 가족들과 같은 것들에 흥미를 느끼지 못했어요. 가끔은 가족들이 아주 심한 편견을 보였죠. 그냥 아주 많은 문제에서 가족들의 시각에 동의할 수 없었어요. 우리는 성격이나 정치적인 면에서 엄청나게 달랐고, 그래서 제가 튀어 보였어요." 로빈의 어린 시절은 불행했다. "학대가 있는 가정이었어요. 젠더 문제가 시작되기 전에도요."

폭력이 있었나요, 나는 물었다.

"있었죠. 그야말로 끊임없었어요. 거의 아버지만 폭력을 썼는데, 나이를 좀 먹더니 오빠도 끼어 들더라고요. 저랑 오빠랑 여섯 살 차이거든요."

로빈은 이른 청소년기에 자신이 모든 젠더의 사람에게 매력을 느낀다는 것을 깨달았고, 자신이 게이인지 바이인지 혼란스러워졌다. "저는 트랜스인들이 존재하는 줄 몰랐어요. 10대 후반이 되어서야 그게 어떤 사람들한테는 이름을 붙일 수도 있다고 느껴지는 존재라는 걸 깨달았죠. 저는 제가 아주 여성적인 게이 아니면 바이인 남자라고 생각하고 있었거든요. 그냥 여성적으로 보이고 싶다고만 생각했죠. '난 여장남자drag queen인 건가? 잘 모르겠어.'라는 식이었어요."

대학에서 로빈에게는 양성애자로 커밍아웃할 공간이 생겼다. 머잖아 그녀는 자신이 트랜스인이기도 하다는 사실을 깨달았다. 하지만 그녀는 정신건강과 관련된 문제로 22세에 학교를 그만두어야 했다. 그녀는 직장이 없었고, 이제는 살 곳도 잃었다. 로빈의 가족은 그녀가 게이일지도 모른다고 의심하며 그걸 막기 위해 지나치게 동성애혐오적으로 변해 버렸다. 로빈은 집으로 돌아가는 대신 akt에 찾아왔고, akt에서는 로빈이 머물 곳을 찾도록 도움을 주었다. 결국 로빈은 페이스북에서 친구들에게 커밍아웃하기로 했다. 그건 가족들에게도 진실을 말해야 한다는 뜻이었다. "가족들한테 말한다니 너무 슬프고 스트레스가 심했어요. 뭐, 학대를 하는 사람들이니까, 하는 생각에 가족들이 나쁘게 반응할 거라고 봤죠. 가족들한테 말하기 싫다는 스트레스만으로 정말 병이 났어요."

로빈의 정신건강은 자살을 시도할 정도로 악화했다. 로빈은 남성 정신병동에 배치되었다. 그곳에서 로빈은 자신이 트랜스인이라고 고백하며 괜찮은지 묻는 문자를 가족 전체에게 보냈다. 답장은 오지 않았다. "그때 언니한테서 전화가 왔어요. '네가 여자라는 온갖 미친 소리를 지껄이는 걸 보니 병원에 그대로 있어야겠다. 걱정하지 마, 고칠 수 있어.'라더군요."

로빈은 정신병에 걸렸다는 식으로 타협하고 미안하다고 하면 가족이 다시 아들이자 형제로 자신을 받아 주리라고 생각하지만, 현재로서는 남동생을 제외한 모두가 그녀와 연락을 끊었다.

로빈은 LGBTQ+ 단체의 도움을 받았음에도 인종적, 종교적 배경 때문에 백인들에게 '정리당할까 봐' 불안했다고 애써 지적했다. "가족의 종교에 관해서 얘기할 때 불편한 경우가 많았어요. 사람들이 그냥 '어, 너는 트랜스인인데 가족은 이슬람교도라고? 뻔하네, 그 둘은 함께 갈 수 없지.'라고만 말할까 봐 걱정됐죠. 네 사연이야 뻔하지, 하는 식일까 봐요. 근데 아니에요. 늘 그렇게 쉬운 문제는 아니죠."

인종 때문에 형성된 트랜스인으로서의 삶의 경험에 대한 이야기를 하면서, 로빈은 편견의 양쪽 전선에서 동시에 싸우는 느낌이 들었다고 말했다. 가족 공동체의 트랜스혐오와 맞서 싸우는 동시에, 그녀가 도움을 구하려는 트랜스 공동체 내의 인종차별적 편견과도 맞서 싸워야 했다는 것이다. "저는 트랜스 단체와 잘 지내려고 정말로 열심히 노력했어요. 트랜스 단체는 거의 백인만으로 이루어져 있죠. 일부러 그렇게 만든 건가 싶을 정도예요. 이제야 나와 맞는 사람들을 찾았다고, 이 사람들은 내 경험을 이해한다고 간신히 느꼈는데, 다음 순간에는 그 사람들 모두가 백인이고, 유색인 트랜스 여성으로서 내가 경험한 것은 아주 조금밖에 이해하지 못한다는 걸 알게 됐죠."

로빈의 말에 따르면, 그녀를 향한 인종차별적인 편견 중 하나는 그녀가 성 노동자일 게 틀림없다거나 과거에 성 노동자였으리라는 것이었다. 어떤 사람은 로빈에게 직접 묻기도 했다. "다 떠나서, 정말 무례한 말이잖아요. 세상에 오직 한 가지 이야기만 있다고 믿고서 던지는 질문이기도 하고요. 백인한테는 아무도 그런 질문을 하지 않을걸요. 불편할 테니까요. 그런데도 내 이야기는 전부 안다고 생각한다면, 그건 우리 이야기가 전부 똑같다고 생각하기 때문이죠."

　현실적으로, 노숙 생활을 불균형적으로 많이 경험하는 사람들은 대체로 유색인 트랜스인들이다. 그런데도 트랜스 운동이 백인을 위해 백인이 주도하는 운동으로 인식된다는 로빈의 설명은 트랜스 해방을 위한 정치적 운동에서 우선순위를 어떻게 설정해야 하느냐는 문제를 제기한다. 최근 '트랜스 인권'에 관한 미디어의 관심은 법률적 권리(법적 젠더 인정에 관한 절차를 합리화한다거나, 젠더 중립적 여권을 만드는 등) 및 대명사를 쓸 때 조심하는 등의 예의에 초점을 맞추어 왔다. 이런 강조점은 부분적으로 시스젠더인 사람들이 설정한 미디어 의제에서 기인한 것으로, (앞서 살펴봤듯) 논란을 일으키고 문화 전쟁에 기름을 끼얹는 경우가 많다. 그 결과, 개인의 정체성을 중심으로 형성된 수많은 운동이 그렇듯 트랜스 운동에서도 계급 정치와 자본주의에 대한 더욱 광범위한 비판은 부수적인 것으로 취급된다. 물론, 이런 일이 발생하는 이유 중 하나는 트랜스인들이 시민권을 지키고 사회생활에서 존중을 받기 위해서만도 시간과 에너지를 써야 하기 때문이다. 그러나 그 외에도 직접적인 이유가 있다. 어떤 소수자 집단에서든, 법적인 젠더 인정과 더 나은 처우를 위한 운동을 주도할 만한 시간과 자원, 정치적 접근권을 가진 사람은 중산층인 경우가 많고, 이들은 수많은 이들의 참여를 가로막는 가난이나 노숙 같은 긴급한 문제를 제대로 이해하지 못한다. 이런 대표성의 불균형이 소수자 집단 전체의 경제적 해방보다 개인의 자유를 강조하는 '단일 주제' 우선순위 설정으로 이어진다.

　트랜스 정치도 다르지 않다. 미디어에서 가난과 노숙에 '트랜스젠더 이슈'라는 프레임을 적용하는 경우는 드물다. 대규모 LGBTQ+ 단체도 그러기는 마찬가지다. 그러나 취약 계층 트랜스인들에게 그 어떤 정책보다도 해로운 영향을 끼친 것은 2013년 보수당 주도의 연합정부에서 재정 긴축 프로그램의 일환으로 도입한 유니버설 크레딧 제도였다. 수혜자가 복지 혜택을 받기 전에 무조건 6주를 기다려야 하는 유니버설 크레딧은 트랜스 청년이 고생길에 접어드는 핵심적인 이유다. 팀 식스워스가 지적했듯이 말이다. "그 정도 기간이면 임대인에게 쫓겨날 수 있다. 청년의 재정 상태가 아주 빠르게 악화할 수 있을 만큼 긴 기간이다."

더 나쁜 건, 재정 긴축이라는 약탈 행위 때문에 주거 위기가 발생했고 이로써 취약 계층의 세입자가 임대인의 편견에 노출될 수밖에 없어졌다는 점이다. 이런 상황에는 세입자가 트랜스인이라는 이유로 임대를 거부하거나 수급 생활자라면 누구에게나 임대를 거부하는 경우가 포함된다. 후자는 가난 자체에 대한 편견이다. 팀은 말했다. "오늘날 임대인은 안정적인 직업이 있으며 일정 수준의 소득이 있고 임대료를 확실히 낼 수 있는 사람에게만 관심을 갖는다."

집이 없는 수많은 트랜스인들이 노숙을 피하는 방법은 '소파 갈아타기'다. 친구 집에 머물거나, 때로는 성sex을 제공한 대가로 머물 곳을 얻는 방식이다. 불가피하게 일부는 노숙 생활을 하게 된다. 거리에서 생활하는 트랜스인들의 삶은 참혹할 수 있다. "집이 없으면 공격당해요. 트랜스인인데 집까지 없으면 더 많이 공격당하죠." 24세의 트랜스 여성 노숙인인 안나는 지역 신문 『브리스틀 케이블』Bristol Cable에 이렇게 말했다.[24] 안나는 자신이 트랜스인이라는 사실을 "처음부터 알았지만, 그 느낌을 표현할 수 있었던 건 열세 살이 되었을 때"라고 했다. "1년은 숨겼죠. 몰래 빠져 나가서 옷을 차려입고 자신감을 쌓으려고 노력했어요. 그런 다음 엄마한테 말했고, 그걸로 끝이었죠. 엄마는 저를 두들겨 패고 내쫓았어요." 열네 살 나이에 거리로 쫓겨난 안나는 이후 10년간 노숙자로 살았다. 트랜스 여성으로서 노숙 생활을 했기에 그녀는 특히 취약해졌다. "성적 대상으로 트랜스젠더인 사람들을 대하는 사람들이 얼마나 많은지 알면 놀라실 거예요. 역겹죠. 나 자신이 쓰레기처럼 느껴져요."

거리에서 이루어지는 성매매 제안이나 성폭력 위협은 무자비했다. "'이리 와서 내 것 좀 빨아 볼래?' '대 주면 오늘 밤에 지낼 곳을 줄게.' '한 번 빨아 주면 60파운드 줄게.' 사람들이 보는 우리 가치가 그 정도예요. 내가 노숙자고 사회적 약자라서 상황이 더 나쁘죠. 저를 강간하려는 사람들도 있었어요."

안나 같은 사례는 너무 많다. 2017년 7월, 『브리스틀 포스트』Bristol Post에서는 브리스틀에 사는 또 다른 트랜스 여성 노숙인인 조가 교회에 갔다 와 보니 그동안 지내던 버스 정류장에 누가 일부러 불을 붙였더라는 이야기를 보도했다. 조는 근처 담에 걸터앉아서, 불길이 그녀의 모든 소지품을 잿더미로 만드는 모습을 무력하게 지켜보았다. 조를 잘 아는 주민들은 신문에 조가 "트랜스젠더이며 밖에 살았기 때문에 학대를 당했다"라고 밝혔다.[25]

안나와 조의 이야기는 모두 트랜스 노숙인을 대상으로 한 폭력을 강조해 보여 준다. 그런데도 수많은 사람들은 주류 노숙인 쉼터에서의 트랜스혐오 때문에 거리에 머물 수밖에 없다고 느낀다. "LGBT 호스텔을 만들어야 해요. 저를 남성 호스텔에 넣지는 못하죠. 그랬다간 제가 공격을 당할 테고 다른 일도 일어날 수 있으니까요. 하지만 여성 호스텔에도 넣을 수 없어요. 저한테는 아직 '물건'이 있으니까요." 안나의 『브리스틀 케이블』 인터뷰를 통해서도 복지 서비스의 젠더화 때문에 수많은 트랜스인들이 복지 사각지대로 밀려난다는 점을 알 수 있다.[26]

변화는 계급 정치를 다시 정치 의제로 올릴 때에야 일어날 것이다. 이는 예컨대 유니버설 크레딧, 공공 주택의 부족, 개인 임대업자의 무제한적 권한에 대한 광범위한 비판을 LGBTQ+ 운동과 트랜스 정치의 핵심에 통합시킨다는 뜻이다. 트랜스인들(그리고 더 폭넓은 LGBTQ+)의 주거 불안정 문제를 해결하기 위한 행동은 절실히 필요하다. 런던의 어느 활동가 단체에서 이 문제를 다루기 시작했다. 2017년 겨울에 발족한 '아웃사이드 프로젝트'는 영국 최초의 LGBTQ+ 전용 노숙인 쉼터다. 처음에는 크라우드 펀딩을 통해 매입한 침대 12개짜리 관광버스로 이루어져 있던 이 프로젝트는 현재 지역 당국의 보조금을 받고 있으며, 클러큰웰의 옛 소방서 내에 안정적인 숙소를 두고 있다. 이 숙소는 낮에 LGBTQ+ 단체의 커뮤니티 센터로도 쓰인다.

2019년, 런던에서 열린 프라이드 축제 전야인 7월의 더운 저녁에, 나는 아웃사이드 프로젝트의 캠페인 매니저 해리 게이의 안내를 받아 쉼터를 둘러보았다. 그의 설명에 따르면, 아웃사이드 프로젝트를 시작한 사람들은 주류 복지 시스템의 노숙인 관련 파트에서 일해 온 사람들이었다. "그 사람들은 LGBT 스펙트럼에 속한 다양한 사람들이 복지 시스템에 들어왔다가, 주류 쉼터에서 고생하는 모습을 보았습니다. 주거 관련 자선단체가 있었지만, 위기를 겪는 사람들에게 정말로 도움이 되는 건 없었죠."

바깥의 뜰을 걸어가는 동안에는 음악이 울려 퍼지고 소란스러운 분위기가 이어졌다. 투숙객과 자원봉사자 들이 내일 행진에 쓸 팻말과 현수막에 스프레이 페인트를 칠하고 있었다. 숙소 내부도 똑같이 생기 넘쳤다. 아웃사이드 프로젝트의 플래카드에 적힌 슬로건은 LGBTQ+ 이민자와의 연대, 국경선의 폐지, 주거권, 자본주의 종식 등 노골적으로 급진적인 내용이었다. 그날 이른 시간에, 나는 해리가 전국 단위 텔레비전에 나와 프라이드 축제가 너무 상업화되었다고 주장하는 것을 보았다. 그의 말에 따르면, 런던 프라이드 주최 측은 아웃사이드 프로젝트가 하는 중요한 활동보다는 이 단체의 급진적인 이미지에 정신이 팔린 듯했다.

나는 해리에게 사회주의자냐고 물었다. 그는 이렇게 대답했다. "네, 당연하죠." 아웃사이드 프로젝트는 어떨까? "글쎄요, 우리가 하는 모든 일은 사회주의적입니다. 제 생각이지만 자유주의적이기만 한 운동은 그저 마케팅 전략일 뿐이에요. 자본을 증가시킬 뿐 공동체에 실질적으로 도움을 주지 못합니다." 구체적으로, 아웃사이드 프로젝트의 활동가들은 자신들이 실제로 기업과 중산층 경험에만 초점을 맞추는 주류 LGBTQ+ 운동을 비판한다고 본다. "우리는 풀뿌리로부터 상향식으로 활동하며, 투숙객들의 필요를 살펴봅니다. 제 생각에 현재 이루어지는 운동은 전부 직장에서의 차별 금지 정책에 관한 것이거나 이런 정책의 성공을 기념하는 것입니다. 그것도 좋지만, 거기에만 치중하다 보면 운동에서 빠뜨린 사람들이 완전히 간과됩니다. 트랜스인이라든지 집이 없는 사람들 말이죠. 우리한테 필요한 건 직장에서의 차별 금지 정책이 아니라 주거라는 게 우리 노선입니다. '이 단체에 젠더 중립 화장실이 있다니 멋지지 않니?'라는 말을 할 때마다 우리는 이런 식으로 대답합니다. '네, 당연히 멋지죠. 하지만 그런 화장실이 일반적인 것이 되어야 합니다.'"

해리는 자신의 정치적 입장이 형성된 건 투숙객들이 노숙을 하게 된 근본 원인을 살펴보면서부터였다고 말했다. "사장이 직장에서의 차별 금지 정책을 실시하는 것도 좋죠. 하지만 제로아워 노동 계약°이나 최저시급은 어떤가요? 이런 것들은 실제로 사람들이 우리 단체와 접촉하게 되는 이유입니다. 노동 계급의 문제죠. 그런 사람들이 결국 우리 쉼터에 오게 됩니다."

쉼터 자체에는 열세 자리가 있다. 하루만 묵고 가는 사람도 있고, 이따금 왔다 가는 사람들도 있으며, 장기간 머무는 사람들도 있다. 목표는 보통 투숙객들에게 장기적 주거를 제공하는 것이다. 그러기 위해 아웃사이드 프로젝트는 비교적 전통적인 LGBTQ+ 주거 복지단체인 스톤월 하우징Stonewall Housing과 협력한다(앞서 언급했던 스톤월과는 완전히 다른 단체로, 둘 다 뉴욕시에 있는 스톤월 여관에서 이름을 땄다). 해리는 아웃사이드 프로젝트가 중요한 수요를 채워 준다고 말했다. "제 생각에 우리 쉼터의 가장 좋은 점이란, 주류 복지 시스템에서는 투숙객들이 직원이나 다른 투숙객의 동성애혐오 혹은 트랜스혐오로 인해 자신의 정체성이나 그 정체성을 숨겨야 할지에 관해 집착하게 되는 반면 여기서는 주거 문제에 집중하게 된다는 점입니다. 이곳은 다른 모든 것이 그냥 정상적일 수 있는 공간입니다."

○　　　특정한 노동 시간을 규정하지 않은 채 일이 생길 때마다 와서 노동을 제공하기로 하는 계약으로, 임금은 받지 못한 채 대기해야 하는 만큼 노동자에게 일방적으로 불리한 계약 방식으로 여겨진다.

해리의 말에 따르면 다른 복지단체에서와 마찬가지로 아웃사이드 프로젝트의 투숙객 중에도 트랜스인, 특히 트랜스 여성의 비율이 높다. "트랜스 노숙인에게는 더 큰 트라우마가 되는 일이 몇 가지 있습니다. 우리 투숙객 중에는 트랜스 여성이었지만 거리에 돌아가면 안전 문제로 다시 남자 행세를 해야 했던 분도 있어요. 그분에게 여기에 와서 머무는 며칠은 자기 자신이 되어 가장 편안한 모습으로 지내는 유일한 시간이었습니다."

트랜스 투숙객 사이에서는 약물 중독과 성 노동이 상당히 흔하게 나타난다. 아웃사이드 프로젝트는 다른 복지 서비스에 비해 도덕적 판단이나 처방적 접근을 자제하려고 노력한다. "우리를 찾아올 때 마약이나 술에 취해 있다 해도, 그분이 문제가 될 것을 반입하지만 않는다면 괜찮습니다. 다른 쉼터에서는 그런 분들을 그냥 거절하는데, 그러면 그분들은 다시 거리로 돌아갈 수밖에 없죠. 우리는 일부 트랜스 투숙객이 생존하기 위해 밖으로 나가 성 노동을 한다는 것도 압니다. 그분들은 그 사실을 숨길 필요가 없고요. 우린 언제나 사람들을 받아들입니다."

정말이지 아웃사이드 프로젝트는 가장 취약한 트랜스인들에게 도움을 주는 풀뿌리 운동의 고무적인 사례다. 나는 광범위한 운동, 특히 정부와 미디어에 의견을 제시할 수 있는 단체들이 이런 트랜스인들을 잊은 것으로 보인다는 해리의 의견에 동의한다. 슬프게도 영국에 이런 단체는 아웃사이드 프로젝트뿐이다. 거리에 사는 대부분의 트랜스인들은 여전히 그들을 고려하지 않고 만들어진 복지 서비스로 고생하고 있다. 이런 프로젝트의 관리, 운영, 재정 업무에는 인상적인 수준의 헌신이 필요한데, 우익 정부가 연달아 집권해 전문적 위기 관리 서비스에 대한 수요가 공급을 훨씬 능가하게 된 시대에는 그러한 헌신을 찾기가 특히 어렵다. 주거 불안정의 해결은 사회 전체에 중요하고 트랜스인들에게는 특히 중요한 정치적 목표다.

가정폭력에서 탈출하려 했던 루디의 이야기를 통해 알 수 있듯, 가정폭력 및 성폭력 관련 복지 서비스도 엄청난 예산 삭감을 겪고 있다. 관련된 피해자들은 위기에 처해 있다. 2010년 이후 잉글랜드, 웨일스, 스코틀랜드의 대부분 시의회에서는 피해자를 위한 예산을 삭감했다. 지난 8년간 삭감된 예산이 거의 700만 파운드에 이른다. 현재 전체 피해자의 3분의 2는 쉼터 수용을 요청해도 반려된다. 예산이 부족하거나 피해자가 머물 공간이 없기 때문이다. 가정폭력 생존자 지원 축소에 관한 대화는 보통 가장 흔한 상황을 중심으로 이루어진다. (시스젠더) 남성 가해자와 (시스젠더) 여성 생존자로 이루어진 이성애자 부부를 상정하는 것이다. 그러나 트랜스인들은 유달리 높은 비율로 배우자로부터 가정폭력을 경험한다. 스톤월의 연구 결과에 따르면, 작년 한 해 동안 트랜스인 5명 중 1명(19%)이 배우자의 가정폭력을 경험했다.[27] 여기에는 트랜스 남성 21퍼센트와 트랜스 여성 16퍼센트가 포함되는데, 이 수치는 일반인 중 가정폭력 피해자 비율에 비하면 현저히 높은 것이다. 영국 통계청에 따르면, 일반인의 가정폭력 피해자 비율은 여성 7.9퍼센트, 남성 4.2퍼센트다(통계청에서는 이러한 수치가 실제 가정폭력의 정도를 과소평가한 것일 수 있다고 보지만, 아마 트랜스인 관련 수치도 마찬가지일 것이다—'스코틀랜드 트랜스젠더 연맹'Scottish Transgender Alliance과 'LGBT 가정폭력 프로젝트'LGBT Domestic Abuse Project에서 수행한 조사에 따르면, 가정폭력 생존자 4명 중 1명은 누구에게도 자신의 경험을 이야기하지 않았다).

　트랜스인들의 가정폭력이 드러나지 않는 큰 이유는 일반적 문화 전반에서 트랜스인들의 낭만적, 성적 삶이 드러나지 않기 때문이다. 미디어에서 가장 많이 언급하는 트랜스인인 미국의 케이틀린 제너나, 영국의 전직 권투선수 매니저였던 켈리 맬로니는 트랜지션 전에 여성과 이성애 혼인 관계를 맺었던 트랜지션 후기의 트랜스 여성이다. 그러나 트랜스인들의 낭만적 삶의 모습은 이보다 훨씬 다양하다. 가시화된 트랜스 공동체의 규모가 커졌고, 사람들이 더 어린 나이에 커밍아웃하게 된 지금은 특히 그렇다. 트랜스인들은 시스젠더나 다른 트랜스인들과 관계를 맺을 수 있고, 남성, 여성, 논바이너리인 사람들과 사귈 수 있다. 이런 현실은 주류 미디어에서 거의 재현되지 않으므로 수많은 트랜스인들이 트랜지션이란 애정 생활의 끝을 뜻한다고 믿게 되었다. 전에는 나 또한 내가 출생 시에 다른 젠더로 지정되었다는 사실을 아는 사람에게서는 근본적으로 사랑받을 수 없으리라는 부정확한 생각을 했다. 머잖아 나는 이런 생각이 틀렸다는 것을 알았다. 그러나 나는 오직 남성과만 사귀는 트랜스 여성으로서, 내게 매력을 느끼는 한편 나를 학대할 수도 있는 남성들이 있다는 사실도 알게 되었다. 이 점은 내가 늘 트랜스인으로서의 정체성을 밝히고 활동했던 데이트 앱에서 특히 분명히 드러났다. 남자들이 먼저 메시지를 보냈는데 내가 거절하면, 여성혐오적이고 트랜스혐오적인 욕설이 쏟아지는 경우가 드물지 않았다.

　온라인에서는 그처럼 악의적인 행동을 보이는 낯선 사람을 그냥 차단하면 된다. 그러나 현실에서의 가정폭력은 서서히 정도가 심해져 간다. 이때 가해자는 피해자의 자존감을 깎아 내리고 피해자가 자신에게 의존하도록 하는 경우가 많다. 사회에서 트랜스인들에게 그들의 신체나 배우자로서의 매력, 개인으로서의 가치에 대한 부정적인 메시지를 주는 만큼 트랜스인들은 배우자의 감정적, 성적, 신체적 학대에 특히 취약해진다. LGBT+ 반폭력 단체인 GALOP에 따르면, 트랜스젠더와 시스젠더는 둘 다 비슷한 패턴의 학대를 당할 수 있으나 수많은 트랜스 생존자들은 트랜스인이라는 정체성과 관련된 특정 형태의 학대에도 직면한다. 가해자들은 피해자의 트랜지션과 관련된 약물이나 치료를 중단시키거나, 적절한 대명사를 사용하지 않거나, 피해자가 다른 사람에게 트랜스인으로서 살아온 역사 혹은 정체성을 말하지 못하게 막거나, 피해자가 트랜스인이므로 학대 사실을 아무도 믿지 않을 거라고 믿게 한다. 실업률이 높고 원가정과의 연결성이 부족하다는 점도 트랜스인들이 이런 상황에서 빠져 나갈 수 있는 경로를 최소화한다. 전 세계적으로, 트랜스인들을(특히 트랜스 여성을) 죽이는 사람은 주로 시스젠더 배우자나 전 배우자다. 영국의 경우, 이런 피해자로는 데이트 웹사이트에서 만난 제시 맥도널드에게 2018년 살해된 36세의 나오미 허시와 2015년 남편 조아킨 고메즈 헤르난데즈에게 구타당하고 목이 졸려 사망한 33세의 버네사 샌틸런이 있다.

그럼에도 현재 영국에는 LGBTQ+ 특성화 쉼터가 없으며, LGBTQ+ 생존자들을 전문적으로 지원하는 쉼터는 런던에 오직 두 곳밖에 없다. 주거 복지 서비스에서와 마찬가지로, 트랜스인들은 대단히 젠더화된 주류 복지 시스템에서 무신경하거나 심지어 적대적인 취급을 당할까 봐 두려워하는 경우가 많다. 도움을 가로막는 방해물은 각 트랜스인의 구체적 경험에 따라 달라질 수 있다. 출생 시 여성이라는 성별로 지정된 트랜스 남성과 논바이너리 트랜스인들은 트랜지션 이전에 학대를 당했거나 학대자가 여전히 그들을 여성으로 인지하고 취급하여 다른 남성 생존자와는 다른 경험을 해 왔더라도 여성을 위한 지원 서비스를 이용할 때 불안감을 느낄 수 있다. 수많은 트랜스 남성은 여성을 위한 서비스에서 남자로서의 정체성을 부인하게 되거나 남성을 위한 서비스에서 트랜스혐오를 경험하게 될까 봐 두려워서 전문적인 지원을 받지 못한다.

트랜스 여성 등 출생 시에 남성으로 지정된 트랜스인들은 환영받지 못한다는 느낌과 이들을 시스젠더 여성에 대한 위험으로 보는 미디어의 시각 때문에 적절한 여성 서비스에 접근하는 데 불안을 느낄 수 있다. 영국에서 대부분의 핵심적인 여성 단체들은 트랜스 여성 생존자들을 지원할 수 있으며 실제로도 그렇게 하고 있다고 공식적으로 밝히고 있으나, 이 분야에서는 트랜스 여성에 대한 적대적 태도가 여전히 발견된다. "우리 서비스를 이용하는 수많은 여성과 아동은 남성을 두려워합니다. 맞아요, 여기서 말하는 남성에는 자신의 정체성이 트랜스젠더라고 하는 남성도 포함됩니다." 2019년 1월의 어느 반트랜스 운동 모임에서는 가정폭력 피해자 지원 서비스를 제공하는 여성 단체의 책임자가 이렇게 말했다.[28] 스코틀랜드 의회에서 한 다른 연설에서는 이 책임자가 트랜스 여성의 정체성 자체가 시스젠더 여성 생존자에게는 일종의 학대라고 말하는 데까지 나아갔다. "권력을 가진 사람이 트라우마가 있는 여성을 가스라이팅하면서 실제로는 모두가 남자라는 걸 알고 있는 사람을 여자인 것처럼 대한다면, 그건 트라우마를 다루는 적절한 환경을 제공하는 일이라고 할 수 없습니

다."²⁹

　2021년 2월, 『갈뎀』ᵍᵃˡ⁻ᵈᵉᵐ 잡지에서는 젠더 폭력 피해자 지원 분야에서 일어나는 트랜스혐오를 살펴보는 탐사보도에서 몇몇 실무자들과 이야기를 나누었는데, 실무자 다수는 폭력 생존자 여성을 지원하는 단체에서 드러나는 트랜스 여성에 대한 편견을 우려했다(이런 태도는 트랜스여성혐오ᵗʳᵃⁿˢᵐⁱˢᵒᵍʸⁿʸ라고도 하는데, 이 용어에 관해서는 나중에 다시 다루겠다). 기자는 이렇게 말했다. "직원들에 따르면, 위계적인 권력 구조는 트랜스여성혐오가 상부에서부터 승인되었음을 뜻하는 경우가 많다. 이 분야의 유력자들이 단단한 관계를 맺고 있으므로, 직원의 입장에서는 여러 단체의 블랙리스트에 오를까 봐 두려워 문제를 제기하기가 어렵다."³⁰ 이런 트랜스혐오의 사례로 인용된 한 사건은 직원들이 여성 지원 서비스 이용자를 위한 전화 상담을 시작했을 때 일어났다. 단체의 차별 금지 정책이 명료하지 않아서, 하급 직원이 트랜스 여성도 지원한다는 점을 확인하려고 전화 상담 서비스를 받을 수 있는 사람이 누구인지 확인을 요청했다. "[단체 대표를 비롯한] 상급 직원이 한 대답은 '전화 목소리가 여자 같으면 이야기하고, 여자 같지 않으면 상대가 뭐라 말하든 끊으세요. 그 사람들은 돕지 않습니다.'였다."

　같은 기사에 따르면, 직원들은 동료가 트랜스 여성에 관해 하는 편견 어린 말을 들은 적도 있었다. 이런 말에는 트랜스 여성을 "남자-여자"ᵐᵉⁿ⁻ʷᵒᵐᵉⁿ라고 부르고, 쉼터에는 오직 "생물학적 여성"만 들어올 수 있다고 주장하며, 상급 직원이 트랜스인 포용을 지지하는 하급 직원에게 "남자" 편을 든다며 "가해자"처럼 군다고 말한 것 등이 포함됐다. 서비스를 이용할 필요가 있을지도 모르는 트랜스 여성에 대해 공개적으로 이야기할 때 사용된 언어조차 비인간적이었다. 한 직원이 기자에게 말한 대로라면, "페니스에 정말로 관심을 집중하더라."라는 것이다. 이 분야에서 일하는 일부 여성은 개인 SNS 계정에 트랜스 여성을 지지하는 트윗을 올리지 말라는 지시를 받았다고 폭로했다.

지원 시설의 관리자가 트랜스 여성을 공개적으로 '남자'라고 부르고, 트랜스 여성의 존재를 시스젠더 남성 가해자의 가스라이팅과 혼동한다는 점을 보면 수많은 트랜스 여성이 젠더화된 복지 서비스에 접근하려 할 때 경험하는 제도적 장벽이 상당 부분 설명된다. 영국에서 트랜스 여성과 '여성 전용' 가정폭력 피해자 지원 서비스에 관한 언론의 담론은 법적 젠더 인정 절차를 개혁하지 못하도록 방해하는 데 중요한 역할을 했으며, 가정폭력에 관한 트랜스 여성의 현실적 경험에 진정성 있게 개입하는 데도 지장을 주었다. 그 결과 트랜스 여성의 가정폭력 경험은 그냥 삭제되고 말았다.

이쯤에서 트랜스 여성들이 직면하는 이러한 어려움이 흑인, 아시아인 등 인종적 소수자나 레즈비언, 장애인 여성이 경험하는 어려움과 매우 유사하다는 점을 짚는 것이 매우 중요하다.[31] 여기에서도 폭넓은 구조적 현실이 작용하고 있다. 가정폭력 피해자 지원 서비스에 트랜스인들을 포함해야 하느냐는 토론에서 나타나는 적대감과 잘못된 신념은 이런 서비스에 예산을 들이는 행위 **자체를** 원하지 않는 우익 정부의 이해관계에 부합한다. 이런 트랜스인 포용에 관한 조작된 논쟁은 관심을 분산시키려는 고의적 장치다. 트랜스 여성에 관한 신랄한 토론은 LGBTQ+인 사람들과 시스젠더 이성애자 여성의 정치적 연대 및 조직을 더욱 어렵게 한다. 피해자가 학대 가해자를 떠나지 못하도록 하는 예산 삭감과 복지 혜택의 변화에 맞서 싸우기 위해서는 이들의 연대가 무척 필요한데도 말이다. 트랜스혐오적인 논평은 연대를 추구하는 대신 관련 서비스나 쉼터가 그토록 필요하다면 트랜스인들이 직접 만들어야 한다는 주장을 곁들여 가며 트랜스 생존자에 관한 책임을 전부 회피한다. 트랜스 생존자를 위한 전문적인 도움을 제공하는 것은 권장할 만한 일이지만, 특수한 경험을 가진 사람들을 돕기 위해 고안된 맞춤형 서비스를 옹호하는 것과 강제적 격리를 옹호하는 것 사이에는 차이가 있다.[32] '제3의 공간'을 만들자는 아이디어는 현실성도 떨어진다. 이런 아이디어는 트랜스 여성이 여성 복지 서비스에 접근할 때 발생하는 '문제'에 대한 겉치레식 해결책으로 거론되는 경우가 많다. 트랜스인들은 인구가 너무 적고 지리적으로도 분산되어 있어서, 트랜스인들에게 도움이 필요한 곳마다 전문적 서비스를 제공하는 것은 매우 어려운 일이다. 맞춤형 서비스를 제공하느냐, 아무런 서비스도 제공하지 않느냐 중 하나를 선택할 수는 없다. 트랜스인들은 늘 주류 서비스에서 편의를 제공받을 수 있어야 한다. 여성을 위한 수많은 서비스에서 이미 이런 일을 하고 있다. 어느 쉼터 관리자는 이렇게 표현했다.

> 누가 서비스 센터에 와서 트랜스 여성이라고 하면, 저희는 그분에게 전문적인 LGBT 서비스로 인계되기를 원하는지 저희 센터에 머물고 싶은지 묻습니다. 성적 지향이든, 젠더든, 민족성이든, 인종이든, 장애든 그에 관한 전문적인 도움을 줄 수 있는 다른 단체를 알고 있다면 저희는 그런 단체에 가실 것을 권합니

다. 물론, 선택에 따라 일반적인 단체의 도움도 받을 수 있다고 말씀드리고요.[33]

트랜스젠더든 시스젠더든, 수많은 사람들은 노숙자 쉼터나 가정폭력 피해자 쉼터의 서비스를 받지 않아도 되는 행운을 누린다. 그러나 나이가 들면서, 우리 중 상당수는 양로원과 요양병원에 의지하게 된다. 이런 시설은 위에서 다룬 공공 주거나 호스텔과 여러 가지 면에서 유사하며 젠더 격리에 관해서도 수많은 문제를 똑같이 안고 있다. 노인 인구가 증가하는 가운데—앞으로 50년 동안 영국에서는 65세 이상 인구가 860만 명 늘어날 것으로 추산되는데, 이는 대략 런던의 인구와 동일한 규모다—복지 체계에는 점점 더 큰 부담이 가해질 것이며 노인이 된 트랜스인들의 수도 늘어날 것이므로 이들의 어려움을 다루는 것이 점점 더 시급한 문제가 될 것이다.

이러한 어려움 중에는 양로원에서 노인 트랜스인들의 존엄성을 보호하는 일도 포함된다. 트랜스인들은 독립적으로 살 때에 비해 양로원에서 더 큰 차별을 경험할 수 있다. 오늘날의 트랜스 노인들은 트랜스인으로 사는 것 혹은 그와 연관된 행위(동성애와 관련된 위법 행위 등)를 하는 것이 범죄나 질병으로 여겨지던 시대를 살아왔다. 트랜스인들을 포함한 LGBTQ+ 노인은 고독을 경험할 가능성도 더 크다. 부분적으로는, 이들이 자녀를 둘 가능성이 더 낮기 때문이다. 자녀가 있는 트랜스젠더인 사람들 중에서도 절반에 가까운 이들은 자녀와 전혀 연락이 닿지 않는다.[34] 그런데도 양로원에 들어간다는 생각을 하기는 만만찮다. 트랜스인들은 개인적 행위 능력을 잃는 상황 혹은 양로원 직원이나 다른 시설 수용자들로부터의 적대감을 두려워하기 때문이다. '나로서 늙기'를 뜻하는 '마이 젠더레이션'° 캠페인에서, 66세의 퇴역 파일럿인 캣 버튼은 트랜스 노인에 관한 영상에 나와 트랜스인들이 자신의 겉모습을 관리하거나 자기 표현하는 능력을 쉽게 잃을 수 있는 상황을 설명했다.

> 트랜스젠더인 사람들에게는 간병인이 간과하기 쉬운 요구 사항이 있을 수 있습니다. 갑자기 그간 해 왔던 방식대로 수염을 관리할 수 없게 된 트랜스 여성, 원래는 가발을 쓰고 다니지만 간병인들에게는 가발을 쓰지 않은 모습을 보여야 하는 트랜스 여성 등이 그렇지요.[35] 그런 간병인들은 그녀가 요양원에 있는 다른 사람들에게 (자신이 가장 편안하게 느끼는 젠더 표현 방식대로) 보일 수 있도록 하는 데 별 관심이 없습니다.

나이가 들어서야 커밍아웃을 한 트랜스 노인, 특히 수술적 트랜지션을 하고 싶어 하는 노인에게는 생식기를 비롯한 특성이 젠더와 '불일치'할 때 내밀하고도 개인적인 돌봄이 필요하다는 불안이 있을 수 있다. 스완시 대학교의 '트랜스 노령화와 돌봄 프로젝트'에 참여하고 있는 트랜스 운동가 제니-앤 비숍은 노령화에 관한 경험과 두려움을 두고 다수의 트랜스인들과 대화한 뒤, 사생활 돌봄에 관하여 바로 이런 식의 우려를 제기했다.

°   '우리 세대'라는 뜻의 마이 제너레이션(My Generation)과 트랜스젠더의 젠더(gender)를 섞어 만든 합성어.

(트랜스인의) 신체는 그 사람이 원하는 젠더 표현 방식과 일치하지 않을 수 있다. 옷을 입고 벗고 씻는 데 도움이 필요하다면 간병인이 놀라거나 조롱하거나 경멸적인 태도를 보일 위험이 늘 있는 셈이다.[36]

비숍은 양로원의 다른 거주자에게 배척당하는 트랜스인의 사례도 들었다. 따돌림을 당한 어느 트랜스 여성에 관해, 비숍은 이렇게 말했다.

다른 거주자들은 이 여성과 함께 식사하려 하지 않았고, 놀이에 함께 참여하지 못하게 했으며, 그녀가 텔레비전으로 원하는 프로그램을 보지 못하게 의도적으로 막았다. 이후 간병인도 그녀에게 관심을 덜 기울이게 되었고, 그녀가 음식을 먹었는지 확인하려는 사람도 없어졌다. 리버풀에 있는 우리 단체에서 이 문제를 발견하고 이 여성을 대단히 포용적인 양로원으로 이송했기에, 현재는 그분도 잘 지내고 있다.[37]

치매가 있는 트랜스인들은 특히 취약하다. 이들은 퇴행을 일으켜 자신이 트랜지션을 거쳤다는 사실을 잊고 자신의 해부학적 특성이나 의복을 낯설게 여기며 겁에 질릴 수 있기 때문이다. 벳시 카드월러 대학교 보건 위원회 소속 치매 자문 간호사인 션 페이지는 BBC 뉴스에서 이렇게 말했다. "그 결과 이들은 매우 혼란스럽고 불안한 상태가 될 수 있습니다. 자신의 기호를 공개적으로 드러냈던 기억이 없기에, 자신이 특정 젠더로 불리는 이유를 이해하지 못할 수 있죠."[38] 트랜스인으로 커밍아웃한 사람들의 숫자와 연령이 모두 증가하고 있으므로 이런 어려움은 점점 커질 뿐이다.

오늘날 트랜스인들 삶의 현실은 대중의 눈에 보이지 않는 경우가 많다. 케이트와 조, 알렉스 가족을 방문했던 때를 떠올려 보면, 이들이 도덕적 공황과 거짓된 서사에만 힘을 쏟는 적대적 미디어 환경으로 인해 자신의 상황을 공개적으로 말하는 데 큰 불안을 느끼는 것은 충격적인 일이었다. 그러나 트랜스인들과 그들 자신이 중요하게 생각하는 문제에 관해 대화해 보니, 정치적 에너지와 관심을 쏟는 방향을 시급히 돌려야 한다는 것을 알 수 있었다. 학교에서의 괴롭힘, 가족의 거부, 주거 불안정, 가정폭력, 돌봄 시설에서의 차별은 사회적 태도가 점점 더 관용적으로 변해 가는 것처럼 보이는 상황에서도 엄청나게 많은 트랜스인들에게 계속해서 영향을 끼치는 중요한 문제다. 이러한 어려움은 트랜스인들의 가장 사적인 생활에 영향을 끼치며 이들의 일상적 행복도 규정한다. 이 모든 문제는 가족과 공동체의 포용 부족과 신자유주의 정부의 연이은 집권이 사회적 안전망을 지속적으로 공격해 왔다는 점, 그리고 이분법에 깔끔하게 들어가지 못하는 모든 사람을 처벌하거나 배제하는 엄격한 젠더 이분법적 사회가 오늘날 영국에서 트랜스인으로 살아간다는 것의 핵심적 문제라는 점에 관해 깊은 문제의식을 제기한다. 한 집단으로서 트랜스인들이 해방되고 번영하려면 가족과 공동체에서 차이를 받아들이고 자원(특히 돈)을 직접적인 친교 및 가족 집단에서 쫓겨난 사람들에게 배분하는 식의 변화가 필요하다.

이 모든 경우에 트랜스인들의 정치적 요구가 장애인, 이주민, 정신질환자, LGB 인구, 인종적 소수자 등의 요구와 일치한다는 점을 다시 강조해야 한다(이런 집단 안에도 트랜스인들이 있다는 점은 말할 필요도 없다). 다양한 소수자 간의 요구가 중복됨을 강조해야 하는 이유는 트랜스인들의 관심사가 지엽적이며 대단히 복잡하다는 착각이 이들의 힘을 빼앗는 방법으로 쓰이는 경우가 많기 때문이다. 소수자의 '소수자성'에 관한 강조는 이들이 공적 담론에서 자신의 차이를 설명하는 데 집중하게 만드는데, 이로써 이들은 계속 일탈적이거나 사소한 문제로 치부된다. 트랜스인들이라는 구체적인 사례에서, 이런 식의 무력화는 아주 근본적인 수준에서 시작된다. 즉, 우리의 신체가 무력화되고 사회의 간섭 없이 신체에 대한 자율성을 행사할 권리도 무력화된다. 사회적으로 모든 트랜스인들을 해방하고자 한다면, 트랜스인의 물리적인 신체의 해방부터 시작해야 한다.

2 옳은 몸, 그른 몸

Right and Wrong Bodies

누군가가 트랜스인이라는 것을 알게 되었을 때 사람들이 보이는 첫 번째 본능적 반응은 보통 그 사람의 수술 상태에 관해 자세히 묻는 것이다. 어머니가 어린 시절부터 나를 알던 이웃에게 내가 여성으로 살고자 트랜지션을 했다고 말했을 때, 그 이웃이 처음으로 보인 본능적 반응은 성기 성형수술_{혹은 성기 재건 수}술을 언제 받기로 했냐고 묻는 것이었다. 그분은 자신의 질문이 얼마나 침습적인 것이었는지 몰랐을 것이다. 하필 내 어머니에게 딸의 성기 형태를 물어봤다는 점이 특히 그랬다. 여러 사람들의 일화를 듣다 보면 트랜스인들에 관한 의식 및 가시성이 개선된 현상과 사람들이 우리를 더욱 예의 바르게 대하는 현상이 상관 관계를 맺고 있는 것으로 보이지만, 의학적 내용에 관한 호기심은 지속된다. 그저 더욱 완곡한 말로 꾸며질 뿐이다. 언젠가 나는 파티에서 '전체 과정'을 거쳤거나 거치는 중이냐는 질문을 받았다. 내가 이 책을 쓰면서 의논한 수많은 사람들은 나 자신의 의학적 트랜지션을 길게 설명할 예정인지 물었다. (그런 내용을 읽으려고 이 책을 편 것이라면, 실망하게 될 것이다.)

트랜스인들을 의학적 괴물로 전시하는 선정적이고 모욕적인 오랜 전통은 21세기의 문화에도 남아 있다. 2010년대가 한참 지나서까지도 영국의 주류 미디어에서 트랜스인의 보건에 관한 이야기에 흔히 붙는 제목은 "전직 건설업자였던 성전환자가 'NHS 가슴 성형수술'을 거부하고 '반 남자, 반 여자'가 되다" 같은 것이었다.[1] 젠더 디스포리아의 현실이나 트랜스인들에게 복지를 제공하는 NHS 자체에 대한 경멸은 물론 의학적인 젠더 재지정을 원했던 사람들에 대한 조롱을 부추기는 이런 기사들은 비교적 최근까지도 대다수 토론의 지배적 기조를 이루었다. 요구하는 것이 많고 특권을 누리는 트랜스 환자들이 공공의 비용으로 수술 쇼핑을 하려 든다는 이런 이야기는 트랜스인들의 신체를 이런 식으로 다루는 것이 여전히 수용할 만하다고 여겨지는 문화를 만들었으며, 일부 트랜스인들이 추구하는 특정한 호르몬 및 수술 요법에 관한 선정적 설명을 넘어서지 못한다는 면에서도 문제다.

'트랜스 보건'에 관한 이야기는 트랜스인들의 신체적, 성적, 정신적 건강 일반에 관한 이야기도 포함해야 한다. 트랜스인의 건강을 총체적인 방식으로 고려하지 못하면 영국 보건 서비스에 대한 트랜스인들의 끔찍한 경험이 계속 은폐될 뿐이다.

2016년, 당시 여성평등부 장관이던 하원 의원 마리아 밀러가 의장을 맡아 영국 의회에서 진행한 '트랜스젠더 평등에 관한 여성평등 특별위원회 조사'에서는 "NHS가 트랜스인들을 실망시키고 있으며, 차별적이고 평등법을 위반한 것으로 볼 수 있는 접근법을 취하고 있다는 너무 많은 증거가 있다."라는 내용의 보고서를 발표했다.[2] 이어지는 내용에서 나는 오늘날 영국의 트랜스인들에게 의료 서비스가 억압적인 경험인 경우가 많다는 점을 탐구하고, 이러한 경험이 임상 의사들의 편견에 따라 삶이 만들어지고 정의된 다른 집단의 사람들이 해 온 투쟁과 공명한다는 점을 살펴보고자 한다.

먼저, 가장 중요한 질문부터 살펴보자. 이 질문은 많은 사람에게 혼란스러운 문제기도 하다. 애초에, 일부 트랜스인들에게는 왜 의료적 개입이 필요한 걸까? '행복감'euphoria의 반대말인 젠더 디스포리아dysphoria는 현재 트랜스인들 일부가 자신의 주된 성적 특성(생식기), 이차적 성적 특성(가슴, 수염, 월경, 얼굴 형태, 목소리), 또는 이러한 신체적 특징을 본 사회가 그들을 남성 혹은 여성으로 인지하는 데서 생기는 반응에 대해 느끼는 강렬한 불안감, 고통, 불행을 뜻하는 임상적 용어다. 예전에는 '젠더 정체성 장애'gender identity disorder로, 그전에는 '성전환증'transsexualism이라고 불렸던 젠더 디스포리아는 수많은 트랜스인들이 힘겹게 겪어 내는 경험에 붙는 이름으로, 의료적 개입을 통해 완화할 수 있다. 비록 이 용어는 트랜스 공동체 내에서 널리 쓰이지만, 다양한 트랜스인들은 매우 다양한 방식으로 젠더 디스포리아를 겪을 수 있으므로 필요한 의료도 다양할 수 있다.

젠더 디스포리아는 사회 전체로 볼 때 드문 경험으로서, 오직 인구의 0.4퍼센트에만 영향을 미친다. 그래서 젠더 디스포리아를 겪어 보지 못한 대다수 사람에게 이를 설명하기란 힘들다. 이 문제를 우회하기 위해 우리는 비유에 종종 의지한다. "잘못된 몸으로 태어났다"라는 서툰 표현은 대중 미디어에서 가장 좋아하는 캐치프레이즈가 되었다. 많은 트랜스인들은 이런 표현이 젠더 디스포리아를 전혀 설명하지 못한다고 생각한다. 내 생각에는 트랜스젠더 작가인 안드레아 롱 추의 다음과 같은 표현이 더 정확하다. "젠더 디스포리아는 실연에 따른 상실감처럼 느껴질 수 있다."[3] 실연에 따른 상실감과 이때 느껴지는 무력한 슬픔, 부재와 상실에 대한 감각은 뇌에서 신체적 고통을 느낄 때와 똑같은 부위를 활성화하는데, 너무도 강렬해서 일상적인 생활에까지 영향을 미친다. 젠더 디스포리아도 마찬가지다. 최소한 내 경우에는 이 표현이 수많은 트랜스인들이 자신의 신체에 대해 경험하는 고통을 훨씬 더 풍성하게 표현하는 방법이었다. 사실, 나는 의학적 트랜지션을 하기 전까지 이런 상실감을 느꼈다.

젠더 디스포리아가 트랜스인이 되기 위한 선제 조건은 아니라는 점을 말해 두어야 한다. 일부 연구에 따르면, 자신을 트랜스 남성, 트랜스 여성, 논바이너리 및 기타로 적극적으로 정체화하는 사람 중 많게는 10퍼센트가량이 젠더 디스포리아를 겪지 않는다. 가끔 트랜스 남녀는 젠더 디스포리아를 경험하고 논바이너리인 사람들은 그러지 않는다고 부정확한 추론이 이루어지기도 한다. 사실은 논바이너리인 사람 중에서도 의학적 도움을 받아야 한다는 필요를 크게 느끼는 사람이 있고, 트랜스 남녀 중에서도 그런 필요를 전혀 느끼지 않는 사람들이 있다. 그러나 대부분의 트랜스인들은 어느 정도 젠더 디스포리아를 경험한다. 내가 여기에서 이들에게 집중하는 이유는 그래서다.

전통적으로 이루어져 온 미디어의 조잡하고 선정적인 보도에 대한 대응으로, 최근 몇 년 동안 주류를 이루어 왔던 트랜스 가시화 운동은 대체로 트랜스인들의 신체와 의료 서비스에 관한 논의를 피하려 했다. 미국의 배우이자 유명한 트랜스젠더 옹호자 러번 콕스가 실린 2014년의 『타임』 표지는 트랜스젠더 시민권 투쟁의 새로운 시대를 선포하고자 했다. 콕스가 한 트랜스 인권 옹호 주장의 눈에 띄는 특징은 자신의 의료적 트랜지션에 대한 논의를 단정적으로 거부하며, 그런 논의는 초점이 틀린 것이라고 주장했다는 점이다. 온라인에서 큰 화제가 된 대화에서, 콕스는 TV 진행자인 케이티 쿠릭에게 이렇게 말했다.

> 트랜지션이나 수술에 관한 집착은 트랜스인들을 대상화합니다. 그러다 보면 진짜 살아 있는 경험을 잘 다루지 못하게 되죠. 트랜스인들 삶의 현실이란, 우리가 폭력의 표적이 되는 경우가 너무도 많다는 것입니다. 우리는 공동체의 다른 사람들에 비해 불균형적으로 많은 차별을 경험합니다. 우리의 실업률은 국가 평균의 두 배에 달합니다. 유색인 트랜스인이라면 그 비율이 국가 평균의 네 배까지 올라갑니다. 살인을 당할 확률이 가장 높은 사람은 트랜스 여성입니다. 트랜지션에만 집중하다 보면 이런 문제에 관해 이야기할 수 없게 됩니다.[4]

지나치게 성에 관심을 두던 쿠릭의 질문에 대한 콕스의 능숙한 반박은 자신의 삶에 대해 이야기할 기회를 얻으려면 기꺼이 자신의 신체에 관해서도 솔직히 이야기해야 한다는 말을 끊임없이 들어 오던 수많은 트랜스인들의 답답함을 표현한 것이었다. 당시에 이처럼 저속한 대화를 거부한 콕스의 태도는 참신하고 속 시원하게 느껴졌다. 미디어에서 의학적 트랜지션에 관해 개인적으로 말할 것을 강요당하지 않겠다는 콕스의 이러한 태도는 시스젠더인 사람들이 요구하는 수술 보여 주기 및 말하기에 참여하지 않겠다는 트랜스인들, 특히 젊은 세대의 반응을 이끌어 낸 촉매제였다.

이런 거부는 자신의 이야기에 대한 통제권을 되찾아오겠다는 트랜스인들의 필수적인 행동이었다. 그러나 일상적인 보건 문제와 정신건강상의 문제, 성 보건에 관한 접근권, 불임 치료, 임시방편적 의료 조치까지 포함한 의료 서비스의 모든 면에서 트랜스인들이 직면하는 일반적이고 체계적인 보건 의료상의 난점을 토의하는 건 매우 필요한 작업이다. 콕스 식의 거부는 이런 토론에 자리를 내주지 못했다. 이러한 토론 부족과 침묵에서 새로운 위험이 생겨난다. 트랜지션에 관한 사적인 정보를 공개하라는 압박을 정당하게 피하려다가 우리는 우리의 건강과 복지에 관해 남아 있던 공공의 관심을 전부 잃었다.

그러나 영국의 트랜스인들은 의료에 변화를 일으키려 노력해 왔다. 2013년 2월, 영국 의료 협회General Medical Council, GMC에는 영국의 의사 및 의료인 들이 트랜스 환자를 상대로 저지른 부당 행위에 관한 98건의 사례가 신고되었다. SNS에서의 풀뿌리 운동으로 수백 명의 평범한 트랜스인들이 의료적 차별에 관해 목소리를 높일 수 있게 된 이후로, 활동가이자 자유민주당 의원 후보인 헬렌 벨처가 이들의 사례를 수집했다. 개별적 사례에 관한 제보는 비밀리에 이루어졌는데, 벨처의 말에 따르면 "성적 학대, 신체적 학대, 언어 학대, 부적절한 치료, 신체에 해가 되는 치료, 치료 보류, 치료를 보류하겠다는 협박, 형편없는 행정 관리, 환자의 이익에 반하는 행위" 등에 관한 것이었다. 벨처는 "읽기가 끔찍했다"고 결론 내렸다.[5] GMC에서는 처음에 공식적인 행동에 나서려 했지만, 세부적인 문제나 제보자의 익명성 때문에 98건의 사례 중 39건에 관해서만 후속 조처를 할 수 있었다. 마지막에는 이중 오직 세 건만이 제대로 된 조사를 받았다. 그중 혐의가 인정된 경우는 한 건도 없다.

공식적 보상을 받지는 못했으나, 이런 시도는 트랜스인들이 모이고 서로의 의료적 차별에 관한 경험을 나누는 계기가 되었으며 결과적으로 트랜스인들이 진정한 제도적 변화를 위해 싸우는 데 활력소가 되었다. 2010년대에 벌어진 수많은 트랜스 해방 정치 운동이 그랬듯, GMC의 조사도 SNS 덕분에 가능해졌다. 영국에서 트랜스인들을 도와야 하는 사람들이 오히려 그들을 학대하는 경우가 만연해 있다는 자세한 정보는 신문에서 터뜨린 특종도 아니었고, 조사를 통해 밝혀진 사실도 아니었다. 이런 정보는 해시태그를 통해 퍼지기 시작했다. 2013년에는 어느 트랜스 여성이 보건의료의 실패를 공개적으로, 서로 토의하기 위한 영국 트랜스 트위터 사용자들의 공간으로서 #TransDocFail트랜스젠더 의료실패이라는 해시태그를 만들었다. 이 해시태그는 만들어진 지 24시간 만에 1천 번 이상 활용되었다. 인터넷의 영구적 특성 덕분에, 익명 처리된 당시의 진술을 지금도 온라인에서 읽을 수 있다. 모아 놓고 보면, 이런 진술은 트랜스인들과 의사 간의 권력 역학, 그리고 의료 직군에 무지와 노골적 편견이 만연해 있음을 생생하게 보여 주는 그림이 된다. 또한 지속적인 차별을 당할 때 트랜스 환자들이 느끼는 무력감도 드러난다.

더 나은 치료를 위한 이런 식의 시위와 요구는 트랜스 운동과 맥락을 같이한다. 1972년에는 새로운 '게이 해방 전선'Gay Liberation Front의 런던 노팅힐 지부로서 주기적으로 모이던 트랜스섹슈얼 및 트랜스베스타이트° 들이 『레즈비언 컴 투게더』Lesbian

Come Together라는 활동가 팸플릿에 한 편의 글을 기고했다. 이들은 영국에서 6만 명에 이르는 사람들이 교차 성호르몬을 투약한다고 썼다. 그러기를 바라지만 의사에게 거부당한 사람은 그보다도 많다고 했다. 이들은 호르몬 및 수술 치료를 받고자 할 때 트랜스인들이 의료계 종사자로부터 경험하는 낙인찍기에 대해서, 또한 자율성을 위한 이들의 투쟁에 대해서 설명했다. "우리에게 전기충격 요법을 쓰려는 정신과 의사들은 우리를 병적이거나 비극적이라고 생각한다. (중략) 어느 자매는 여섯 달 동안 정신과 치료를 받은 끝에, 나만큼 나를 잘 아는 사람은 아무도 없음을 알게 되었다고 말했다."[6]

오늘날 영국의 트랜스 환자들은 더 이상 전기충격을 당하지 않지만(적어도 이런 식의 야만적 치료는 1970년대 초반에 사라졌다), 오늘날에도 의료 시설에서 박해와 불의에 직면한다. 이는 정신과 의사로 개업한 '미꾸라지' 몇 마리가 분탕질을 치는 문제도 아니고, 지역 보건의 접수대 직원이 몰라서 천진난만하게 저지르는, 한나절만 연수를 받으면 빠르게 고칠 수 있는 실수도 아니다. 영국의 의료 시설은 체계적으로, 제도적으로 트랜스인들을 차별한다.

트랜스젠더라는 정체성이 '거대 제약회사', 사설 성형외과 의사, 악명 높은 글로벌 의료산업에서 밀어붙이는 유행이라고 주장하는 사람들에게는 이 점이 의외일지도 모르겠다. 이런 음모론은 미국의 기독교 우파에서부터 일부 반트랜스 페미니스트 필자 등

○ 　　트랜스섹슈얼은 트랜스젠더를 지칭하던 20세기 초반의 용어다. 트랜스베스타이트는 생물학적 성별 구분과 일치하지 않게, 일반적으로 여성적/남성적이라고 간주되는 복장을 입는 사람을 말한다.

서로 전혀 다른 집단에서 되풀이되어 왔다. 2018년에 미국의 보수주의 잡지인 『페더럴리스트』The Federalist에서는 "생명의학 관련 기업에 투자하는 엄청나게 부유한 백인 남자(및 여자)들이 엄청나게 많은 돈을 벌게 해 줄 수많은 트랜스젠더 단체에 돈을 대고 있다."[7]라고 주장했다. 이런 음모론자들이 믿는 바에 따르면, 트랜스인들은 신체 변형이라는 상품을 파는 다단계 조직의 일원이다. 흰 가운을 입은 부유한 사람들이 '우리의 성별'에 관해서 팔아먹은 거짓말을 믿고 그들의 희생자가 된 우리가, 이런 형편없는 선택에 확신을 품기 위해 새로운 회원들을 모집한다는 것이다. 트랜스인들 및 그들을 치료하는 의사들이 위험한 의료 유행에 공모했다는 암시는 자유주의적 신문과 시사 프로그램에도 에둘러 침투했다. 특히 치명적인 것은 이런 논의의 방향이 젠더 디스포리아로 정신건강에 심한 영향을 받아 사춘기를 지연시키는 치료를 반드시 받아야 하는 소수의 트랜스 아동을 소재로 삼을 때다. 트랜스인들과 이들을 치료하는 의사가 공모 관계에 있다는 생각은 우스꽝스럽다. 현실은 완전히 다르기 때문이다.

트랜스 의료의 근간은 대단히 가부장적이던 20세기 정신의학 분야에서 출현했다. 제도적으로, 의사들은 무엇을 '받아들일 만한' 트랜스인으로 보고, 무엇은 그렇지 않다고 볼 것인가—이를 논리적으로 확장해 보면, 젠더의 경계선은 무엇인가—에 관한 지표를 설정하는 수단으로 호르몬 치료와 수술을 이해하게 되었다. 의료적 트랜지션이 기술로서 처음 고안되었을 때, 그 목적은 트랜스 환자를 돕는 것이 아니라 젠더 이분법을 보존하는 한편 사회에서의 젠더 다양성을 통제하고 관리하는 데 있었다. 호르몬과 수술을 통해 두 성별 간의 이동은 가능해지겠지만, 남성과 여성이라는 상호 배타적인 구별 비슷한 것은 남는다. 이처럼 고정된 이분법을 유지하기 위해, 시스인들은 트랜스 환자가 의료 혜택을 받기 위해서 만족시켜야 하는 온정주의적이고도 선입견 가득한 조건들을 만들어 냈다. 이런 요구 조건 일부는 아주 약간 덜 엄격해지기는 했어도 오늘날까지 존재한다.

그러므로 역사적으로 보면, 트랜스 의료란 트랜스인들에게 힘을 주기 위한 것이었다기보다는 일부 인간의 삶이 사회의 이분법적 젠더라는 개념을 위협하는 것처럼 보이던 시절에 그 개념을 다시 조이기 위한 것이었다.[8] 그런 면에서, 트랜스 의료의 발전은 광적인 음모론자들이 생각해 낸 성형수술 폰지 사기°에 가깝다기보다는 여성의 생식 보건°°과 관련된 의료의 발전, 특히 자유롭고 안전하며 합법적인 임신중단낙태 치료를 받을 권리의 발전 과

° 이탈리아의 사기꾼 폰지가 처음 썼던 사기 수법. 고수익을 보장하는 프로젝트가 있다며 투자자들을 끌어들이되, 실제 사업 투자로 수익을 내는 것이 아니라 나중에 돈을 넣은 투자자들의 돈으로 앞서 돈을 넣은 투자자에게 수익금을 돌려준다. 이런 방식으로 투자에 관한 신빙성을 높이며 점점 더 많은 투자금을 모금하다가, 더 이상 투자자가 모이지 않으면 마지막에 돈을 넣은 투자자들이 투자금을 날리게 된다.

°° 임신중단, 피임, 난임 치료 등 생식 보건은 자궁이 있는 모든 사람에게 직접적 영향을 미치는데, 이런 사람 중에는 트랜스 남성 일부와 임신 가능성이 있는 논바이너리인 사람들도 포함된다. 이런 이유로, 생식 보건은 **전적으로** 여성만의 문제인 것은 아니며 아이를 가질 수 있는 트랜스인들을 위한 트랜스젠더 보건의 일부기도 하다고 말하는 것이 정확하다. 그러나 세계적 차원에서 볼 때 이 분야는 역사적으로, 또한 주로 여성에게 영향을 미쳤다. 게다가 보수주의자들이나 반동적인 정치 세력에게는 이 분야가 사회에서 여성이 맡는 역할과 뗄 수 없는 것으로 이해된다. 그러므로 여기에서는 편의상 '여성의 생식 보건'이라는 용어를 사용한다. ─지은이 주

정과 유사하다.

이쯤에서 임신중단에 관한 태도의 발전을 다시 생각해 볼 만하다. 영국에서 임신중단은 여전히 합법적 권리가 아니다(북아일랜드에서는 2019년에 이르러서야 임신중단이 비범죄화되었다). 임신중단에 관한 법률의 기본적 입장은 임신 중지가 중대한 형법상의 범죄라는 것이다. 임신중단이 범죄가 아니게 되려면 그 과정이 1967년 임신중절법Abortion Act의 엄격한 조건에 따라 이루어져야 하는데, 이 법은 의사 2인의 허가 및 임신중단 이유에 관한 승인이 있어야만 임신중단을 할 수 있도록 규정하고 있다. 임신중절법이 통과된 것은 여성에게 완전한 신체적 자율성을 부여하고자 하는 페미니스트적 열망 때문이 아니라 안전하지 않은 '뒷골목' 임신중단으로 인한 여성의 사망이라는 위기를 관리하기 위해서였는데, '뒷골목' 임신중단은 1967년까지 10년간 산모 사망의 주된 이유로서 영국 여성이 1년에 50~60명씩 사망하는 원인이었다.[9] 당시에는 1962년 탈리도마이드 파동의 결과로 (대체로 남성이던) 의료 종사자들이 제한적인 임신중단에 좀 더 수용적인 태도를 보이기도 했다. 탈리도마이드 파동이란, 입덧 치료를 위해 임신 여성에게 처방되던 약물이 심각한 장애가 있는 아동 수천 명의 탄생으로 이어진 탓에, 수많은 여성이 법률에 의해 심각하고 수명에도 영향을 주는 기형 혹은 보건 문제가 있는 아이들을 출산할 수밖에 없었던 사건을 말한다. 간단히 말해, 1960년대 이후로 임신중단에 관해서는 사회 일반이나 의료 종사자들의 태도가 변해 왔으나, 임신중단에 접근할 권리의 법적, 정치적 토대는 환자의 주체성을 강조하지 않았다. 그러므로 임신중단을 받을 권리는 보수 세력의 공격에 여전히 위태롭고 취약하다.

마찬가지로, 트랜스인의 의료적 권리도 초창기부터 이데올로기적 전쟁터가 되었다. 의료적 트랜지션과 피임, 임신중단이 필요한 사람들에게 이런 치료는 개인의 신체적 자율성, 정신 보건을 지킬 권리, 지배적인 젠더 역할에 저항하며 자신의 운명을 개척해 나갈 자유에 관한 문제다. 아니, 그래야 한다. (다시 이야기할 필요는 없겠지만, 지배적 젠더 역할의 틀에 따르면 여성은 재생산을 위한 도구고, 트랜스인들은 가부장제가 의존하고 있는 남녀의 엄격한 성 역할 구분에 대한 위협이다.) 임신중단의 권리와 트랜스인들 의료의 권리는 비슷한 방식으로 공격당하는 경우가 많다. 주로, 이런 공격은 두 가지 처치 모두를 후회할 가능성을 부풀려서 말하고 실제로 자신의 선택을 후회하는 개인의 사연을 미디어에서 불균형적으로 많이 다룸으로써 선택의 원칙 일반을 약화하는 식으로 이루어진다. 임신중단을 어떤 식으로든 후회하는 여성은 약 5퍼센트에 불과하다. 다양한 연구에 따르면, 성별 적합수술(혹은 젠더 재지정 수술)에 대해 후회하는 사람의 비율은 그보다도 낮은 0~2퍼센트다.[10] 그럼에도 후회에 대한 두려움은 치료의 지연이나 보류를 정당화하는 데 강력한 도구로 이용되었다.

그런 면에서, 트랜스 의료와 여성의 생식 보건 권리를 연이어 공격하는 쪽이 보수주의 정치인들이라는 점은 그리 놀랍지 않다. 뻔하게도, 최근 이런 태도가 가장 지독하게 드러난 사례는 2016~2020년 트럼프 행정부의 행동에서였다. 2017년에 트럼프는 레이건 시대의 '멕시코시티 정책'을 되살려, 임신중단을 실시하거나 임신중단의 권리를 옹호하는 해외 단체에 연방 정부의 재정을 지원하지 못하도록 했고(이 조치는 '글로벌 재갈법'이라고도 알려져 있다), 대법관 지명 권한을 활용하여 임신중단에 적대적인 판사들로 대법원을 구성했다. 동시에, 이 정책은 트랜스인들이 군대에 복무하지 못하도록 금지했으며(부분적으로는 트랜스 군인의 의료비를 연방 정부에서 지출하게 된다는 것이 그 이유였다), 버락 오바마 대통령이 학교에서 트랜스 아동을 보호하도록 했던 연방 차원의 보호 조치를 뒤집었고, 2019년에는 보건의료와 보험 분야에서 트랜스인들이 차별받지 않도록 보호하는 연방 법령을 공격하고자 하는 욕망을 드러냈다. 달리 말해, 의료 서비스 제공자들에게 아무 이유로나 트랜스인들의 치료를 거부할 권리를 준 것이다. 이런 두 가지 정책적 입장은 연결되어 있다. 임신중단에 대한 접근권 제한과 트랜스 의료에 대한 접근권 제한은 둘 다 젠더 역할 및 개인이 자신의 신체에 대해 어느 정도의 자율성을 행사할 수 있느냐에 관한 보수주의의 이데올로기적 입장에서 출현했다.

영국에서는 신체의 자율성에 관한 문화 전쟁이 그만큼 두드러지지 않으나, 임신중단 반대와 트랜스 반대 운동이 비슷하게 중첩된다. 2015~2020년에 몬머스의 보수당 하원 의원 데이비드 T. C. 데이비스는 의회에서 트랜스젠더 반대 로비 단체를 위한 행사를 후원했으며, 트랜스젠더 권리의 합법성에 관해 벌어진 웨스트민스터 홀 토론도 직접 주도했다. 데이비스는 동성결혼에도 반대표를 던졌으며, 국제적인 의료적 합의를 무시하고 임신중단 제한 시기를 24주에서 12주로 하향 조정하는 데도 찬성표를 행사했다.

임신중단과의 비교가 유용한 주된 이유는 훨씬 많은 사람에게 영향을 미치는 생식의 권리에 관한 정치적 전쟁에 비해 양질의 트랜스 의료를 위한 투쟁은 잘 알려지지 않았기 때문이다. 또한 이런 비교는 트랜스인으로 산다는 것이 정신병인지, 그렇지 않다면 NHS에서 치료를 제공해야 하는 이유가 무엇인지에 관한 대중의 일반적 혼란을 해소하는 데도 도움이 된다. 나는 원치 않는 임신에서 오는 고통(임신은 질병이 아니지만, 이 경우 의료적 개입이 필요하다)은 NHS를 통해 트랜스 의료 서비스를 제공하는 이유를 설명하는 데 좋은 비유라고 생각한다. 그 이유란, 복지를 유지하고 개인의 고통을 방지하기 위해서다.

우리가 무엇을 '정신병'으로 정의하기로(또한 낙인찍기로) 선택하는지는 그 자체가 정치적 문제다. 예컨대 동성애를 장애가 아니라 정체성으로 인지하게 된 것은 비교적 최근에 이루어진 발전으로, 동성애를 비≒질병화하려는 수십 년간의 운동 덕분에 가능해졌다. 트랜스젠더인 사람들을 비질병화하려는 유사한 노력도 일부 성공을 거두었다. 2019년 5월에는 세계보건기구 WHO가 '국제질병분류' 11판의 정신질환 진단 기준에서 '젠더 정체성 장애'gender identity disorder를 삭제했다. 이는 2022년부터 발효된다. 대신, 성 보건 문제의 하위 항목으로 '젠더 불일치'gender incongruence가 들어온다. 또한 과거 2017년 10월에는 당시의 영국 총리 테리사 메이가 "트랜스인으로 산다는 것은 질병이 아니므로 질병 취급을 받아서는 안 된다"라는 이유를 들며 잉글랜드와 웨일스에서 법적 젠더 인정 절차를 간소화하고 비의료화하겠다고 선언했다.[11]

그러나 트랜스인들의 정체성과 정신적 불균형을 연관 짓던 역사적 오류를 시정하려는 이런 움직임과 수많은 트랜스인들의 복지를 위해 무료 의료 서비스를 제공하는 일의 중요성 사이에는 긴장 관계가 존재한다. 연달아 집권한 보수주의 정부에서 NHS와 사회복지 예산을 잔뜩 조여 가던 와중이었으므로, 트랜스인들을 아픈 사람처럼 취급하듯 "치료해서는 안 된다"라던 일견 긍정적인 테리사 메이의 발언은 의심해 봐야 한다. 트랜스젠더와 시스젠더 환자들에게는 모두 NHS의 민간 영역 의존도가 커지는 상황을 두려워할 합리적 이유가 있다. 이렇게 되면 의료 비용이 증가하고, 젠더 정체성 관련 치료 및 수술을 포함한 의료에 이윤 동기가 개입된다. 바로 이 점이 역설적이다. 트랜스인들을 착취하는 돈벌이 음모에 관해 허울 좋은 주장을 내놓는 사람들은 보통 보수주의자들이지만, 사실 민간 영역이 흡혈귀처럼 굴 수 있게 하는 것은 보수주의자 자신의 예산 삭감 및 민영화 정책이다.

　트랜스인 관련 의료─특히 호르몬과 수술에의 접근권─를 둘러싼 명확성은 이러한 치료가 시작된 20세기 초반부터 늘 부족했다. 트랜스 의료의 진보는 점진적이고 고르지 않은 방식으로 이루어졌고, 트랜스 환자를 치료하는 의사 개인의 직업적 성향 때문에 일어나는 경우도 많았다. 수요가 증가하면서 트랜스 의료를 정신병과 연관 짓는 사례도 많아졌다. 트랜지션을 하는 시기와 방법은 물론 누가 트랜지션을 할 수 있는지 제한을 설정하는 힘(트랜스 공동체에서는 이를 보통 '문턱 지키기'라고 부른다)은 점차 소수의 임상 의사에게 집중되었다(이들 중 다수는 정신과적 배경지식을 가지고 있었다). 이들은 특정한 사람이 치료를 받을 수 있을 만큼 '충분히 트랜스젠더인가'를 결정했다. 1990년대 이후로 상황이 변하기 시작했다. 전 세계에서 트랜스인들과 진보적 의료인들은 차별금지법 모형을 탐색했는데, 이 모형에서는 환자의 정신과적 진단보다는 특정한 치료에 대해 환자가 충분한 정보를 가지고 결정했는지가 핵심적인 기준이 된다.

이때 세계적이라는 말은, 슬프게도 제도의 상당 부분이 개혁되지 않았으며 시대착오적이고 목표에 맞지 않는 영국에는 적용되지 않는다. 영국에서 트랜스 의료 모형은 여전히 특수한 젠더 정체성 병원을 중심으로 만들어지는데, 이런 병원은 캐나다, 뉴질랜드, 미국, 수많은 유럽 국가에서 이미 시대에 뒤떨어진 것으로 판단되어 유연한 접근법으로 대체되었다. 영국은 어쩌다가 트랜스인들을 돌볼 의무를 수행한다는 면에서 이토록 심하게 뒤떨어지게 되었을까? 현재 영국에서 치료를 받고 싶어 하는 대기자들은 몇 년이나 기다려야 하는 경우가 많다. 이 문제에 답하려면, 이 지점에 이르게 된 과정을 살펴봐야 한다.

✳

출생 시에 지정된 것과는 다른 사회적 역할을 수행하며 살아간, 젠더 다양성을 가진 사람들에 관한 역사적 이야기는 인간의 거의 모든 기록 문화에 나타난다. 이 중 일부는 남성이나 여성을 넘어서 제3의 젠더나 여러 개의 젠더가 존재한다는 점을 인정하는 공동체의 격려와 허용을 받으며 살아갔다. 일부는 젠더 규범을 '위반'한 것으로 인지되어, 처벌받아 마땅한 존재로 여겨졌다. 기원전 7~5세기부터, 다른 성의 옷을 입지 말라고 명시적으로 금지한 신명기 22장 5절("여자는 남자의 의복을 입지 말 것이요 남자는 여자의 의복을 입지 말 것이라 이같이 하는 자는 네 하나님 여호와께 가증한 자이니라")은 이스라엘 사람들을 다스리는 종교법과 민법을 이루었다. 이런 '일탈'을 법으로 금지해야 했다는 말은 금지해야 할 무언가가 있었으며, 입법자들이 염려할 정도로 다른 젠더의 옷을 입는 행위가 만연했다는 뜻이기도 하다. 그보다 더 앞선 시기인 기원전 3000년경에는 고대 수메르의 여신인 이난나가 갈라라고 불리는 트랜스베스타이트 사제 집단의 숭배를 받았다. 갈라는 여성의 이름을 썼으며, 여성성과 관련된 방언으로 찬양가를 불렀다. 또한 3세기 로마에서는 218~222년에 재위했던 청소년 황제 엘라가발루스가 여성으로 여겨지고 싶다는 열망을 공개적으로 드러낸 것으로 보인다. 고전 시대 역사가 카시우스 디오와 헤로디아누스의 진술을 믿는다면, 엘라가발루스는 눈에 화장을 했고 턱수염을 뽑았으며 가발을 쓰고 여왕으로 불러 줄 것을 고집스럽게 주장했다. 카시우스 디오에 따르면, 엘라가발루스가 자신에게 여성 성기를 달아 줄 수 있는 의사에게 엄청난 돈을 주겠다고 제안했다고 한다. 사실, 신체 변형과 거세의 의례는 추종자들이 젠더 교차적 삶을 살아갔던 분파와 교단의 특징이었다. 2002년에는 로마 **갈라**(키벨레 여신을 따르는 거세된 사제)의 유해가 요크셔 북부 캐터릭에서 발견됐다. 그녀는 여성의 의복과 장신구를 걸치고 있었다. **갈라**들은 황홀경을 동반하는 디에스 상귀니스, 즉 '피의 날'이라는 의례를 치르며 스스로 거세했다. 이들은 머리를 탈색하고 화장했다. 캐터릭에서 발견된 유해는 최소한 서기 4년부터 영국에 거세된 여성적 **갈라**가 있었다는 증거다. 영국에서 보인 젠더 다양성의 가장 오래된 증거라고 하겠다.

　다만 우리가 오늘날 이해하는 방식의 '트랜스인'은 더 최근에 나타난 젠더 일탈 개념의 산물이다. '트랜스젠더'라는 개념은 19세기 후반에 성과학^sexology이 막 출범하면서, 성적, 젠더적 일탈을 나타내는 행동을 찾아서 범주화하고 치료하려 했던 시기에 생겨났다. 1886년에는 독일-오스트리아의 정신과 의사 리하르트 폰 크라프트-에빙이 『성적 정신병』Psychopathia Sexualis이라는 책을 출간했는데, 이 책은 우리가 LGBTQ+ 정체성의 증거라고 생각하는 행동을 정신병적이고 문제가 있는 것으로 병리화한 중대한 문헌이다.[12]

초기 성과학에서 특히 영향력이 컸던 것은 '성적 전도'sexual inversion라는 개념으로, 이 표현은 상대 성과 연관되는 것이 더 적합하다고 여겨지는 성적, 젠더적 행동을 하는 것으로 판단되는 사람들을 표현하는 데 사용됐다. 이런 개념에서 동성애자와 트랜스인을 구분하지 않은 것은 분명하다. 여성 전도자는 여성으로 태어났는데 여성에게 성욕을 느끼는 사람이나 보통 남성과 연관되는 방식의 옷을 입고 행동하는 사람, 혹은 둘이 결합된 형태를 모두 지칭할 수 있었다. 또한 초기의 성과학은 19세기 후반에 발견된 성호르몬이나 1930년대에 알게 된 양성이 모두 에스트로겐과 테스토스테론을 분비한다는 사실 등 획기적인 과학적 발견을 수용하지도 못했다. 이러한 발견은 외부 생식기에 근거한 성별 이분법에 문제를 제기하며, '성'sex이란 이전에 생각했던 것보다 덜 일관적이고 덜 불변적인 개념임을 드러냈다. 나아가, 이런 발견은 성별을 바꾸는 것도 가능하다는 의미로 보였다.[13]

그런데도 성적 전도라는 개념은 의료 분야에서 계속 이어지며 만연해졌다. 오늘날 트랜스인들을 돕는 데 쓰이는 호르몬 요법―트랜스 여성을 위해 여성화에 도움을 주는 에스트로겐을 쓰고, 트랜스 남성을 위해 남성화에 도움을 주는 테스토스테론을 쓴다―이 20세기 중반에는 성 전도자들과 간성intersex인 사람들의 '질병'을 발생시킨 불균형을 '교정'하기 위해 호르몬을 투여하는 방식으로 이들을 '치료'하는 데 사용되었다. 예컨대 여성 동성애자에게 에스트로겐을 투여하는 식이었다. 남성 동성애자에게는 테스토스테론 치료를 하기도 했고, 일부 사례에서는 이들을 화학적으로 거세하고 자신의 욕망에 따라 행동하지 못하게 하려고 에스트로겐을 투여하기도 했다. 1950년대에는 성적, 젠더적 일탈에 대한 이런 호르몬 '치료'가 감소했는데(대체로는 이 방법이 통하지 않았기 때문이었다), 그래 봐야 정신과적 전환 치료로 대체되었을 뿐이다. 성적 전도와 질병이라는 이면의 믿음은 남아 있었다. LGBTQ+나 간성으로 태어난 사람들의 신체적 존엄성에 간섭하기 위해 동의를 거치지 않고 강제적, 폭력적으로 호르몬을 사용하는 행위가 무수히 많은 사람들의 인생을 파괴해 서구 의학사의 오점으로 남았다는 점을 반드시 강조해야겠다. 이러한 공통적 경험은 트랜스인들과 시스젠더인 레즈비언, 게이, 양성애자들이 지난 1세기 이상 함께해 온 병리화와 학대에 대한 싸움을 보여 주는 것으로서, 우리가 단합하는 계기도 될 수 있다.

다양한 성적, 젠더적 정체성을 갖춘 사람들을 긍정해야 한다고 처음으로 주장한 사람은 독일의 성과학자로서 성적 다양성에 대한 더욱 관용적인 모형을 탐구한 인물인 마그누스 허시펠트였다. 1910년에 그는 오늘날 읽히는 방식대로 성적 지향과 젠더 정체성을 구분한 책인 『트랜스베스타이트』The Transvestites를 출간했다. 이전의 성적 전도 모형에서는 의복이나 태도 등에서 나타나는 젠더화된 표현을 성적 지향과 혼동했지만, 허시펠트는 이들을 구분했다. 1919년에 그는 베를린에 성과학 연구소를 열었는데, 이 사설 병원은 성적 지향과 젠더 연구의 세계적 중심지가 되었으며 연간 2만 명의 방문객들을 맞아들였다. 그러다가 1933년에는 나치가 이 연구소를 폐쇄했다. 현대적 용어와 트랜스인들을 위한 치료법이 출현한 것은 이 연구소에서였다. 허시펠트는 상대성으로 살고자 하는 강한 열망이 있으며(이는 단순히 상대 성의 옷을 입는 것과 구분된다) 그러기 위해 호르몬적, 수술적 도움이 필요한 사람들을 표현하기 위해 '성전환증'Transsexualismus이라는 용어를 만들어 냈다. 허시펠트의 동료였던 해리 벤저민이 영어권 의료계에 영어화한 단어 '트랜스섹슈얼'transsexual을 전파했다. 수많은 트랜스베스타이트와 트랜스섹슈얼들이 허시펠트에게 치료를 받는 동시에 그의 연구소에서 일했다. 1931년에 허시펠트는 세계 최초로 도라 리히터에게 전면적인 성별 재지정 수술을 실시했다. 도라 리히터는 독일 시골 지방 출신의 '남성에서 여성으로의 트랜스섹슈얼'(비교적 낡은 용어다)이었다. 허시펠트의 다음 수술로 더 유명한 것은 덴마크 미술가 릴리 엘베에게 한 수술로, 할리우드의 2015년 전기 영화 〈대니쉬 걸〉The Danish Girl에서 에디 레드메인이 릴리 엘베 역할을 맡은 적이 있다.

영국에서는 젠더 디스포리아를 의학적으로 치료한 최초의 두 사례가 바이마르 베를린에서 허시펠트가 했던 전문적 의료 환경과는 상당히 다른 맥락에서 발생했다. 호르몬과 수술의 도움을 받아 한 젠더에서 다른 젠더로 의학적 트랜지션을 한 최초의 영국인으로 알려진 사람은 트랜스 남성(또는 '여성에서 남성으로의 트랜스섹슈얼')인 마이클 딜런이었다. 1915년에 귀족 가문에 태어난 딜런은 청소년기부터 학창 시절에 꾸준히 남성적인 태도를 보였으며, 이후 옥스퍼드에 들어가 여성 조정팀 주장이 되었다. 그의 양성적인 외관이 황색 언론의 관심을 끌기도 했다.[14] 1930

년대 후반에 의사들이 테스토스테론 알약을 성공적으로 개발했다는 사실을 알게 된 딜런은 저지 포스라는 의사에게 갔다. 조지 포스는 월경 시 과다 출혈을 겪는 여성들에게 테스토스테론 사용을 실험해 왔으나, 그의 여성 환자들은 목소리가 굵어지고 수염이 나는 등 남성화되는 부작용을 경험하고 있었다.

포스는 딜런의 요청을 듣고 긴장하면서도 흥미를 느꼈다. 포스는 딜런에게 정신과 진료를 통해 정신적 문제가 없다는 확인을 받으라고 주장한 뒤에야 그에게 직접 투여할 알약을 처방했다. 과학 전공자였던 딜런은 자신의 '성 변화'sex change에 대해 특별한 정도로 자율성을 행사할 충분한 교육 수준을 갖추고 있었다. 그는 '성 변화' 과정 내내 호르몬 트랜지션에 관한 자세한 기록을 남겼고, 1946년에는 『자아: 윤리와 내분비학에 관한 연구』Self: A Study in Ethics and Endocrinolgy라는 제목으로 그 기록을 펴냈다. '성적 전도'라는 용어에 부정적인 함의가 있었는데도 딜런은 자신을 '전도자'invert라고 정체화했다(그가 새로 만들어진 단어인 '트랜스섹슈얼'을 알았을 가능성은 낮다). 딜런은 자신의 정체성을 보호하기 위해 브리스틀로 이사해 정비공 일자리를 얻고 남자로 받아들여지며 남성 대명사로 불렸다. 1942년에 딜런은 외과 의사를 설득해 유방 절제술을 받았으며, 1944년에는 남성으로서의 새로운 상태를 반영하도록 출생증명서를 수정했다. 최근 영국 미디어에서 젠더 재지정이라는 개념을 '미끄러운 경사로'로 보고 열띤 논쟁을 벌인다는 점을 생각해 보면, 2차 세계대전 시기에 이미 오늘날보다 직접적으로 의료적 트랜지션과 법적 젠더 인정 절차에 접근할 수 있었다는 사실은 대단히 놀랍다. 트랜지션에 관해서는 현재도, 과거에도 늘 엄격한 '통제'가 필요했다는 주류

미디어의 가정은 트랜스인의 의학적, 법률적 역사에 대한 억압과
무지에 기대고 있다.

1945년에 딜런은 더블린으로 이사해 트리니티 칼리지에서
의사 수련을 받았으며, 이곳에서 몇 차례 성기 성형수술을 받았
다. 이 수술은 성형수술이라는, 당대에 처음 출현한 분야의 개척
자이던 해럴드 길리스 경이 집도했다. 길리스 경은 전쟁 시기에
부상병의 성기를 재건하기 위한 수술을 몇 차례 집도한 적이 있
었다. 다음 해에 딜런은 자서전을 펴내, 영국 최초의 트랜스섹슈
얼 여성이자 남성에서 여성으로의 '성 변화' 수술을 거친 최초의
영국인인 로버타 카웰의 관심을 받게 되었다. 이 둘은 친한 친구
가 되었으며, 딜런은 카웰에게 연애 감정을 느꼈던 것으로 보인
다. 다만 카웰은 딜런의 구애를 거절했다. 사실, 카웰의 첫 번째
수술(남성 생식선의 제거를 통한 거세, 즉 고환 절제술)은 딜런이
직접 집도했다. 딜런은 아직 의사 면허를 따지 못했고, 당시 영
국에서는 이 수술이 불법이었기에 비밀리에 진행해야 했지만 말
이다. 고환 절제술을 받은 이후 카웰 건은 길리스에게 의뢰되어,
1951년 질 성형을 통한 성별 재지정을 완료했다.

카웰과 딜런의 선구자적인 트랜지션에도 불구하고, 영국의
제도권 의료계에서는 1960년대가 되어서야 성전환증이 진단명
으로 공식 인정되었다. 카웰은 딱히 정확한 것은 아니었지만 간
성이라는 진단을 받는 데 성공해, 절차상의 문제를 활용하여 성
별적합수술을 받았다. 그러나 그때까지도 트랜스인들에 대한 의
료 지원은 드물었다. 1960~1970년대 내내 트랜스 환자들은 개
별적으로 신체적인 간성적 특징과 젠더 디스포리아의 심리적 경
험 사이에 존재하는 애매하고도 논쟁적인 연결성을 활용하여 일

부 의사들을 설득해 치료받았다. 하지만 당시에도 그런 요구에 응해 주는 의사는 드물었다. 『영국 의학 저널』British Medical Journal 에 실린 1966년 연구에 따르면, "정신과 의사의 9퍼센트, 지역 보건의의 6퍼센트, 외과 의사의 3퍼센트"만이 트랜스섹슈얼 환자들을 적극적으로 돕겠다고 했다.[15] 이 모든 사실은 결과적으로 트랜스인들의 인생과 운명이 극소수 영국 의사들의 변덕에 달려 있었다는 뜻이다. 이 중 존 랜덜 박사만큼 큰 영향력을 행사하거나 심한 악명을 떨친 사람은 없다. 랜덜은 런던의 채링크로스 병원과 같은 해에 문을 연 최초의 젠더 정체성 전문 병원 의사였다. 1960~1980년에 의료적 트랜지션을 한 영국인 대다수는 존 랜덜과 어떤 식으로든 직접적으로 접촉했으며, 그의 이름을 듣지 못한 사람은 한 명도 없었다. 유명 트랜스인들의 회고록 대부분이 랜덜을 언급한다―예컨대, 여행기 작가 잰 모리스와 트랜스섹슈얼 본드걸 겸 플레이보이 모델인 캐럴라인 코시가 그렇다. 그러나 이 중 랜덜을 좋게 말하는 사람은 거의 없다.

대부분의 전언에 따르면, 랜덜은 유달리 통제욕이 강한 사람이었다. 그는 자신에게 도움을 청한 환자의 약 15퍼센트에게만 호르몬 치료와 수술을 받게 해 주었다. 나아가 의학적 트랜지션을 허용하는 랜덜의 기준은 그 자신의 대단히 별스럽고 가부장적인 생각에 뿌리를 두고 있었다. 예컨대 그는 자기 생각에 너무 키가 크거나 트랜지션 이후 비교적 여성적이라고 여겨지는 직업을 갖겠다고 하지 않는 트랜스 여성이 여성으로 '패싱'돼서는 안 된다고 생각했다. 1969년에 그는 트랜스 여성에 관해 이런 글을 썼다. "여자가 되고 싶다면, 여자처럼 되어야 한다고 생각한다. 우리의 목표가 (중략) 순응인 것은 분명하다."[16] 젠더 자체의 속성에 대한 랜덜의 관점도 분명했다. "나는 표현형 남성이 여성적 정신을 가질 수 있다는 의견을 받아들이지 않는다. 그러한 정신적 지향성이 있다고 주장하는 사람들은 사실 자신이 여성이라는 강박적 신념이나 과대망상을 하고 있는 해부학적 남성이다. 그러므로 이들은 정신과적으로 비정상이다." 랜덜은 트랜지션에 도움을 줄 때도 환자들에게 퉁명스럽고, 심지어 잔인한 태도를 보였다. 랜덜은 수술을 받은 이후 감사 인사를 한 트랜스 여성에게 "그렇다고 당신이 여자가 된 건 아닙니다. 당신은 언제까지나 남자일 거요."[17]라고 말했다고 전해진다.

이쯤에서 잠시 멈춰 생각해 보자. 20세기 영국에서 가장 강력한 트랜스 의료의 개척자인 랜덜은 시스젠더 남성 정신과 의사로서 트랜스인들이 깊이 간직한 정체성의 현실성도 믿지 않았고, 젠더 규범이란 완화되고 도전받고 폐기될 수 있는 사회적으로 구성된 이상이라고 생각하지도 않았다. 랜덜은 트랜스인들이 자신의 상황적 현실에 관해 망상을 품고 있다고 믿는 동시에, 그들이 젠더 고정관념을 매우 그럴싸하게 복제해야 한다고 생각했다. 랜덜은 트랜스인들에게 자신의 젠더를 해석하고 표현할 자유를 허용해야 한다고 생각하지 않았다.

랜덜의 견해는 오늘날까지도 지배적이다. 이런 견해의 사례는 트랜스인들에 관한 주류의 공개적 담론 곳곳에서 발견된다. 페미니스트 작가인 저메인 그리어는 2009년에 이런 글을 썼다. "오늘날에는 자기가 여자라고 생각하고 여자 이름을 쓰며 여성적인 옷을 입고 아이섀도를 많이 바르는 사람들을 만나기가 십상이다. 이렇게 말하는 건 예의에 어긋나지만, 우리에게 이들은 그저 무시무시한 패러디로 보일 뿐이다." 『가디언』의 칼럼니스트 줄리 빈델은 2004년에 "'트랜지션'을 하는 사람들은 외모에서 고정관념을 나타내는 것으로 보인다. 남자들은 섹시한 신발에 새 둥지 같은 머리 스타일을 하며, 여자들은 턱수염을 기르고 근육을 키우고 문신을 한다"라며, 독자들에게 "오직 트랜스섹슈얼들만이 사는 세상을 생각해 보라. 꼭 〈그리스〉Grease 세트장 같을 것이다."라고 말한다. 이런 분석은 전혀 정확성에 근거하지 않았다. 그저 이미 존재하는 편견에 동조함으로써 시스젠더인 독자들을 재미있게 해 주려는 것뿐이었다. 그러나 트랜스인들이 고정관념을 강화하는 '패러디'라고 보는 시각은, 바로 그 트랜스인들이 지난 50년간 의사에게 편협한 젠더관에 순응하도록 강요당한 뒤 시스젠더인 구경꾼들에게 고정관념에 사로잡혀 있는 퇴행적인 사람이라고 조롱당해 왔다는 점을 잔인하게 무시한다—실제로 트랜스인들의 겉모습, 복장, 헤어스타일, 화장 스타일 등은 시스젠더인 사람들과 마찬가지로 늘 다양했다는 점을 지적해야겠다. 이 상황이 부조리하게 들린다면, 그건 실제로 부조리하기 때문이다.

1990년대 초반에는 영국에서 성인의 트랜지션 치료에 관해 어느 정도 일관성이 부여되었다. 진단할 때 의사의 변덕스럽고 자의적인 기준 대신, 환자가 자술한 개인사와 젠더 디스포리아 경험을 강조하게 된 것이다. 21세기경에는 이러한 접근법의 변화가 NHS 젠더 정체성 서비스의 상황을 확실히 개선했으나, 의사 개개인의 태도에 변화가 일어났다고 하기는 어렵다. 특히 논바이너리 트랜스인들은 여전히 치료에 접근하기 힘들거나, 그저 남성에서 여성으로, 혹은 여성에서 남성으로 트랜지션하고 싶다는 좀 더 '받아들여지기 쉬운' 서사에 맞도록 자신과 관련된 정보를 감춘다. 더욱이, 지난 20년간 상황이 개선됐는데도 영국의 트랜스 의료 제공자들은 1960년대 이후로 동일한 트랜지션 절차를 유지해 왔다. 미국과 캐나다에서는 치료에 관한 접근권을 독점하는 중앙화된 젠더 정체성 병원이 점차 사라지고, 비교적 유연한 모형이 나타났다. 새로운 모형에서는 다양한 의료 센터가 공식적 진단 절차를 거치지 않더라도 충분한 정보를 가지고 있는 환자의 동의에 기반해 더욱 빠르게 호르몬 치료를 시작할 수 있다. 반대로 영국의 트랜스인들은 젠더 정체성 병원 모형에 따르고 있으며, 이에 따라 서구의 다른 수많은 나라에서 실시하는 관행에 뒤처지게도 치료에 접근하기 위해 불가해한 제도에 따라야 한다.

영국 트랜스인의 의료 위기는 영국에만 나타나는 것이며 긴급히 고쳐야 한다. 코로나바이러스 대유행 시기에 의료 서비스가 일시적으로 중단됨으로써 위기가 더욱 심해졌다는 점을 생각해 보면 특히 그렇다. 이는 재원만의 문제가 아니라, 트랜지션 관련 의료의 구조와 이에 대한 접근의 문제다. 이 문제는 소수의 젠더 전문 병원에 맡겨져 있는데, 이런 병원은 정신건강에 관련된 전문 지식을 가진 자문위원이 감독하고 있으며 이미 맡은 환자가 너무 많아 점점 어려움을 겪고 있다. 현재 영국 대부분 지역에서 젠더 정체성 전문 서비스를 받고 싶은 성인은 먼저 지역 보건의를 찾아가, 영국 전역에 있는 7개의 NHS 젠더 정체성 병원 중 한 곳에 전원시켜 달라고 요청해야 한다. 유일한 예외는 웨일스인데, 웨일스에서는 최근에 현대적인 개혁 체계를 도입했다. 2016년 의회에서 진행한 '트랜스젠더 평등에 관한 조사'에 따르면, 영국 어디에서든 많은 수의 지역 보건의들이 환자를 전문 서비스로 인도해야 한다는 점을 모르고 있었다. 사실, 그중 일부는 전원 조치에 적극적으로 적대적인 태도를 보였다. 조사에 따르면, "일부

　　　　　　　　　　　　트렌스젠더 이슈

지역 보건의들이 젠더 정체성 병원으로의 전원조차 끈질기게 거절했다"[18]라는 증거가 있다. 지역 보건의가 협조적이라도 적당한 NHS 절차를 제대로 훈련받지 못해, 의료의 다른 분야에서는 보이지 않는 방식으로 전원 절차상에 심각한 오류가 일어나기도 한다. 이런 오류에는 환자를 지역의 정신과로 전원한다거나(정신과 진료는 더 이상 필요하지 않다) 환자가 알맞은(그러나 오래 걸리는) 젠더 정체성 병원의 대기 명단에 이름을 올리기까지 수개월 간의 지연을 발생시키는 경우 등이 포함된다.[19] 이 모든 요소로 인해 트랜스인의 24퍼센트는 지역 보건의로부터 충분한 도움을 받지 못했다고 말한다.[20] 일반인이 같은 불만족을 표현하는 경우는 6퍼센트에 불과하다.[21]

트랜스인들이 2차 의료 시설로 성공적으로 전원된다 하더라도, 현재 젠더 정체성 병원의 평가 절차—이 절차에서는 (대체로 정신과와 관련된 전문 지식을 가진) 젠더 의사에게 두 차례 진료받을 것을 요구한다—의 대기자 명단은 눈이 시큰할 정도로 길다. 지역 보건의의 전원 요청 이후 18주 이내에 첫 번째 진료를 잡을 것을 권고한 NHS의 지침과는 반대로, 2019년 6월에 영국 젠더 정체성 병원에서는 트랜스 환자들에게 최소 2년을 기다려야 한다고 말했다. 잉글랜드 남서부를 담당하는 엑서터의 젠더 병원인 로렐에서는 대기자가 2,000명에 이른다고 했다. 그 말은 1차 진료를 보기까지 3년을 기다려야 할 수도 있다는 뜻이다. 코로나바이러스의 대유행으로 인한 의료 시설 폐쇄는 이처럼 재앙에 가까운 진료 지연을 더욱 강화했다. 호르몬 처방을 받으려면 거의 모든 사람이 2차 진료를 기다려야 한다는 점을 생각해 보면, 수많은 트랜스인들은 처음 지역 보건의와 이야기를 나누는 순간부터(이 자체로 엄청난 용기와 시간이 필요할 수 있다) 의료적 트랜지션을 시작할 때까지 최소 3~4년을 예상해야 한다.

게다가 호르몬 치료가 권고되는 경우에도 젠더 전문 병원에서 직접 호르몬을 처방하지는 않는다. 대신 이들은 환자의 담당 지역 보건의에게 처방을 지시한다. 여기에 또 다른 문제가 수반될 수 있다. (젠더 정체성 병원의 지시를 받더라도) 지역 보건의들이 호르몬 처방을 거부하는 일이 드물지 않기 때문이다. 이들은 트랜스 환자에게 호르몬을 처방하는 것이 자기 능력을 벗어나는 일이라고 생각한다. 이에 따라 치료는 더욱 지연될 수 있다. 그 말은, 트랜스인들 일부는 기꺼이 호르몬을 처방해 주려는 사람을 찾아 지역 보건의를 바꿀 수밖에 없다는 뜻이다.

호르몬 치료에 더해, 2차 진료 이후로 트랜스 여성은 여덟 차례 레이저로 수염 제모 시술을 받을 수 있다. 그러나 젠더 디스포리아를 완화하고 여성으로서 사회에 섞여 들어가기 위해서는 수염을 제거해야 할 필요가 대단히 큰데도 대기 시간이 너무 길 수 있고, 제모 시술의 횟수도 모자랄 수 있다(나는 트랜지션 과정에서 제모 시술을 24번 받아야 했는데, 수천 파운드를 들여 사비로 시술을 받았다). 이런 문제는 대체로 목적에 부합하지 않는 게 분명한 젠더 정체성 병원의 구조에서 기인한다. 그 어느 때보다도 많은 사람들이 트랜스인으로서 편안하게 커밍아웃할 수 있다고 느끼는 시대기에, 젠더 정체성 병원은 그야말로 일거리에 파묻혀 있다.

NHS를 통해 수술을 받으려는 트랜스인들은 더욱 오래 기다려야 한다. 트랜스 남성과 남성적 트랜스젠더°가 받을 수 있는 치료에는 가슴 수술(유방절제술 및 남성 가슴 재건술), 자궁절제술 및 성기 수술이 있다. 트랜스 남성이 이런 수술 중 하나라도 받고 싶어 할 경우, 병원 지침에 따르면 테스토스테론 투여를 시작한 이후 1년 이상을 기다려야 한다. 트랜스 여성과 여성적 트랜스젠더는 보통 성기 수술만을 할 수 있다. 다만 스코틀랜드와 북아일랜드에서는 두개골의 남성적 구조를 줄이기 위해 얼굴 여성화 수술을 일부 받을 수 있다(드문 경우다). 일상적으로 '수술'이라고 하는 성기 성형수술은 대중의 머릿속에 트랜지션의 핵심으로 자리 잡고 있으나, 이 수술을 트랜지션의 가장 중요한 측면으로 여기지 않는 트랜스인도 많다는 점은 지적할 만하다. 어쨌거나 성기는 타인이 볼 가능성이 가장 낮은 신체 부위다. 많은 트랜스인들은 일상생활에서 체형, 수염, 목소리, 얼굴 생김새 등이 훨씬 더 중요하다고 여긴다. 이런 부분 덕분에 타인에게 자신의 진짜 젠더를 인정받을 수 있기 때문이다. 그러나 아주 많은 트랜스인들은 성기 성형수술을 자신의 신체로 편안하게 살아가는 데 필수적인 수술로 본다(특히 트랜스 여성이 그런데, 이들의 60퍼센트는 성기 수술을 받는다[22]). 그러나 현재는 대기자 명단이 너무 길어서, 대부분의 트랜스인들은 지역 보건의가 처음 전원 요청을 한 이후 5년 이상을 기다려야 수술을 받을 수 있다.

수술 대기 기간이 이토록 길다는 점은 그리 놀랍지 않다. 영국에는 남성에서 여성으로의 성기 성형수술을 할 만한 전문적 능

○   '남성적 트랜스젠더'와 '여성적 트랜스젠더'라는 용어는 관습적으로 남성적, 혹은 여성적으로 여겨지는 미학을 통해 자신의 젠더를 표현하지만 남성이나 여성으로 자신을 정체화하지는 않는 논바이너리인 사람들을 말한다. 여기에는 호르몬과 수술의 활용이 포함될 수 있다. ─지은이 주

력을 갖춘 외과 의사가 약 여섯 명 있고, 그중 선구적인 위치에 있는 의사 두 명은 향후 5년 이내에 은퇴할 예정이다. 비뇨기과 전문의 필 토머스는 2016년 『가디언』에 이렇게 말했다. "외과 의사가 더 필요합니다. 수요를 충족하기 위해 필요한 의사의 수가 천정부지로 많아지고 있는데, 잉글랜드 NHS에서는 그 속도를 따라가지 못합니다."[23] 성기 수술 전원 요청이 매년 20퍼센트 증가하고 있다는 점을 생각해 보면, 새 외과 의사의 부족이 미래의 트랜스 의료에 또 하나의 장벽이 되는 셈이다. 수술 비용은 NHS에서 대지만, 실제 수술은 사적인 계약에 따라 민영 병원에서 이루어진다. 이 때문에 비용이 증가하고, 미래 외과의에 대한 장기적 계획과 투자의 가능성이 줄어든다. 2016년 '트랜스젠더 조사'에서는 영국 트랜지션 관련 의료 상황에 대해 심각하고 강한 우려를 표시했다.

그러나 트랜스젠더 조사에서 파멸적인 결론을 낸 뒤로 수년이 흐른 지금까지 이 위기에 대처하기 위한 행동은 전혀 이루어지지 않았다. 영국에는 트랜스 의료를 개혁하기 위한 정치적 의지가 아예 없는 셈이다. 별다른 경제력을 휘두르지 못하는 소수자에게 들어갈 공적 비용의 상승에 딱히 흥미를 보인 적이 없는 보수주의 정부는 의료 서비스를 개선하는 대신 2004년 젠더인정법을 개혁하는 것이 트랜스 공동체에 대한 호의를 표시하는 값싼 방법이 되리라고 생각했다. 트랜스 작가 로즈 케이브니는 2017년에 젠더인정법 개혁안에 관해 이렇게 말했다.

금방 통과될 가능성이 없겠지만, 우리는 이 입법안을 환영한다. 그러나 이 법안은 우리가 원한 쇼핑 리스트에서 별로 우선순위가 높지 않았다. (중략) 이 법안은 모호한 자유주의적 신호로, 메이 정부에서 이 법안을 선호하는 이유는 부분적으로 비용이 전혀 들지 않기 때문이다.[24]

이런 트랜스인들의 정치적 '쇼핑 리스트' 우선순위라는 게 정말 존재한다면, 의료의 개혁이 거의 맨 위에 있을 것이다. 이런 개혁은 트랜스인들의 일상적 삶에 법적 성별을 바꿀 수 있는 가능성보다 더 큰 영향을 미친다. 트랜스인의 법적 성별은 (공식적으로) 연금을 받을 수 있는 나이가 되었을 때, 혹은 결혼식을 올릴 때 법적으로 어느 젠더로 참여할 것인지 등 제한적인 맥락에서만 중요한 요소기 때문이다.

영국의 미디어도 트랜스 의료라는 녹슨 기계에는 정부만큼 무관심하다. 여러 해 동안 이 문제에 관한 언론의 관심은 선정적이고 가끔은 눈에 띄게 조작된 '성전환 후회'에 관한 사연으로만 표현되었다. 이들은 2003년 줄리 빈델 기자가 인터뷰했던 트랜스섹슈얼 여성 클로디아 등 소수 개인의 이야기를 반복적으로 전한다. "저는 엉뚱한 이유로 성전환을 했지만, 너무 늦어 버렸어요"라는 식이다. 클로디아의 개인적 고통은 틀림없는 사실이지만, 트랜스인의 의료 상황을 보여주는 장면으로서는 오해를 불러일으킨다. 클로디아의 경험담은 소수자의 사연인데도, 엄청나게 많은 사람들이 성급하게 비가역적 '트랜지션'을 한다는 일반적 유언비어를 퍼뜨리는 데 활용되었다.

2014년 『미러』Mirror에서는 가슴 확대술을 수술적으로 되돌리고 여성 호르몬을 끊기로 한 첼시 애튼리에 관해 보도했다. 기사의 제목과 첫 줄은 다음과 같았다. "트랜스섹슈얼, '여성으로 사는 것은 너무 피곤하다'라며 1만 파운드짜리 NHS 성전환 수술 취소 요구. 첼시 애튼리는 이제 지긋지긋하다며, 납세자들의 돈으로 가슴 수술 및 성별적합수술을 다시 받아 남자로 살고 싶어 한다."[25] 이 기사는 정확하지 않다. 애튼리는 NHS를 통해 수술을 받지 않았다. 가슴 확대술은 개인적으로 받은 것이었다. 또, 애튼리는 성기 수술을 받은 적이 없었다.

트랜스 여성인 리아 쿠퍼는 『데일리 메일』에서 "영국 최연소 성 변경 환자"이면서, 현재는 "성전환 치료를 되돌리고 싶어 하는" 사람으로 묘사되었다. 그러나 쿠퍼는 사실 역트랜지션 과정을 밟지 않았다. 단지 정신질환 때문에 몇 년간 호르몬 치료를 중단한 것뿐이었다. 나중에 쿠퍼는 『바이스』에 이렇게 전했다.

> 저는 절대로 트랜지션을 한 게 잘못된 결정이라고 말하지 않을 거예요. 잘못된 결정이 아니니까요. 하지만 당시에 저는 너무 많은 일을 겪고 있었어요. 데이트 아르바이트를 하다가 고객한테 공격당했죠. 모든 일이 잘못됐고, 그래서 저는 무너져 내렸어요. (중략) 언론은 기삿거리만 되면 무슨 짓이라도 해요. 말도 안 되는 헛소리를 너무 많이 늘어 놓죠.[26]

신체적 트랜지션의 일면을 탐욕스럽고 성급한 것, 혹은 광신자 집단의 피해자가 되어 불쌍하게도 잘못된 길에 빠진 것으로 보고 후회하는 트랜스인은 거의 없다시피 적은데도, 수십 년간 이런 이야기가 퍼지면서 대중은 완전히 호도당했다. 이런 이야기 때문에 많은 사람은 의료적 트랜지션이 너무 성급하게 일어나며 후회로 이어지는 경우가 많은 문제적 치료라는 인상을 받게 되었다. 진실은 매우 다르다. 보편적인 의료계의 합의에 따르면, 적절한 의료적 개입은 젠더 디스포리아의 완화에 대단히 효과적이다. 성기 수술의 만족도는 94퍼센트다[27](이와 비교해 보면 일반인의 선택적 미용 성형에 대한 만족도가 눈에 띄는데 어느 조사에 따르면 그 수치는 겨우 28퍼센트였다). 트랜스인들과 의사들은 둘 다 치료에 접근하는 과정이 지나치게 느리다는 점도 인정한다. 이런 의견 또한 보편적으로 합의된 것이다.

앞서 살펴봤듯 트랜스인에 대한 의료적 개입은 절차상의 문제일 뿐만 아니라 권력의 문제다. 어느 면에서는 수요 증가를 감당하기 위해 더 많은 예산을 대고, 어쩌면 NHS 젠더 정체성 병원을 더 만들기만 하면 된다고 간단하게 주장할 수 있을 것이다. 하지만 그보다 근본적인 무언가가 필요하다. 즉, 트랜스 의료의 **문화**를 바꿔야 한다. 트랜스인들은 지역 보건의에서부터 응급실, 종양 전문의, 성 보건 센터에 이르는 모든 의료적 환경에서 인격과 신체, 정체성을 존중받을 수 있으리라고 믿지 않는다. 의사를 여전히 '문턱 지킴이'로 보는 인식으로 인해 치료 과정이 여전히 베일에 싸여 있는 젠더 정체성 서비스에 관해서는 그 신뢰 수준이 더욱 낮아진다. 현대의 많은 의사들은 자신들이 (여전히 평가와 진단에만 치중하는 식으로) 문턱 지킴이 역할을 한다는 생각에 반발하지만, 사회학자 루스 피어스가 지적하듯 "**실제로** 문턱 지킴이 역할을 맡아 '젠더 전문가'로서의 권력을 휘두른다."[28]

영국의 젠더 병원에서 요구하는 진단 전의 반복적인 진료(이런 진료는 30~90분간 이어질 수 있다)는 환자의 젠더화된 감정사感情史, 성 경험을 포함한 자기 신체와의 관계에 초점을 맞추며 성적 환상까지 다루기도 한다.[29] 트랜스 환자들은 자신의 젠더화된 감정에 관한 일기나 개인사를 쓰라는 요청을 받기도 하고, 어느 영국 병원에서는 환자에게 가족이나 친구를 데려오라고 요구하여 환자가 자신의 진술을 '확인'해 줄 증인을 데려와야만 한다고 느끼게 만들기도 한다. 많은 사람이 이런 과정을 전부 겪으며 효능감을 잃고 무력감과 불쾌감을 느끼는 건 이해할 만한 일이다.

런던 해머스미스에 있는 성인 젠더 정체성 병원에서 평가를 받을 때, 나는 부모님이 이혼하신 이유는 무엇이며 아버지와 연락하지 않는 이유는 무엇이냐는 등 나의 어린 시절과 가족 환경에 관한 광범위하고 사생활 침해적인 질문을 받았다. 이런 질문은 내게 치료에 동의하고 치료가 내 신체에 미칠 영향을 이해할 정신적 능력이 있는지, 혹은 내가 치료를 시작하기에 신체적으로 적당한 상태인지와 아무 관련이 없었다. 꼭 나의 개인적 역사를 활용해, 내 정체성이 진짜인지 판결하려는 것 같았다. 그런데도 나는 치료를 거부당할지 몰라 이 모든 질문에 의무적으로 대답했다. 이런 두려움은 근거 없는 것이 아니었다. 나는 나를 진료했던 의사들에게 비교적 '확실한' 환자로 보였으리라고 생각하지만, 두 가지 이유로 치료가 지연 혹은 보류될 수 있다는 위협을 당했다. 첫 번째 이유는 의료적인 것이었다. 1차 진료 때, 나는 여러 차례 시도했으나 담배를 끊지 못한 흡연자였다. 나는 병원의 원칙에 따라, 에스트로겐을 처방받기 전에 최소 3개월간 금연해야 한다는 말을 들었다. (이런 식의 가족주의는 뚱뚱한 트랜스인에게도 적용된다. 이들은 수술을 받으려면 엄청난 감량을 해야 한다는 지시를 받는다.) 공교롭게도, 나는 이미 에스트로겐을 투약하고 있었다. 18개월 전에 민간 병원에 돈을 내고 처방을 받았으니 말이다. 민간 병원의 의사는 호르몬 치료를 장기간 받으면서 흡연하면 혈전이 생길 가능성이 커진다며 금연 노력을 진지하게 계속해야 한다고 말했지만, 심각한 젠더 디스포리아를 겪는 사람의 치료를 보류하는 경우 치료를 시작해 감정 상태가 나아질 때에 비해 중증 니코틴 중독에서 빠져나오기가 더 힘들어지는 건 당연한 일이라고 인정했다. 의사는 또한 호르몬 트랜지션에 대한 접근권을 거부하는 것이 흡연과 관련된 위험에 주의하면서 치료를 시작하도록 허용하는 것에 비해 트랜스인의 정신 및 신체 건강 전반에 더 나쁜 영향을 미친다고도 했다.

나는 치료를 거부하는 방식으로 뭐든 강요하려는 시도는 부당하고 해롭다고 생각한다. 그래도 이런 시도가 의료적 위험에 대한 근거 있는 평가에서 기인한 것이라는 점은 인정한다. 하지만 몇 년 뒤 2차 진료를 받았을 때, 나는 여전히 담배를 피우고 있었으나 트랜지션 치료를 진행하기 위해 3개월 규칙에 따른 것처럼 굴었다. 그러므로 치료를 지연하겠다는 협박은 병원과 나 사이의 신뢰 붕괴로 이어진 셈이다. 나는 병원에서 나를 제대로 관찰하는 데 필요한 중요한 의학적 정보를 전부 주지 않았다.

내가 보기에는 두 번째의 잠재적인 지연 이유가 더 문제다. 나는 커밍아웃을 하고 나서 얼마 되지 않아 사적으로나 직장에서나 이름을 바꾸었는데, 1차 진료 때 의사가 나더러 법적인 이름을 '숀'으로 바꾸었는지 묻고서 그게 일반적으로 여성적인 이름인지 따졌다. 나는 친구와 가족 들이 모두 숀이라는 이름을 쓰고, 여러 해 동안 그 이름으로 불려 왔으며, 전문적인 작가로서도 그 이름으로 책을 냈다고 설명했다. 나는 의사에게 여권이나 운전면허증을 바꿀 필요가 없었으므로 아직 법적 이름을 바꾸지는 않았다고 말했다. 그랬더니 의사는 법적으로 개명하고 증거를 제시해야 한다고 했다. 그러기 전까지는 치료를 보류하겠다는 것이었다. 그 말은 치료가 최소 6개월 지연된다는 뜻이었다. 이런 요구에는 실질적인 근거가 전혀 없었다. 당시 나는 민간 병원 의사한테서 18개월째 호르몬 치료를 받고 있었다. 유방이 생겼고, 수염도 영구적으로 제모했다. NHS로 전원되기 전에 법적 이름을 바꿔야 한다는 주장은 처벌적으로 보였다. 이름만 바꾸는 건 무료다. 하지만 이름을 바꾸면 과거의 이름을 영구적으로 포기했다고 엄숙하게 선언하는 셈이 되는 만큼, 출생 시 성명이 들어 있는 모든 서류(여권과 운전면허증 포함)를 바꿔야 하는데, 그러자면 많은 비용이 든다. 나는 그 이후로 ('알렉스' 등) '중성적인' 출생 시 성명을 간직하고 싶었지만 '젠더 병원의 규칙' 때문에 법적으로 다른 이름을 쓰라고 요구받았다는 트랜스인들을 여러 명 만났다. 바로 이런 사례에서 의사가 '젠더 전문가'가 된다는 루스 피어스의 주장이 울림을 갖기 시작한다. 환자들에게 새로운 법적 이름을 쓰라고 요구하는 의사들은 NHS에서 호르몬 치료를 시작하기 전에 인생 모든 측면에서 커밍아웃하라고 요구하는 셈이다. 많은 트랜스인들에게는 이런 방법이 통하겠지만, 그렇지 않은 사람들도 있다. 내 생각에 의사들이 이런 식으로 사람의 인생에 관여하는 건 부적절하다.

　NHS 의사와 환자 사이에 이토록 말도 안 되는 권력 불균형이 존재하는 사례는 또 있다. 최근인 2018년까지도 리즈와 요크의 젠더 병원에 환자를 전원하려던 지역 보건의들은 환자의 성기를 신체적으로 검사하라는 잘못된 지시를 받았다.[30] 현재는 다행히도 이런 지침이 삭제되었다. 국제적인 최선의 치료 지침도, 잉글랜드 NHS의 젠더 정체성 치료 기준에도 어떤 식으로든 일반적 과정으로서의 성기 검사는 포함되지 않는다. 오히려, 둘 다 환자에게 성기 검사를 요구해서는 안 된다고 명시하고 있다. 그러나 (의사의 무지 때문이든, 의도적인 권력 남용 때문이든) 이처럼 침습적인 검사를 견뎌야 한다는 말을 들은 트랜스인 일부에게 이런 지시는 은밀한 신체 부위에 대한 합의되지 않은 검사와 접촉으로 이어질 수 있고, 환자 입장에서는 이를 학대로 경험할 수 있다.

수술에서는 의사/환자의 권력 역학이 노골적으로 드러난다. '트랜스젠더 의료를 위한 세계 전문인 연합'World Professional Association for Transgender Health, WPATH에서 정한 '치료 기준'에서는 트랜스 의료 분야에서 일해 온 정신과 의사 등 의료인들의 오래된 역사적 관행을 성문화했는데, 이 관행에서는 환자가 '선호하는' 젠더 역할에 따라 1년간 생활할 것을 요구한다. 이는 과거에 '실생활 경험'이라는 이름으로 불렸다. 영국의 젠더 정체성 병원은 환자가 '선호하는' 젠더로 정해진 기간 동안 생활했다는 증거를 제시해야만 성기 수술이나 가슴 수술을 해 준다. 비가역적인 수술 단계를 밟기 전에 트랜지션이 자신에게 맞는 선택인지 확인할 기회를 줄 의도로 취하는 조치긴 하지만, 어떤 사람이 남성 혹은 여성으로 생활했다는 '증거'는 여러 가지 측면에서 주관적이다. 의사가 개인적 고정관념이라는 필터로 그 증거를 볼 위험이 있으며, 남성으로든 여성으로든 인식되고 싶지 않은 논바이너리 등 이분법적인 범주를 벗어난 사람들에게는 논바이너리로서의 '역할'로 생활할 것을 요구하는 것이 다소 비합리적인 일이다.

획득한 젠더로서의 '성공적' 삶이 무엇인가에 관해 논의하면서, 런던 젠더 정체성 병원의 선임 임상의인 제임스 배럿 박사는 이렇게 썼다.

본질적으로 '성공'은 젠더 점유에서의 성공, 성적 성공, 인간관계에서의 성공, 심리적 안정을 말한다. (중략) 젠더 점유에서의 '성공'은 대부분의 사람들이 환자를 그가 말하는 젠더인 것처럼 대할 때 달성된다. 주변 사람들이 반드시 환자를 해당 성별에 속한다고 생각해야 하는 것은 아니다. (중략) 목표는 환자가 말하는 성별이라고 생각되는 것이 아니라, 그 성별인 것처럼 받아들여지고 대우받는 것이어야 한다. (중략) 일부 환자들은 타인이 자신을 어떻게 생각하든 상관하지 않으며, 중요한 건 자신의 젠더에 대한 스스로의 확신이라고 강력하게 주장한다. 이런 입장은 실생활 경험의 철학과 모순되며, 이를 따르다간 장기적으로 좋은 결과가 나올 거라고 예상할 수 없을 것이다.[31]

알아듣게 옮기자면, 수술을 받고자 하는 트랜스인들은 시스젠더가 주류인 환경에서 시스젠더인 사람들이 자신의 젠더를 인정해 주거나 최소한 참아 주도록 적극적으로 노력하여 실제로 그런 대우를 받고 있음을 의사에게 증명해야 한다는 것이다. 수술을 받으려면 타인의 사회적 동의가 필요하다는 이런 생각은 유색인 트랜스인이나 자폐증이 있는 사람 등 신경학적으로 다양한 트랜스인의 경우 더욱 강화된다.

의료 분야에서 인종적 편견은 트랜스인들만 겪는 것이 아니다. 영국에서 흑인 여성은 백인 여성에 비해 출산 중 사망할 확률이 다섯 배 높다. 2016년 연구에 따르면, 미국에서는 흑인 환자들이 같은 고통을 호소하더라도 백인에 비해 진통제를 처방받을 확률이 더 낮았다.[32] 이런 통계는 흑인 환자들이 진지하게 받아들여지지 않거나 증상을 과장해서 말한다고 여겨진다는 의미다. 어느 경우든 흑인 환자가 받는 치료의 질은 낮아진다. 연구에 따르면, 의료 환경에서 흑인에 대한 인종차별주의는 흑인 트랜스인을 상대로 한 호르몬 및 수술 치료의 '문턱 지키기'를 증가시키거나 강화한다. 특히 흑인 트랜스 여성들은 이들의 외모가 여자라기에는 '지나치게 남성적'이라는 편견에 사로잡힌 일부 상담사들을 만나 왔으며 이런 인식이 젠더와 여성성에 관한 인종차별주의적 인식에 토대를 두고 있다고 느꼈다.[33] 유색인 트랜스인이 경험하는 의료 및 수술에서의 체계적 인종차별에 관해서는 조사도, 연구도 지금껏 애석할 만큼 이루어지지 못했다. 가장 많은 관심을 받는 트랜스혐오적 의료 차별에 관한 이야기는 백인의 이야기일 가능성이 크다.

노골적으로 차별적이거나 학대적이지 않아도 의사/환자 관계는 대단히 온정주의적인데, 그 이유는 대체로 대부분의 젠더 전문 의사들이 시스젠더 남성이기 때문이다. 이런 면에서는 존 랜덜의 시대와 별로 달라진 것이 없다. 트랜스 작가 주노 로슈는 2006년에 받은 성기 성형수술에 관해 다음과 같이 회상했다.

> 가족 주치의에서 정신과 의사와 외과 의사에 이르기까지 이 과정에서 내가 마주친 대부분의 임상 의사들은 남성이었다. 나는 이런 상황이 젠더에 관한 대화를 나누기에 안전한 환경이라고 한 번도 느끼지 못했다. 아무리 의사라지만, 나는 시스젠더 남성과 쾌락에 관해 이야기하는 것이 불편했다. 성 노동을 했던 경험 때문에 방어적으로 변한 것이다.[34]

로슈는 남성 의사들이 종종 성기란 쾌락을 주고 또 받기 위해

고안된 신체 기관이기도 하다는 점을 잊고 외관에만 치중해 성기 성형수술을 하는 경우가 많다고 주장한다. 로슈의 경우에는 의사의 태도 중 어떤 부분이 중년 여성에 대한 노인 차별과 성차별에서 기인했다고 느껴졌다. "문턱 지킴이들은 섹스를 할 거라고 생각되지 않는 중년 여자를 보았다. 누가 중년 여자와 섹스하겠는가? 하물며 중년 트랜스젠더 여자하고?"

구체적으로, 로슈는 트랜스 의학에 내재된 가부장제가 트랜스 여성에게는 "젠더 순응이라는 의학적 현실"로 나타난다고 주장한다. "이 현실은 민감도보다 깊이를, 쾌락보다 순응을 우선시한다." 로쉬는 수술 이후에 이루어지는 '깊이 검사'라는 일상적 검사가 특히 불편하게 느껴졌다고 한다. 이 검사에서는 외과 의사가 손가락으로 새로 만든 질의 깊이를 확인한다. 로쉬가 명백히 통증과 불편감을 느끼는 것에는 관심을 두지 않고서 말이다. 이는 표준적인 의료계의 관행에 얽혀 있는 여성혐오의 상징과도 같다.

그렇다면 트랜스 의료를 위한 투쟁은 여성, LGBTQ+, 장애인, 인종적 소수자 등이 함께 참여하는 신체적 자율성을 위한 광범위한 투쟁, 2010년대라는 예산 삭감의 시기에 더욱 강해진 투쟁의 일부인 셈이다. 이러한 정치적 투쟁은 트랜스인 성인에게 주로 초점을 맞추고 있는데, 성인 트랜스인들에 대해서는 사회적 인식이 커지면서 의료적 트랜지션에 대한 통념을 더욱 강력하게 옹호하고 반박할 수 있게 되었다. 트랜스인들을 불편하고 못마땅하게 느낀다 한들, 미디어와 정치계의 트랜스혐오자들과 반동분자들조차 성인의 의료적 트랜지션은 개인의 자율성 문제라며 마지못해 관용하게 되었다. 어쨌거나, 트랜스인들이 성공적으로 주장했듯 성인에게는 자기 신체로 뭐든 원하는 일을 할 수 있는 자격이 있으니 말이다.

하지만 젠더 디스포리아가 있는 아동의 경우에는 문제가 더 복잡하다. 트랜스 아동과 청소년은 그 어느 때보다 많이 커밍아웃하고 있지만, 성인 트랜스인과 달리 직접 공적 발언을 할 수 없다. 2000년대 초반, 사춘기가 시작되면서부터 극심한 젠더 디스포리아를 경험하기 시작했던 10대 시절에 나는 의사들이 나를 도울 수 있다고 생각하지 않았다. 나는 10대들이 자주 그러듯 내가 느끼는 것을 느끼는 사람은 세상에 나밖에 없다고 생각했다. 그러면서도 내 신체나 내가 점유해야 한다는 젠더 역할에 대한 불편감이 같은 반 아이들이 겪던 10대의 전형적인 불안과는 다르다는 인식은 점점 커졌다. 나는 불안 장애가 생겼고 친구도 잘 사귀지 않았다. 궁극적으로 20대에 트랜지션한 성인으로서, 나는 2020년대에 트랜스 아동과 청소년—특히 트랜지션을 시작하는 데 도움을 받고 싶어 하는 아이들—이 하는 경험이 내 경험과는 무척 다르다고 생각한다. 일부 비슷한 경험을 하며 어린 시절을 보내고 있을지라도 우리는 아주 다른 세상에 살고 있다. 당시에는 열네 살이던 나도, 내 주변에 있던 어른들도 젠더 디스포리아에 관해 몰랐다. 그러나 지금은 트랜스인들의 가시성이 확대된 데다 인터넷과 SNS 덕분에 수많은 트랜스 아동이 자신의 감정을 더 빨리 표현할 수 있게 되었다. 이들은 더 이른 나이에도 할 수 있는, 젠더 디스포리아를 완화하기 위한 의료적 방법에 관해서도 안다. 심각한 젠더 디스포리아를 겪는 아이들에게는 이처럼 새로운 개방성이 구명줄이 될 수 있다. 그러나 트랜스 청소년 사이에 이런 인식이 증가하자 새로운 정치적 문제와 통념, 앞선 장에서 다루었던 도덕적 공황이 생겨났다.

　잘못된 정보가 사라지지 않고 있으므로, 아동에게 '트랜지션'이 무슨 의미인지 그 기초를 다시 말해 두는 것이 중요하다. 강조하지만, 영국에서는 그 어떤 트랜스 아동도 성기 성형수술을 받을 수 없다. 이유는 수술에 동의할 수 있는 최소 연령을 17세로 설정한 병원의 프로토콜 때문이기도 하고, 영국의 어떤 외과의사도 18세 미만의 사람에게 성기 성형수술을 하려 들지 않기 때문이기도 하다. 영국에서 트랜스인 수술을 위한 전원 요청은 전국에 12곳밖에 없는 18세 이상 성인을 위한 젠더 정체성 병원에서만 할 수 있다. 신문 기사에서 쓰는 '성전환 아동'이라는 모호하고도 낡은 용어는 실제와는 다르게 성기 수술이 아동에게 행해진다는 함의를 담고 있어 대중에게 오해를 심어 준다. 대개 '트랜지션'이라는 용어가 아동이나 청소년에게 적용될 때는 사회적 트랜지션을 말하는 것이다. 트랜스 청소년이 자신의 트랜지션에 대해 말할 때는 보통 출생 시에 주어진 것과는 다른 이름과 대명사를 쓴다는 뜻이자 자신을 더 잘 나타내는 방식으로 젠더 표현을 바꾸면서 타인(특히 가족, 또래, 선생님)에게 이러한 표현을 인정해 달라고 요청한다는 뜻이다. 문제의 아동이 사춘기 이전이라면, '트랜지션'은 오직 이러한 비의료적 단계만을 말한다.

　임상적으로, 의료적 개입이 뭐든 이루어질 수 있는 가장 이른 때는 사춘기가 시작될 때다. 사춘기에는 아동의 몸이 시스젠더 남성과 여성을 전형적으로 구분하는 이차성징의 발현이 시작되는 데 필요한 수준의 성호르몬을 생산하기 시작한다. 생물학적 사춘기는 보통 생식 능력과 관계된 것이지만, 사회적으로는 사춘기가 한 사람의 젠더가 인지되는 방식을 결정한다.

놀랍지 않은 일이지만, 어린 시절에 사회적 트랜지션을 통해 심한 젠더 디스포리아를 완화했던 아동에게 사춘기의 시작은 극심한 고통을 줄 수 있다. 나는 조와 케이트를 만나 그들의 딸인 알렉스에 관해 이야기했다. 알렉스는 이미 몇 년 동안 다른 사람들의 눈에 여자로 보이면서 행복하고 편안하게 살고 있었다. 이 만남 이후로, 나는 사춘기의 극적 변화가 트라우마를 일으키고, 알렉스가 우울해하며 부모님에게 자기가 여자라는 것을 인정해달라고 빌었던 세 살 때의 비참함에 다시 불을 붙일 수 있다는 사실을 더욱 실감하게 되었다. 보통 의학적 개입을 추구하는 경우는 이런 경우다. 성호르몬의 분비를 억제하는 약물을 사용하면 아동의 사춘기를 멈출 수 있다. 사춘기 차단제는 1970년대 이후로 성조숙증을 치료하기 위해 사용되었는데, 성조숙증이란 일부 아동이 너무 이른 나이에 사춘기에 접어들도록 하는 자연스러운 변형이다. 하지만 성조숙증이 있는 아동은 성인이 되었을 때의 키가 작아질 수 있으며, 또래와 시각적으로 '보조가 맞지 않아서' 사회적 낙인, 괴롭힘, 스트레스 등을 겪을 수 있다. 비교적 최근에는 젠더 디스포리아가 있는 아동에게 이 약물을 사용하는데(영국에서는 1990년대 이후로 사용하고 있다), 주로 아동과 아동의 가족에게 비가역적인 사춘기의 변화가 일어나지 않은 상태에서 미래의 의학적 수단은 물론 젠더 정체성에 관해 더 생각해 볼 시간을 주는 것이 목적이다. 차단제가 사용되는 경우 가능한 결과는 두 가지다. 첫째, 성조숙증이 있는 아동과 마찬가지로 아동은 결국 차단제 투여를 중지할 수 있다. 이 경우 내인성 사춘기가 시작된다(이런 내인성 사춘기를 '자연스러운' 사춘기라고 부르는 사람도 있다). 둘째, 아동은 계속해서 성호르몬 차단제를 사용하는 동시에 '상대 성'의 사춘기 효과를 모방하는 의학적 트랜지션을 위해 '교차 성호르몬' 투여를 시작할 수 있다(의사들이 쓰는 용어를 빌리자면, 표현형 남성은 에스트로겐을 투여하고 표현형 여성은 테스토스테론을 투여한다).

트랜스인으로서의 정체성을 주장하는 모든 아동이 사춘기 차단제를 원하는 것도 아니지만, 아동이 원한다고 해서 이런 약물을 확실히 얻을 수 있는 것도 아니다. 영국에서나 전 세계적으로나 사춘기 차단제의 사용에 관해 지속적인 반대가 있기에 특히 그렇다. 2021년 3월, 아칸소주에서는 미국에서 처음으로 의사가 18세 미만인 사람에게 사춘기 차단제를 투여하거나 차단제를 투여할 수 있는 다른 주로 전원 조치하지 못하도록 하는 법안을 승인했다. 이 법을 어기는 의사는 의사 면허를 박탈당할 수 있다. 앨라배마주는 한 단계 더 나아가, 19세 미만의 트랜스인에게 어떤 식으로든 적극적인 의료 서비스를 제공하는 의사를 범법자로 취급하는 법안을 내놓았다. 이 글을 쓰는 시점에는 미국에서 총 16개 주가 트랜스 청소년을 위한 의료를 금지하는 유사한 법안을 내놓고 있다.

이 글을 쓰는 시점에는 영국도 차단제에 대한 접근성을 놓고 벌어지는 이데올로기적 전쟁에서 미국에 못지않은 모습을 보이고 있다. 2020년 10월에는 성인으로서 전에 치료를 받았던 키이라 벨과 현재 청소년인 환자의 부모 등 두 사람이 대법원으로 가, '젠더 정체성 계발 기구'GIDS를 운영하는 'NHS의 태비스톡 앤 포트먼 재단'에 대한 위헌 심사를 청구했다. GIDS는 젠더 정체성 문제가 있는 아동 및 청소년을 치료하기 위한 잉글랜드와 웨일스 내의 유일한 NHS 전문 의료기관이다(스코틀랜드에는 별도의 기관이 있다). 문제는 16세 미만의 아동이 의사에게 사춘기 차단제를 처방받아야 하는지, 혹은 사안별로 법원에서 이 문제를 결정해야 하는지에 관한 것이었다. 청구인의 주장은 10대에게 치료에 동의할 능력이 있는지 여부에 달려 있었다. 키이라 벨은 17세에 테스토스테론 투여를 시작했고 20세에 가슴 성형수술을 받아남성으로 살게 되었는데, 그 이전인 16세 때에 GIDS에 전원되어 사춘기 차단제를 처방받았다. 키이라 벨의 변호사들은 법원에서 벨이 자신의 결정을 후회하게 되었으며, 20대 초반에 '역트랜지션'했다고 말했다. 이들은 키이라 벨은 물론 다른 10대도 사춘기 차단 치료에 동의할 능력이 없다고 주장했다.

트랜스 의료를 옹호하는 많은 사람들에게는 경악스럽게도 대법원에서는 벨의 청구를 받아 주었다. 대법원은 16세 미만의 아동을 전원시켜 차단제를 처방받게 하려면 법원의 명시적 법적 허가가 필요하다고 결정했다. 영국의 10대에게 행해지는 다른 의료 행위 중 이렇게까지 간섭주의적인 접근법을 취하는 것은 없다. 사춘기 차단제를 이처럼 독특한 방식으로 취급해야 한다는 결정을 내리기 위해, 법원은 차단제를 계속 사용하는 거의 모든 아동이 이후 단계에서 교차 성호르몬을 투여하는 데까지 나아간다는 근거를 들었다. 법원의 추론은, 그러므로 사춘기 차단제가 그 자체로는 가역적이라 할지라도 이후에 행해지는 비가역적 치료로 향하는 일종의 '초기 약물' 역할을 한다는 것이었다. 따라서 법원이 차단제 처방을 허가하려면, 문제의 아동이 현재 사춘기를 억제하는 것의 의미는 물론 미래에 사용할 교차 성호르몬이나 심지어 수술이 남은 평생에 어떤 영향을 미칠지까지 이해할 능력이 있음을 인정해야 했다. 이 판결로 잉글랜드와 웨일스는 트랜스 청소년 의료에 대한 국제 사회의 접근에 한발 뒤처지게 되었고, 트랜스 공동체의 수많은 사람은 이를 편견에 좌우된 결정이라고 보았다. 즉, 법원이 트랜지션이란 가능하면 피해야 하는 것이고, 성인이 된 키아라 벨이 비가역적 변화에 대해 했던 후회가 젠더 디스포리아를 겪으며 사는 트랜스 청소년의 고통보다 중요하다고 보았다는 것이다. 이 역시 임신중단을 한 일부 사람들의 후회가 모든 사람의 임신중단권을 판단하는 원칙으로 활용된 경우와 비슷하다. 그렇다면 벨의 변호사인 폴 콘래드가 임신중단 반대 사건을 오랫동안 맡아 온 변호사라는 점도 놀랍지 않다. 2001년, 임신중단 반대를 주장하는 단일 쟁점 정당인 프로라이프 연맹과 협력하던 콘래드는 스티븐 혼을 대리해 법원에 스티븐 혼의 전 여자친구에게 원치 않는 임신을 지속하도록 강제해 달라는 명령을 구했다. 이 사람이 다른 형태의 신체 자율성을 법적으로 검토해 달라고 성공적으로 주장해 왔다는 점은 잠시 생각해 볼 만하다.

벨에 관한 결정이 이루어진 직후에, 잉글랜드 NHS는 16세 미만의 모든 GIDS 환자에게 사춘기 차단제를 위한 신규 전원 조치를 중지했다. 사실상 포괄적 금지였다. 이 글을 쓰는 시점에는 모든 신규 환자에게 여전히 같은 조치가 적용되고 있다. 이처럼 극단적인 입장을 부분적으로 뒤집을 수 있다는 일말의 희망은 2021년 3월 대법원에서 내린 후속 판결에서 볼 수 있다. 이때의 사건은 15세 트랜스인 소녀의 어머니가 청구한 것이다. 어머니는 자신에게 자녀를 대리해 사춘기 억제 치료에 동의할 능력이 있음을 법적으로 인정해 달라고 법원에 요청했다. 법원은 어머니의 손을 들어주었다. 영국 법률의 적용을 받는 아동에 대한 다른 모든 의료 행위와 마찬가지로, 아동의 부모는 아동 자신에게 동의할 능력이 부족할 때 아동을 대리해 사춘기 차단제 사용에 동의할 수 있다는 것이다. 중요한 법적 원칙이기는 하나 이 판결이 실제 환자들에게 장기적으로 어떤 현실적인 영향을 미칠지는 분명하지 않다. 2021년 4월, 잉글랜드 NHS는 기존의 16세 미만 GIDS 환자가 계속 치료를 받을 수 있을지 결정하는 데 도움을 주도록 독립적인 검토위원회를 만들겠다고 발표하면서도, 신규 환자들에게는 계속 포괄적 금지를 적용하기로 했다. GIDS의 정책이 무엇이든 간에 이번에도 오직 부모의 지지를 받는 트랜스 아동만이 치료를 받을 수 있다는 점은 명백하다. 부모가 편을 들어주지 않는 아이들은 치료를 받을 수 없다. 트랜스 아동의 치료받을 권리라는 측면에서 이는 바람직하지 않은 구분이지만, 현실에서는 늘 이런 구분이 이루어져 왔다. 이론적으로는 지역 보건의가 부모의 개입 없이 GIDS에 아동을 전원할 수 있지만, 부모의 지지를 받지 못하는 아동이 GIDS의 진료를 받기란 현실적으로 불가능하며 부모가 지원해 주는 아동에게만 차단제를 쓸 수 있는 현실적 기회가 있다. 이 글을 쓰는 시점에는 벨 판결 자체가 항소 대상이 되었으며, 스코틀랜드나 북아일랜드에서도 차단제 사용권에 대해 비슷한 문제를 제기할지는 불확실하다. 2020년 9월에는 '왕립 소아청소년 의료학회'Royal College of Paediatrics and Child Health의 전 회장 힐러리 카스의 주도하에 잉글랜드 청소년의 젠더 정체성 서비스에 관한 독립적 검토가 진행될 것이라고 발표되었으며, 그 결과는 아직 나오지 않았다. 트랜스 청소년 보건의료의 법적 상황을 두고, 가까운 미래에 해소될 가능성이 없는 대혼란이 진행 중이라는 점은 명백하다.

현재 GIDS에서 1차 진료를 받기 위한 대기 기간은 2년을 넘는다. GIDS의 평가 절차는 전원을 위한 것이며, 전원된 다음 치료를 시작하기까지 걸리는 대기 시간을 생각하면 차단제 사용을 허가받은 10대조차 실제로 차단제를 투여받기까지 약 1년을 더 기다려야 한다. 청소년의 삶에서, 전원에서 치료 시작까지 걸리는 3년은 긴 시간이다. 그러나 의료적으로 볼 때, 이차성징의 발현을 억제하는 효과를 최대한 내려면 차단제는 사춘기가 시작하는 시점 혹은 소아과 의사들이 '태너 척도 2단계'라고 부르는 시기에 시작되어야 한다('태너 척도 1단계'에는 아동의 성징이 전적으로 사춘기 이전의 특징을 나타낸다). 이러한 최적의 단계를 잡는 정확한 타이밍은 당연히 아동마다 다르다. 보통 태너 척도 2단계는 9~12세 사이에 시작된다. 성조숙증의 경우 차단제는 보통 법원의 감독을 받을 필요 없이 8세 이하의 아동에게 처음으로 사용된다. 그 결과, 영국을 제외한 나라들에서는 젠더 디스포리아를 가진 아동에게 포괄적인 최소 연령 제한을 두는 것이 의료적으로 신중하지 않은 행위라는 합의가 있다.

벨 사건 이전에는 GIDS에서 치료받는 환자의 절반 이하만이 차단제를 처방받았다. 한편 2020년 법원에서 제시된 수치를 보면, 2019~2020년에는 차단제를 사용하기 시작한 16세 미만 청소년이 겨우 95명이었고, 13세 미만 청소년은 22명뿐이었다. GIDS에서 발표한 수치에 따르면, 회계연도 2018~2019년에 GIDS는 신규 환자 2,406명을 전원 받았다. 이 중 230명(9.6%)만이 전원된 시기에 10세 이하였다. 그 말은 벨 사건 이전에도 GIDS로 전원된 아동의 90퍼센트 이상에게 사춘기가 시작되기 전에 차단제 사용을 시작할 기회가 사실상 없었다는 뜻이다.

2018~2019년에 GIDS로 신규 전원된 환자 대다수가 13~16세의 트랜스인이다. 3년의 대기 시간을 생각하면, 그 말은 13세인 환자가 16세에야 차단제를 쓸 수 있다는 말이다. 16세 환자들은 3년 뒤 이미 어른이 되었을 것이다.

그렇다면, 현실은 이렇다. 2020년 12월에 차단제 사용에 대한 법적 도전이 이루어지기 전에도 적기에 의료적 개입을 받았던 아동의 숫자는 없다시피 적었다. 다른 서구 국가와 비교했을 때 사춘기 억제 치료에 대한 영국의 접근법은 대단히 보수적이다. 게다가 지금도 이미 참기 어려울 정도로 긴 대기 기간은 더욱 길어지고 있으며, 이런 대기 기간을 조정해 보려는 계획은 전혀 없다.

이 모든 점을 보면 알 수 있듯, 영국의 트랜스 아동과 청소년을 놓고 벌어지는 법조계와 언론계의 전쟁에서 아동 청소년 환자 자신의 목소리는 빠져 있다. 언론계에 종사하는 트랜스인 성인인 나조차 청년의 의료 접근에 관해 토론하면서 나 자신은 해 보지도 못한 경험에 관해 의견을 내 달라는 요청을 자주 받아 왔다.

치료를 받고자 하는 10대들의 경험을 더 잘 이해하기 위해, 나는 웨일스 남부에 있는 청년 단체 16~25곳에 참석한다. 그곳에서 나는 이제 막 테스토스테론 투여를 시작한 18세 트랜스 남성 헨리를 만났다. 헨리는 6년 전인 8학년 때 커밍아웃을 시작했다. "처음에는 친구들에게 양성애자나 동성애자로, 1년 뒤에는 트랜스인으로 커밍아웃했어요. 같은 시기에, 저는 학년 주임 선생님을 찾아갔어요. 당시에 불안 문제가 있어서 선생님을 만나러 갔죠." 헨리는 동성애혐오적인 말이 학교에서 배경음처럼 일상적으로 들리기는 했어도 자신이 개인적인 표적이 되었다고 느낀 적은 한 번도 없었다고 말했다.

"사실, 놀라울 정도로 편했어요. 아주 많은 이야기와 질문을 듣게 될 줄 알았는데, 뭘 물어보는 사람은 아무도 없었어요. 학교에서는 그냥, 거의 바로 이름을 바꿔 주겠다고만 했고요. 다들 저한테 물어보는 게 너무 무서워서 제 친구들한테만 잔뜩 질문을 던졌어요."

마지막으로, 헨리는 엄마에게 말했다. "엄마는 놀랐어요. 그냥 동성애자라고만 할 줄 알았대요. 완전히 받아들이기까지는 시간이 좀 걸렸지만, 엄마는 한 번도 트랜스혐오적인 모습을 보인 적이 없어요. 그냥 '이해하는 데 좀 시간이 필요해'라는 식이었죠."

헨리는 자신이 의료적 트랜지션을 원한다는 것을 처음부터 알았으며, 그를 응원해 주던 선생님에게서 지역 보건의를 만나보라고 격려받았다. "선생님은 '의사한테 가 봐, 그래서 나쁠 건 없으니까. 뭐든 결정할 필요는 없어.'라고 하셨어요. 선생님이 그렇게 말해 주신 게 정말 다행이에요. 안 그랬으면 몇 년은 미뤘다가 병원에 갔을 테니까요."

지역 보건의가 처음으로 전원 조치를 했을 때 헨리는 열네 살이었다. GIDS에서는 1년도 더 지난 뒤에 1차 진료가 잡혔다. 헨리는 엄마와 함께 의사를 만나러 갔다. "기본적인 질문만 던졌어요. '트랜스인이라는 건 언제 알았어? 언제 커밍아웃했니? 정신 건강은 어때?' 같은 것들이요." 헨리의 엄마도 헨리의 어린 시절에 관한 질문을 받았다. 6개월이 지나 현재 16세가 된 헨리는 런던에서 의사 두 명에게 2차 진료를 받았다. 이번에는 헨리와 엄마가 따로 의사를 면담했다.

처음에는 의사들이 같은 방식으로, 똑같이 기본적인 질문을 던졌다. 그런 다음에는 의사들이 헨리에게 젠더에 관한 경험을 이야기하라고 요구했다. 헨리는 이런 계열의 질문이 어렵다고 느꼈다. "제가 정말 표현하기 어렵다고 느낀 젠더 관련 질문들이 있었어요. 저는 트랜스 남성이지만, 딱히 남성적인 건 아니라서 저와는 잘 맞지 않는 고정관념에 기대지 않고 젠더를 설명하기가 힘들거든요."

헨리는 이런 과정에 감정적으로 진이 빠진다고 느꼈다. 하지만 의사들은 늘 "친절했고", 헨리를 대하는 태도도 품위 있었다. "저는 '제가 왜 트랜스젠더인지 모르겠고, 젠더가 뭔지 설명도 못하겠어요'라고 말하곤 했어요. 그러면 그분들이 저를 이해하고 질문을 바꿔서 이렇게 말했죠. '그럼 어떤 식으로 설명하고 싶어?' 그래도 어려웠어요."

런던의 병원에서 후속 면담을 할 때면, 가끔 헨리의 좌절감이 분노로 번지기도 했다. 교차 성호르몬 치료를 받기 최소 1년 전에 차단제를 맞아야 한다는 걸 알았기에 특히 그랬다. "병원에 가서 꽤 많은 시간은 화를 냈어요. 일단 차단제를 맞아야 한다는 걸 알았는데, '이렇게 어려운 모든 질문에 대답하면서도 [테스토스테론을 투약하는 형태로] 도움을 받을 수 없다니'라는 생각이 들었거든요. 그래서 의사분들한테 엄청나게 짜증이 났어요. 그분들도 알 수 있을 만큼요."

이 과정이 너무 오랫동안 질질 끌면서 진행되었기에, 헨리는 드디어 차단제를 받을 수 있을 때쯤에는 너무 늦으리라는 걸 알았다. 보통 환자들은 3~6차례 GIDS 진료를 받는다. 헨리는 총 몇 번의 진료를 받았는지 잘 기억하지 못하지만, 최소 4번은 진료를 받았다고 기억한다. 이처럼 반복되는 진료에서는 헨리에게 젠더 디스포리아를 설명하도록 요구하는 경우가 많았는데, 헨리는 그런 설명을 정말로 어려워했다. "정말로 개인적인 얘기고, 저는 그 사람들을 잘 모르잖아요. 진료를 하니까 모든 게 떠올라서, 제 모든 문제가 머리를 사로잡고 있는데 그 사람들은 아무 도움도 주지 않았어요. 치료를 시작할 때까지는 여전히 몇 년이 남아 있었는데, 이제는 모든 걸 엄청나게 의식하게 됐죠." 헨리는 진료 도중에 운 적이 많으며, 의사들의 질문을 받던 도중 "마음을 닫아버리는" 경우도 많았다고 했다.

헨리의 좌절감은 GIDS 직원들과 대면 치료를 할 때 병원에서 보인 접근법의 어려움에서만 유래한 것이 아니라, 의료적 절차의 속성 자체에서 나타난 것이기도 하다. 16살이 될 때까지도 헨리는 차단제를 받도록 전원되지 못했으며, 비가역적인 사춘기의 여러 변화가 이미 그의 몸에 일어났다. "제가 '[사춘기 차단제를 쓰면] 어떻게 되는 거예요?'라고 물어보면, 의사들이 '아, 1년쯤 몸에서 호르몬이 나오지 않아서 도움이 될 거야.' 같은 말을 했어요. 저는 '아니, 그건 별로 도움이 안 될 텐데요.'라고만 생각했죠."

현실은, 이 시점에 헨리는 몇 년째 남자로 살고 있었다는 것이다. 그는 GIDS의 의사들이 한참 뒤처져 있으며 의사 개인이나 병원의 체계 모두가 자기 속도를 따라오는 데 아무 관심이 없었다고 느꼈다. 헨리는 주변의 다른 소년들이 남성 사춘기에 접어들 만큼 성숙했는데 자신은 여전히 의료적 개입을 기다리는 상황이 특히 힘들었다고 말한다. "저는 전혀 말도 되지 않는 자의적인 법칙 때문에 발목이 잡혔다고 느꼈어요. 이건 트랜스인들을 위한 게 아닌 것 같았어요. 다른 애들이 사춘기를 거쳤으면 하는 나이에 트랜스 청소년도 사춘기를 거친다는 생각을 불편하게 느끼는 시스젠더를 위한 것 같았죠."

GIDS에서는 환자를 평가할 때 정신 역학적 접근법을 활용한다. 이들은 환자의 어린 시절 경험을 조사하여, 무의식적 차원을 포함해 그를 움직이는 힘이 무엇인지 이해하려고 한다. 이들이 받은 훈련에는 애착 장애 및 카를 융과 아동 정신분석가로서 지그문트 프로이트의 제자인 멜라니 클라인의 작업에 기반한 상징주의 및 꿈 이론에서 쓰는 치료적 모형과 언어가 포함되어 있다. 헨리의 엄마가 받은 면담에서 이 점이 뚜렷하게 드러났다. 헨리의 엄마는 헨리의 출생 당시에 관해 이야기해 달라는 요청을 받았다. 틀린 답은 없다는 말을 듣기는 했지만, 헨리의 엄마는 이런 계열의 질문이 당혹스럽다고 느꼈으며 헨리가 그랬듯 사람들이 이런 수많은 질문을 던지는 이면의 이유를 잘 알 수 없었다. 이역시 전통적인 정신 역학적 기법의 결과다. 진료를 하고자 할 때 의사는 자기가 질문을 던지는 목적을 환자에게 설명하는 것을 반드시 우선하지는 않는다.

사춘기 차단제를 시작하려고 혈액검사와 뼈 검사를 받을 병원으로 전원되었을 때, 헨리는 17.5세였다. 처음 전원된 이후로 3년이 흘렀다. 그는 성인 젠더 정체성 병원의 대기자 명단으로 옮기는 게 어떻겠느냐는 조언을 받았는데, 그 경우 18세 생일이 지나자마자 진료를 받을 가능성이 크다는 것이었다. 헨리의 좌절감과 고통은 뚜렷했다. 그는 내게 이렇게 말했다. "GIDS는 16~17세인 사람들의 목적에는 맞지 않아요."

18세가 되고 몇 달 뒤, 헨리는 런던 서부에 있는 성인 젠더 정체성 병원에서 진료받았다. 헨리의 생각에는 그때가 수년간 대답해 왔던 것과 똑같은 질문에 대답해야 하는 최소 여섯 번째의 진료였다. 진료가 끝날 때 의사는 헨리에게 한 번 더 진료받아야 호르몬 치료를 시작할 수 있다고 말했고, 헨리는 무너져 내렸다.

"잘 이해를 못하더라고요." 헨리는 의사에 대해 이렇게 말했다. "'왜 이렇게 우는 거예요?'라는 식이었어요. 저는 '너무 실망해서요'라고 대답했죠. 결국 엄마가 들어와서 모든 걸 설명했어요. 그때조차 의사는 '왜 아직도 기분이 안 좋은 건지 이해가 안 돼요'라고 대답했고요. 이런 과정이 얼마나 감정적이고 진 빠지는 것인지 잘 모르는 것 같아요. 사람들이 이런 진료에 얼마나 중점을 두는지도 모르고요. 사람들한테는 아주 의미가 크단 말이에요."

마침내 의사는 바로 그 자리에서 헨리에게 테스토스테론 사용을 권고하기로 마음을 바꿨다. 나와 이야기를 나눴을 때 헨리는 2.5개월째 테스토스테론을 맞고 있었다. 목소리가 굵어지는 등 주된 변화가 시작될 만큼 긴 기간은 아니었다. 헨리가 처음 지역 보건의를 만나러 간 이후로 거의 5년이 흘렀다. 길고도 감정 소모가 심한 과정이었다.

헨리는 미디어의 집중적 검열 대상이 되는 트랜스 청소년 유형에 속한다. 출생 시에 여성으로 지정되었다가, 처음에는 자신이 양성애자 혹은 레즈비언일지 모른다고 한 뒤 트랜스인으로 커밍아웃한 청소년이니 말이다. 출생 시에 여성으로 지정되었으나 남성 혹은 논바이너리로 정체화하는 사람들을 GIDS에 전원하는 데 점점 더 언론의 비판적 관심이 높아지고 있다. 2009~2010년에는 이 집단에 속하는 신규 전원 환자가 40명이었다. 2017~2018년에는 그 숫자가 1,806명으로 늘어났다. 한때는 남성에서 여성으로 트랜지션하는 젊은 층이 가장 규모가 큰 집단이었지만, 현재는 GIDS 환자의 3분의 2가 출생 시 여성이었다. 이는 전 세계적으로 나타나는 추세며, 현저한 의심을 불러일으켰다. 근본적인 원인은 밝혀지지 않았으나 트랜스 공동체에서 내놓는 일반적 설명(트랜스인의 가시성이 높아지고, 사회에서 트랜스인에 대한 수용도와 개방성이 커진 결과라는 설명)은 언론 전반의 회의주의에 부딪혔다.

영국 보수 언론의 수많은 논객은 다른 가설을 내놓는다. 트랜스인으로 커밍아웃하는 것이 10대 레즈비언과 자폐증이 있는 소녀들 사이에 전염병이 되었다는 것이다. 즉, 이들이 성인 여성의 신체가 발달하는 데서 오는 여성혐오에서 탈출하고 싶어 하거나, 동성애혐오 때문에 수치심과 괴로움을 느끼고 트랜스인이 된다는 얘기다. 2018년 9월에는 이 문제에 관한 언론의 뒤죽박죽 보도에 대한 응답으로 당시의 여성평등부 장관 페니 모던트 의원이 젠더 정체성에 대한 지원을 원하는 '소녀'가 얼마나 늘어났는지 조사하겠다고 발표했다(보리스 존슨이 내각을 재편하는 과정에서 모던트가 쫓겨나는 바람에 이 조사는 조용히 무산되었다). 이러한 사회적 전염병의 증거는 허위이며, 논객의 주관적이고 적대적인 인상에 뿌리를 두고 있다. 2017년 11월에 작성된 『타임스』 칼럼니스트 재니스 터너의 다음과 같은 주장이 전형적이다.

> LGBT 공동체는 트랜지션하는 소녀들의 숫자가 대규모로 치솟는 현상이 거식증이나 자해 같은 사회적 전염병이라는 주장을 지지하지 않을 것이다. 이 주장은 젠더가 '타고난' 것이라는 트

나는 헨리에게 이런 이야기를 어떻게 생각하느냐고 물었다. "아, 그런 얘기야 온라인에서 엄청나게 많이 들었죠. 정말 답답해요. 거식증이나 신체 이상형태증을 앓는 10대 소녀와 이야기해 본 다음 트랜스 남성의 경험담을 들으면 둘이 정말로 다르다는 걸 알게 되는데 말이죠." 물론, 가장 큰 차이는 거식증을 앓는 사람은 스스로 굶다가 가끔 죽기까지 하는 반면, 의료적 트랜지션은 죽음으로 이어지기는커녕 심리적 고통을 덜어 준다는 데 있다.

헨리는 실제로 이런 문제로 고통을 겪는 트랜스인에게 트랜스인과 거식증 혹은 자해를 혼동하는 것은 전혀 도움이 되지 않는다고 말한다. "몸을 변화시키고 싶다는 면에서 연결되어 있기에 트랜스인 중 많은 수가 실제로 섭식 장애를 겪어요. 저는 젠더 디스포리아가 섭식 장애를 일으키기도 한다고 생각해요. 하지만 섭식 장애가 젠더 디스포리아를 일으키지는 않죠. 섭식 장애가 있는 트랜스인한테는 실제로 그 분야의 도움이 더 필요할 것 같아요. 그냥 너희는 진짜 트랜스인이 아니라고만 말하지 말고요. 어떤 트랜스인은 트랜스인으로 사는 것과 아무 관계가 없는 정신병을 앓기도 하는데, 그런 사람들한테는 진짜 트랜스인이 아니라는 말이 정말로 해로워요."

헨리의 말로는 트랜스인인 친구 중 상당수에게 자폐증이 있다. 하지만 그는 자폐증이 있는 사람들이 자신의 젠더를 오해한다는 편견을 언론에서 부추기는 것도 마찬가지로 해롭다고 덧붙인다. "그건 자폐증이 있는 사람은 결정을 내릴 수 없다거나 자신을 잘 알지 못한다는 얘기예요. 몹시 장애인 차별적이면서 모욕적인 소리죠. 실제 트랜스인에게 고정관념을 적용하는 건 해롭기만 할 뿐이에요."

헨리는 모순적이게도 트랜스 청소년의 의료를 둘러싼 미디어의 부정적 서사가 이 집단을 일상적으로 어린애 취급하는 방식에서 기인한다고 생각한다. 또 그는 이런 어린애 취급이 성차별주의와 관련되어 있다고 본다. "확실히, 저랑 트랜스 남성 친구들은 [실제 나이보다] 훨씬 어린 취급을 받아요. 여기에는 트랜스 남성이 성차별주의를 경험하느냐는 문제가 전반적으로 걸려 있죠. 저는 수많은 트랜스 남성이 성차별주의를 경험한다고 생각해요. 여전히 여성으로 보이고 여성으로 취급되니까요. 제 생각에는 아직도 저한테 적용되는 성차별주의적 고정관념이 엄청나게 많은 것 같아요."

과거 2013년에, 의료윤리 전문가인 시모나 지오다노는 젠더 디스포리아를 겪는 아동 치료에 관한 문제를 임상적, 윤리적, 법적으로 검토한 논문을 펴냈다. 이 글에서 그녀는 "치료를 생략하거나 지연시키는 것은 도덕적으로 중립적인 방법이 아니다"[36]라고 결론지었다. 이 말의 의미는 분명하다. 미디어와 사회 여러 부분에서 드러나는 트랜스젠더의 삶과 신체에 대한 견고한 혐오와 헨리 등이 경험한 트랜스 아동의 치료에서 나타나는 현재의 제약이 상관관계를 맺고 있다는 것이다. 그러나 전 세계의 적극적 의료에서는 젠더 디스포리아를 가지고 살아가는 아동 및 청소년을 도울 책임이 있으며 이들의 경험을 편하기는커녕 더욱 어렵게 만드는 데는 심각한 윤리적 결과가 따른다고 인정한다. 지오다노는 2020년 논문에서 이렇게 말했다.

사춘기 차단제는 '새로운' 치료법이 아니다. 이 방법은 영국을 포함한 국제 사회에서 의료적 의견을 내놓는 주요 단체들이 20년도 더 전부터 추천해 온 방법으로서 여러 해 동안 표준적인 치료법이었다.[37]

달리 표현하자면, 젠더 디스포리아 완화를 위해 트랜스 청소년들이 사춘기 차단제를 써서는 안 되는 이유란 전혀 없다는 뜻이다. 모든 약물이 그렇듯 사춘기 차단제를 사용하는 환자들도 관찰되어야 하며, 환자들이 치료의 모든 측면에 대해 더 잘 알 수 있도록 모든 부작용에 대한 연구는 환영해야 한다. 그러나 영국에서 이루어지는 트랜스 청소년의 임상적 처우에 대해 현재 벌어지는 것과 같은 정치적 공황은 과학적이지도 않고, 결과에 초점을 맞춘 것도 아니다. 순전히 이데올로기적일 뿐이다.

그럼 무슨 일을 할 수 있을까? 지금처럼 대기자 명단이 포화되어 있을 때, 우리가 밟아야 할 다음 단계는 당연히 트랜스 청소년의 가족부터 호의적인 의사와 LGBTQ+ 단체, 페미니스트, 정치인들을 포함한 다양한 진보 진영에서 연합하여 적극적인 트랜스 의료를 큰 목소리로, 공개적으로 옹호하고 광범위한 치료법을 선택할 수 있도록 투쟁하는 것이다. 잉글랜드와 웨일스의 18세 미만 환자 모두의 치료 접근권은 현재 런던의 단일 병원에서 독점하고 있는데(이 병원은 소아과 의사보다 정신과 의사로 채워져 있다), 이 점에 문제를 제기해야 한다. 영국의 모든 트랜스 환자는 아동이든 성인이든 더 많은 치료법을 선택할 수 있어야 하며 더 유연한 치료 모형을 따를 수 있어야 한다. 여기에는 지역 보건의가 사춘기 차단제와 호르몬 치료법을 제공하는 데 더 큰 역할을 맡는 방법이나 트랜스인의 거버넌스 및 일상적 관리에 관여하는, 예약 없이 갈 수 있는 성 보건 병원과 유사한 지역 NHS 트랜스 보건 병원 등 지역화된 병원을 여는 방법 등이 포함된다. 평가와 진단에 치중하는 정신과 중심적 모형은 이제 원하는 사람에게 선택적으로 심리치료와 상담을 해 줄 수 있는 다양한 방법으로 대체되어야 한다. 다른 나라에서는 이런 접근법이 이미 흔히 쓰인다. 영국에서는 런던과 맨체스터에서 소규모의 실험적 방법으로 시도될 예정이다. 2020년대에는 영국 트랜스 공동체가 직면한 가장 긴박한 문제가 트랜지션과 관련된 의료 서비스에 적기에 접근하도록 하는 문제가 될 것이다.

물론, 트랜스 의료의 모든 면이 트랜지션에 관한 것은 아니다. 트랜지션 의료와 관계되어 있으나 이와는 구분되는 것으로서 성 보건, 난임, 정신건강의 문제가 있다. 이 모든 분야에서 트랜스인들은 의사의 무지나 편견 때문에 주류 의료계에서 독특한 어려움을 경험한다. 이 때문에 적극적인 의료진과 함께 트랜스인이 트랜스인을 위해서 운영하는 대안적 서비스가 부상했다. 런던에서는 56T와 클리니큐 등 두 곳이 트랜스인들에게 성 보건과 관련된 조언과 치료를 해 주는, 예약이 필요 없는 전문 병원으로 자리 잡고 있다. 각기 일주일에 하루, 저녁마다 소호와 캠버웰에서 문을 연다. 남성과 성관계하는 트랜스 남성이나 남성과 성관계하는 트랜스 여성은 둘 다 HIV에이즈를 포함하는 특정한 성 보건 문제에서 고위험군에 속한다. 영국에 관해서는 별다른 자료가 없으나 세계적으로는 트랜스 여성의 19퍼센트가 HIV 보균자다. 전 세계적으로, 트랜스 여성은 일반인에 비해 HIV 양성 판정을 받을 확률이 49배 높다.[38] 흑인, 아시아인, 소수인종 트랜스 여성, 성 노동자, 혹은 유색인 트랜스 여성이면서 성 노동자인 사람에게는 이 위험도가 더 높다. HIV 보균자인 트랜스 남성과 논바이너리인 사람들에 관한 자료는 극히 드물다. 그러므로 트랜스인의 정체성과 신체를 잘 알고 있으며 이에 대해 긍정하는 의사들이 낙인을 찍지 않고 의료적 도움을 주는 것이 구체적인 연구를 위해서나 트랜스 의료를 위해서나 대단히 중요하다. 슬프게도 런던 외의 지역에는 트랜스인이 운영하는 롤스로이스 서비스 식의 봉사 활동이 존재하지 않는다. 트랜스인들은 이들의 젠더를 잘못 판단하고, 이들의 경험을 오해하며, 이들의 성적 행동에 낙인을 찍는 성 보건 서비스를 받게 된다.

56T나 클리니큐처럼 트랜스인들이 운영하는 성 의료 및 복지 서비스를 보면, 영국에서 얼마나 더 전인적인 트랜스 보건이 이루어질 수 있는지 예견할 수 있다. 지금까지는 호르몬을 처방할 수 없지만, 이 두 병원에서는 상담 서비스도 제공한다. 또한 이들은 지역 보건의가 비협조적일 경우 환자들에게 처방받아온 호르몬 주사를 놔 줄 수 있다. 이런 식의 서비스 범위를 성 보건을 넘어서서 정신 보건 및 트랜지션 관련 보건으로 넓히고 런던이 아닌 곳으로까지 확장하면 의료 시설에서 트랜스인들이 거의 1세기 동안 경험해 온 억압적 구조를 해체하는 방향으로 한 발 더 나아갈 수 있을 것이다.

난임 치료는 트랜스인들이 영국을 비롯한 전 세계에서 가장 큰 의료적 불공정을 겪어 온 핵심적 분야다. 1970년대 초반에 스웨덴은 세계 최초로 트랜스인들에게 법적 성별을 바꿀 수 있도록 허용했다. 그러나 동시에, 스웨덴 정부는 강제로 불임 수술을 받도록 하는 엄격한 정책을 실시했다. 트랜스인 같은 사람들은 정신적으로 아프며, 아이를 돌보기에 부적합하다는 근거에서였다. 순수하고 단순한 우생학이었다. 스웨덴 법원은 2012년이 되어서야 이 고약한 정책을 뒤집었다. 하지만 그 사이의 40년 동안, 이런 관행은 프랑스, 벨기에, 불가리아, 키프로스, 체코 공화국, 핀란드, 그리스, 라트비아, 리투아니아, 룩셈부르크, 루마니아, 슬로바키아, 슬로베니아를 포함하는 유럽의 수많은 다른 나라로 번졌다. 충격적이게도 이 모든 국가는 그 시기에 유럽 인권 보호 조약의 조인국이었으면서도 트랜스인의 신체에 대한 이처럼 강제적인 침해를 신줏단지처럼 모셨다. UN에서는 강제적인 불임 수술 요구가 일종의 고문이자 잔인하고 비인간적이며 모욕적인 치료임을 인정했고, 유럽 회의에서는 지난 10년 동안 회원국에게 이런 조건을 폐기하도록 요구했다. 2017년에는 유럽 인권재판소에서 강제적인 불임 수술은 트랜스인들의 사생활과 가족생활의 권리를 침해한다고 결정했다.[39] 그런데도 트랜스인의 불임 수술은 일본을 비롯한 전 세계 여러 국가에서 여전히 요구되고 있다.

영국에서는 다행히도 불임 수술이 법적으로 요구된 적이 한 번도 없다. 그러나 지역 NHS 임상위원회CCG에서 트랜스인 난임 치료에 예산을 투입하지 않겠다고 결정하고 지금까지도 그 결정을 유지한 결과 간접적으로 같은 효과가 나타났다. 호르몬 치료는 환자의 생식력을 감소시키는 경향이 있으며, 생식력이 완전히 제거되는 경우도 있다. 그 결과 트랜스인이 호르몬 치료를 처방받을 때는 치료를 시작하기 전에 생식 능력을 보존하라는 조언을 듣는다. 불임의 영속성에 관한 연구는 드물지만, 트랜스 환자들은 호르몬을 몇 개월 정도 투약한 이후에는 영구적으로 불임이 된다고 생각해야 한다는 말을 듣게 된다. 트랜스인들 중에는 다양한 생식기관의 제거 혹은 변형과 관련되는 수술을 받는 사람들도 있다. 자궁절제술(자궁의 제거), 고환절제술(고환의 제거), 성기 성형수술 등이 여기에 포함된다.

정자나 난자를 냉동 보관하는 것으로 알려진 생식세포 저장에는 많은 비용이 든다. 처음에 수천 파운드가 들고, 그 이후로는 사용되기 전까지 생식세포를 보관하도록 병원의 저장고를 '임대'한 대가로 매년 수백 파운드를 내야 한다. 트랜지션이라는 대격변과 높은 비용을 감당하는 와중에 그런 비용을 치를 수 있는 사람은 대단히 부유한 트랜스인뿐이다. 물론, NHS에서 이런 서비스를 제공하지 않을 때의 얘기다. 하지만 영국의 트랜스인들을 위한 무료 난임 치료는 사는 곳에 따라 운 좋게 누릴 수 있는 기회일 뿐이다. 난임이 될지도 모르는 다른 환자들(화학요법을 받는 사람 등)에게는 확실히 재정 지원이 이루어지지만, 트랜지션과 관련된 난임 치료는 대단히 비일관적으로 이루어진다. 수많은 트랜스인들이 그렇듯 나도 아직 20대일 때 생식력을 영원히 포기했다. NHS를 통해서는 생식세포 저장 서비스를 이용할 수 없었고, 개인적으로는 그 돈을 낼 여유가 없었기 때문이다. 내 경우에는 쉬운 결정이었지만(나는 가족을 꾸리고 싶어지면 입양을 하는 게 좋겠다고 생각했다), 많은 트랜스인들에게는 이것이 파괴적인 최고장이나 마찬가지다. 젠더 디스포리아를 느끼며 살아가는 시간을 늘리든지, 생물학적 자녀를 갖겠다는 꿈을 포기하라는 통고문 말이다. 많은 경우 트랜지션을 하면서 유전적인 부모가 되는 것은 영국에서 동시에 할 수 없는 일이다. 하지만 이것만이 유일한 방법은 아니다.

트랜스인이 법에 의해, 혹은 영국에서처럼 경제적 상황에 의해 불임이 될 수밖에 없는 상황이 별문제가 없다는 생각은 우리를 치료해야 할 윤리적 의무가 있는 사람들과 사회 전반에서 트랜스인들의 신체를 구성하고 이해하고 헐뜯고 제한해 온 방식의 핵심에 해당한다. 영국의 트랜스 여성인 이퍼 베일은 트랜스 의료 연합Trans Health Collective에서 펴낸 잡지에 트랜스인의 불임에 관한 기사를 실으면서, "트랜스인은 절대 자식을 낳아서는 안 된다!"라고 반어적으로 말했다.

> 우리는 병든 일탈자고, 건강한 부분에서 더 많은 영양분을 빨아내지 못하도록 잘라 내야 하는 사회라는 나무의 죽은 가지기 때문이다. 단, 추하게 잘려 나간 부분으로 전체적인 모습을 망치지 않도록 방법을 잘 골라야 한다.[40]

트랜스 의료는 긴급히 혁신되어야 한다. 트랜스 의료는 우리를 돕기 위해서가 아니라, 시스젠더인 사람들의 입맛에 맞지 않는 것을 감추고 우리의 존재가 사회 나머지 부분에 대해 갖는 함의를 삭제하기 위해 만들어졌다. 그것이 우리가 너무도 많은 문화권에서 가족을 가질 수 없는 이유이자 권위주의 정부가 늘 우리의 치료받을 권리를 공격하는 이유다. 하지만 우리만 이런 것은 아니다. 시스젠더 여성, 장애인, 비만인, 흑인, HIV 양성 판정을 받은 사람, 트랜스인은 모두 역사적으로나 현재에나 고도의 의학적 차별과 학대를 경험하는 집단이다. 그렇다면 우리는 함께 투쟁해야 한다. 우리만 이 싸움을 도맡아서는 안 된다. 코로나바이러스 대유행의 여파 때문에 더더욱 그렇다. 2020년대 이후의 우리는 새로운 퇴보와 보건 투자를 할 만한 가치가 있는 대상이 누군지를 놓고 점점 보수적으로 변해 가는 사회의 의견 탓에 고생하게 될 것이다. 지금은 벅차고 두려운 시절이지만, 한계로 밀려난 우리 모두의 연대가 새로운 사회 운동과 저항으로 이어질 수 있다.

3   계급 투쟁

Class Struggle

2017년 12월, 런던 중앙 고용 심판원에서는 프리마크 Primark의 전 직원 알렉산드라 드 수자 E 수자가 제기한 차별 소송을 청취했다. 트랜스인이었던 드 수자는 직장에서 체계적인 괴롭힘과 학대를 견뎌 낸 끝에 프리마크를 상대로 건설적 해고°를 요구했다. 드 수자의 상관 중 한 명은 동료와 고객 앞에서 그녀를 계속 출생 시의 (남성) 이름으로 불렀다. 드 수자가 16년 동안 써 본 적 없고, 오직 여권에만 적혀 있는 이름이었다. 동료 판매 보조원은 "남자 화장실 같은" 소변 냄새가 나고 "낮은 남자 목소리"를 낸다며 드 수자가 기침할 때까지 그녀에게 향수를 뿌려 댔다. 다른 동료 직원은 드 수자가 안에 있다는 것도, 자기 말을 들을 수 있다는 것도 알면서 전기 기사에게 "안에 여자가 없으니" 여자 화장실을 써도 된다고 말했다. 직원 중 한 명은 그녀를 "우

○　　　　근무 환경 변화를 따라잡지 못해 직장을 떠나는 상황.

스갯거리"라고 불렀고, 또 다른 사람은 드 수자의 "내면에 악마"
가 있다면서 그녀를 위해 기도하겠다고 했다. 회사에 제기한 드
수자의 민원은 무시당했다. 고충 처리 절차도 지켜지지 않았다.
수자의 승소를 결정한 심판원에서는 이런 행위가 드 수자의 감정
에 "매우 심각한" 상처를 일으킨 괴롭힘 문화에 일조했으며, 드
수자가 "괴롭힘을 당해 직장에서 쫓겨났다"[1]는 데 동의했다.

사법 절차를 밟을 재정적 수단이 부족하고 자신의 법적 권리
에 대한 인식도 제한적이기 때문에 알렉산드라 드 수자 같은 저
임금 트랜스 노동자의 경험이 심판원에까지 알려지는 경우는 드
물다. 일터 괴롭힘의 대부분 사례에서는 트랜스 노동자가 스트레
스를 받아서 그냥 직장을 떠나거나, 경제적 필요 때문에 그대로
남아 학대를 견디는 등 두 가지 일이 일어난다. 현재 입수할 수
있는 증거를 보면, 직장에 다니면서 자신이 트랜스인이라는 사실
을 감추지 않는 경우 그 사람은 절차적 불공정에서 언어적 괴롭
힘, 신체적 폭력에 이르는 일터 괴롭힘을 당할 상당한 위험에 처
한다. 이중 신체적 폭력이 일어날 가능성은 현실적으로 매우 높
다. 최근의 스톤월에서 내놓은 보고서를 보면 정신이 번쩍 든다.
영국 트랜스인 8명 중 1명이 직장에서 신체적인 공격을 당한 적
이 있다.[2]

일반적으로, 트랜스인들은 일반인에 비해 저임금과 빈곤을
경험할 가능성이 크다. 2015년 EU 보고서에 따르면, EU에 사는
트랜스인들은 소득 하위 25퍼센트에 들어갈 확률이 시스젠더인
다른 사람들에 비해 높았다.[3] 영국에서는 고용주 3명 중 1명이 트
랜스인을 고용할 의향이 없다고 말했다.[4] 영국에서의 트랜스인
실업률은 관리되지 않고 있으나 연구에 따르면 국가 평균에 비해

훨씬 높을 것이 확실하다.[5] 이웃인 아일랜드에서 트랜스인의 실업률은 50퍼센트에 이른다.[6] 취업하는 데 성공한 트랜스인의 절반은 자신이 트랜스인이라는 사실을 숨겨야 한다.[7] 이들은 정체성을 숨기고 있기에 커밍아웃하고 트랜지션하지 못하거나, 몇 년 전에 트랜지션했기에 자신의 과거를 숨길 수 있다(바꿀 수 없는 신체적 특성 때문에 이렇게 할 수 있는 트랜스인은 일부에 불과하지만 말이다).

편견은 끈질기다. 편견은 단순한 개인적 모욕일 뿐만 아니라 트랜스인의 인생을 틀 짓고 제한하는 경제적 현실이다. 영국 사회적 태도 조사에 따르면, 영국인들은 자각하는 것에 비해 트랜스혐오를 훨씬 많이 한다. 인구의 82퍼센트는 트랜스젠더인 사람들에 대해 "전혀" 편견이 없다고 말하지만, 영국인의 오직 41퍼센트만이 트랜스인이 아이들을 가르칠 수 있다는 데 "매우 동의" 하며 오직 43퍼센트만이 트랜스인이 경찰이 될 수 있도록 허용해야 한다고 생각한다.[8] 이처럼 무의식적으로 나타나는 편견 때문에 고용주들은 트랜스인을 고용할 가능성이 낮다. 교육과 경찰 분야에 참여시킬 수 있을 만큼 트랜스인을 믿지 못한다는 일반인의 불신은 시사하는 바가 많다. 이 두 직업에는 모두 신뢰와 권위가 필요하다. 둘 다 대다수 사람에게는 법을 지키고 범죄를 예방하든, 사회의 어린 층을 교육하든, 질서 있고 번영하는 문명사회의 토대로 여겨진다. LGBTQ+에 속하는 사람들이 어린이에 대한 위협이나 미성년자를 유혹하는 자로 그려져 온 역사를 생각하면, 트랜스 교사에 대한 이런 신뢰 부족은 맥이 풀릴 만큼 익숙하게 느껴진다. 트랜스인들에 대한 이런 식의 의심이 끼치는 해로운 영향은 '들어가기'에서 살펴본 트랜스 교사 루시 메도스의 비극적인 사례에서 분명하게 드러난다. 루시 메도스는 광기 어린 미디어의 초점이 된 이후 2013년 스스로 목숨을 끊었다.

역사적으로, 트랜지션은 처음에 부유했던 사람조차 경제적 파멸을 맞게 된다는 뜻이었다. 북웨일스에서 공동체 활동으로 두각을 드러냈던 영국의 70세 트랜스 여성 제니-앤 비숍은 "트랜스인이라는 이유만으로 지난 한 해 동안 월급과 장기근속 수당을 잃고 연금 지급이 중단되어 최소한 25만 파운드를 잃었다."라고 추산했다.[9] 비숍 세대의 많은 트랜스인들이 그랬듯, 비숍은 고용에서의 직접적 차별이 합법이었던 시절에 경제적 어려움을 겪었다. "저는 1970년대 초반부터 [트랜스] 공동체에서 활동했지만, 직장에서 제가 사적으로 트랜스인으로서 살고 있다는 것을 알게 되면 얼마 지나지 않아 번번이 해고되거나 실직했습니다."

영국에서 트랜스인들은 1999년 이후로 어느 정도 차별로부터 보호받았다. 이 해는 젠더 재지정에 관한 새로운 규제가 1975년 성차별법에 새로 추가된 시기였다. 이런 규제는 2010년 평등법으로 이어졌는데, 평등법에는 더욱 확고한 보호 조치가 포함되어 있다. 평등법에 따르면, 젠더 재지정의 단계를 밟고 있거나 이미 젠더 재지정을 받은 것으로 인지되는 사람은 이를 근거로 한 차별로부터 보호받는다. 그 말은, 트랜스인이라는 이유로 특정한 사람을 고용하지 않거나 해고하거나 그 사람에게 재화나 서비스 제공을 거부할 수 없다는 뜻이다. 이러한 보호 조치는 트랜스인과의 관련성 때문에 차별받는 트랜스인의 가족이나 배우자에게까지 확대 적용된다. 법적 보호는 대단히 중요하고, 이런 법이 존재한다는 것을 당연하게 받아들여서는 안 되지만(예컨대 미국에서는 오직 22개 주만이 트랜스인의 고용을 보호한다), 이것만으로는 이면의 편견을 바꿀 수 없다. 제니-앤 비숍이 기억하는 대로다. "젠더 재지정 관련 규정이 추가된 뒤에도, 특히 민간 영역에서는 늘 트랜스인을 쫓아낼 방법이 존재했다."[10]

트랜스인이 공식 계약을 통해 안정적으로 고용된 상황에서도, 자문을 구하고 고용 심판원에 소송을 제기하는 법적 비용은 이런 조치를 취할 가능성을 낮춘다. 2010년 이후로 연달아 집권한 보수주의 정부는 법률 보조금을 삭감했고, 고용 차별 사건에 대해서는 법률 보조금이 지원되기 전에 가치 조사(승소할 가능성이 높은지를 말한다)와 자산 조사가 모두 실시된다.

트랜스인이 법적 보호에 의존할 수 있는지는 노동자 권리라는 더욱 광범위한 환경에 달려 있다. 가장 제멋대로 트랜스인들을 차별하는 고용주들은 열악한 노동 조건의 저임금 일자리를 제공하는 사람들이다. 공식적으로 해고하는 대신 더 이상 일거리를 주지 않는 식으로 노동자를 간단히 해고할 수 있는 제로아워 계약이 그런 사례다. 노동 계급에 속해 있거나 '저숙련' 노동자인 트랜스인들은 이런 일자리를 맡을 가능성이 특히 크다. 사실, 내가 처음으로 트랜스 여성을 만난 것은 학생이었던 2007년, 내 고향인 브리스틀에 있는 수많은 콜센터 중 한 곳에서 여름 방학 동안 일했을 때였다(내가 아는 한은 그렇다). 그곳에서는 전화 판촉을 했다. 제로아워 계약으로 형편없는 일을 시키는 전혀 보람 없는 직장으로, 화장실 가는 시간을 재고 너무 오래 화장실에 갔다고 생각되면 관리자에게 통지해 관리자가 앞으로는 더 빨리 볼일을 보라고 엄격하게 말하는 곳이었다. 사무실의 인구 구성은 내가 일했던 다른 어떤 직장과도 달랐다. 트랜스인임을 알 수 있는 여성과 브리스틀의 소말리아인 공동체 출신 여성 등 두 개의 소수자 집단이 과대표되고 있었기 때문이다. (가발이나 히잡을 쓰고 고객을 직접 응대할 필요가 없는 고객 서비스 직종이 브리스틀의 증오범죄 피해자 통계에서도 과대표되고 있는 두 집단 모두에게 매력적으로 보였을 것은 틀림없다.[11])

트랜스인으로서의 삶의 경험은 사회적 계급에 따라 결정된다. 중산층 트랜스인도 있지만, 대다수는 노동 계급이다. 전체 인구의 대다수가 노동 계급이듯이 말이다. 트랜스 노동자는 대체로 저임금의 열악한 일자리에 고용되며, 직장에서 차별과 괴롭힘을 당할 위험도 높다. 그 결과 트랜스인들의 정치적 투쟁은 광범위한 계급 투쟁의 일부가 된다.

그럼에도 트랜스 정치는 온실 속에서, 부르주아들 사이에서 벌어지는 반 노동 계급적 정치로 흔히 잘못 표현된다. 2013년에, 논쟁적인 영국의 칼럼니스트이자 페미니스트인 줄리 버칠은 『옵저버』Observer에 실은 기사로 자기 친구인 『가디언』의 칼럼니스트 수잔 무어를 맹렬히 변호했다. 그로부터 얼마 전, 무어가 페미니즘과 『뉴 스테이츠맨』New Statesman에 관한 분노를 드러낸 기사에서 "브라질 트랜스섹슈얼"에 관해 잘못된 농담을 던져서 트랜스인들과 트랜스인들을 지지하는 사람들 일부가 트위터로 무어에게 문제를 제기했기 때문이었다. 버칠이 무어를 변호한 방식은 목소리 크고 권위적이며 단합된 "트랜스젠더 로비 집단"이 노동 계급의 여성 필자인 무어에게 특권을 누리고 있다는 건방진 훈계를 늘어놓았다는 질책으로 이루어져 있었다. 이런 질책은 독설과 증오로 가득 차 있는 트랜스인들에 대한 비난으로 이어졌다. 그 정도가 너무 심해서 『옵저버』에서는 이 글을 철회하고 온라인 서

버에서 삭제한 다음 이런 글을 실은 데 대해 납작 엎드려 사과문을 냈다. 버칠은 이런 식으로 엄포를 놓았다. "쉽Shim인지 쉬메일Shemail인지 당신들이 요즘 스스로를 뭐라고 부르는지는 모르겠으나, 우리처럼 여성으로 태어난 비천한 사람들을 위협하거나 괴롭히지 말라고 경고한다. 우리는 당신들처럼 번쩍번쩍한 박사 학위를 휘둘러 대지는 못할지라도, 평생 월경 전 긴장증과 성희롱을 겪어 왔다."[12]

버칠이 쓴 언어의 추악함 자체에 입을 다물지 못하는 사람들은 버칠이 트랜스 여성을 박사 학위를 휘둘러 대는 사람으로 그리고 있다는 점을 놓치기 쉽다. 이런 식의 캐리커처는 트랜스인들을 노동 계급 여성의 신체적, 경제적 현실과 유리된 존재, 특권과 추상적인 젠더 담론의 산물로 제시하려고 고안된 것이다. 버칠의 격론은 '노동 계급'을 한편에, '트랜스인들'을 다른 한편에 놓는 식의 (알고 보면 전혀 근거가 없는) 장치에 의존하고 있다. 버칠의 잘못된 변론에 사용된 표현을 빌리자면 이렇다. "나와 무어는 과거 플리트 스트리트°라고 불리던 곳에 들어온 노동 계급 출신의 소수자 여성이고, 이 점은 우리가 트랜스인들에게 냉담해지는 한 가지 이유일 것이다. (중략) 우리는 우리가 가진 모든 것을 우리 손으로 얻어 냈다는 사실을 알고 있다. 우리에게는 부유한 가족도, 안전망도 없다." 트랜스인을 부유한 특권층 자녀로 일축해 버릴 수 있다는 이 주장의 함의는 증거를 완전히 무시한 것이다. 증거를 보면, 사실 트랜스인들은 가난하게 살아가는 대중일 가능성이 크다는 점이 드러난다.

○　　　과거 많은 신문사가 있던 런던 중심부.

『옵저버』가 버칠의 글을 인터넷에서 삭제한 다음, 수전 무어는 격분해 자기 나름대로 칼럼을 썼다. 마지못해 화해하자는 말투를 쓰긴 했지만(이 칼럼의 제목은 "당신이 여성으로 태어났든, 나중에 여성이 됐든 상관하지 않는다"였다), 이 글은 버칠의 악담과 똑같이 거짓된 이분법과 의심스러운 주장으로 나아간다. "'트랜스혐오'는 중요하지 않은 단어로 시선을 끌어 진보주의자들 사이의 내분을 영속화하는 데 쓰인 개념으로서, 경박하고 대체로 아무 의미가 없다는 것이다. 아이슬란드에서는 사기를 친 은행가를 감옥에 집어넣는다. 영국에서는 그들에게 기사 작위를 준다. 그런 상황에서 나한테 트랜스젠더인 사람들을 혐오한다고 하다니, 그리 (중략) 중요한 얘기 같지는 않다." 무어에게 불평등을 상대로 한 트랜스인들의 싸움은 시스젠더 여성의 투쟁과는 달리 사소한 것으로 느껴진다. "내게 타인의 성기 형태란 사회적 계약의 붕괴에 비해 흥미롭지 않다."[13] 어리석은 주장이다. 트랜스인들의 "성기 형태"에 대한 만연하고도 호색적인 집착이 이들에 대한 폭력의 이유가 되는 경우가 많고, 자본주의의 "사회적 계약"에서 트랜스인들이 차지하는 위치 자체에 엄청나게 모멸적인 영향을 끼친다는 점을 간과했으니 말이다.

트랜스 행동주의trans activism가 여러 가지 문제에 더불어 심각한 경제적 불이익으로 고생하는 억압받는 집단의 투쟁이라기보다는 특정한 문제에 꽂힌 특권을 누리는 문화적 엘리트의 '이데올로기'라는 생각은 정치적 스펙트럼 양단에서 흔히 나타난다. 트랜스혐오자들은 우익이든 좌익이든 트랜스인들을 더욱 광범위한 노동 계급에서 떼어 놓는 수사에 의존하며, 이런 시도는 새천년 들어 '정체성 정치'에 관한 지속적인 비판으로 더욱 강화된다.

이와 비슷하게, 미디어에서는 보통 중산층 트랜스인이 나올 가능성이 큰 제한적인 맥락에서만 트랜스인들의 정치적 주장에 공간을 내준다. 분석가가 트랜스인들에게는 대학 캠퍼스에서의 발언권이 없다는 문제에 집착하는 경우가 분명한 사례다.

도널드 트럼프의 2016년 대선 승리 이후로, 미국의 보수주의자와 중도파들은 모두 그때까지 트랜스인들이 얻어낸 작은 이익이 트럼프가 부상한 이유일지 모른다고 생각했다. 찰스 크라우태머는 『워싱턴 포스트』Washington Post에서 "민주당이 정체성 정치의 정당성을 주장한 것이 자승자박이 되었다"라며 "트랜스젠더라는 비교적 적은 수의 사람들" 같은 소수자가 "혜택과 특별한 관심, 문화적 승인"을 받는 데 비해 자신들은 방치되었다고 느낀 "백인 노동 계급"을 "읽어 내고 동원하는 데 트럼프가 성공했다"[14]고 호통쳤다. 『뉴욕 타임스』The New York Times에서도 이런 주장을 이어받았다. 마크 릴라는 "대학생들을 지칭할 때 그들이 선택한 젠더 대명사를 사용할 권리를 주어야 한다는 주장의 도덕적 긴급성을 평균적인 [즉, 백인 노동 계급 남성] 유권자에게 어떻게 설명하겠는가?"[15]라고 의구심을 표한 다음, 트랜스인들에 대한 자신의 편견을 드러냈다. "'국왕 폐하'°에게 편지를 보낸 미시건대학교의 장난꾸러기 이야기를 듣고 그 유권자들과 함께 웃지 않을 수 있을까?" 트랜스인의 권리가 트럼프 집권의 이유가 되었다는 이런 함의는 〈새터데이 나이트 라이브〉Saturday Night Live에서 코미디언 콜린 조스트가 한 농담에 가장 명백하게 드러난다. "데이트 앱 틴더에서는 이번 주에 사용자들이 37개의 다양한 젠더 정

°   남성형 대명사인 His Majesty를 사용했다.

체성을 선택할 수 있도록 하는 새로운 기능을 발표했습니다. 그 기능의 이름은, '왜 민주당이 선거에서 졌는가'예요."[16]

영국에서 버칠과 무어가 보인 적대적 페미니즘에서부터 미국에서 남성 코미디언들이 한 험담에 이르기까지 트랜스인들을 의미 있는 경제적, 정치적 투쟁으로부터 분리하고자 하는 본능적 반응은 연대의 거부를 의미한다. 역설적이게도, 이런 식의 분리는 우파에게 무기를 쥐여줌으로써 자유주의 평론가들이 지지하는 바로 그 명분에도 해가 된다. 우파에서 트랜스인들은 (이번에도 역설적이게도) 강력하고 교조주의적인 문화적 엘리트인 동시에 자신의 약점과 예민함 속에 뒹구는 유치하고 한심한 '눈송이' 같은 존재로 여겨진다. 우익 블로거 마일로 이아노풀로스와 보수주의 평론가 벤 샤피로, 토론토 대학교의 논쟁적인 심리학 교수이자 대중 작가인 조던 피터슨은 모두 권력에 대항해 진실을 말하는 언론의 자유 지상주의자를 자처하며 보수적 관객을 상대로 다양한 성공을 거두었다. 이들이 생각하는 "권력"은 정치적 올바름이나 "강요된 말하기"를 요구하는 엘리트에게서 나온다(피터슨은 트랜스젠더인 사람들이 타인에게 써 달라고 명시적으로 요청한 대명사를 사용하는 것을 "포스트모더니즘적인 신 마르크스주의자[sic]에게 언어의 영역을" 내주는 것이라고 말했다[17]). 영국에서 트랜스 정치를 강력한 로비의 산물로 보는 이런 반동적인 프레임 씌우기는 『스파이크드』Spiked 같은 출판물에도 반영되었다. 『스파이크드』의 편집자 브랜단 오닐은 주기적으로 트랜스인들을 맹렬히 비난한다. 2017년 7월, 오닐은 영국 젠더인정법 개정안을 "오웰주의적"이라고 선언했다.

미친 짓입니다. 대부분의 사람들은 이게 미친 짓이라는 걸 알고요. 남성으로 태어났으며 여전히 남성의 성기를 가지고 있고, 거친 시간을 보낸 주말에는 수염이 거뭇하게 나 있는 32세 데이브가 남자인지, 여자인지 정상적이고 품위 있는 국민에게 물으면 분명 '남자'라고 말할 겁니다.[18]

오닐은 계속해서 "정부에서 지원하는 트랜스 의제가 가진 권위주의적 함의가 소름 끼친다."라고 주장한다.

트랜스인들이 눈에 띄는 미스터리 혹은 적극적인 악의를 가진 존재로서 "평범한 노동 계급의 사람들"과 대조를 이룬다는 지속적이고도 체계적인 주장은 트랜스인들의 정치적 요구를 희화화하거나 일축하는 강력하고 효과적인 도구로 사용되었다. 이런 주장은 또한 전 세계에서와 마찬가지로 영국에서도 트랜스인들 대다수가 노동 계급이라는 여러 증거를 은폐한다. 트랜스인으로 산다는 것은 경제적 고통과 묶여 있는 경험이다. 둘을 서로 떼어 놓기란 불가능하다.

대부분의 트랜스인에게는 젠더 정체성이 소득에 부정적 영향을 주지만, 부유한 소수의 트랜스인에게는 돈을 내는 것으로 간단히 탈출할 수 있는 사회적 트랜스혐오가 상당 부분 존재한다. 당신이 표준 발음의 영어를 사용하며 대학 학위를 가지고 있는 중산 계급의 식자층 트랜스인이라면, 젠더 정체성과는 무관하게 당신과 같은 계급적 배경의 사람들에게 보여지는 호의적 편견의 혜택을 계속해서 받을 가능성이 크다. 당신이 중요한 문턱 지킴이들과 같은 계급 출신이라면, 사회적 트랜지션을 할 때 서류와 의료 기록, 젠더 표시자gender markers를 바꾸고 의사나 고용주들을 상대하는 등 수많은 관료주의적 절차가 엄청나게 쉬워진다. 마찬가지로, 당신은 당신의 권리를 알고 효과적인 조언을 구할 가능성도 크다.

'고액 순자산 보유자'인 트랜스인은 드물다. 2014년에 미국에서 가장 부유한 여성 CEO는 40세에 트랜지션한 65세 트랜스 여성 마틴 로스블라트였다. 로스블라트 자신의 설명에 따르면, 그녀가 커밍아웃하기 전(그러니까 사회가 그녀를 트랜스 여성이라기보다는 남성으로 대했던 시기)의 커리어로 쌓은 상당한 부는 트랜스혐오의 파괴적인 영향 대부분을 차단해 주었다. 물론, 로스블라트는 지금도 가족생활 면에서 트랜스혐오의 낙인과 수치심을 경험하며, 직업적 영역의 여러 부분에서도 그럴 것이 틀림없다. 그렇더라도 로스블라트에게는 가난한 트랜스인들에 비해 사회적, 법적, 의료적 트랜지션을 빠르고 매끄럽게 진행할 수단이 있다. 이때 따르는 경제적 여파도 훨씬 적다. 2018년, 영국에서는 크레디트 스위스Credit Suisse의 젠더 유동적 관리자인 핍스 번스가 『파이낸셜 타임스』Financial Times와 HERoes에서 "최상위 여성 경영자" 명단의 "경영계 여성 챔피언" 랭킹에 올라 언론의 주목을 받았다. 남성으로 태어나고 자란 번스는 논바이너리 정체성을 가지고 있어서 어떤 날에는 전통적인 사업가 필립으로, 어떤 날에는 여성인 피파 혹은 '핍스'로 처신한다. 주류 미디어의 보도 대부분은 적대적이었으며, 영구적인 여성으로 살아가지 않는 번스가 여성 경영 지도자 명단에 올라야 하느냐에 초점을 맞추었다. 그러나 수많은 트랜스인들에게 미디어가 더 문제 삼아야 했던 부분은 계급적인 측면이었다. 은행가로서 번스가 이룩한 영향력 높은 커리어는 수많은 트랜스인들의 경제적 현실을 잘못 대변한다는 것이니 말이다. 로스블라트처럼 번스도 자신이 누린 이점을 인정했다.

> 제 직급이 높아서 다행이었죠. 저는 임원이었으니까요. (중략) 저는 기반이 탄탄했습니다. (중략) 저한테는 피파와 필의 모습으로 찍은 사진 두 장이 다 붙어 있는 통행증이 있어요. 그렇게 조치하기까지는 여러 달이 걸렸습니다. 하지만 저는 최소한 그이후로 만나는 사람들에게는 이런 장애물이 이미 해소된 셈이리라는 걸 알았습니다.[19]

부유한 트랜스인 개인이 국제 투자은행의 사무실에 들어갈 때 쓸 사진 두 개짜리 통행증을 얻으려는 투쟁과 프리마크에서 알렉산드라 드 수자가 한 경험을 비교하자면, 그들이 경험한 심리적, 경제적 폐해의 간극이 선명하게 드러난다. 더욱이, 번스는 경제적 특권 덕분에 정치적 영향력도 누렸다. 2018년 5월에는 보수당의 여성평등부 장관 마리아 밀러 의원이 의회에서 트랜스 평등에 관한 행사를 열었고, 번스 등은 이 행사에서 발언할 수 있었다. 번스는 자기 직장에 있는 제도적 장벽을 완화할 수 있었을 뿐아니라, 상류층에 속하는 직업 덕분에 입법자들이 귀를 기울이게만들 수도 있었다.

부유한 트랜스인들은 자신의 자원을 활용해 사회적 젠더 규범에 순응함으로써 트랜스혐오의 위험을 더욱 줄일 수 있다. 트랜스 공동체에서 '패싱' 혹은 '섞여들기'blending라고 불리는 현상에 관해서는, 트랜스인이 남성과 여성이 어떻게 생겨야 하는지에 관한 사회의 기대를 충족할수록 고용될 확률이 높아지고, 더욱 중요하게는 거리에서의 추행을 겪지 않을 확률도 높아진다는 점이 일반적으로 인정된다. 2017년 스톤월 보고서에 따르면 영국 트랜스인 5명 중 2명은 차별이나 추행이 두려워 옷 입는 방식을 바꾸었다. 동일한 수의 트랜스인들은 같은 이유로 자기 동네에 있는 특정한 거리를 기피했다.[20] 이 두 가지 통계는 연관되어 있다. 많은 트랜스인들은 폭력의 위협 때문에 자기 외모를 바꾸거나 공적 공간에서 물러나야 한다.

전자를 택할 경우, 트랜스인들이 만족시켜야 하는 외모 기준에는 계급과 인종의 위계가 강한 영향을 미친다. 젠더화된 외모는 사회적 계급이나 경제적 수단과 떼어 놓을 수 없을 뿐 아니라 인종적이다. 수용 가능한 여성성에 대한 사회의 요구 조건을 만족시켜 폭력을 피할 수 있는 노동 계급 흑인 트랜스 여성의 능력은 여성 미용 산업과 얼마나 타협하는지에 달려 있는데, 이런 산업은 경제적으로 배타적이고 또 그만큼 인종차별적인 경우가 많다. 그런 면에서, 런던에 있는 트랜스인 전용 미용실인 오픈 바버스 등은 필수적인 형태의 공동체 운동이다. 나이지리아계 논바이너리이자 이 미용실에서 일하는 헤어 디자이너 토비 아데바호는 다음과 같이 설명한다.

결국 돈 문제죠. 트랜스인들 중에는 가난한 사람이 아주 많아요. 우리는 그 사람들의 안전을 미용실에 오기까지, 또 미용실에 들어온 다음에도 신경 써야 해요. 제 고객 중에는 머리를 하지 않으면 안전하지 않다고 느끼는 사람이 많아요. 무척 이해할 만한 일이죠. 이 세상은 미친 듯한 트랜스혐오에 빠져 있으니까요. 머리 스타일을 제대로 가꾸면 그런 세상을 마주하는 데 도

트랜스젠더 이슈

움이 돼요.[21]

아데바호의 말은 트랜스 여성 및 전통적으로 여성적인 젠더 표현을 하고 싶은 트랜스인에게 특히 해당된다. 체모와 수염 제거, 헤어 스타일링, 화장, 옷 등은 모두 값비싸다. 이 스펙트럼의 극단에는 여성화 미용 수술이 있는데, 유럽에서 이 수술은 보통 민간 병원에서 이루어지며 평균 2만 파운드의 비용이 든다.

수술을 포함한 트랜스 의료의 몇몇 부문은 NHS를 통해 해결할 수 있지만, 2장에서 살펴보았듯 이런 의료에 접근할 권리는 환자가 자본주의 사회에서 노동자로 '기능할' 수 있는 능력을 증명하느냐에 달려 있다. 즉, 환자는 1년간 '선호하는' 젠더 역할에 따라 살아야 한다('실생활 경험'). 성기 수술을 받으려면 그 1년의 기간이 끝나야만 한다(전에는 호르몬 처방을 받기 전에 그 기간을 끝내야 했다). 게다가 2011년까지의 임상 지침에는 트랜스인이 '실생활 경험'을 충분히 완수했는지 확인하는 방법이 "전일제 일자리 혹은 파트타임 일자리를 유지하거나 학생 혹은 지역 공동체 기반의 자원봉사자로 활동할" 능력을 평가하는 것이었다. 이런 지침은 지금까지도 영향을 미친다.

많은 트랜스인들에게 이 기준은 이중적인 구속이 된다. 트랜스인들은 노동자로 기능하지 않으면서도 트랜지션과 관련된 치료에 접근하려고 노력할 수 있다. 하지만 이 경우, 그들은 트랜지션 관련 치료를 받지 못해 노동자로서 차별받고 고통을 겪을 가능성이 크다. 역사적으로, 이런 진퇴양난은 누가 봐도 트랜스인인 사람들이 이 부담스러운 조건을 충족하기 위해 자선기금 모금을 위한 중고품 가게에서 자원봉사를 하는 모습을 보게 되는 흔한 경험으로 이어졌다.

지난 10년간 주류 미디어에서 트랜스인들이 '가시성'을 지향해야 한다는 움직임의 핵심적인 원칙은 정확한 언론 보도의 양이 많아질수록 트랜스인들이 일반인에게 공감을 불러일으킬 가능성도 커진다는 것이었다. 그러면 사람들이 트랜스인 개개인을 일상에서나 정책적으로나 더 잘 대우하게 되리라는 기대가 있었다.

이 전략은 통하지 않았다. 최소한 트랜스인들 대다수의 삶의 질을 물질적으로 향상시킬 수 있을 만큼 통하지는 않았다. 문제는 이 전략이 장밋빛 렌즈를 끼고 미디어를 본다는 데 있다. 이런 전략에서는 미디어를 선의의 확성기라고 상상한다. 미디어가 우리의 목소리를 확대하여 진실을 드러내고 대중을 교육할 것이라고 믿는 것이다. 이는 자본주의 사회에서 미디어의 존재 이유가 정파와 무관하다고 이해한 결과다. 자본주의 사회에서는 다른 모든 회사와 마찬가지로 언론사의 첫째가는 존재 이유도 돈을 버는 것이다. 그러기 위해서 주류 미디어 상당수가 사람들에게 오락거리를 제공한다. 이에 따라 미디어는 여러 차례 검증을 거친 공식과 관습을 고수하고, 수입원에 위험이 될 만한 일은 피한다. 트랜스인과 관련해서 미디어는 일반 사회가 우리의 경험을 친숙한 것으로 여길 만한 부분에 집중하기보다 우리를 다른 존재, 특이하고 자극적이며 분노를 돋우고 괴이한 존재로 만드는 요소를 중요하게 다루었다. 언론계의 거물들은 시스젠더인 사람들이 트랜스젠더 콜센터 노동자가 박한 급료나 교대 근무 일정 때문에 진료를 잡기가 어렵다는 점에 대해 이야기하는 뉴스 보도를 보고 싶어 하지 않을 거라고 결론 내렸다. 이런 프로그램은 우울한 데다가, 자기 나름의 의료적 문제를 겪는 수많은 저임금 비트랜스인에게도 익숙할 것이기 때문이다. 하지만 사람들은 트랜스 여성이 가슴 확대 수술을 받거나 이마뼈를 깎아 버리는 심야의 채널4 다큐멘터리를 보고 싶어 한다(어쨌든 언론에서는 그렇다고 생각한다). 1979년 BBC2의 다큐멘터리 〈성의 변화〉A Change of Sex에서부터, 채널4의 〈당혹스러운 몸〉Embarrassing Bodies 시리즈나 〈잘못된 몸으로 태어나다〉Born in the Wrong Body, 트랜스 모델 먼로 버그도프가 출연한 〈무엇이 여자를 만드는가〉What Makes a Woman 등 비교적 최근의 사례에 이르기까지 이런 다큐멘터리는 영국 텔레비전에 종종 방영되었다. 트랜스인의 몸은 대상화되면 재밌거리가 되지만, 이윤을 벌어들이기 위해 일할 때는 별로 흥미롭지 않다.

나도 직접 이런 경험을 했다. 프리랜서 기자 겸 칼럼니스트로 정기적으로 기고하게 되었을 때, 나는 트랜스 여성으로 공적 '커밍아웃'을 한 지 얼마 되지 않았다. 커밍아웃 직후의 여운에 젖은 수많은 사람들이 그렇듯, 나는 정의감에 차 있었고 열정적이었으며 트랜스인에 관한 미디어의 논의 방식을 바꿔 놓을 수 있으리라는 독선에 심하게 사로잡혀 있었다. 프리랜서 필진과 기자들이 보장된 소득 없이 편집자가 취하는 논조에 따라 그때그때 일을 맡는 온라인 언론 세계, 속칭 '긱 이코노미'gig economy에서는 현재의 이슈와 연결할 수 있고 빨리 전환할 수 있는 짧은 1인칭 기사를 선호한다. 급료도 더 많이 주고 직업적으로도 큰 만족감을 주는 일거리는 내가 특정한 사회적 이슈를 철저히 분석하면서 취재원들을 인터뷰하고 다양한 목소리를 제시하는 긴 특집 기사였다. 그러나 나는 이런 기사가 ('틈새시장'에 속한 것으로 판단되는 트랜스젠더 이슈를 다룰 때는 특히) 언론사에 받아들여지기는 대체로 힘들다는 것을 알게 되었다. 언론사에서 받아 주더라도 발행에 더 오랜 시간이 걸렸다. 그 말은 급료 지급이 늦어진다는 뜻이었다.

　나는 또한 나의 개인적 경험에 관한 수기를 읽고 싶어 하는 온라인 미디어 편집자들이 많다는 것을 알게 되었다. 이들이 제시한 주제에는 다른 것도 있었지만 가족에게 커밍아웃한 방법, 나를 여성으로 만드는 요소, 진정한 정체성을 발견하는 데 화장이 어떤 도움을 주었는지(전혀 도움이 되지 않았다), 트랜스인의 연애란 어떤지, 트랜지션하기 전과 에스트로겐을 투약하기 시작한 뒤의 섹스는 어떻게 다른지, 트랜스 여성과 사귀는 남자는 동성애자인지 이성애자인지, 저메인 그리어가 나더러 "진짜" 여자가 아니라고 한 말에도 의미가 있는지 등등이었다. 주제는 명백하고 일관적이었다. 나는 내 사생활의 내밀한 부분을 파헤치거나, 나보다 큰 마이크를 가진 사람들이 트랜스인들에 대해 했던 부정적인 말에 전투적으로 반응할 때 가장 적은 시간에 가장 많은 돈을 벌 수 있었다. 트랜스젠더 이슈에 관해 쓰고 싶어 하는 전문적인 트랜스 필자에게는 지나치게 많은 정보를 공유하거나 신분이 공개된 채로 적대적인 태도를 보이는 것이 지금까지도 주된 선택지다. 나는 이런 요구에 자주 따랐다. 돈이 필요했고, 미래에 일거리를 얻기 위해서는 언론사의 환심을 사야 했기 때문이다.

　가시성 정치의 렌즈만으로 상황을 보면, 내가 위신과 특권을 누리는 자리에 있었던 건 틀림없다. 트랜스 여성이 미디어에 조금이라도 목소리를 낼 공간을 가지는 경우는 지금도 드물다. 내가 이 자리를 얻은 것이 교육적 배경과 계급적 배경, 그리고 미디어와 인맥 때문이라는 점도 부정할 수 없다. 하지만 노동자로서의 내 위치가 미약했으며 협상에서 가장 큰 힘을 쥐고 있던 것은 언론사라는 사실은 달라지지 않는다. 이런 불균형은 내 이력에 영향을 미쳤을 뿐 아니라 그 결과로 내가 트랜스인을 표현하는 방식에도 영향을 주었고 심지어 그 방식을 왜곡했다고도 할 수 있다. 일단, 미디어의 노동 조건은 더 어려운 처지에 있는 트랜스인들보다 나 같은 배경을 갖춘 사람이 1인칭 이야기를 쓰는 편을 선호한다. 그래서 중산층의 전문직 비장애 백인 트랜스인의 경험이 기본이 된다. 통계적으로 나 같은 경우는 예외인데도 말이다. 둘째, 미디어의 노동 조건은 온라인에서 피할 수 없이 유발되는 적대감과 모욕적인 댓글에 대처하느라 진이 다 빠질 정도의 솔직함을 보이고 감정 노동을 해야 한다는 재정적 압박을 느끼게 했다. 또한, 나는 규모도 크고 구성원이 다양한 공동체의 대변인 노릇을 해야 했기에 동료 트랜스인들에게 엄청난 책임감을 느꼈다.

돌이켜 보면, 나는 이 중 어떤 것도 놀랍지 않았다는 생각이 든다. 영국의 미디어를 극소수의 중상층 집단에서 소유하고 통제하며 운영한다는 점을 생각해 보면 말이다. 통계를 몇 가지 살펴보면 이 점을 알 수 있다. 영국 인구의 7퍼센트만이 사립학교에서 교육을 받지만, 2016년에 영국의 최상위 기자 중에서는 사립학교에 다닌 사람의 비율이 51퍼센트였고 공립학교에 다닌 사람의 비율은 19퍼센트에 불과했다(전체 인구의 90퍼센트가 공립학교에 다녔다는 점과는 대비된다). 정계나 법조계의 상위 그룹 등 다른 힘 있는 기관에서도 마찬가지였다. 그렇다면 미디어에서 일하는 사람들이 비슷한 배경을 가지고 있는 '사회 기득권층' 전반과 똑같은 사회적 네트워크 안에서 움직이며, 그 결과 이러한 권력 체계에 순응하거나 결탁하는 경향이 크다는 건 논리적인 결론이다. 미디어의 의제를 설정하는 수많은 기관의 목적에는 경제적, 사회적 상황을 현재 그대로 유지한다는 목표가 결합되어 있다.

이러한 언론 생태계를 생각해 보면, 사회정의 운동이 미디어에서 호의적인 관심을 받을 유일한 방법은 현상 그대로를 위협하지 않는 구미가 당기고 비정치적인 방식으로 처신하는 것이다. 그러려면 구조적인 정치를 언급하지 않고 (승인된) 트랜스인 개인과 그들의 사적 자유 혹은 '권리'를 자유주의적으로 증폭해야 한다. 겉보기에는 이 모든 일이 진보적인 것 같다. 그러나 다른 집단과 연대하며 광범위한 운동에 참여하지 않으면, 부유한 트랜스인들이 사실상 가난한 무산자 형제자매를 억압하는 일이 불가피하게 일어난다.

알렉산드라 드 수자가 프리마크를 상대로 한 차별 소송에서 승소한 지 얼마 지나지 않아 프리마크는 스톤월의 '다양성 챔피언'이 되었다. 스톤월의 다양성 챔피언 프로젝트는 LGBTQ+ 직원을 더 많이 포용하고 싶어 하는 고용주들이 참여하는 모범 사례 포럼이다. 비용을 내고 회원으로 가입하면, 법적 의무를 지키고 단순히 정책을 따르는 데서 한발 더 나아가 포용적인 일터를 만들 수 있도록 돕는 훈련과 학회, 자원을 재단에서 회사에 제공한다. 이 프로젝트와 좀 더 일반적으로 대규모 단체를 지원하는 스톤월의 활동이 수많은 영국 트랜스인들의 삶에 지대하고도 긍정적인 영향을 미친 것은 틀림없지만, 고립적인 하향식 변화를 지향하는 이런 모형은 수많은 정치적 문제를 일으킨다. 낙관주의자라면 프리마크가 과거의 실수를 거울 삼아 미래에는 LGBTQ+ 직원들을 학대하지 않으려고 스톤월과 협조하는 것이라고 주장할 수 있다. 회의주의자는 드 수자 사건이 프리마크의 이미지에 극도로 나쁜 영향을 미쳤을 뿐이라고 반박할지 모르겠다. 프리마크의 경영자들은 스톤월의 다양성 챔피언 프로젝트가 가진 사회적 이미지가 프리마크라는 브랜드의 이미지를 되살리는 데 도움이 되리라고 생각했을 것이다.

'핑크워싱'pinkwashing이란 기업이나 브랜드에서 LGBTQ+ 권리를 응원한다고 공개적으로 선언함으로써 비윤리적 관행이나 이사회의 탐욕을 감추는 방식을 지칭하는 데 가끔 사용되는 용어다. 하지만 회사의 냉소주의가 동기라 하더라도, LGBTQ+ 단체가 일부 트랜스 직원의 노동 조건을 개선하도록 그 동기를 성공적으로 제어할 수 있다면 순이익이 아닐까? 문제는 일부 일터에서 일어나는 그날그날의 향상이 이로울 수는 있어도 단편적이고 고립되어 있으며 개별 고용주의 방향성에 전적으로 달려 있다는 점이다. 사회적 수준에서 보는 더 큰 그림은 변하지 않는다. 특히, 가장 취약한 계층의 트랜스인에게는 문제가 지속된다. 게다가 고용주가 주도하는 다양성 프로젝트가 아무리 많아도 트랜스 노동자가 견뎌야 하는 억압에 대해 진보적이고 구조적인 해결책이 될 수는 없다. 이 말은 해 두어야겠다. 회사의 다양성 프로젝트는 강력하고 튼튼한 노동조합 운동이나 충분한 예산을 갖춘 복지국가와 달리 트랜스젠더 노동자, 아니, 사실상 모든 노동자의 안전과 존엄성, 번영을 보장할 수 없다.

회사 차원의 다양성 프로젝트가 자발성과 자유 재량에 좌우

된다는 점은 트랜스인들과 관련해서 유독 두드러진다. 영국의 고용주 대부분은 스톤월의 파트너 사가 아니다. 대부분은 트랜스인 포용을 위한 정기적 교육에 돈을 대지 않는다. 사실, 대다수는 다양성 및 포용 프로젝트에 참여하는 데 필요한 돈을 낼 능력이나 의지가 없다. LGBTQ+ 및 트랜스 단체에서 제공하는 교육으로 혜택을 받는 트랜스 노동자들은 인사부가 갖추어져 있는 대기업이나 공기업에 다닐 가능성이 크다. 그러므로 정의상 이런 노동자들은 이미 상대적으로 사회적 권리를 많이 가지고 있는 노동자의 범주에 들어간다.

시인이자 활동가인 낫 라하는 회사의 다양성 정책을 강조하는 것만으로는 부족한 이유 또 한 가지를 다음과 같이 개괄했다.

> 점점 확대되어 가는 다문화 사회에서는 기업이 다양성을 좋은 관행으로 이해하고 트랜스젠더 주체를 생산성 높은 노동자로 본다. 이런 의미에서 괜찮아 보이는 트랜스인들의 성공을 가능하게 하는 데에는 화이트칼라 트랜스 자유주의가 유용하다.[22]

자본주의 사회에서는 사무실 배치를 바꾸고 다양한 영상 회의 소프트웨어를 사용하고 트랜스젠더 직원의 존엄성을 존중하고 보호하는 등, 어떤 식으로든 노동 관행을 바꿀 필요가 있다고 고용주를 설득하는 가장 좋은 방법이 그런 변화가 효율성과 생산성을 증대시키리라는 주장이다. 이런 논리에 따르면, 트랜스 노동자를 존중해야 하는 이유는 회사에서 인정받는다고 느끼는 노동자가 더 나은 노동자가 되기 때문이다. 사실, 『이코노미스트』 Economist에서 후원하는 연례 '오만과 편견' 학회 같은 행사에서는 실제로 이런 주장이 명시적으로 나타난다. 2016~2019년에 이학회는 런던과 뉴욕, 홍콩에서 연례 행사를 열어 세계 경영계에서 가장 규모가 크고 부유한 고용주들을 초청했다. 이 행사는 참석 예정자들에게 "LGBT 공동체에 대한 차별이 일으키는 경제적, 인간적 비용에 관한 새로운 토론을 촉발할 세계 LGBT 학회 겸 프로젝트"[23]로 소개되었으며, "LGBT 포용을 위한 경영 사례 재정의" 같은 제목이 붙은 강연과 워크숍이 진행되었다. 『이코노미스트』에 따르면 LGBT 권리는 모든 회사가 지원해야 할 명분이다.

여기까지는 좋다. 문제는 그 효과가 멀리까지 미치지는 않는다는 점이다. 이는 우연이 아니다. 이런 식의 자유주의적 의제는 해방적인 것으로 제시되지만, 인정할 수 있는 트랜스인의 경계를 설정한다. 트랜스인들의 존재와 이들의 정치적 요구는 자본주의 체제에 대한 참여도를 높일 때만 인정된다. 작가이자 행위예술가인 레이 필라가 말했듯, 이로써 해방 운동은 분할된다. "양복쟁이들이 들어와서 모든 것을 차지합니다. 같은 일이 여성 해방에도, 동성애자 해방 전선에도, 항에이즈 운동에도, 흑인 운동에도 일어났습니다." 필라는 이런 식으로 상황이 전개되면 비교적 "입맛에 맞는" 트랜스인들이 사다리를 걷어차고, 인정받기 어려운 동지들을 남겨 놓는 결과로 이어진다고 말했다.

> 사회 운동은 이 모든 일이 일어나도록 아무 보상도 없이 여러 해 동안 힘든 노력을 해 온 급진적이고 분노해 있으며 존경하기 어려운, 순응적이지 않은 사람들의 손에서 빼앗기고 개인의 명성을 쌓으려는 편협한 직업적 운동가들로 점점 들끓게

된다.[24]

달리 말해, 부유한 기업과 언론사에 우선순위와 방향성을 결정할 힘을 넘겨주는 사회정의 운동은 그런 집단에 어떤 정치적 요구는 받아 줄 만한 것이고 어떤 것은 그렇지 않은지 결정할 권리까지 넘겨주는 셈이다. 트랜스 페미니스트 필자인 실비아 맥셰인은 이런 형태의 자유주의 활동이 연구나 사회인식 제고 등 일부 트랜스 운동에는 도움이 될지 모른다면서도 다음과 같이 말했다.

> 이런 운동은 주류 백인 독자들의 구미에 맞는 해방이라는 비전에 주로 의지하는 동시에, 소수자성이 교차되는 이들에게는 립서비스만을 한다. 본질적으로, 이런 운동은 트랜스젠더 '해방'을 향한 자본주의적 접근을 만들어 내고 있다. 달리 말해, 이러한 운동은 자본주의 체제에서 가치가 있는 것으로 보이는 트랜스인의 해방을 위한 운동이다.[25]

해방을 자선단체와 NGO에만 맡겨둘 수는 없다. LGBTQ+, 트랜스, 페미니스트 단체들은 모두 영국에서나 전 세계적으로나 심한 제약을 겪고 있다. 내가 트랜스 참여관으로 4년간 재직했던 스톤월은 의회의 로비 단체인 동시에 '초당파적' 단체다. 그 말은 스톤월 자체나 그 직원들이 당파성을 드러내는 방식으로 정당을 비판할 수 없다는 뜻이다. 이렇게 된 이유는 어느 정도 스톤월의 활동 방식 때문이다. 스톤월의 활동은 보수주의 정부가 연달아 집권하는 시대에 우익의 동성애자 남성 및 여성의 영향력을 계발하는 데 의존한다. 또한 데이비드 캐머런의 보수주의 정부에서 법률을 활용해 자선단체가 선거철에 정치적 운동을 하지 못하도록 막기도 했다. (그 이유야 뻔하다. 발언 기회 비슷한 것만 주어져도 대부분의 단체에서는 캐머런 정부의 처벌적인 예산 절감 정책을 비판했을 테니 말이다.)

법을 보면, 트랜스혐오 등 편견은 우리 사회가 바로 지금, 여기서 작동하는 방식의 직접적 산물이 아니라 진공 상태에서 일어난다고, 혹은 과거 세대가 우리에게 물려 준 구식 편견일 뿐이라고 보는 듯하다. 영국에서 이 분야는 기념할 만한 성과를 많이 이루었다. 특히 트랜스 청년들의 활동이 그랬다. 이들은 실제로는 다시 세워야 할 건물에서 불을 끄는 싸움을 하고 있다. 물론 현재 LGBTQ+ 단체의 구조와 문화에는 다른 즉각적인 문제들도 있다. 예컨대 스톤월의 고위직에는 유색인이 거의 없으며, 트랜스인은 한 명도 없다. 스톤월 이사회는 몇 년째 시스젠더로만 이루어져 있다가, 2021년에야 트랜스 여성을 임명했다. 보통 트랜스인들은 트랜스 복지를 위해 일하는 단체에서조차 급료가 낮고 열악한 역할만을 맞는다. 특히 영국의 흑인 및 아시아인 트랜스 공동체는 LGBTQ+ 단체에서 전적으로 과소대표된다. 바로 이들이 영국에서 체계적인 반LGBTQ+ 억압을 가장 심하게 겪는 사람들이기도 하다. 트랜스인과 유색인 집단에서 NGO에 대한 신뢰도는 매우 낮은 경우가 많다. 경찰이나 이민국 등의 기관이 모두 인종차별주의에 절어 있는데도 NGO가 이런 기관과 무비판적으로 가까운 관계를 유지하는 행태에 대해, 이들은 정당하게 비판하고 있다(이 책의 뒷부분에서 이 문제를 다시 다루겠다).

LGBTQ+와의 연대를 주장하는 기업 및 언론계의 '파트너'

들이 한결같은 것도 아니다. '오만과 편견' 학회의 주최사인 『이코노미스트』는 사실 2018년 10월에 발행된 극도로 적대적인 사설을 통해 대단히 필요했던 젠더인정법 개혁안에 반대했다.[26] 앞서 살펴보았듯, 문제의 개혁은 딱히 급진적이지도 않았다. 사실 이 개혁안은 아일랜드, 노르웨이, 덴마크, 스웨덴, 몰타, 포르투갈을 포함한 유럽 몇몇 국가에서 이미 실행되고 있었다. 젠더 인정 개혁안은 영국의 주요 LGBTQ+ 및 트랜스 단체 전부가 지원하는 법안이며, EU의 가이드라인을 따르고 있고, 욕야카르타 원칙(LGBTQ+ 권리에 관한 국제 지침을 제공하는 인권 단체 연합에서 발간한 문서)의 권고사항을 실천한 것이다. 정치적으로 이 개혁안은 언젠가 한 번쯤 영국의 모든 주요 정당 강령에서 지지했던 것이며, 노동조합 운동의 민주적 목소리로도 승인되었다. 그럼에도, 개혁안이 비교적 보수적이며 이전에 발행된 잡지에서는 공정하고 자유로운 사회에서 트랜스인의 권리를 존중하는 것이 얼마나 중요한지 인정했음에도, 『이코노미스트』의 편집자들은 법적 젠더 인정에 관한 비교적 덜 의료적인 접근법이 마음에 들지 않자 주류 트랜스 운동의 정치적 요구를 빠르게 일축했다.

트랜스 해방에 대한 기업적 접근은 일부 트랜스인들이 여러 가지 불이익을 경험한다는 사실도 무시한다. 인종과 장애가 영국 트랜스인의 고용에 어떤 영향을 미치는지에 관한 연구는 부족하지만, 백인이 아니거나(유색인 트랜스인은 백인 트랜스인에 비해 일터에서의 차별을 경험할 확률이 더 높다) 장애가 있는 트랜스인들은 가난해질 가능성이 더 높아진다. 가장 취약한 사람들한테는 다중적인 억압이 가중되고, 이들은 폭력과 가난을 경험할 위험도가 대단히 높아질 뿐 아니라 LGBTQ+ 단체의 전문적 로비와 보호로부터도 멀어진다. 이런 난관이 세계적으로 만연해 있기에 전 세계의 노동 계급 트랜스인들 대다수가 유독 한 업계, 즉 성 산업에 참여하게 된다.

4 성 판매
Sex Sells

나는 트랜스인들이 2013년 어느 시점까지 일반 대중에게 보이지 않았거나 알려지지 않았다는 알 수 없는 주장과 자주 마주친다. 이들은 2013년이 트랜스인들에게는 필립 라킨의 1963년에 해당한다고 말한다.° 2000년대 초반에 어린 시절을 보낸 내 경험은 이와 달랐다. 이 기간에 트랜스인들은 우리의 집단의식 안에 확실히 자리 잡고 있었다. 하지만 이들은 거의 항상 캐리커처와 외설적인 우스갯거리로만 표현되었다. 구체적으로 '트랜스 창녀' 혹은 매춘부는 대중문화 전반에 보통 코미디의 소재로 나타나는 트랜스 여성에 관한 문화적 전형이었다.(범죄 드라마에서는 예외다. 여기에서는 트랜스 여성이 살인 피해자로 등장한다.) 코미디에 활용될 때 우스갯소리는 늘 똑같았다. 이성애자

° 필립 라킨은 영국의 시인으로서, 대표작 「놀라운 해」(Annus Mirabilis)에서 1963년은 영국에서 성(sex)이 발명된 해라고 말했다.

남성이 실수로 트랜스 여성의 서비스를 받다가, '우스꽝스러운' 진실에 성적으로 당황한다는 것이다. 2003년 영국에서 히트한 로맨틱 코미디 영화 〈러브 액츄얼리〉의 첫 8분에는 신랑과 들러리가 결혼식에서 주고받는 다음과 같은 대화를 통해 처음으로 등장한다.

> 피터: 놀랄 일은 없고?
>
> 마크: 놀랄 일은 없어.
>
> 피터: 총각 파티랑은 다르다는 거지?
>
> 마크: 총각 파티랑은 다르지.
>
> 피터: 브라질 매춘부를 데려온 게 실수였다는 건 인정해?
>
> 마크: 인정해.
>
> 피터: 그 사람들이 남자로 밝혀지지 않았다면 훨씬 좋았으리라는 것도?
>
> 마크: 그럼, 그럼.[1]

영국의 다른 코미디 영화인 〈브리짓 존스: 열정과 애정〉에서는 태국의 데이트 아르바이트생과 있었던 경험을 이야기하는 휴 그랜트의 캐릭터를 통해 비슷한 농담이 이루어진다. "끝내주는 태국 여자랑 하룻밤을 보냈는데 (중략) 알고 보니 끝내주는 태국 남자였어."[2] 미국 케이블 TV는 똑같은 상투적 표현으로 자주 퇴행한다. 〈섹스 앤드 더 시티〉 세 번째 시즌의 마지막 회에서, 주요 등장인물인 서맨사 존스는 뉴욕 미트패킹 디스트릭트에 있는 그녀의 아파트 창문 앞에서 호객하던 흑인과 라틴계 트랜스 성 노동자들의 소리를 듣고 잠에서 깬다(캐리 브래드쇼는 시청자에

트랜스젠더 이슈

게 이들이 "서맨사네 동네에 사는, 친절한 수술 전 트랜스섹슈얼 창녀들"[3]이라고 말해 준다). "낮에는 트렌디하고 밤에는 트랜스한 동네에 살겠다고 이 많은 돈을 내다니!" 서맨사는 (비슷하게 부유한 백인 시스젠더 여성) 친구들과 아침을 먹고 트랜스인들에 관해 농담을 주고받으며 소리친다. 이 트랜스 여성들은 "뉴저지에서 온 사이비 이성애자 남성"이라고 표현되며, 성매매 여성을 찾아다니는 고객을 꾀기 위해 "위에는 가슴을, 밑에는 불알을" 달고 있다. 이처럼 남성에게 서비스를 제공해 온 트랜스 성 노동자의 존재는 오랫동안 상식이었다. 이런 농담은 그와 같은 일을 하는 사람들이 유색인 트랜스 여성인 경우가 많다는 점까지 인식하고 있는 것으로 보인다.

세계적으로, 트랜스인들은 성 노동자 중에서 지나치게 높은 비율을 차지한다. 영국에서 트랜스인은 전체 인구의 1퍼센트 미만이지만, 성 노동자 중에서는 최대 4퍼센트에 이른다.[4] 게다가 트랜스 성 노동자에 대한 사람들의 인식은 허구에만 머물러 있지 않다. 성 노동에 대한 정의에 데이트 아르바이트와 거리의 성매매 외에도 포르노와 온라인 몰카 영상이 포함된다면, 스트리밍 건수와 판매액을 볼 때 트랜스 출연자가 나오는 성애물 시장은 튼튼하며 계속 성장하고 있다. 주된 소비자는 이성애자로 정체화하는 남성들로, 눈이 휘둥그레질 일이지만 이들은 트랜스 포르노를 온라인에서 검색할 확률이 여성에 비해 455퍼센트나 높다.[5] 2018년 1월, 온라인 포르노 스트리밍 서비스인 폰허브PornHub에서 발표한 연간 스트리밍 통계를 보면 트랜스젠더 포르노 카테고리는 검색량이 전 세계적으로 36퍼센트 증가했으며, 아르헨티나와 러시아를 포함한 국가에서 가장 인기가 많은 카테고리 10위안에 들기도 했다.[6] 트랜스 성 노동자 대부분이 트랜스 여성이기는 하지만, 여성으로 정체화하지 않는 남성적 트랜스인과 논바이너리 트랜스인을 포함한 다른 트랜스인들도 고객에게 자신을 '여성'이라고 마케팅한다.

트랜스 공동체 바깥의 사람들이 잘 모르는 것은 성을 판매하며 'FTM'(female-to-male)° 포르노를 만드는 트랜스 남성을 위한 특수한 시장이 있다는 점이다. 한 트랜스 남성 성 노동자의 말을 빌리면 다음과 같다.

> 트랜스 남성 성 노동자에 대해 아는 사람은 별로 없을 것 같아요. 부분적으로는, 우리가 나오는 포르노가 그렇게 많지 않아서겠죠. 시스젠더 남성 포르노, 시스젠더 여성 포르노, 트랜스 여성 포르노는 아주 많은데(후자에는 별로…… 고상하지 않은 여러 가지 이름표가 따라붙지만요), 그래서 사람들이 그것만 생각하는 거예요. 사람들의 욕망은 아주 유동적이고 유연하니, 우리를 예약하고 싶어 하는 사람들도 당연히 있어요.[7]

전 세계 수십만 명이 시청하는 트랜스 포르노의 지속적 성장

° 트랜스 포르노에서는 트랜스 공동체 자체에서 사용하는 언어가 아니라 (대부분 남성인) 시청자에게 맞추어진 업계의 표준화된 용어를 사용해 출연자들을 설명한다. 트랜스 여성이 나오는 포르노는 출연자를 "쉬메일" 혹은 "트래니"라고 부르는 경향이 있다. 트랜스 남성이 나오는 포르노는 'FTM'으로 마케팅되는 경향이 있는데, 이 단어는 오래된 의학 용어에서 빌려 온 것이다. 수많은 트랜스인들은 이런 단어를 사용하지 않을 것이며, 성 노동이라는 맥락 외에서 이런 단어가 사용되는 경우 모욕적이라고 느낀다. —지은이 주

이 의미하는 바는, 인터넷에 접속하는 남성 상당수에게 트랜스젠더인 사람을 트랜스인으로 인식하고 보는 최초의 순간, 혹은 유일한 순간이 성 노동자를 보는 순간이라는 것이다. 그래서 트랜스 성 노동자들은 정책 수준에서나 LGBTQ+ 노동자 운동에서 제도적으로 가장 적게 대표되는데도 다른 직업을 가진 형제자매들보다 눈에 띄게 된다. 이들의 신체는 우리 문화에 의해 극단적인 방식으로 신화화되고 성도착의 대상이 되며 폄하된다. 그런데도 트랜스 성 노동자들은 다른 유형의 트랜스 노동자에 비해 가장 적은 연대를 경험한다. 이들이 살아가는 삶의 현실에 관한 정치적 관심도 가장 적은 수준이다. 트랜스 성 노동자가 이민자이면서 유색인이기까지 하면, 이런 괴리는 더욱 심해진다.

쾌락을 위해 트랜스 성 노동자들의 노동을 널리 퍼뜨리고 소비한다고 해서 사회의 트랜스혐오적 편견이 줄어드는 것 같지는 않다. 사실, 이 둘은 거의 아무런 관련이 없다. 이 점이 가장 잘 드러난 사례는 동성애혐오적이고 트랜스혐오적인 언사를 늘어놓아 유튜브에서 혐오 발언을 했다는 이유로 동영상이 내려진, 우익 음모론자이자 인포워InforWars의 창립자 알렉스 존스가 트랜스 포르노를 보다가 잡혔다는 기사가 2018년 8월 신문에 실린 경우다. 기사에 따르면, 존스는 무심결에 핸드폰 인터넷 브라우저의 탭을 열었다가 그 모습이 카메라에 잡혔다. 시청자들은 열린 탭 중 하나가 "음탕한 트젠녀 마리사 밍…"으로 시작한다는 것을 알아보았다. 이 제목은 오스트레일리아의 트랜스 포르노 연기자이자 데이트 아르바이트생 마리사 밍크스를 말하는 게 분명했다. 존스는 '위선'을 떨었다는 이유로 SNS에서 비판과 조롱을 당했다. 자신의 플랫폼을 활용해 트랜스인에 대한 증오를 설파하면서 트랜스

포르노를 소비했다는 이유였다.

존스는 나중에 그 페이지를 직접 연 것이 아니라면서(그는 원치 않은 팝업 창이 열린 것이라고 말했다), 트랜스 포르노를 본 적이 한 번도 없다고 주장했다. 그러나 우리는 존스가 했다는 행동이 '위선'으로까지 여겨진다는 비판자들의 말을 생각해 보아야 한다. 이런 말은 특정 집단에 대한 증오가 그들에 대한 성욕을 느끼는 것도 불가능하게 만든다는 함의를 띠고 있으니 말이다.

이런 비난은 요점을 완전히 놓친 것이다. 가부장적이면서도 자본주의적인 사회에서, 남성의 여성혐오는 여성의 성 노동을 착취하고자 하는 남성적 욕망과 어려움 없이 어울린다. 그 여성이 트랜스인이라는 이유로 이 점이 바뀌지는 않는다. 사실, 대부분 트랜스 여성의 정치적 비가시성을 생각해 볼 때 이들에 대한 여성혐오는 더욱 강력해질 수 있다. 쉽게 말해, 트랜스 성 노동자의 서비스를 구매하는 남성 중 다수는 모든 트랜스인과 모든 성 노동자의 억압을 주장하는 남성이다. 이들은 증오를 설파하며 그들에 대한 폭력을 선동하는 사람인 동시에, 일부 사례에서는 개인적으로 그들에게 신체적 폭력을 사용하는 사람들이다.

전 세계, 특히 LGBTQ+ 권리가 국가에 의해 부정된 국가에서 트랜스 성 노동자가 LGBTQ+ 공동체 조직과 운동의 전면에 나서고 있다는 점은 우연이 아니다. 가끔은 이 둘이 충돌한다. 2015년 6월 28일, 터키 이스탄불에서 열린 LGBTQ+ 프라이드 행진은 폭력적인 대혼란으로 전락하고 말았다. 수천 명이 도시를 가로지르며 행진하려 하자 경찰이 시위자들을 상대로 후추 스프레이를 사용했고 고무총을 쏘았으며 물대포를 쏘아 이들을 쓰러뜨렸다. 트랜스젠더 활동가 루즈가르 부스키는 CNN에 13년 동안 이스탄불 LGBTQ+의 삶의 한 가지 특성이었던 프라이드 행진을 국가가 악랄하게 탄압한 것은 최근 터키 대통령 레제프 타이이프 에르도안의 실패 때문이라고 말했다. 일당 통치가 가능할 정도로 표를 얻고자 에르도안이 이런 짓을 벌였다는 주장이었다.[8] 에르도안의 LGBTQ+ 공격은 보수적 지지 기반에 어필하고 다른 소수자들을 위협하기 위해 고안된 냉소적이고 포퓰리즘적인 행동이었다. 자주 일어나는 일이지만, 언론의 사진 한 장이 터키 LGBTQ+ 공동체에 대한 경찰의 잔혹 행위에 저항하는 모습을 상징하게 되었다. 그 사진은 경찰관을 상대로 눈물이 그렁그렁한 채 화를 내는 22세의 트랜스젠더 여성 한데 카데르를 찍은 것이다. 카데르는 젊고 열정적인 사람으로, 성 노동자이자 활동가였다. 그녀는 사진을 찍는 기자들에게 "당신들은 사진을 찍기만 하지 펴내지는 않잖아요. 우리 목소리는 아무도 듣지 않아요."[9]라고 소리쳐, 궁극적으로 자신이 속한 공동체의 유명한 수호자가 되었다.

2016년 8월 12일, 이스탄불 프라이드를 통해 명성을 얻고 나서 겨우 1년이 좀 넘었을 때 한데 카데르의 유해가 수많은 이스탄불 엘리트 기업가들이 사는 외진 동네인 제케리야쿄이 길가에서 발견되었다. 카데르는 광적인 공격을 당해 반복적으로 강간당한 끝에 칼에 찔려 사망했다. 이후 범인은 카데르의 시신에 불을 붙였다. 카데르의 살인에 관해서는 여러 추정이 이어졌는데, 한 가지 가설은 그녀가 단일 살인범에게 살해당한 것이 아니라 한 패거리에게 살해당했다는 것이었다. 목격자들에 따르면, 고객의 자동차에 탄 것이 카데르의 마지막 모습이었다. 살인자는 발견되지 않았고 아무도 기소당하지 않았으므로, 우리는 카데르가 여성혐오주의자 고객에게 살해당했는지, 아니면 공개적으로 LGBTQ+ 권리를 옹호한 데 대해 구체적이고 고의적인 정치 보복을 당했는지 영영 알 수 없다. 어느 쪽이든, 트랜스인이라는 그녀의 상황과 거리에서 노동을 했다는 점이 결합되어 그녀를 유독 취약하게 만들었고, 23세라는 나이에 끔찍한 죽음을 맞는 결과로 직접 이어진 것은 분명하다. 어떤 면에서, 카데르나 그녀와 비슷한 수많은 사람들의 삶에 영향을 미쳐 온 극단적인 폭력을 분석할 때는 이러한 두 가지 요소를 구분하는 것이 불가능하다.

　한데 카데르가 맞은 운명은 불안할 정도로 흔하다. 이전에 나는 대중문화에서 트랜스 성 노동자를 조롱하지 않으면, 〈로 앤 오더: 성범죄 전담반〉 같은 TV 프로그램에서 이들을 살인 피해자로 그린다고 언급했다. 여기에는 이유가 있다. 세계적으로 트랜스 성 노동자는 직업을 알 수 있는 트랜스 살인 피해자의 62퍼센트에 달한다. 유럽에서는 이 수치가 88퍼센트까지 높아진다. 트랜스젠더 유럽TGEU에서 발간한 트랜스 성 노동자에 관한 보고서에 따르면, 2008~2017년에 터키에서는 44명의 트랜스 여성이 살해당했는데 그중 대다수가 성 노동자였다.[10] 유럽에서 트랜스인의 살인율이 가장 높은 나라는 터키지만, 아프리카와 중앙아메리카, 남아메리카의 트랜스인들과 젠더적 다양성을 갖춘 사람들이 가장 많이 이주하는 나라인 프랑스, 이탈리아, 포르투갈, 에스파냐에서는 신고된 트랜스인 살인 피해자 중 69퍼센트가 이민자였다. 대부분은 성을 판매했다.[11] 다행히도 트랜스인 살인율이 유럽에서 가장 낮은 나라에 속하는 영국에서조차 2008~2020년 사이에 벌어진 트랜스인 살인사건 9건 중 3건의 피해자는 성 노동자인 버네사 샌틸런, 안드레아 와델, 데스티니 로렌이었다. 매년

11월 20일, 영국의 LGBTQ+ 공동체와 단체, 모임에서는 전 세계에서 폭력으로 목숨을 잃은 트랜스인들을 기린다. 나는 이런 촛불 행사를 지지하며 직접 참가해 왔다. 이 행사를 주도하는 것이 성 노동을 하지 않는 중산층 백인 트랜스인들이라는 점은 다소 불편하지만 말이다. 우리 자매들이 견뎌내는 치명적인 폭력에 취약한 사람들은 공동체에 기반이 있고 경제적으로 안락한 트랜스인이 아닌 경우가 압도적으로 많다. (피해자들이 원치 않는데도 이들의 경험을 끌어들이지 않고, 또한 피해자들의 죽음에 성 노동과 관련된 폭력이나 반이민 인종차별주의가 끼친 영향을 흐리지 않고 살해당한 사람들을 기리는 적절한 방법을 논의할 수 있다면 값진 일이 될 것이다.)

　대부분의 트랜스인 살인이 낯선 사람의 무작위적 '증오범죄'로 일어나는 것도 아니다. 피해자들은 보통 트랜스 여성이며, 살인자는 이들과 섹스를 원하는 남성이다. 2018년에 이루어진 성 노동 업계에서의 살인 통계 분석에 따르면, "런던 성 노동자들에 대한 연구에서, 시스젠더 여성 성 노동자"의 사망률은 일반인 여성의 사망률에 비해 12배 높았으며, 살인이 주된 사인 중 하나였다. 이는 시스젠더 여성에 대해서나, 트랜스 여성에 대해서나 맞는 말이다.[12] 전 세계 트랜스 성 노동자들은 성매매의 고객인 바로 그 남자들로부터 위험한 일을 당할 가능성이 가장 크다. 이건 알쏭달쏭한 '위선'이 아니라, 무시무시하고 가끔은 치명적인 현실이다. 또한, 우리는 이를 사회 전반과 노동 운동계에 울리는, 트랜스 성 노동자들을 더 잘 보호하고 지원해야 한다는 시급한 경종으로 받아들여야 한다. 트랜스인들은 가족의 거부와 노숙을 경험할 가능성이 크며 많은 의료 비용이 필요하고 다른 형태의 직장을 찾기 어렵다. 이런 점이 복합적으로 작용해, 많은 트랜스인들은 성 판매라는 낙인찍힌 노동을 해야만 하는 상황에 이른다. 앞서 살펴보았듯, 트랜스 성 노동자들은 독특하고도 심각한 형태의 취약성과 폭력을 경험하기도 한다. 그러므로 트랜스 해방 운동의 중심에는 성 노동자의 권리와 안전 문제가 있어야 한다.

*

젠더적 다양성을 갖춘 사람들과 성매매의 정치적 연관성은 수 세기를 거슬러 올라간다. 1394년 12월 '런던시 탄원서 및 제안서 모음집'의 한 항목에 따르면, 여성의 옷을 입은 트랜스베스타이트 매춘부가 존 브릿비라는 남자와 "그 혐오스럽고 입에 담을 수 없으며 수치스러운 악덕"(성행위라고 생각해도 무리 없겠다)을 저질렀다는 이유로 칩사이드에서 체포되었다. 존 라이크너로 태어났으나 엘리너라고도 알려진 이 매춘부는 경찰관에게 엘리너라는 이름을 댈 때도 여성의 옷을 입고 있었으며, 런던 시장에게 취조당했다. 소송 기록에는 라이크너의 인생과 성생활 이력에 관한 충격적인 진술이 들어 있다. 라이크너가 처음으로 여자 옷을 입은 것은 여성 도제들과 자기 딸들을 성 판매자로 훈련시켜, 성매매 업소의 마담으로 부업을 해 온 여성 자수업자 엘리자베스 브루더러의 비숍스게이트 집에서였다고 한다. 라이크너는 법정에서 자신은 남자로 태어났지만, 브루더러가 엘리너에게 남성들과 섹스하는 방법을 똑같이 가르쳤다고 말했다. 브루더러의 의도는 라이크너의 성별을 속이고, 이 점을 활용해 고객들을 협박하는 것이었을지도 모른다. 라이크너의 취조에 따라 사제와 수도사

몇 명이 포함된 고객 명단이 나왔는데, 그중 한 명은 섹스의 대가로 금반지를 내놓았다. (라틴어로 작성된) 법정 기록에는 라이크너가 이 남성 고객들이 "아무것도 모르는"ignotos 사람들이었다고 진술했다고 적혀 있으나, 그들이 결국 라이크너의 성별을 알고도 어쨌든 성행위를 계속했는지는 완전히 밝혀지지 않았다. 라이크너의 서비스를 받았다는 이유로 체포된 요크셔 출신 존 브릿비는 여자를 찾고 있었다고 주장했다. 그런 면에서, 14세기와 〈러브 액츄얼리〉에 나오는 농담 사이에 바뀐 점은 거의 없다. 라이크너와 브릿비는 둘 다 브릿비가 라이크너에게 거래를 제안했고, 라이크너가 값을 불렀다고 했다. 라이크너가 유죄 판결을 받았거나 처벌을 받았는지 알 수 있는 기록은 없다.[13]

존/엘리너 라이크너의 취조가 중세 후기에 나타난 동성 간의 성관계 혹은 크로스드레싱을 다룬 유일한 영국의 사법 사건이기는 하지만, 비슷한 사례는 영국 법의 역사 전체에 반복적으로 나타난다. 사실, 영국에서 전적으로, 혹은 인생의 일부를 다른 젠더로 살아가던 사람들에 관한 역사적 사건을 가장 잘 보여주는 사료는 성매매 금지와 관련된 경찰과 법정의 기록이다. 여성 이름을 쓰고 여성의 옷을 입은 남성 매춘부와 남성 고객의 상업적 섹스는 18세기 '몰리하우스'의 흔한 특징이었다('몰'moll은 게이 남성과 성 판매 여성 모두에게 쓰였던 당대의 은어다). 1728년 10월 5일, 어느 몰리하우스에 대한 경찰의 급습에 관한 기사에서 『위클리 저널』Weekly Journal은 다음과 같이 썼다.

> 지난 일요일 밤, 한 순경이 적합한 조수들을 데리고 머프 양이라는 가명으로 알려진 조너선 머프의 집을 수색했다. 이 집은

화이트채플 교회 근처 블랙리온 야드에 있다. 이 작전으로 9명의 남성 아가씨[male Ladies]들이 체포되었다.[14]

18세기에 영국에는 알려진 몰리하우스가 최대 30곳까지 있었는데, 인구의 규모를 생각해 보면 이런 종류의 성 노동 하위문화가 광범위하게 자리 잡고 있었던 셈이다. 19세기경에는 여성 복장을 한 남자들이 성 노동을 하지 않을 때조차 성매매와 똑같이 공공질서 유지라는 근거로, 혹은 "부자연스러운 범법 행위를 하도록 타인을 선동한 죄"로 체포당했다.

젠더 다양성을 갖춘 사람들과 성 노동 사이의 이런 역사적 연관성은 여기에 국가의 압제 및 낙인의 축소와 환경의 개선에 대한 요구 등 이들 각자의 저항 운동사도 얽혀 있음을 의미한다. 이 현상은 20세기 후반에 특히 눈에 띄게 되었다. 미국에서 1969년 스톤월 폭동을 주도했던 실비아 리베라 등의 트랜스인들 및 젠더가 불일치하는 사람들은 거리의 성 노동자였다. 1973년에 리베라는 이제 막 피어나는 동성애자 해방 운동이 품위를 추구하다가 트랜스인들 및 젠더가 불일치하는 '매춘부'들을 이미 잊었다고 느꼈다. 리베라는 '뉴욕시 크리스토퍼가 해방의 날 행진'에서 군중에게 야유를 당했던 어느 기억에 남을 만한 연설에서, 퀴어 성 노동자의 환경을 고려하지 않은 채 자신의 권리만을 추구하는 "백인 중산층 동호회"의 남녀를 꾸짖었다. 리베라가 "감옥에 갇혀 있는 우리의 동성애자 형제들이자 당신들의 동성애자 자매들"이라고 묘사한 이들은 뒤에 남겨졌으며, 새로운 동성애자 권리 운동은 이들에게 "빌어먹을 한 가지도" 해 주지 않았다는 것이었다.

당신들은 두들겨 맞고 강간당하고 감옥에 갇힌 적 있습니까? 생각해 보세요. 그 사람들은 성별을 바꾸려다가 (중략) 너무도 많은 돈을 어쩔 수 없이 쓴 이후 두들겨 맞고 강간당했습니다. 여성들은 트랜지션을 위해서, 혹은 여자가 되기 위해서 싸워 왔습니다. (중략) 나는 감옥에 간 적도 있습니다. 강간도 당했습니다. 두들겨 맞았습니다. 그것도 여러 번이요! 동성애자 쉼터에는 속하지 않는 남성들, 이성애자 남성들에게 말입니다. 하지만 당신들이 나를 위해 뭔가 하나요? 아니죠!

리베라의 시대에 그랬듯, 오늘날의 트랜스 성 노동자, 특히 이민자이거나 유색인이거나 둘 다에 속하는 사람들은 정치력도, 경제력도 부족한 몇몇 정치 집단에 걸쳐 있으며 바로 이런 이유로 소모 가능한 존재처럼 취급되는 경우가 많다. 그러나 세계에서 가장 유명한 트랜스인들 중 일부는 전에 성 노동자로 일했음을 숨기지 않는다. 이런 사람 중에는 미국의 작가 재닛 모크도 포함되어 있는데, 그녀는 성 산업에서 했던 자신의 경험을 『진짜를 다시 정의하다』Redefining Realness라는 회고록에서 다루었다. 세계 최초로 국회의원 중 커밍아웃한 트랜스인인 조지나 베이어는 1999년 뉴질랜드 국회의원으로 당선되기 전에 성 노동자로 일했던 과거를 밝혔다. 그녀는 2003년에 통과된 뉴질랜드의 성 노동 비범죄화 법안을 위해 노력했다. 영국에서는 작가이자 운동가인 패리스 리스가 성 노동자로서의 과거 경험을 소리 높여 말했다. 그녀는 2016년 자신의 명예박사 학위를 성 노동자들에게 바쳤다.

2017년, 조지아, 폴란드, 세르비아, 에스파냐, 스웨덴 등 유럽

5개국에서 실시한 트랜스 성 노동자 실태 조사를 보면 이들이 얼마나 취약한 집단인지 알 수 있다. 지난 12개월 동안 성 노동을한 적이 있는 사람 중 거의 70퍼센트가 성 노동을 주요 생계 수단으로 삼기로 했다. 거의 40퍼센트는 주된 이유가 다른 기회가없기 때문이라고 말했다.[15] 영국 페미니스트 작가이자 성 노동 활동가 주노 맥과 몰리 스미스는 다음과 같이 생각한다.

성매매에서 취약 계층의 비율이 높다는 점은 약자를 착취하는기이한 성향의 증거로 보인다. 하지만 사실 이런 현실은 주류사회의 정상화된 체계적 실패를 반영하는 것이다.[16]

영국 최초의 LGBTQ+ 노숙인 쉼터인 '아웃사이드 프로젝트'(1장에서 이야기한 바 있다)의 직원들은 거리에서 살다가 쉼터에 들어온 트랜스 거주자 상당수가 성 노동자라고 인정한다. 노숙자 자선단체 akt의 책임자인 팀 식스워스는 자신이 돌보는트랜스 청년 노숙인도 마찬가지라고 확인해 주었다. 팀 식스워스가 말한 트랜스 청년 노숙인들은 돈이나 머물 곳을 보상으로 받기 위해 생존 목적으로 성 노동을 하는 경우가 많다.

그러나 트랜스혐오적 사회에서 성 노동은 중요한 비금전적이점을 몇 가지 제공한다. 트랜스인들은 다른 트랜스인들과 함께일하는 것이 힘이 된다고 느끼곤 한다. 성 노동은 이들에게 소속감을 느끼게 해 주고 가족 같은 느낌을 주는 공동체를 제공한다. 자신보다 더 나이가 많은 다른 트랜스인들과 관계를 맺고 트랜지션, 건강, 사교 생활 등에 관해 조언을 얻을 수 있기 때문이다.[17]

트랜스 성 노동자들에게 해방은 어떤 의미일까? 다른 무엇보다도 노동자의 안전에 집중하는 데서부터 시작할 수 있을 것이다. 이런 강조점은 트랜스인도 아니고 성 노동자도 아닌 여성들이 이끌고 만들어 온 일부 페미니스트 논의에서는 논쟁의 여지가 있는 것으로 보일 수 있다. 영국 페미니즘에서, 트랜스인들을 놓고 벌어지는 분열(이에 관해서는 7장에서 더 다룬다)보다 격렬하고 극심한 분열은 아마 성 노동을 놓고 벌어지는 분열뿐일 것이다. 이와 관련된 주장들은 복잡하지만(이 주제만으로도 책 여러 권을 쓸 수 있다), 법으로 성 노동을 다루는 데 관해 몇 가지 핵심적인 개념 충돌이 벌어진다.

넓게 보면, 이 분열의 한편에는 성 노동자들이 이끄는 단체와 이들의 페미니스트 동맹이 있다. 이들은 안전과 노동권의 문제로 성 노동에 집중하며, 결과적으로 성 노동을 비범죄화하기를 바란다. 반대편에는 성매매를 가부장제와 남성 폭력, 여성 착취의 궁극적 표현으로서 분석하는 것이 주된 관심사인 페미니스트들이 있다.[18] 두 번째 집단은 우리의 분노가 남성 고객('손님')에게 향해야 한다고 주장한다. 때로는 특정 형태의 성 노동에서 발견되는 관리자('포주')를 강조하기도 한다. 성매매 반대 페미니즘에서는 다른 무엇보다도 성을 구매할 권리에 대한 남성들의 요구를 비난하고 범죄화해야 한다고 주장한다. 트랜스인들, 특히 트랜스 여성이 전 세계에서 당하는 극도의 폭력을 생각해 보면 트랜스 정치도 남성 폭력에 대한 이런 비난이나 여기에서 비롯된 성을 구매하는 남성에 대한 비난에 가담하는 것이 매력적인 일로 보인다. 포르노에서부터 거리의 성 노동과 관리자형 성매매 업소에 이르기까지 성 산업의 여러 부문이 시스젠더 남성이 이익을 위해 트랜스 여성의 경제적, 사회적 취약성을 착취하는 데 의존하고 있다는 건 사실이다. 그러나 이와 반대되는 주장, 즉 성 노동자를 옹호하는 트랜스 정치는 고객이나 비윤리적인 업계 관행을 도덕적으로 사면해 주려는 것이 아니다. 이 계열의 주장은 도덕성에 아무 관심이 없다. 오히려, 이 계열의 주장은 트랜스 성 노동자들이 생존을 위해서는 돈이 꼭 필요한 사회에 존재하고 있으며 성 노동은 이 사회의 취약 계층이 선택할 수 있는 얼마 안 되는 선택지 중 하나라는 점을 인정한다. 그러므로 고객들이 어떤 식으로 비난당하거나 범죄화되는지와는 상관없이, 트랜스 성 노동자들은 성을 판매**해야만** 할 것이다. 이런 현실을 받아들이면 논의의 초점을 성 관련 서비스의 '수요 종식'에서부터 노동자에 대한 피해 최소화로 바꾸게 된다.

바로 이런 근거에서 모든 형태의 성 노동에 대한 전면적 비범죄화가 트랜스 권리 운동의 중심적인 원칙이 되어야 한다. 영국의 SWARM, 아일랜드의 SWAI, 프랑스의 스트래스 앤 억셉티스-T Strass and Acceptess-T, 스페인의 OTRAS, 또 유럽 외 지역에서는 태국의 임파워 Empower, 인도의 SANGRAM, 케냐의 KESWA 등 전 세계 성 노동자 단체가 만장일치로, 중심적으로 요구하는 것도 바로 이것이다. 비범죄화는 국제앰네스티 Amnesty International 와 세계보건기구 WHO (WHO에서는 HIV 등 성 판매자 사이에서 발생하는 성 보건 문제를 줄일 최선의 방법이 비범죄화라고 주장한다) 등 주요 인권단체의 정책적 입장이기도 하다.

그런데 비범죄화는 무슨 뜻일까? 잉글랜드, 웨일스, 스코틀랜드에서 성 판매는 표면적으로 비범죄화되어 있으나, "성매매 업소 운영"(이는 한 명 이상의 성 노동자가 안전을 위해 함께 모여 실내에서 일한다는 의미일 수도 있다), 호객, 배회, 선동, 성매매 대상 찾기, 제3자에 의한 업소 관리는 전부 불법이다. 이로써 성 노동자들은 실내에서 일할 때 반드시 혼자 일해야 하며, 거리의 성 노동자 모두는 체포의 위험에 처해 있기에 스스로를 보호할 중요한 방법들을 상실하게 된다. 이러한 법적 모델은 대체로 고객의 행동이 불법으로 의율되지 않는 결과로 이어진다. 하지만 동시에, 이는 성 노동자들이 급습이나 체포, 소득의 몰수 등 반복적인 경찰 단속을 당할 수 있다는 뜻이기도 하다. 이민자 성 노동자의 경우, 경찰과의 접촉은 추방으로 이어질 수 있다. 보통 트랜스인으로 살 경우 감금, 강간, 사망 등의 최후를 맞을 수 있는 국가를 떠나온 이민자 트랜스 성 노동자들에게 이는 특히 어이없는 일이다. 이는 또한 성 착취 목적의 인신매매를 당해 영국으로 흘러 들어온 성 노동자들이 도움을 받지 못하도록 막는다. 2018년 4월, 『핑크 뉴스』Pink News에서는 정부가 얄스우드 밀입국자 수용소에 억류되어 있던 태국 출신의 트랜스 여성 '타냐'(가명)를 추방하기로 했다고 보도했다. 타냐는 2014년에 갱단에 의해 영국에 밀입국했으며 '레이디보이' 데이트 아르바이트생으로 노예 고용되었다. 갱단에서 탈출한 이후, 타냐는 새로 인생을 만들어 가려 했으나 억류되었으며 활동가들이 성공적으로 개입한 덕분에 간신히 추방을 면할 수 있었다. 성 노동의 범죄화는 성 노동자들에게 해를 끼친다.

반대로 전면적인 비범죄화는 성 노동을 처벌하려는 목적의 모든 형법과 행정명령을 뒤집는 모델이다. 이 모델은 성매매에 관한 모든 법을 제거하고 고객과 성 노동자, 그리고 운전기사에서 관리자에 이르는 모든 보조적 직업을 비범죄화한다. 대신 성 노동은 노동법의 관할 대상이 된다(물론, 성 노동을 넘어서는 모든 맥락에 적용되는 성폭행, 강간, 강요, 착취 등에 관한 법률은 여전히 적용된다). 비범죄화는 경찰에게서 성 산업의 주요 규제자라는 현재 위치를 탈각시키기도 한다.[19] 이때 비범죄화가 합법화와는 다르다는 점을 강조하는 것이 중요하다. 합법화는 독일 같은 국가에서 보이는 제도로, 작가 레이 필라는 이런 제도에서는 "성 판매자들이 명단에 등록하고 침습적인 보건 검사를 받아야만 한다. 그러므로, 이런 규제를 당하고 싶지 않은 사람들을 위한 불법적인 지하 경제가 계속된다."[20]고 지적한다.

특정 페미니스트들이 제안한 대안적 모델도 있다. 이들은 성 노동이 사실상 늘 여성에 대한 폭력이며, 수요를 막아 종식시켜야 한다고 주장한다. 이들은 보통 '성매매 폐지론자' 페미니스트 혹은 (좀 더 경멸적인 의미로) '감금주의' 페미니스트라고 불린다 (이들이 경찰과 교도소의 이용을 요구하기 때문에 붙은 이름이다). 이들의 대안은, 성 노동자가 원할 경우 성 노동을 하지 않을 수 있도록 돕는 것을 목표로 삼는 한편 고객은 범죄화하는 법적 모델이다. 보통 '스웨덴식' 혹은 '노르딕' 모델이라고 불리는 이 법적 접근법은(이러한 법을 처음으로 도입한 나라가 스웨덴이었다) 현재 프랑스와 아일랜드(북아일랜드, 남아일랜드)에서 모두 쓰이고 있다. 하지만 양국의 성 노동자 단체는 이런 법안이 그들을 더욱 위험하게 만들었다고 주장한다. 트랜스 성 노동자 사이에서는 이런 우려가 특히 심하다. 이 책을 쓰는 시점에 프랑스에서는 2016년 노르딕 모델을 도입한 이후로 트랜스 성 노동자 두 명이 살해당했다. 첫 번째로 살해당한 사람은 페루 출신의 트랜스 여성 버네사 캄포스로, 그녀는 무장 강도단이 자기 고객에게 강도질하는 것을 막으려다가 2018년 8월 파리의 시민 공원인 불로뉴의 숲에서 총을 맞아 죽었다. 캄포스의 사망 이후 나온 성명서에서 파리 성 노동자 연맹은 프랑스가 성 노동을 범죄화한 것이 캄포스를 폭력에 취약하게 만들었다고 비난했다.

> 남성 갱단이 여성 성 노동자를 표적으로 삼는 현상이 현재 일드 프랑스(파리) 지역 전체에서 전개되고 있다. 조직을 만들어 자신들을 지키고 이런 가해자들을 쫓으려는 성 노동자들은 이후 개별적으로 공격당한다. 오늘 우리는 캄포스의 죽음을 애도하며, 평소처럼 버려졌다는 느낌을 받는다. 트랜스 여성 성 노동자 살인은 드물지 않다. 이것은 반복적인 현상이며, 우리는 대중의 여론과 당국이 이 폭력에 관심을 갖도록 주기적으로 노력하고 있다. 늘 그렇듯, 불행히도 우리는 혼자다.[21]

수백 명의 시위자들이 이 살인에 대한 대응으로 성 노동자의 권리를 위한 행진을 벌였다. 이들은 프랑스가 2016년 성 구매 남성을 범죄화한 것이 프랑스의 성 노동자들(특히 버네사 같은 이민자 트랜스 노동자들)에게 경찰을 피해 좀 더 은밀한 곳에서 활동하도록 강제했고, 그 결과 그들이 자신들의 안전을 위험에 빠뜨렸다고 주장했다. 2020년 2월, 파리의 같은 지역에서는 두 번째 이민자 트랜스 성 노동자인 제시카 사미엔토를 어느 자동차가 일부러 치고 지나갔다.

성 구매는 2017년 아일랜드 공화국에서도 불법화되었다. 2019년경, 아일랜드 성 노동자 연맹Sex Workers Alliance Ireland, SWAI은 이미 새로운 법에 관한 우려를 제기하고 있었다. 그해 더블린 시내에서는 트랜스 성 노동자들이 고객 행세를 하는 남성에게 공격당하는 사건이 열 건 벌어졌다. 많은 경우 피해자는 브라질 출신 트랜스 여성이었다. SWAI에서 법의 변화가 이처럼 성 노동자에 대한 위험이 증가하는 데 영향을 끼쳤다고 생각한 이유를 이해하고자, 나는 SWAI 대변인인 애디 베리와 이야기를 나누었다. 애디는 아일랜드 트랜스인이자 더블린에 근거지를 둔 성 노동자다. 거의 50세가 된 애디는 10대 이후로 하다가, 말다가 하는 식으로 다양한 종류의 성 노동을 해 왔다고 말했다. 그는 새로운 법에 대해서 이렇게 말한다. "기본적으로는 고객을 범죄화하는 것이지만, 실제로 한 일이라고는 성 노동자에 대한 낙인을 강화하는 것뿐이었어요. 제 생각에는 일부러 그런 것 같지만요." 그는 의미심장하게 덧붙였다.

법안에서 정의된 "성 서비스"는 대단히 광범위하다. 범죄가 되려면, 단지 어떤 행위의 속성이 성적인 것으로 보이기만 하면 된다. 고객과 성관계하지 않는 도미나트릭스°도 이 범위에 들어갈 수 있다. 애디는 아일랜드 사회의 가부장적 성격 때문에 지금까지도 낙인이 찍히는 대상은 사실 고객이 아니라 성 노동자로 남아 있다고 믿는다. 이런 점은 새로운 법에 따른 기소에도 반영되어 있다.

> 고객이 기소당한 사례가 몇 건 있는데, 주로 북아일랜드에서 일어난 일이에요[SWAI는 아일랜드 공화국과 북아일랜드의 성 노동자들을 대변한다]. 간혹 남부에서도 고객이 기소당하죠. 하지만 거의 성 노동자 60명당 고객 2명이 기소당하는 식이에요.

°　　　성관계를 주도하는 여자.

애디는 이런 불균형을 SWAI가 거리의 성 판매자들을 위한 봉사 활동을 할 때 직접 목격한다. 애디는 노르딕 모델에 따른 법안이 현장에 대한 경찰의 고르지 않은 접근을 염두에 두지 못한다고 주장한다.

> 봉사 활동을 하다 보면, 성 노동자 한 명당 경찰관 두 명을 보게 돼요. 경찰은 고객을 겁주어 쫓아 보내려고 불빛을 번쩍이죠. 솔직히 말해서, 아주 많은 경우 경찰 자신이 고객인데 말이죠.

경찰이 중립적 권위자가 아니라는 점을 말하면서, 애디는 수많은 성 노동자 집단의 감정을 이야기한다. 범죄화는 사실상의 규제자로 확립되어 있는 경찰이 고객과는 구분된 집단이라고 잘못 가정한다. 현실에서는 (성폭력을 포함한) 경찰의 폭력과 남성의 폭력이 뒤얽혀 있다. 애디가 아는 한, 경찰의 학대는 비교적 흔하다. "가다이[경찰]가 노동자에게 벌을 주지 않는 대가로 성적인 부탁을 들어달라고 했다는 이야기를 서부 사람들에게서 확실히 들었어요."

애디는 동유럽의 어느 성 노동자가, 자신을 강간했다는 이유로 한 경찰관을 고소했던 2015년 7월 사건을 떠올렸다. 강간은 2017년 이전에 아일랜드에 있었던 성매매 법에 의거해, 경찰이 '성매매 업소 운영' 혐의로 그녀의 집을 급습한 뒤에 벌어졌다. 문제의 경찰관은 자기가 그저 성 노동자와 합의하에 성관계를 했을 뿐이라고 말했다. 검찰은 그에게 공소를 제기하지 않았다. 그는 직업윤리 위반으로 소액의 벌금형을 받았다.[22]

애디는 경찰이 권력을 남용하지 않을 때조차 이들의 법 집행이 거리의 성 노동자들을 움직이게 하는 경제적 동기를 별로 존중하지 않는다고 말한다.

> 경찰은 완전히 비범죄화된 노동자들에게 다가와서 이렇게 말해요. "자기야, 오늘은 완전히 시간 낭비일 거야. 집에 가는 게 나을걸." 하지만 성 노동자들은 당연히 집에 갈 수 없어요. 경찰이 그렇게 말한다고 해서 임대료가 공짜가 되는 건 아니니까요. 그냥 덜 밝고, 덜 익숙한 지역으로 옮겨 가거나 고객과 협상할 시간이 적어져서 아무 차에나 성급히 뛰어들게 될 뿐이죠. 그러면 뭔가 나쁜 일이 벌어질 확률이 높아져요.

사람들, 특히 트랜스인들을 애초에 성 노동으로 몰아넣은 구조적 원인을 다루지 않은 채 성 구매를 범죄화하면 노동자가 더욱 무력해질 뿐이다. 고객 수가 부족하고 안전하게 일할 선택지가 제한되어 있다는 것을 고객이 아는 상황에서, 이런 방법은 이미 불평등한 거래를 공고히 자리 잡게 하고 노동자를 더욱 절망에 빠뜨릴 뿐이다. 애디는 이렇게 말한다. "노르딕 모델은 기본적으로 고객을 대담하게 만들어요. 노르딕 모델 덕에 노동자에게 더 큰 힘이 생겼다고 느끼는 사람은 한 명도 못 봤어요. (중략) 고객들은 안전하지 않은 성관계를 요구하고 있고, 노동자들은 어쩔 수 없이 그런 제안을 고려해 봐야 해요."

현재 성 노동에 관련된 사람은 누구나 범죄자가 될 위험을 진다. 도미나트릭스로서 실내에서 성 노동을 하는 애디 자신도 성매매를 걱정한 집주인에게 퇴거당했다. 성 노동자의 퇴거는 현재 흔하게 벌어지는 일이다.

집 문제에 대해서 말해 보자면, 노동자가 혼자 일하더라도 경찰이 집주인에게 연락해 제3자 관련법으로 위협해요. 그러면 집주인은 어쩔 수 없이 성 노동자를 퇴거시켜야 하죠. 저한테도, 다른 노동자들에게도 벌어진 일이에요.

친구들 곁의 안전한 장소에서 일할 수 없게 된 결과는 매우 분명하다.

제가 이야기해 본 한 트랜스 성 노동자는 기본적으로 혼자 일할 수밖에 없었기 때문에 강간당했어요. 이 사람들은 상황이 악화될까 봐 두려워서 경찰에 연락하지 못해요.

애디는 2017년 더블린에서 발생한 브라질 출신 트랜스 여성에 대한 공격이(이 사건은 당국에 의해 대체로 은폐되었다) 더블린의 이런 노동자들을 향한 공동체의 더욱 넓은 적대감을 보여주는 극단적 사례라고 말했다.

브라질 출신 트랜스 노동자들이 어느 집 앞에서 일한다는 걸 알아챈 이웃들이 전형적인 성난 군중으로 변해 창문을 박살내는 식으로 군중 폭력이 여러 번 벌어졌어요.

노르딕 모델의 적용을 받는 이민자 트랜스 성 노동자들은 노르딕 모델을 옹호하는 사람들이 말하는 성 노동자의 비범죄화에서 아무 이득을 보지 못한다. 경찰과의 접촉은 이 노동자들이 이민 당국으로 인도되거나 사실상 밀입국자 수용소에 수감되거나 추방되는 결과로 이어질 위험이 있다. 이 때문에 인신매매와 착취를 당한 사람들을 포함한 이주민 성 노동자들은, 폭력을 당해도 도움을 구하기를 꺼릴 수 있다. 사실, 노르딕 모델이 보통 남성 폭력에 대한 페미니스트적 해결책으로 제시되지만, 성 노동 활동가들은 서구 정부에서 이 모델을 채택한 것은 남성 폭력을 제거하기 위해서라기보다는 이민을 제한하려는 더 광범위한 의제에 따른 것이라고 주장한다.

하지만 꼭 이럴 필요는 없다. 뉴질랜드는 2003년에 성매매를 비범죄화했다. 긍정적 효과가 눈에 띄었다. 2007년경, 뉴질랜드 거리의 성 노동자 중 90퍼센트가 자신에게 피고용 권리가 있다고 느꼈으며 96퍼센트는 자신들에게 법적 권리가 있다고 보았다. 성 노동자들은 실내에서, 여럿이 모여 안전하게 일할 수 있었다. 관리자들에게는 다른 직업이나 직장을 규율하는 것과 유사한 노동법이 적용되었다. 관리되는 성 노동자들은 직장에서의 성적 괴롭힘으로부터 보호받았다. 어느 뉴질랜드 성 노동자는 2014년 관리인을 상대로 한 성적 괴롭힘 소송에서 승소했고, 2020년 12월에는 한 성 노동자가 사업체 소유주를 상대로 성적 괴롭힘 신고를 한 이후 조정에 따라 획기적인 6자리 보상금을 받았다고 뉴질랜드 인권위원회에서 확인해 주었다. 법원에서는 이렇게 말했다. "맥락이 전부다. 성매매 업소에서도 은근하거나 억압적이거나 폭력적인 상황에서는 성적 의미가 있는 언어가 부적절하게 쓰일 수 있다."

뉴질랜드의 성 노동자들에게는 노동법에 따라 교대 시간 사이에 충분한 휴식 시간을 누릴 권리와 콘돔 등 비교적 안전한 성관계 용품을 제공받을 권리가 있다.[23] 형사적 처벌과 경찰의 위협에 대한 두려움이 제거되면 성 노동자들에게 안전하게 일할 힘이 생긴다. 뉴질랜드의 비범죄화 환경에서는 조직하고 캠페인을 벌일 성 노동자들의 능력도 강화한다. 성 노동자가 이끄는 '뉴질랜드 성매매자 단체'New Zealand Prostitutes' Collective, NZPC는 2003년 이전부터 비범죄화를 위한 캠페인을 벌였으며, 그 이후로 성 노동 문제에 관한 권위를 존중받는, 강력하면서도 정부 예산이 지원되는 조직으로 발전했다. 뉴질랜드 모델은 추천할 만하지만, 당연하게도 중대한 결함이 있다. 이주민 성 노동자의 경우에 특히 그렇다. 임시 허가를 받고 들어온 이주민들은 성 노동을 할 수 없으며, 이 업계에서 일하다가 발각되면 추방될 수 있다. 이러한 위험이나 여기에 동반되는 추방될지 모른다는 두려움은 이주민 노동자들을 착취에 더욱 취약하도록 만든다. 비범죄화는 영주권이 있든 없든, 모든 사람을 위한 보편적 요구가 되어야 한다.

여기서도 비범죄화가 합법화와는 구분된다는 점을 다시 지적해야겠다. 합법화의 경우에는 국가가 허가된 성 산업과 관련한 입법 및 면허에서 적극적인 역할을 수행한다(암스테르담이 한 사례다). 가난과 트랜스혐오로 트랜스인들이 어쩔 수 없이 성 노동을 해야만 하는 사회에서는 비범죄화만이 해악을 줄일 수 있는 유일한 방법이다. 이는 성 노동자 단체나 인권단체만이 아니라, 트랜스 성 노동자와 연대하는 페미니스트 및 LGBTQ+ 단체의 핵심적인 요구가 되어야 한다.

세계화된 우리 세상에서 다른 많은 것이 그렇듯, 오늘날의 성 산업은 기술과 인터넷에 의존한다. 2010년대 내내, 미국에서는 성 노동자의 광고를 실어 주는 온라인 플랫폼에 관한 입법부의 반감이 점점 커져 가는 모습이 보였다. 이런 경향은 '온라인에서 벌어지는 성적 인신매매와의 투쟁법'Fight Online Sex Trafficking Act, FOSTA과 '성적 인신매매 가능성 차단법'Stop Enabling Sex Traffickers Act, SESTA에서 정점을 이루었다. 이 법안은 2018년 하원과 상원에서 각기 통과되었다. 이런 법안은 성적 '인신매매'와 연관된 내용을 올리는 사이트를 범죄화한다. '인신매매'라는 용어는 입법자들이 솔직하지 못하게 쓴 단어다. 이 법안들은 모든 성 산업 광고와 이를 지원하는 사이트 및 커뮤니티를 포괄하도록 광범위하게 초안되었다. 그 결과 성 노동자들이 위험한 고객을 알아볼 수 있게 해 주던 크레이그스리스트 개인 페이지나 Backpage.com 같은 사이트들이 사라졌다. 흑인 트랜스 여성이자 전직 성 노동자이며 '트랜스젠더 사회에서 살아가는 게이와 레즈비언'Gays and Lesbians Living in a Transgender Society, GLITS이라는 뉴욕시 기반의 단체를 창립하고 운영하는 세이엔 도로쇼프는 "말도 안 되게 엿 먹은 거죠."[24]라고 말했다.

트랜스 성 노동자들은 2018년 『바이스』와의 인터뷰에서 트랜스 성 노동 법안으로 인해 포주와 관리인들이 노동자를 고객과 연결하는 서비스를 만들고 노동자들을 뜯어먹는 절망적인 환경을 만들었다고 설명했다. 27세의 장애인 트랜스 여성 소냐는 FOSTA/SESTA가 광고나 고객 걸러내기를 방해해, 그녀를 끔찍한 경제적 궁핍에 빠뜨렸다고 말했다. "돈이 절실하게 필요해서 성적으로 저를 학대했던 고객들이나 선을 넘은 사람들에게 돌아가게 돼요. (중략) 그중에는 저를 직접 성폭행한 사람도 있어요."[25]

트랜스든 아니든 성 노동자를 위험에 빠뜨리는 것이 FOSTA/SESTA의 가장 해로운 결과이기는 하지만, 일반적인 LGBTQ+

디지털 콘텐츠에 보수 진영이 광범위한 공격을 퍼붓는 동기는 성 노동자들의 일할 능력을 제한하기 위해서다. 이 책을 쓰는 시점에 유튜브는 LGBTQ+ 영상의 수익 창출을 금지했고, 인스타그램은 LGBTQ+ 콘텐츠를 안전하지 않은 콘텐츠(Not Safe for Work, NSFW—이 말은 부적절한 콘텐츠라는 뜻이다)라며 제한했다. FOSTA/SESTA 때문에 페이스북은 최근 모든 "성적 은어, 성적 역할, 성도착"을 금지할 수 있도록 정책을 포괄적으로 변경했으며, 2018년에 텀블러는 모든 "성인 콘텐츠"를 금지했다. 대부분의 SNS 사이트 서버가 미국에 있다는 점을 생각해보면, 영국의 성 노동자들도 영향을 받은 셈이다. 트랜스 성 노동자의 노동에 대한 국가의 검열은 생계 수단을 잃는 노동자들에게 직접적 영향을 미친다. 이는 더욱 넓은 LGBTQ+ 공동체에도 충격을 준다. 이들 공동체에서도 연대하고 성 보건 관련 정보를 찾기 위해 온라인 포럼을 활용하기 때문이다.

모든 노동조합이 그렇듯 성 노동자 조합과 단체도 가장 취약한 트랜스 노동자의 노동권과 생계를 보호하는 핵심적인 도구다. 하지만 '품위 있는' 고용 시장에서 트랜스인들이 더 많은 법적 권한을 얻을수록, 중산층 트랜스인들이 트랜스 성 노동자를 버리는 경향성은 커질 가능성이 높다. 트랜스 성 노동자는 〈러브 액츄얼리〉와 〈섹스 앤드 더 시티〉에 나오는 부정적 고정관념을 연상시키거나 강화함으로써 트랜스 운동을 오염시킨다는 식의 은근한 비난을 받게 될 것이다. 아일랜드에서 법적 권리를 위해 로비를 벌이는 주요 트랜스 단체는 '아일랜드 트랜스 평등 네트워크'Trans Equality Network Ireland, TENI로, 이 단체는 영국의 스톤월이나 젠더 인텔리전스 같은 단체에 해당한다. 하지만 애디는 트랜스 성 노동자를 보호하는 문제에 있어서는 TENI 등의 단체가 침묵을 지킨다고 직설적으로 말했다.

> 나도 TENI에 친구가 있지만, 개인적으로는 TENI에서 성 노동자들을 위해 목소리를 높였던 기억이 단 한 번도 없어요. 저는 "모두는 하나를 위해, 하나는 모두를 위해"라는 삼총사 같은 태도를 가진 편이지만, 그쪽[주류 단체]은 처지가 곤란하죠. 품위 정치 문제가 얽혀 있으니까요.

LGBTQ+ 조직과 단체들이 너무 많은 문제를 다룰 경우 대중의 신뢰를 잃을지 모른다고 걱정한다는 게 애디의 생각이다.

> 성 노동자들 사이에서는 정신건강의 일반적인 수준이 그리 높지 않고, 트랜스인들도 정신건강이 그리 좋지 못해요. 그래서 사람들은 두 집단에 모두 속한 사람들을 손가락질하면서, "저 사람들 말은 믿으면 안 돼. 돌았거든."이라고 말하죠.

이 모든 점은 트랜스 성 노동자의 노동권이 성 산업에 종사하는 모든 사람의 노동권과 동의어인 이유를 강조한다. 이런 권리는 LGBTQ+와 여성에 의한 모든 급진적 해방 운동의 핵심적 요구 사항이 되어야 한다. 코로나바이러스 대유행으로 가장 먼저 즉각적인 경제적 피해를 본 집단 중 하나가 성 노동자였다. 이들을 위해 SWARM(영국 성 노동자 보호 단체) 같은 단체가 즉시 재난 기금을 마련했다. 트랜스 성 노동자에게 더 신경 쓰는 공동체는 성 노동자 보호 단체를 위한 개선된 모금 활동 및 비교적 큰 규모의 '품위 있는' LGBTQ+ 단체로서 성 노동자 단체와 자원 및 권력을 나눠 쓰기 시작한 단체들을 포괄할 수 있다. 더 근본적으로, 성 노동 보호는 영국의 대규모 노동조합과 LGBTQ+ 보호 단체의 정책에 포함되어야 한다. 스톤월 같은 단체에서 비범죄화 찬성을 천명하는 것이 첫 단계다. 하지만 이런 단체는 각자의 활동을 하는 성 노동자 위주의 집단도 지원해야 한다. 성 노동자와 트랜스 인권 운동가들은 사람들에 눈에 띄지도 않고 아무 힘도 쓸 수 없었던 적대적 사회에서 공통의 관심사와 연대의 중요성을 처음으로 알아본 사람들이다. 이들의 조직 원칙 그대로다. "우리를 빼놓고는 우리에 관해 어떤 일도 하지 말라."

5 국가
The State

트랜스 공동체가 정상성에 관한 근본적 이해 방식에 효과적으로 문제를 제기하는 것이 가능하다는 점을 가르쳐 주지 않았다면, 오늘날 우리는 그 어느 때보다도 많은 사람들을 해방론적 틀 안에서 생각하도록 장려하는 이 자리에 올 수 없었을 것이다. 젠더 이분법에 문제를 제기하는 것이 가능하다면, 감옥과 교도소, 경찰에도 확실히, 효과적으로 저항할 수 있다.

안젤라 데이비스, 2020년 6월[1]

2020년 3월 30일, 헝가리 의회에서는 총리 빅토르 오르반에게 칙령에 따라 통치할 수 있는 권한을 주는 법을 제정했다. 이 법에는 시한이 없었다. 당시 세계를 집어삼키던 코로나바이러스 위기에 대한 대응으로 나왔다는 이 법안은 오르반의 초보수적 정부에 대한 모든 견제의 원칙을 법적으로 제거했다(헝가리 헌법재판소만이 예외였는데, 이곳도 오르반이 선출된 2010

년 이후로는 어쨌든 그를 지지하는 판사들로 채워져 있었다). 이런 권력 장악은 유럽 전역의 평론가들에게서 경계심을 불러일으켰다. 이들에게는 이런 상황이 위기를 수단으로 활용해 행정력을 확장하고 민주주의적 반대에 재갈을 물리는, 무수히 많은 권위주의 정부에서 활용해 온 전략의 고전적 사례로 보였던 것이다. 게다가 비상시 권력은 즉흥적으로 주어진 것도 아니었다. 이런 권력은 오르반의 피데스당이 여러 해에 걸쳐 언론의 자유와 사법부 및 중앙은행의 독립성을 억눌러 온 결과였다.

헝가리 정부는 이처럼 새로운 권력을 건네받은 다음 날 법안 초안을 발표했다. 이 법안의 33조는 주민등록법 개정안을 제시했는데, 이 법은 출생등록부와 신원 관련 서류의 발급에 관한 것이었다. 이 조항에서는 헝가리어에서 '성별'과 '젠더'를 모두 의미할 수 있는 'nem'이라는 단어를 일부러 'születési nem'(출생 시 성별)로 바꾸어, "주요 성징과 염색체에 기초한 생물학적 성별"로 정의했다. 작게만 보이는 이런 변화가 헝가리 트랜스 공동체에는 어마어마한 결과를 낳았다. 이 조항의 의미는 출생 시 성별이 한번 기록되면 그 어떤 출생증명서나 신원 확인용 서류에서도 바뀔 수 없다는 것이었다. 정부에서 댄 근거는 명백했다. "사람의 생물학적 성별을 완전히 바꾸는 것이 불가능하다는 점을 생각하면, 성별이 주민등록부에서도 바뀔 수 없다는 점을 법에 명시하는 것이 필요하다." 이런 움직임은 헝가리와 유럽 전역의 인권단체 및 LGBTQ+ 단체로부터 유럽 인권조약과 헝가리 자국의 헌법재판소 판례에 배치되는 것일 뿐 아니라, 사회에서 시민으로서 안전하게 살아갈 트랜스인들의 능력을 악의적으로 겨냥했다는 보편적 지탄을 받았다.

그 악의는 차치하더라도, 헝가리의 33조는 정부의 정치적 우선순위에 관해 아주 많은 이야기를 전해 준다. 대체 대규모 유행병에 대한 의료적, 경제적 대응을 조율해야 하는 정부에서 트랜스인들의 시민적 자유를 제약하는 데 관심을 두는 이유가 뭘까? 간단히 말하자면, 이는 여러 국가에서 벌어지는 좌익과 우익의 '문화 전쟁'에서, 트랜스인들이 모든 공격이 집중되는 피뢰침 역할을 어느 정도까지 맡게 되었는지 보여 준다.

트랜스인들은 사회 속 개인의 자율성에 관한 더욱 넓고 추상적인 관심사를 상징한다. 트랜스인들은 생물학적 특징과 정체성의 연결성에 관한 지배적이고 오래됐으며 뿌리 깊은 관념을 거부하기에, 민족국가에 딜레마를 일으킨다. 법과 문화에서, 개인이 자신의 정체성을 주장하도록 믿어 줄 것인가? 아니면 국가가 정체성에 대한 최종적 권위자이며, 필요할 경우 물리력을 써서라도 개인에게 권력을 행사할 수 있다고 강제할 것인가? 오르반의 피데스당이 그랬듯 성별과 젠더에 관해 엄격하고 변경 불가능한 정의를 부과함으로써 트랜스라는 개념 자체를 공격하는 방식은 민족주의 정부에서 전체주의적 이데올로기를 수용했던 방식의 최근 버전이다. 어쨌거나, 트랜스인을 공격하는 것은 1933년 나치의 청년 단체에서 마그누스 허시펠트의 베를린 성 과학 연구소를 파괴한 이래로 파시스트적 관행의 일부였다.

국가적 폭력과 억압의 기나긴 역사를 생각해 볼 때, 나는 트랜스인들과 국가 권력의 기제mechanism가 맺고 있는 관계를 자세히 살펴보고 싶다. 특히 영국에서 트랜스인과 경찰, 트랜스인과 교도소 제도, 트랜스인과 이민 제도가 맺고 있는 관계를 생각해 보고자 한다. 하지만 먼저 미군을 살펴보자. 국가에서 지원하는 이런 식의 폭력이 번영하는 건 오르반 같은 독재 정권에서만이 아니다. 사실, 트랜스인들이 국가의 적으로 프레임 씌워진 최근의 가장 선명한 사례 중 하나는, 아마 놀랍지 않겠지만 트럼프 재임 기간 미국 연방 정부에서 나타났다.

2017년 7월 26일, 도널드 트럼프는 이런 트윗을 남겼다.

> 여러 장성 및 군 전문가와 상의한 이후로, 미국 정부는 (중략) 트랜스젠더 개인이 미군의 어느 보직에도 근무하도록 수용 내지 허가할 수 없음을 알립니다. 우리 군은 결정적이고 압도적인 (중략) 승리에 초점을 맞추어야 하며, 군에 있는 트랜스젠더로 인한 어마어마한 의료 비용과 소요에 뒤따르는 부담을 질 수 없습니다.

뒤이어 1960년대부터 존재해 왔으나 오바마 행정부에서 2016년에 폐기했던, 미군에 트랜스인이 복무하지 못하도록 하는 금지 조치가 되살아났다. 이는 트럼프가 재임 초기 2년 동안 제정했던 일련의 반트랜스 정책 중 하나로, 이런 정책에는 트랜스 학생들이 자신의 젠더 정체성에 따라 화장실을 사용하면 안 된다는 연방 학교의 거부 지침도 포함되어 있었다. 트럼프가 말한 트랜스인의 군 복무 금지 이유는 펜타곤이 트랜스 군인의 의료비를 지원하면서 지게 될 막대한 의료 비용이었다. 이것은 액면 그대로만 보아도 일관성이 없는 변명이었다. 모든 트랜스인이 복무 중에 트랜지션을 하는 것도 아니고, 수많은 사람들은 군에 입대하기 몇 년 전에 트랜지션을 마치니 말이다. 그러나 이런 금지 조치는 현재 의료적 트랜지션 중이든, 아니든 모든 트랜스인들에게 적용되었다. 트랜스 의료의 유난히 부담스러운 비용에 대한 트럼프의 강조는 잘못된 것임이 빠르게 밝혀지기도 했다. 현역 및 퇴역 군인들에게 필요한 다른 형태의 의료와 비교했을 때, 트랜스 의료 비용은 거의 무의미한 수준이었다. (트럼프의 발표 이후 언론에서 인기를 얻은 한 통계에 따르면, 펜타곤은 트랜스젠더 의료보다 비아그라에 5배 더 많은 비용을 지출했다.[2])

트랜스 공동체는 트랜스인의 군복무 금지에 대해 다양한 반응을 보였다. 어떤 사람들에게는 이 금지 조치가 트랜스인들에게 군 복무를 통해 국가에 충성할 권리를 빼앗는 것이었다. 이런 목소리를 낸 사람 중에는 현역 및 전직 트랜스 군인들이 있었다. 트랜스인들이 조국을 위해 싸워 온 자랑스러운 역사를 가지고 있다고 주장했던 샬럿 클라이머 등의 운동가가 이에 속한다. "지금 이 순간에도 공개적인 트랜스젠더 군인 수천 명이 복무하고 있습니다. 이들은 훈련받은 전문가이며, 이중에는 우리 군에서 가장 뛰어나고 훌륭한 군인들도 포함되어 있습니다. 이중 다수가 전투 지역에서 근무합니다." 그녀는 〈CBS 뉴스〉 텔레비전 연설에서 이렇게 말하며, "이들은 계속해서 최고의 전투력 기준을 만족하고 있습니다."라고 덧붙였다. 연설에서도, 트위터에서도 클라이머는 트럼프 자신이 베트남 전쟁에 참여하지 않으려 했다는 점을 자주 비난하며 그를 "병역 기피자"라고 불렀다. 트랜스인들이 다른 미국 시민에 비해 병역을 수행할 능력이 부족하다는 근거는 아무것도 없으며, 군 복무가 애국주의의 표현인 만큼 트랜스인만을 이런 방식으로 배제하는 것은 그 자체로 반애국주의적이라는 주장이었다.

미군이나 일반적으로 미국의 권력을 세계에 투사하는 데에 비판적인 사람들에게는 트럼프의 금지 조치를 이런 군사 친화적 방식으로 비판하는 것이 딱히 좋다고만은 할 수 없는 방법이다. 사회주의자이자 반제국주의자인 나는 서구 열강의 군대에 복무하는 것이 그 자체로 명예로운 일이라는 점을 받아들이기 어렵다(군 복무가 시민의 권리여야 하는지조차 모르겠다). 그러므로 나는 현재 대통령이 근본적으로 불평등한 존재라고 지명했다는 이유로 보건 면에서 위협당하고 있으며 실업은 물론 괴롭힘에 대한 두려움까지도 느끼며 살아가고 있을 트랜스 군 복무자에 대한 연민과, 다른 나라를 침략하고 인간을 죽이는 실력 면에서 트랜스젠더 군인도 시스젠더 군인에 뒤지지 않는다고 주장해야 한다는 점에서 오는 극심한 불편함 사이에서 갈피를 잡지 못하고 있다. 동료 트랜스인들의 자유주의적 주장은 현재의 군 제도에 다시 포섭되는 일을 최종 목표로 보고 그 중요성에 집중한다. (나 자신이 포함된) 다른 사람들은 혐오스럽다고 느껴지는 제도에 통합되기 위해 노력하고 싶지 않다.

이런 주장은(그리고 딜레마는) 정치 집단으로서의 트랜스인들이 게이와 레즈비언 운동으로부터 물려받은 것이다. 2000년대에, 입대할 권리는 평등한 결혼권과 더불어 동성애자 권리 운동의 중심적인 목표였다. 이 운동도 퀴어 학자와 활동가들로부터 비슷한 비판을 받았다. 동성애자 해방 운동이 사회 전체를 위한 급진적이고 혁명적인 잠재력을 빼앗기고, 대신 자본주의와 서구 제국주의에 포섭된다는 이유에서였다.

그 시절에, 동성애자 친화적 이미지는 유럽이나 북아메리카의 정부 및 백인을 위주로 한 시민들이 다른 문화권이나 인종 집단과 대비하여 예외적인 모습을 드러내는 한 가지 방법으로 빠르게 변해 가고 있었다. 학자 자스비르 푸아르는 "게이와 레즈비언 국민에 대한 '수용'과 '관용'은 국가 주권을 누릴 권리와 역량을 평가하는 지표가 되었다."고 표현했다.[3] 달리 말해, '알맞은 종류'의 LGBTQ+ 시민(백인이고, 주민등록이 되어 있으며, 범죄를 저지르지 않았고, 성적으로 품위 있는 시민)을 통합하는 것은 제국주의적 서구 열강이 자신들의 지배력을 유지하고 세계 모든 지역의 인권과 정의에 관한 궁극적 결정권자라는 자격을 확인하는 한 가지 방법이 되었다. 동성애자 및 트랜스 군인들이 주류 LGBTQ+ 운동과 평등 시상식에서 이토록 인기 있는 마스코트가 된 이유도 이를 통해 설명된다. 영국의 사례로는 『솔저 매거진』 Soldier Magazine이라는, 영국군의 공식 월간지 표지에 등장했던 최초의 공개적 동성애자 군인인 제임스 워튼과 2013년에 트랜지션을 한 이후 영국군에서 가장 계급이 높은 트랜스인이 된 한나 그라프가 있다. 스톤월에서 '2019년 트랜스 롤모델'로 지정한 그라프는 같은 해에 대영제국 훈장을 받았다. 이런 인물들이 공적인 영역에 모습을 드러냄으로써, 국가의 생명과 번영에 참여하고 기여하는 궁극적 사례라는 군의 이미지는 강화된다.

우리는 이토록 뻔뻔한 맹목적 애국주의를 비판할 수 있어야 하지만, 한편으로는 이를 통해 트랜스인의 군 복무 금지를 우선 시했던 트럼프의 정책에 관해 소름 끼치는 통찰을 얻을 수도 있다. 트럼프의 금지 조치는 서구 정부가 사회적으로 자유주의적인 접근법으로부터 패러다임을 전환할 것이라는 예고였다. 트랜스 보건이 국가의 지지를 받을 가치가 유독 없는 분야이며 다른 모든 형태의 의료와 구분되는 것으로 여겨져야 한다고 천명함으로써, 트럼프의 금지 조치는 군대의 상징적 이미지를 이용해 트랜스인들이 나라의 부담이자 국가의 골칫거리로 여겨진다는 신호를 보냈다. 오르반이 법적으로 젠더를 인정하지 못하게 했듯, 한 소수자 집단에 대한 이런 식의 폄훼는 민주주의 사회에서 일어나든 군대 같은 문제적 제도 안에서 일어나든 그 자체로 파시스트적이다. 내가 미국의 해외 정책에 비판적인데도 불구하고 이러한 금지 조치를 계속 비난해 온 이유가 바로 그래서다. 새로 선출된 바이든 대통령은 2021년 1월에 취임하고 며칠 만에 금지 조치를 철폐함으로써, 내가 지금까지도 대단히 회의적으로 보고 있는 포용과 동화라는 자유주의적 접근으로의 회귀를 알렸다. 아무튼, 이 점은 여전히 강조해야 한다. 트랜스인들은 사회나 국가의 짐이 아니다. 트랜스인들을 지원하는 것이 국가의 의무지, 국가를 지원하는 것이 트랜스인들의 의무가 아니다.

지금까지 이 책은 행복한 인생과 공동체 참여에 필요한 조건, 즉 가족과 친구, 보건, 경제력을 확보하려는 트랜스인들의 투쟁에 주로 관심을 두었다. 그러나 트랜스젠더가 국가와 맺고 있는 관계를 살펴보자면 어쩔 수 없이 트랜스젠더의 존재가 사회의 조직 방식에 문제를 제기하는지에 관해 두 가지 큰 질문을 던져야 한다. 트랜스인들은 현재의 질서에 따른 사회에 적응하기 위해 얼마나 자기 자신을 굽혀야 할까? 트랜스인들이 입법자들에게 제시하는 난제는 제도 전체의 근본적 결함을 얼마만큼이나 드러내는 걸까?

일부 사회에서 트랜스인들이 규범화된 관념으로 자리 잡기 시작하자, 국가가 과거 문턱 지킴이 역할을 맡았던 의료계를 대신해 그 권위를 차지하려는 징후가 보인다. 이런 면에서, 국가는 자본주의하에서 수용될 만한 트랜스인으로 산다는 것의 경계를 설정하고 통제하고자 새로운 시도를 하고 있다. 이 점은 영국 젠더인정법 개혁을 놓고 벌어진 전국적 충돌에서 특히 잘 드러났다. 아무런 외적 검사나 조건 없이 법적 문서에 올라 있는 자신의 젠더를 변경할 완전한 자유를 개인에게 주어서는 안 된다는 소리 높은 반대는 트랜스인들의 삶에 대한 지배력을 포기하고 싶지 않다는 국가의 광범위한 거리낌을 의미한다.

영국에서 트랜스인들과 국가의 관계를 고려하려면, 경찰부터 생각해 보아야 한다. 트랜스인들이 사회에서 더욱 가시화되고 좀 더 포용되면서, 편견과 폭력에 맞서 트랜스인들을 지킨다는 경찰의 역할은 계속 발전하고 있다. 2007년 이후로 트랜스인에 대한 폭력과 언어적 학대, 괴롭힘(나를 포함한 거의 모든 트랜스인들이 이런 일을 정기적으로 경험한다)은 '증오범죄' 관련 법의 관할에 들어오게 되었다. 잉글랜드와 웨일스에서 '증오범죄'는 가해자가 피해자의 장애, 인종, 종교, 성적 지향 혹은 트랜스젠더로서의 정체성에 대한 적대감을 이유로 어떤 행동을 하거나 적개심을 드러내는 경우를 의미하는 광범위한 범죄다. 이웃이 자기 자동차로 당신 집 진입로를 막았기 때문에 이웃의 창문을 깨 버린다면, 그건 기물 파손이다. 이웃이 트랜스 남성이라서 그 집 창문을 깨 버린다면, 그건 기물 파손인 동시에 증오범죄가 된다.

어떤 범죄 행위를 '증오범죄'라고 부르면 검사가 그 행위를 더욱 심각한 것으로 인지하는 데 도움이 된다. 어느 범죄 이면에 트랜스혐오적 동기가 있었다는 증거는 공익에 따라 기소가 필요할 가능성을 더욱 높이며, 재판에서는 가중처벌 요소가 된다. 동일한 범죄에 대해서도 다른 상황에서 일반적으로 받았을 법한 것보다 중한 선고를 검사가 요청하고, 치안 판사나 판사가 궁극적으로 내릴 수 있다는 얘기다. 증오라는 동기로 촉발되었으나 그 자체는 범죄가 아닌 적대적 행동은 경찰이 증오 사건으로 기록에 남길 수 있다. 트랜스인들은 높은 비율로 증오범죄를 경험한다. 2017년에 실시된 스톤월의 연구에 따르면, 트랜스인들의 41퍼센트가 지난 한 해 동안 증오범죄 혹은 증오 사건을 경험했다.[4] 더욱이, 문제는 심각해지고 있다. 경찰 기록을 보면, 지난 몇 년간 트랜스인들을 상대로 한 증오범죄 신고가 급증했다. 2019년 6월에는 BBC에서 실시한 '정보의 자유'Freedom of Information 조사에서 경찰이 잉글랜드, 스코틀랜드, 웨일스에서 기록한 반트랜스적 증오범죄의 건수는 81퍼센트 증가했다. 회계연도 2018~2019년에는 36개 경찰 관할구역에서 1,944건의 범죄가 기록되었는데, 이는 2016~2017년도의 1,073건보다 증가한 수치다.[5]

내무성에서는 이런 수치 증가의 이유를 증오범죄 자체가 급증했기 때문이라기보다 신고율이 높아졌기 때문으로 본다. 트랜스혐오적 괴롭힘과 폭력을 기록하고 이에 관해 대처하는 데 경찰의 관여도가 높아진 이유는 경찰 내부와 주류 LGBTQ+ 단체가 공동체에서 발생하는 트랜스혐오를 해결하기 위한 최선의 방법은 경찰력을 강화하는 것이라고 보고, 이를 위해 협력했기 때문이다. 이런 접근법은 보통 LGBTQ+ 문제에 관해 경찰을 훈련시키고 경찰 내부의 LGBTQ+ 경찰관들에게 직장에서 정체성을 드러내도록 권장하는 일의 중요성을 강조한다. 예컨대, 스톤월은 2017년 『영국의 LGBT』LGBT in Britain 보고서에서 "트랜스인에 대한 증오범죄를 식별하고 기록하며, 피해자들을 더 잘 지원해 주고 가해자들을 재판에 회부할 수 있도록 모든 경찰관과 최전선

직원들을" 훈련하는 방법을 명시적으로 권고한다.[6] 트랜스 아동
의 부모와 가족을 지원하는 영국의 자선단체인 머메이드는 트랜
스인 포용에 관해 경찰을 교육한다.

아마 피할 수 없는 일이겠지만, 트랜스 단체와 경찰력의 이
런 밀접한 관계는 미디어의 비판을 불러일으켰고, 경찰이 트랜스
인들을 지나치게 편애하며 언론의 자유를 무너뜨리고 있다고 믿
는 시위 단체가 일어나는 계기가 되기도 했다. 평론가 줄리 빈델
은 2018년 10월 "시끄러운 압박에, 지방정부와 중앙정부, 대학,
NHS, 심지어 경찰까지도 감히 트랜스젠더 탈레반들의 심경을
거스를지 모르는 사람들을 침묵시키는 데 혈안이 되어 있다."라
고 썼다.[7]

수상쩍은 트랜스젠더 로비나 트랜스젠더 '탈레반'으로 인해
경찰이 제도적 인질이 되었다는 생각은 망상에 가까운 음모론으
로서 도덕적 공황에서 말하는 '사회의 적'을 만드는 방법의 일환
이지만, 이데올로기적으로나 정치적으로 경찰에 너무 집중하는
트랜스 운동에 대해서는 타당하게 비판할 지점이 있다. 전면적인
트랜스 해방과 경찰의 제도적 권력 사이에 피할 수 없는 충돌이
발생하는 이유를 알아보려면, 둘 사이에 있었던 역사적 적대감을
떠올려야 한다. 앞서 살펴보았듯, 오늘날 우리가 트랜스적 경험
이라고 부를 만한 것과 일맥상통하는 젠더적으로 다양한 사람들
에 대해 남아 있는 거의 모든 역사적 기록은 범죄 기록으로, 성적
일탈에 대한 처벌과 관련되어 있다. 이는 우연이 아니다.

현대 경찰 제도는 섹슈얼리티에 대한 현대의 이해 방식이 생
겨난 바로 그 시기인 19세기에 확립되었다. 트랜스 작가 줄리엣
자크스는 다음과 같이 주장한다.

런던이 빠르게 산업화되면서, 그 어느 때보다도 많은 사람들이 수도의 익명성을 좇아 자신의 고향에서 도망쳤다. 인구는 법이 따라잡을 수 없을 정도로 빠르게 성장했고, 전에는 억제되던 행동들이 성행했다. 1829년, 런던 경찰은 이혼과 성매매, 많은 사람들이 동성애의 표현이라고 생각하던 크로스드레싱이 많아진다는 우려 속에서 창설되었다.[8]

고분고분하지 않은 도시 인구의 행동을 통제하는 이 새로운 방식에는 남성성 자체를 통제하는 방법도 포함되어 있었다. 그 결과 '여성의 옷'을 입은 남자들이 체포되었다. 남자 옷을 입은 여성들에 관한 이야기도 있다. 자크스가 주장하듯, 이런 행위는 보통 남자들만 종사할 수 있는 일자리를 얻기 위한 속임수이자 순전히 경제적인 선택으로서 대수롭지 않게 생각되었지만 말이다. 그러나 남성의 복장 도착은 성과 일탈이라는 동기 때문에 일어나는 것으로 생각되었다. 악명 높은 사건이 1870년에 벌어졌다. 이때는 영국의 연극 무대에서 매력 넘치는 이중 배역으로서 공연하던 크로스드레서 두 명, 어니스트 '스텔라' 불튼과 프레데릭 '패니' 파크가 체포되었다. 불튼과 파크는 전국적인 유명 인사였다. 스트랜드 극장 앞에서 이들이 체포되자, 호기심을 느낀 구경꾼 수백 명이 보우가街의 즉결 심판소에 몰려들었다. 크로스드레싱 자체는 불법이 아니었으므로, 이 둘은 대신 동성애를 저질렀다는 혐의로 체포되었다. 이런 혐의는 이들이 항문 성교를 했는지 판별하기 위한 경찰의 내밀하고, 아마 고통스러웠을 것이라 생각되는 검사를 통해 확인되어야 했다. 검사 결과는 불명확했고, 동성애 혐의는 기각되었다. 결국 둘은 단지 "다른 사람들이

트렌스젠더 이슈

부자연스러운 범법 행위를 저지르도록 선동하려는 음모를 꾀했다."라는 이유만으로 재판을 받았다. 둘의 변호사는 이들의 크로스드레싱과 대중 앞에서 보이는 여성적 페르소나가 단지 연극 속 등장인물을 확장한 것에 불과하다고 성공적으로 주장했다. 판사는 마지못해 동의하고 이들을 풀어 주었다. 판결문에서, 판사는 불튼과 파크의 젠더적 비정상성을 범죄화하는 법이 없다는 사실을 애석해했다(다만, 판사는 이 두 사람이 견뎌야 했던 부당한 항문 검사는 잘못이라고 했다).

불튼과 파크가 경찰로부터 경험한 잔인하고 침습적인 대우는 20세기 내내 계속된 암울한 역사에서 무시무시한 이정표가 되었다. 진보적이라는 법안조차 경찰의 괴롭힘이 발생할 새로운 기회와 함께 제시되었다. 1967년, 가정집에서 남성의 동성애를 부분적으로 비범죄화한 것은 새로운 시대의 시작으로 잘못 기억되고 있으나, 실제로는 공공장소에서 동성애적 행위를 하는 것으로 의심되는 사람에 대한 경찰의 통제가 더욱 활발하게 이루어지는 결과를 낳았다. 불튼과 파크가 시련을 겪은 뒤 한참이 지나서까지도 젠더에 비추어 '틀린' 옷을 입은 것처럼 보이면 원치 않는 경찰의 관심을 끌게 되었다.

그때 이후로는 상황이 나아졌다. 경찰과 트랜스 운동의 몇몇 요소들이 관계를 회복한 지는 20년이 좀 넘었다. 이런 화해는 1990년 순경 제임스 브래들리가 동성애자 경찰 연합Gay Police Association, GPA을 창설한 이후 1990년대 경찰이 게이와 레즈비언에 대한 태도를 바꾸면서 시작됐다. GPA는 경찰의 동성애혐오적 문화를 점진적으로 바꾸고자 했던 게이와 레즈비언 경찰관의 네트워크다. 하나의 획기적인 사건은 2003년 런던 프라이드에서 경찰 제복을 입고 행진할 수 있도록 허가받았다는 점이다. 영국의 트랜스 공동체가 점점 더 정치적으로 조직화되면서, 게이와 레즈비언 단체 중 'LGBT'로 트랜스인들까지 포괄하는 경우가 많아졌다. GPA에서도 똑같은 일이 일어났다. 이 단체는 2013년에 문을 닫고 2년 뒤 전국 LGBT 경찰 네트워크로 대체되었다(아직 GPA가 남아 있는 스코틀랜드에서는 예외다). 최근에 이 네트워크는 트랜스 단체와 더 밀접하게 협력하고 있다. 증오범죄에 관한 지침이 2015년에 마련되었고, 2018년에는 직장에서 트랜지션을 하고 있는 경찰관들을 돕는 방법과 트랜스 관련 용어 등 트랜스인들에 관한 인식을 제고하기 위해 모든 경찰관이 쓸 수 있는 '전국 트랜스 툴키트'도 나왔다. 같은 해에, 런던 경찰은 트랜스인임을 자발적으로 밝힌 경찰관 14명을 채용했다고 밝혔다.

일견 이런 현상은 복잡한 것 없는 진보의 궤적이자 경찰과 트랜스인 간에 서로의 수용도가 높아졌음을 의미하는 것으로 보인다. 하지만 주의해야 할 합당한 이유가 있다. 첫째는 효과의 문제다. 이는 실용적인 차원에서 경찰이 트랜스혐오가 덜한 사회를 만들 만한 사람이냐는 문제를 뜻한다. 트랜스인들에 대한 증오범죄는 지금도 상당 부분 신고되지 않는다. 79퍼센트에 이르는 대부분 트랜스인들은 경찰에 자신의 경험을 신고하지 않는데,[9] 이유는 그럴 수 있다는 느낌이 들지 않아서거나 그럴 만한 가치가 없기 때문이다. 이를 효과적으로 보여주는 수치가 있다. 경찰에 신고되는 트랜스인 대상 증오범죄 건수는 **실제로** 증가했으나, 해결되어 기소로까지 이어진 사건의 수는 그렇지 않다. 대부분의 증오범죄 사건은 해결되지 않고 종결된다. 더욱 걱정스러운 것은, 영국에서 대부분의 트랜스인 대상 증오범죄를 저지르는 사람이 어린 층이라는 점이다. BBC '정보의 자유' 조사를 보면, 2014~2017년에 반트랜스 증오범죄의 용의자로 가장 많은 비율을 차지했던 사람들은 어린 층으로, 수많은 용의자가 10대거나 10대도 되지 못했다.[10] 같은 해의 통계를 보면, 13세 미만의 아동 70명(이 중에는 7세 미만의 아동도 몇 명 포함되어 있었다)이 동성애혐오 혹은 트랜스혐오적인 증오범죄로 인해 경찰에 신고되었다. 이는 증오범죄에 대한 현재의 접근이 적절한 것이냐는 질문을 던지기에 정당한 이유로 보인다. 경찰이 특히 어린 사람들이 저지른 폭력 문제를 다루는 데에는 문제가 있다. 그 자체가 또 하나의 폭력의 원인이기 때문이다. 10대와 20대 초반 성인들 사이에 퍼져 있는 트랜스혐오적 증오를 해결하기 위해 이들이 느끼는 증오의 이면 원인을 따져 묻기보다 경찰력에 의존하는 것이야말로 일부 급진적 활동가들이 '감금의 논리'라고 부르는 것이다. 감금의 논리란, 덜 폭력적인 사회를 만들어 내고자 노력하기보다는 더 큰 힘으로 폭력을 처벌하는 것처럼 보이는 데 많은 관심이 있는 처벌적 정신상태를 말한다. 문화가 트랜스인들을 향한 증오를 정상화하는 방식으로 발전하지 못하도록 예방하는 방법은 효과가 불명확한 증오범죄 관련 입법과 경찰력 활용보다 해악을 줄이는 데 유용할 가능성이 크다.

두 번째 우려스러운 점은 최근까지만 해도 트랜스인들에게 보편적 적대감을 보이던 제도인 경찰이라는 형태로 폭력에 대한 국가의 독점이 실현된다는 사실이다. 오늘날에도 적대감이 남아 있다는 징후가 보인다. 2017년 6월, 브리스틀의 한 트랜스 여성은 에이번과 서머싯 경찰을 상대로 상당한 피해 배상을 받아 냈다. 그녀는 남성 경찰관들이 자신을 억지로 발가벗기고, 옷을 벗

고 있으니 여성 경찰관만 있어 달라는 요청을 거부했다고 주장
했다. "갑자기 그 사람들은 저를 다시 잡아서 바닥으로 끌어당
겼어요. 바닥에서 남자 경찰들이 제 옷을 벗겼습니다."[11] 그녀는
LGBTQ+ 신문인 『게이 스타 뉴스』Gay Star News에 이렇게 말했다.
그녀는 정신보건 팀에서 입원을 거절하자 병원에서 목을 매 자
살하려다가 체포당한 상태였다. 경찰은 그녀에게 기물 파손 혐의
를 걸었고, 극도로 취약한 상태에 있던 그녀를 구류한 다음 공격
했다. 그녀는 브래지어와 바지가 억지로 벗겨진 다음, 눈에 후추
스프레이를 맞았다. 경찰관들은 이 여성에게 "오늘은 미스터인
지, 미시즈인지" 묻고, 신분증에 분명히 여성이라고 적혀 있었는
데도 반복해서 그녀를 남성형 대명사로 지칭했다. CCTV 영상은
여성의 진술과 일치했고, 경찰은 결국 폭행과 차별을 인정했다.
이런 사례는 수많은 트랜스인들이 트랜스 공동체의 동맹이자 친
구 행세를 하려는 경찰의 시도를 극도로 의심하게 만든다.

2017년 여름 글래스고 프라이드에서는 일부 트랜스 시위자
들이 경찰은 동맹으로서 퍼레이드에 참석하면 안 된다고 생각했
다. 반대 시위에서, 소규모의 트랜스 청년들이 땅에 드러누워 공
식적인 프라이드 행진을 막고자 했다. 『게이 스타 뉴스』에서는
다음과 같이 보도했다.

> 그중 일부는 반 경찰 표어를 들고 있었다. 이들은 스코틀랜드
> 경찰이 행렬 맨 앞에 서서, 스코틀랜드 악단 바로 뒤에서 행진
> 한다는 사실에 반대했다. 이들은 "경찰에는 프라이드가 없다"
> 라고 외쳤다.[12]

경찰은 이 단체를 무력으로 비키게 하려 했다. 이들은 경찰관에 의해 바닥에 엎드려지고 수갑이 채워졌다. 결과적으로 기소되지 않고 풀려나긴 했지만, 몇 명은 체포당했다. 어쨌거나, 원래 억압적인 경찰력 행사에 대항하는 퀴어 시위로 시작했던 프라이드에서 평화로운 시위자들을 상대로 과도한 폭력을 사용한 것은 경찰에 트랜스 정치의 이토록 중심적인 위치를 내줄 때 트랜스 공동체가 치러야 하는 대가에 관해서 수많은 급진파와 좌파가 품었던 의구심이 틀리지 않았음을 보여주는 듯했다. 글래스고 프라이드에서 보았듯, 경찰에서 제시하는 모든 보호와 연대는 국가와의 만족스러운 협력에 달려 있다. 조금이라도 엇나가면, 여전히 폭력적인 처벌이 이루어질 수 있다. 이런 일화들은 궁극적으로 21세기에 경찰과 트랜스인들이 새롭게 만들어 낸 관계가 연대가 아닌 애원에 기반하고 있음을 일깨워 주는 역할을 했다.

영국이라는 국가와 영국의 경찰이 모든 트랜스인들의 자유를 확보하는 데 도움을 주리라는 생각은 백인성, 그리고 백인 우월성에의 순응을 가정하는 것이기도 하다. 영국 경찰은 제도적으로 인종차별주의적이며, 유색인 트랜스인들을 포함한 유색인 공동체에 적대적이다. 영국의 흑인들은 잉글랜드와 웨일스에서 백인 영국인에 비해 불심검문을 당할 확률이 40배나 높다.[13] 흑인, 아시아인, 소수 민족 사람들은 구금 중에 사망할 확률이 백인에 비해 두 배 높다. 그러므로 유색인 트랜스인들은 트랜스인들을 향한 경찰의 역사적 적대감과 유색인 공동체가 지금도 맞닥뜨리는 경찰의 잔인성이라는 갈림길에 서 있는 셈이다.

미국에서든, 영국에서든 흑인 트랜스인들은 경찰의 폭력에 저항하고 이에 반대하는 시위를 벌이며 블랙 라이브스 매터 운동을 조직화하는 데 필수적인 역할을 했다. 비교적 최근에, 흑인 트랜스 활동가들은 경찰 예산을 삭감하고 경찰 없는 국가를 지향하는 문제를 놓고 좌파 운동에 참여했다. 2020년 5월 25일, 미국에서 경찰이 시스젠더 흑인 남성 조지 플로이드를 죽인 사건은 새롭게 전 세계적인 블랙 라이브스 매터 시위가 펼쳐지는 계기가 되었고, 흑인 트랜스 활동가들은 그보다 이틀 전에 미국에서 흑인 트랜스 남성인 토니 맥데이드도 경찰에 의해 살해당했다는 점을 널리 알리고자 노력했다. "아무도 우리를 보호해 주지 않고, 우리 목숨은 일상적으로 위험에 처한다. 흑인이면서 트랜스인으로 산다는 것은 언제든 목숨을 빼앗길 수 있다는 걸 알면서 삶의 경계선에 산다는 뜻이다." 트랜스 블랙 라이브스 매터 운동가 멜즈 오우수는 맥데이드 살해 이후 이런 글을 썼다.[14] 경찰에 소속되지 않은 공격자들에 의해서 흑인 트랜스인이 살해당하는 경우, 경찰은 피해자가 사망한 다음 보고서 작성과 수사에 있어서 계속 잘못된 젠더를 사용하고 피해자를 모욕한다. 흑인과 갈색 인종인 동지들에 대한 계속되는 폭력적 경찰력 행사를 수동적으로 받아들여야 한다면, 백인 트랜스인들도 해방을 요구할 수 없다는 점이 이 모든 사실로 또 한 번 강조된다.

영국 트랜스 운동이나, 이 운동이 국가나 경찰과 맺는 지나치게 친숙한 관계에는 모든 사람이 으레 백인이리라 가정하는 주제넘는 추정이 깃들어 있다. 이 때문에 백인 트랜스인들은 정신보건 등 인종과 관련된 문제를 간과할 수 있게 된다. 놀랍게도, 경찰력이 활용된 사건 4건 중 1건은 개인의 정신보건 문제에서 야기된 것이다. 그런데 앞서 살펴봤듯, 우리는 트랜스인들과 유색인들이 둘 다 불충분한 보살핌을 받고 있으므로 극심한 정신보건 문제를 겪을 가능성이 불균형적으로 높은 사회에 살고 있다. 이런 두 요소를 함께 고려하면, 백인 트랜스인이 경찰에 대해 의심만 품는 경우에도 유색인 트랜스인은 경찰을 노골적으로 불신하거나 심지어 두려워할 수 있다는 점을 이해할 만하다. 1984년, 작가 제임스 볼드윈은 인종차별주의적 사회에서 백인 동성애자와 흑인 동성애자의 기대가 다르다고 이야기했다. 그가 한 말은 트랜스인들에게도 똑같이 적용될 수 있다.

> 사회에 성적 수수께끼인 흑인 동성애자는 남자든 여자든 흑인이라는 이유로, 성적 지향이 문제가 되기 한참 전부터 위협당하고 찍힌 상태다. 성의 문제는 인종의 문제 이후에야 나온다. 성문제는 모든 흑인이 살면서 맞닥뜨리는 위험이 한 가지 측면에서 더 늘어난 것일 뿐이다. 내 생각에 백인 동성애자들은 그들이 원칙적으로 안전하게 지내도록 되어 있는 사회에서 태어났기에 사기라도 당한 것처럼 느끼는 듯하다. 성적 지향이라는 이들의 비정상성은 이들을 예상치 못하게 위험에 빠뜨린다. (중략) 내가 보기에 그들에게는 늘 당혹감과 불평이라는 요소가 있는 것 같았다.[15]

볼드윈의 주장은 구체적으로 경찰을 지목하지 않았지만, 경찰의 잔인성은 백인 트랜스인을 포함한 백인들이 보통 겪지 않는 방식으로 인종차별주의에 의해 흑인을 비롯한 유색인들이 "위협당하고 찍히는" 여러 가지 방식 중 하나일 것이 확실하다. 인종차별 반대가 자신들의 정치에서 근원적이라고 보는 퀴어와 트랜스 운동에 참여하는 좌익 활동가들에게는 이 사실 하나만으로도 경찰과의 어떠한 협력 관계도 터무니없다고 느낄 만한 이유가 된다. 반면, 다른 트랜스 활동가들은 트랜스 공동체와 경찰 사이의 좀 더 우호적인 소통의 통로를 마련하는 것이 현실적으로 꼭 필요한 일이라고 본다. 대안이 없을 때, 경찰과의 협력을 실용적인 차원에서 변호하는 데는 나도 어느 정도 공감한다. 그러나 이는 제복을 입은 경찰이 프라이드에서 행진하며 'LGBT 다양성 상'을 타거나 '옳은 종류의' 트랜스인들을 상대로 약간 덜 억압적인 태도를 보였다는 이유만으로 칭찬받는 것과는 상당히 다른 문제다. 지역 공동체에서 트랜스인 개인과 경찰관 개인이 맺는 일상적 상호작용은 경찰 내에서 트랜스젠더 이슈에 관한 인식이 높아지면 개선될 수 있겠지만, 트랜스 해방과 경찰 사이의 완전한 화해는 불가능하다. 경찰은 지금도 그렇고 앞으로도 많은 트랜스인들을 편히 받아 주지 않을 형법이라는 커다란 기계의 팔로서 작용하기 때문이다.

교도소 제도만큼 이 점이 잘 드러나는 지점은 없다. 트랜스인들은 범죄, 특히 폭력 범죄에서 가해자가 되기보다는 피해자가 될 확률이 훨씬 높다. 이런 사실은 트랜스인들, 특히 트랜스 여성이 특별히 일탈적이고 위험하다는 언론의 묘사와 직접적으로 모순된다. 트랜스 여성들은 성 착취자, 스토커, 변태 취급을 받는 데 너무도 익숙해져 있다. 크로스드레싱을 하는 미치광이 살인마는 영화의 황금기 이래 할리우드 스릴러 영화에서 반복적으로 등장해 온 주제다. 영국인 대부분은 히치콕의 1960년 영화 〈사이코〉의 기본 줄거리를 알고 있다. 이 영화에서는 젠더 문제를 겪는 어머니 살해자 노먼 베이츠가 어머니의 썩어 가는 시신을 지하의 과일 창고에 보관해 두고, 다른 인격으로서 어머니의 정체성을 취한다. 크로스드레싱을 하는 노먼은 이어서 아무 죄 없는 젊은 여성들을 스토킹하고 살해한다. 30년 뒤에는 〈양들의 침묵〉이 주요 아카데미 상을 휩쓸었다. 모든 시대를 통틀어 가장 영향력이 큰 영화 중 하나로 자주 꼽히는 〈양들의 침묵〉은 트랜스 여성이라고 주장하며(이런 주장이 거짓이라는 말은 나온다) 여성들을 납치해 가죽을 벗기고 코트로 만들어 입는 연쇄살인범을 중심으로 전개된다. 딱히 메시지를 숨겼다고 할 수도 없는 내용이다. 오히려 평론가들이 말했듯, 이 영화는 영향력이 컸다. 불안정한 트랜스인 혹은 트랜스베스타이트 살인범은 〈텍사스 전기톱 연쇄살인사건〉 시리즈나 1980년 영화인 〈드레스드 투 킬〉 등 인기 있는 고전 공포영화에서도 반복적으로 나타난다. 문제는 이런 영화들이 늘 관객에게 현실의 트랜스인들을 살인범으로 보라고 노골적으로 부추긴다는 점이 아니라 트랜스인, 특히 이 경우 트랜스 여성(혹은 여성의 옷을 입었는데 남성으로 보이는 모든 사람)을 성 착취, 스토킹, 성도착, 폭력적 여성혐오, 강박 등과 융합시키는 문화적 클리셰를 만들어 냈다는 점이다.

공포영화만이 아니다. 2017년 2월, 영국에서 가장 많이 판매되는 신문인 『선』Sun에서는 "소험 살인자의 '새 이름'"이라는 제목의 기사를 실었다. 이 기사는 케임브리지셔 소험 마을에서 2002년 열 살짜리 소녀인 제시카 챕먼과 홀리 웰스를 납치 살해한 악명 높은 살인자 이언 헌틀리에 관한 것이었다. 이 소식은 전국을 경악에 빠뜨렸다. 15년 뒤, 『선』은 헌틀리가 남성만 거주하는 고도 보안 교도소인 파크랜드 교도소 안에서 화장품을 사고 여성형 이름을 쓰고 있다고 보도했다. 이 이야기는 다른 타블로이드 신문인 『데일리 스타』에 처음으로 실린 것이다. 영국의 다른 신문들도 재빨리 그 뒤를 좇아, 똑같은 이야기를 반복하며 세부 사항을 윤색했다. 헌틀리가 금발 가발을 쓰고 싶어 하며, (피해자 중 한 명의 어머니와 같은 이름인) '니콜라'로 불러 달라고 요청하는 한편, 교도관들이 자신의 새로운 젠더를 존중해야 한다고 요구했다는 것이다. 트랜스인과 아동 살해를 이런 식으로 부지불식간에 연결시키면 감정적 반응이 일어나기 마련이었다. 영국에서 좌파에 속한다는 언론사인 『가디언』조차 해들리 프리먼의 칼럼에서 이 이야기를 곱씹으며, "정체성이 우리 시대의 화두라면, 트랜스 여성에 대해 더 정직하게 이야기해야 하지 않을까?"라는 제목을 붙여 헌틀리가 젠더를 바꾸고 싶어 한다고 썼다.

그러나 이 모든 이야기가 거짓이었다. 2년 뒤, 『데일리 스타』에서는 헌틀리의 요청에 따라 작은 정정 보도를 냈다. 헌틀리가 "가발을 가지고 있지 않으며, 자기 이름이 아닌 다른 이름으로 불러 달라고 요청한 적도 없고, 젠더 정체성을 바꿀 계획을 세운 적이 단 한 번도 없음"을 밝힌 것이다.

아랑곳하지 않고, 2020년 4월 『선』에서는 "토리당의 전직 교도국장 로리 스튜어트의 주장에 따르면, 트랜스 정체성을 가졌다고 주장하는 수감자들이 여성 교도관을 강간했다"라는 제목의 기사를 다시 실었다. 이 이야기도 거짓으로 밝혀졌다. 런던 시장 후보이자 전직 교도국장인 로리 스튜어트가 『GQ』잡지와의 인터뷰에서 지어낸 이야기였다. 경각심을 갖게 하는 제목과 달리 『선』의 기사에는 여덟 문단의 경고문이 들어가 있었다. "교도소 측 대변인은 '이런 일이 일어났다는 기록은 없다. 직원 및 다른 수감자들을 보호하는 한편 트랜스젠더 수감자들을 관리하기 위해 엄격한 안전 조치가 시행 중이다'라고 말했다."[16]라는 내용이었다. 2017년, '영국의 트랜스 범죄'Trans Crime UK라는 웹사이트가 온라인에 나타났다. 이 사이트의 슬로건은 "영국 트랜스젠더가 저지르는 범죄를 기록한다"였다. 이 사이트에는 2014년 이후로 유죄 판결을 받은 모든 트랜스인 관련 정보가 수록되어 있다. 이 사이트의 목표는 정부가 젠더인정법 개혁안을 폐기하도록 압박하고자 트랜스인들과 폭력 범죄의 연관성을 강조하는 것이었다. 이 글을 쓰는 시점에도 이 사이트는 살아 있다.

당연히, 모든 사회 집단에서 그렇듯 일부 트랜스인들은 범죄를 저지른다. '범죄' 자체는 국가가 법 위반을 설명하기 위해 사용하는 광범위한 개념적 범주다. 우리는 범죄성과 윤리나 해악을 동일한 것으로 보도록 조장되지만, 이 둘이 별개일 때도 있다. 역사에는 불의하고 해악을 일으킨 법의 사례가 무수히 나온다. 오히려 그런 법은 어기는 것이 윤리적이었다. 마약이나 성 노동, (좀도둑질처럼) 빈곤과 관련된 몇몇 유형의 범죄는 트랜스인들을 포함한 취약 집단에서 더 높은 비율로 나타나기도 한다. 그러나 이 점은 취약 집단이 일반인에게 신체적, 감정적, 성적 해악을 끼칠 위험이 있는 범죄성을 타고난다는 뜻이 아니다.

흔히 취약 집단으로 분류되는 집단의 구성원으로서 트랜스인들은 형사 제도에 저촉될 수 있고 실제로도 그렇다. 이들은 취약 계층이라는 상태에서 비롯하는 종류의 범죄를 저지르기도 하고, 가끔은 타인에게 위험과 해악을 끼치는 범죄를 저지르기도 한다. 결론적으로 교도소에 들어오게 되면, 트랜스인들은 최악의 대우와 결과를 경험한다.

트랜스 수감자를 포함한 수감자들을 하나의 범주로 다루는 논의는 범법 행위의 심각성이나 해당 인물이 수감당한 폭력의 수준을 일반화하거나 생략하는 경우가 많다. 이 책을 쓰는 시점에, 법무부에서는 잉글랜드와 웨일스에 있는 교도소 수감 인원 8만 2,634명 중 163명(0.2%)이 트랜스인이라고 밝혔다. 이 통계는 법적 젠더와 출생증명서를 이미 변경한 수감자들은 제외한 수치이며 수감자가 교도소 당국에 자신이 트랜스인이라고 밝혔는지 여부에 따라 계산된 것이므로 실제 숫자는 이보다 높을 가능성이 크다. 장기 징역을 사는 사람들만이 자신이 트랜스인임을 밝히는 경향이 있기 때문이다. 그러나 수치에 어느 정도 오차가 있다고 해도 교도소에 있는 트랜스 인구는 매우 적다. 언론 보도를 통해 알게 되는 것과는 사뭇 다른 점이다.

교도소에 수용된 트랜스인들에 관한 보도는 한 가지 이슈에만 초점을 맞추는 경향이 있는데, 그 이슈란 트랜스 여성 수감자들이 교도소 어디에 배치되느냐는 것이다. 이렇게 된 까닭은, 이 질문의 중심에 트랜스 여성 일반이라는 관념에 대한 시스젠더들의 불편감, 특히 트랜스 여성이 시스젠더 여성과 같은 공간을 쓴다는 생각에 관한 불편감이 있기 때문이다. (전 세계 다른 지역에서도 그랬듯) 200년 전 처음 생겨난 영국의 현대적 교도소는 엄격한 성별 구분에 따라 운영되었다. 이런 성별 구분은 보통 외부 생식기에 따라 이루어졌고, 모든 수감자는 남자 교도소와 여자 교도소로 나뉘었다. 영국에서는 2010년 평등법이 통과되면서 이런 분리가 처음으로 교정되었다. 2011년의 새로운 지침서에서는 수용 이전에 (2004년 젠더인정법에서 개괄한 절차를 거쳐 젠더인정 증명서를 얻음으로써) 출생증명서의 성별과 법적 젠더를 바꾼 트랜스 남성은 남성 교도소에 배치되어야 했다. 법적 젠더를 바꾼 트랜스 여성도 마찬가지였다. **단,** 이 여성을 여성 교도소에 배치하는 것이 다른 여성 수감자들에게 안보상의 위험이 되는 경우는 예외였다. 대부분의 트랜스인들은 젠더 인정 증명서를 취득하지 않으므로 이 기준은 여전히 넘기 어려웠지만, 어쨌거나 트랜스인들이 감옥의 이분법적 제도에 혼란을 일으킨다는 점은 인정된 것이다.

이 정책은 2016년에 더욱 완화되었는데, 부분적으로는 한 해 전 바텐더를 머리로 들이받았다고 인정해 교도소에서 6주를 지낸 젊은 트랜스 여성 태라 허드슨의 유명한 수감 사건 때문이었다. 10대 시절부터 호르몬 치료를 받아 왔지만, 허드슨은 젠더 인정 증명서가 없었다. 사진에서 보이는 그녀의 겉모습은 대단히 전통적인 여성적 모습이었다―아마 이런 외모는 대중이 그녀를 지지하는 데 도움이 되었을 것이다. 허드슨은 처음에 남성 교도소인 HMP 브리스틀로 보내져 7일을 지냈고, 그다음에는 가족의 캠페인과 15만 명이 서명한 온라인 청원에 압박감을 느낀 법무부에서 그녀를 여성 교도소인 이스트우드 파크로 이감했다. 나중에 허드슨은 남성 교도소에서 보낸 짧은 기간에 성폭행을 당했으며, 교도소 분위기를 위압적이며 적대적이고 모욕적이며 치욕스럽게 느꼈다고 말했다. 남성 교도소에 수감된 트랜스 여성 수감자 조앤 래덤과 비키 톰슨 등 두 명이 2015년 후반에 몇 주 차이로 자살한 사건도 대중의 태도를 바꾸어 놓았다. 영국이 아닌 곳에서는 2010년대 중반에 트랜스젠더 이슈에 더 많은 미디어의 관심이 쏟아지면서, 이에 따라 트랜스 수감자들의 곤경에 대해서도 동정 여론이 커졌다. 그런 트랜스 수감자 중 세계에서 가장 유명한 사람은 미국의 내부고발자 첼시 매닝인데, 그녀는 남성 교도소 독방에 수감되었으며 외적 트랜지션을 시작할 자원을 달라고 해도 자주 거부당했다. 이런 식의 거부는 대체로 고문의 일종으로 여겨진다. 여론이 달라지고 있었다.

2016년부터 잉글랜드와 웨일스에서는 법적 젠더를 인정받지 못한 트랜스 수감자들에게도 지역 트랜스젠더 사건 위원회에 호소할 권리가 생겼다. 그러면 관료들이 개인의 상황을 살펴보고, 교도소 이감 신청을 받아들여야 할지 결정했다. 이들의 결정은 신체적 트랜지션의 정도, 획득한 젠더로 살아온 세월, 전과 등의 기준에 따라 이루어졌다. 하지만 이런 지침은 오직 트랜스 남성과 여성만을 고려했다. 논바이너리인 사람들은 계속 출생시에 할당된 성별에 따라 수감되었다. 이 책을 쓰는 시점에서, 기록상 트랜스 남성이 이 제도를 활용해 남성 교도소로 이감된 경우는 없었으며 트랜스 여성 대다수(130명 중 119명)는 남성 교도소에 수감되었다. 법적 젠더 인정을 받지 못한 트랜스 여성은 잉글랜드에서 11명, 스코틀랜드에서 7명만이 여성 교도소에 수감되었다. 이 문제에 쏟아진 미디어의 관심에 비하면, 거의 없다고 할 정도로 작은 숫자라는 점을 다시 강조해 두어야겠다.

통념에 따르면, 교도소의 모든 트랜스 여성은 여성 교도소에 수용되거나 여성 교도소로 이감되고 싶어 한다. 하지만 많은 사람들은 그러고 싶어 하지 않는다. 영국에는 남성 교도소에 비해 여성 교도소의 숫자가 훨씬 적다(웨일스에는 여성 교도소가 아예 없다). 그러므로 이감은 교도소 밖에 있는 가족과 공동체로부터 더 먼 곳으로 이동한다는 뜻일 수 있다. 일부 트랜스 여성은 오랜 세월 수감되었던 남성 교도소의 익숙한 환경을 잘 알지도 못하는 여성 교도소에 비해 선호한다. 일부는 남성 교도소 안에 지지 네트워크와 친구들이 있다. 일부 트랜스 여성에게는 심지어 성관계를 맺는 일이 문제가 될 수도 있다. "내가 왜 여자 교도소에 가고 싶겠어요?" 트랜스 여성 새라 제인 베이커는 2019년 11월 『데이즈드』Dazed 인터뷰에서 이렇게 말했다. "난 남자가 좋아요! 거기 가면 섹스를 못하잖아!"[17]

이감을 원하든, 원치 않든 이는 보통 차악을 택하는 문제다. 트랜스 수감자들은 어떤 교도소에 있든 엄청난 고통을 겪는다. 같은 인터뷰에서, 영국 역사상 가장 오랫동안 복역한 베이커는 다른 수감자들이 몇 년 동안 일상적으로 그녀를 학대해 왔다고 설명했다. 남성 교도소에 있을 때 가장 나쁜 점이 무엇이냐는 질문을 받자 그녀는 이렇게 대답했다. "교도소 샤워실에서 다섯 명한테 강간당하는 거요."[18] 2020년 5월, BBC에서는 작년 한 해 동안 남성 교도소에 수감된 트랜스 여성 11명이 성폭행을 당했다고 보도했다. 트랜스 여성들은 교도소에서 성폭행의 가해자보다 피해자가 될 가능성이 훨씬, 훨씬 더 높을 뿐 아니라 시스젠더 남성이나 시스젠더 여성 수감자보다 높은 비율로 성폭행을 당한다.[19]

남성 교도소와 여성 교도소의 당국자들은 둘 다 트랜스 수감자를 효과적으로 관리하지 못한다. 한 가지 문제는 취약자 수감동을 부적절하게 사용한다는 것이다. 트랜스인들은 다른 수감자들로부터 폭력을 당할 위험성 때문에 보호 목적으로 별개의 수감동에 배치되는데, 이는 트랜스인들의 고립을 심화할 뿐이다. 형사 사법 제도 내 트랜스인의 보건 및 사회적 돌봄 필요성에 관한 2017년 보고서에서, 교도소에서 일하는 보건 전문가 몇 명은 취약자 수감동의 사용이 트랜스인들을 위험에 빠뜨린다고 말했다. 그런 전문가 중 한 사람은 이렇게 말했다. "현재의 제도는 수감자들의 욕구를 충분히 채워 줄 수 없어서 이들에게 벌을 내리는 식으로 운영된다. 예컨대 수감자들을 격리하는 식으로 말이다."[20] 2020년에는 영국 교도소 감시기구인 '독립 감독 위원회'Independent Monitoring Board, IMB가 소수의 고위험군 트랜스 여성 수감자들이 6주 이상 격리된 이후에야 다른 곳으로 옮겨졌음을 밝혔다. 이는 비인간적 대우라고들 한다.[21]

트랜스 여성이 남성 교도소에서 겪는 극단적인 안전 문제에 대한 한 가지 '해결책'은 교도소 제도에 대해 별로 아는 것이 없는 평론가들이 자주 홍보하는 것으로, 트랜스 수감자들을 함께 수용할 수 있는 별도의 '트랜스 수감동'을 만들자는 것이다. 실제로 별도의 트랜스 수감동을 만들려는 시도가 있었다. 첫 번째 트랜스 수감동은 서리에 있는 여성 교도소인 HMP 다운뷰에서 2019년에 문을 열었는데, 동료 수감자들에게 신체적 혹은 성적 위험을 가할 수 있다고 평가된 트랜스 여성 세 명이 고도 보안 시설에 배치되었다. 1년 내에 IMB에서는 트랜스 수감동이 너무 조급히 설치되어, 수감자들에게 (운동이나 도서관 접근권 등) 적절한 활동을 제공하지 못했음을 알게 되었다. 이 감옥의 한 수감자는 3개월 안에 35번이나 자해했다. 현실에서는, 다른 수감자들에게 위험할 가능성이 큰 트랜스 수감자를 교도소 체계 안에 수용하려는 노력이 실패할 경우, 인권을 존중하는 대신 이들을 격리하는 방법을 씀에 따라 이들이 더 큰 해를 입고 비인간적 취급을 당하게 된다.

역사적으로, 트랜스인 등 젠더가 불일치하는 수감자들이 직면한 난제들은 주류 LGBTQ+ 정치 운동에서 불쾌한 것으로 폄훼당했다. 이런 현상은 현대 LGBTQ+ 운동의 초창기까지 거슬러

트렌스젠더 이슈

올라간다. 앞서 살펴보았듯, 1973년에는 실비아 리베라가 교도소에 있는 트랜스인들을 잊었다며 초기 동성애자 프라이드 행사에 참여한 군중을 꾸짖었다. 그런데 현대 영국에서도 트랜스 수감자들이 살고 있는 실제 환경을 동정 어린 시선으로 의논하기 싫어하는 오래된 거리낌은 이어지고 있다. 때로는 이 문제가 부르주아의 품위처럼 단순한 문제가 아니다. 불편감은 트랜스인들이 실제로 해를 끼친 몇 안 되는 사례에서 유래한다. 특히 트랜스혐오적 비유를 연상시키는 성폭력 행위가 그렇다. 성범죄자가 트랜스인이기도 한 드문 사례들은 외부에서 트랜스인들의 권리를 위한 운동을 탈선시킨다. 법적 젠더 인정을 위한 절차 개혁이 핵심적인 사례. 이 개혁 전체를 폐기하는 핵심적인 주장은 트랜스 수감자들이 법적 젠더를 쉽사리 바꿈으로써 시스젠더 여성에게 '접근권을 얻는다'라는 것이었다. 2018년, 성범죄로 유죄 판결을 받은 잉글랜드와 웨일스의 수감자 60여 명은 자신이 트랜스인이라고 선언한 것으로 기록되어 있다. 이 작은 집단에 주어진 수사적 중요성은 이런 식의 연상으로 더럽혀지고 시민권을 부정당할까봐 두려워하는 영국의 20~50만 트랜스인들에게 너무도 버거운 것이었다.

이런 점에는 나도 공감할 수 있다. 2018년, 캐런 화이트라는 이름의 트랜스 수감자가 다른 범법 행위로 웨이크필드에 있는 여성 교도소인 HMP 뉴홀에 구금되어 있던 중 여성 수감자 두 명을 성폭행하여 유죄 판결을 받았다. 화이트는 전에도 남성으로 살면서 다른 두 여성을 강간했으며, 아동에 대한 성욕을 인정한 적도 있었다. 크리스토퍼 배티 판사는 판결을 내리며 이렇게 말했다. "피고인은 성범죄자로서 사람을 조종하는 데 대단히 능하고, 본 법정이 보기에는 위험한 인물이다. 피고인은 아동과 여성, 일반 대중에게 심각한 위해를 끼칠 현저한 위험이 있다." 화이트처럼 가학적이고 사람을 조종하는 성범죄자가 있는데, 그 이력을 잘 알고 화이트의 피해자들을 안전하게 지켜야 할 책임이 있었던 당국이 화이트를 아무 제약 없이 다른 수감자들을 공격할 수 있게 방치한 것은 심각한 실패였다.

화이트의 유죄 판결 소식이 전해지자, 나는 영국 한 신문사의 기자로부터 화이트에 대한 기사를 쓰려는데 논평을 해 주겠느냐고 묻는 전화를 받았다. 그 기자가 내게 연락한 이유는 내가 트랜스인이라는 것, 그뿐이었다. 나는 격분했다. 나와 화이트가 둘 다 트랜스인이라는 단순한 이유로 내가 당시에 거의 알지도 못했던 사건에 관해 논평해 달라는 전화를 받아야 한다는 점은, 젠더 인정 과정에서의 의료적 문턱을 낮추어야 한다고 주장함으로써 내가 개인적으로 폭력적인 연쇄 강간범이 활동하도록 해 준다고 암시하는 듯했다. 나는 기자에게 이렇게 말했던 게 기억난다. "저한테 이 문제에 대해서 할 말이 있을 거라고 생각하신다니 놀랍네요. 언론계에서 일하는 나이 든 백인 남성들에게 전화해서 지미 새빌°에 관한 의견을 물어보시겠어요?"

트랜스인들 중 일부가 캐런 화이트 부류에 대해 보이는 본능적 반응은 한쪽에 '진짜' 트랜스인을 두고, 다른 쪽에는 피해자들에게 접근하기 위해 트랜스인인 척하는 성범죄자들을 두는 식으로 둘을 구분하는 것이다. 나는 법과 권리라는 목적에 따라 이런

°   BBC의 여러 유명 프로그램의 호스트로 활동했던 방송인으로, 여러 번 성적 학대를 한 것으로 알려져 있다.

식의 구분을 하고 싶은 충동을 이해하지만, 이런 입장을 지지하기란 대체로 어렵다고도 생각한다. 트랜스 정체성을 주장하는 불미스럽거나 폭력적인 사람은 그 사실만 봐도 전부 '진짜' 트랜스인이 아니라고 주장하는 행동은 논리적으로 비일관적이며 위험하다. 이 방법은 심한 편견을 가진 사람들에게 트랜스인들을 성공적으로 억압하기는 쉬운 일이라는 점을 알려 준다. 그저 트랜스인을 성범죄자나 폭력배라고 비난하기만 하면 이들의 정체성을 타당하지 않은 것으로 만들어 버릴 수 있으니 말이다.

광범위한 의미에서, 인권은 빼앗을 수 없는 권리다. 모든 인간은 자신의 젠더를 정의할 자율적 권리와 그 젠더를 적절하게 표현할 권리를 가진다. 적절한 표현은 취약한 사람들을 혐의가 밝혀진 강간범들과 함께 가둔다는 뜻이 아니며, 그렇다고 주장하는 것은 수구 세력들이 쓰는 눈속임이다. 젠더의 적절한 표현이란 누군가가 저지른 범죄와는 별개로 그 사람에게 의료적 트랜지션을 하고, 이름과 서류상 젠더 표시를 바꾸며, 당국에게 자신이 요청한 대명사를 쓰도록 허락한다는 의미다. 당연히 이 주제는 강한 감정적 반응을 일으킨다. 어떤 사람이 피해자에게 남성으로 인지되면서 여성이나 아동을 상대로 성폭력을 저지른 이후 트랜지션을 했다고 해도, 아주 많은 사람들은 그 사람이 이제 여성이 되었다고 받아들이지 않을 것이다. 그 이유를 이해하기란 어렵지 않다. 마찬가지로, 강간 피해자나 살인 피해자 유족 다수가 범죄자를 사형시키고 싶어 하는 이유도 이해할 수 있다. 우리 중 그런 감정의 강도나 진정성에 문제를 제기할 사람은 많이 없을 것이다. 그렇더라도, 사회적 차원에서 우리는 사형을 시켜서는 안 된다는 점을 이해한다. 사형은 인간의 존엄성을 해치기 때문이다.

마찬가지로, 우리는 트랜스인이 자신의 젠더를 사회적, 법적, 의료적으로 결정할 자율성을 존중한다는 원칙이 착한 행동에 대한 보상으로서만 주어지는 사회를 만들어서는 안 된다. 쉬운 출구란 없는 법이다.

캐런 화이트의 사례에서, 자신들의 원칙을 제대로 실행하지 못한 것은 지역 트랜스젠더 사건 위원회(즉, 교정 당국)였다. 이들은 화이트의 공격 패턴에 대한 명백한 사실들을 알 수 있었으니, 화이트가 취약한 수감자 두 명을 학대하는 일은 절대 일어나도록 허용되어서는 안 됐다. 이런 의미에서, 화이트가 동료 수감자들을 상대로 저지른 폭력의 심각성은 교도소라는 제도 자체의 존재로 인해 배양되고 영속화되는 심각한 질병과도 같은 성적, 신체적 폭력과 떼어 놓고 생각할 수 없다. 트랜스인들이 폭력의 가해자보다는 피해자가 될 확률이 훨씬 높다는 점을 생각해 보면, 트랜스젠더 수감자와 취약한 시스젠더 수감자들은 언론의 이야기만 듣고 생각했을 때보다 훨씬 더 많은 공통점을 가지고 있다. 정말로 모든 수감자의 안전을 도모하고 피해를 줄이기 위해서, 우리는 트랜스혐오란 시스템에 나타난, 해결되어야 할 버그라고 보는 서사를 넘어서서, 시스템 자체가 무너졌다고 이해해야 한다. 나는 현재의 트랜스 교도소 제도를 변화시키면서 다른 부분의 시스템은 유지하려 한다는 건 도덕적 책무의 포기라고 생각한다. 트랜스 운동가와 활동가, 동맹은 더욱 대담하게 반교도소 정치로 명백히 나아가야 한다.

교도소는 통하지 않는다. 지난 30년간 영국 수감자 인구가 69퍼센트 증가해 서유럽 전체에서 가장 높은 수감률을 자랑하게

트랜스젠더 이슈

되었다는 점에도 불구하고, 이에 맞게 폭력 범죄가 수그러드는 기미는 보이지 않는다. 살인율은 10년 내 최고 수준이다. 16~24 세가 살해당한 건수는 그 어느 때보다 많다. 16세 이상의 영국 여성 다섯 명 중 한 명은 성폭력을 당한 적이 있으며, 강간에 대한 유죄 판결 확률은 여전히 믿기 어려울 정도로 낮다. 그렇다고 교도소가 범죄자들의 갱생에 도움이 되는 것도 아니다. 석방된 성인의 거의 절반(48%)은 1년 내에 다시 유죄 판결을 받는다. 12 개월 미만의 형을 선고받은 사람들의 경우 이 비율이 64퍼센트까지 올라간다. 재범률에 있어서는 사회봉사명령이 징역 선고보다 나은 결과를 보여 준다. 더욱이 영국에서 수감된 사람 대부분(69%)은 폭력 범죄를 저지른 것이 아니며, 교도소에 있는 여성의 82퍼센트는 폭력과 상관없는 범법 행위를 저지른 사람들이다.

교도소는 점점 심각해지는 정신보건 위기를 위한 수용 시설로 작동한다. 여성의 26퍼센트와 남성의 16퍼센트는 수감되기 전 1년 동안 정신건강 문제로 치료를 받은 적이 있다고 했다. 수감된 여성의 25퍼센트와 남성의 15퍼센트는 정신병을 의미할 수 있는 증상을 보고했다(일반인 사이에서 이런 증상을 보이는 비율은 약 4퍼센트다).[22] 경찰의 불심검문이 그렇듯, 교도소 인구 구성은 제도적이고 체계적인 인종차별주의의 결과다. 교도소 인구의 4분의 1 이상은 인종적 소수자 집단 출신이며, 연구에 따르면 민족집단과 구금형을 받을 확률 사이에는 선명한 상관관계가 있었다. 형사 법원에서, 기소 가능한 범죄의 경우 백인에 비해 흑인은 53퍼센트, 아시아인은 55퍼센트 수감될 확률이 높았다.[23]

트랜스 수감자들이 경험하는 수많은 취약점이 모든 수감자를 담은 음울한 그림의 일부라는 점을 강조하는 것이 중요하다.

지난 10년간 교도소 내 자살과 자해는 기록적인 수준에 이르렀다. 코로나바이러스의 대유행은 영국의 현재 감금률로 인해 수감자들과 공중보건을 모두 엄청난 위험에 노출했으며, 바이러스의 전파를 통제하기 위해 수감자들을 몇 개월씩 연속해서 감방에 비인간적으로 가둬 두는 결과로 이어졌다. 미디어와 정계의 트랜스젠더 반대 목소리는 여성 수감자 중 트랜스 여성을 동료 수감자들에 대한 독특한 위험 요소로 그리면서, 교도소 내의 고질적인 성폭력 문화는 못 본 체한다. 교도소의 강간은 실제보다 적게 보고되지만, 기록된 성폭행만 따져도 그 건수가 2012년 이후 네 배로 불었다. 여기에는 교정직원이 수감자들을 성폭행하는 경우가 포함된다. 2013~2018년에는 잉글랜드와 웨일스의 교도소 직원 64명이 수감자와 부적절한 관계를 맺어 징계를 받았다.[24] 2018년 12월에는 HMP 뉴홀의 남성 교도관 이언 콕스가 한 수감자와 권력형 성관계를 맺고, 다른 수감자에게 한 차례 성폭력을 저질러 공직 윤리 위반 두 건으로 유죄 판결을 받았다. 이곳은 1년 전 캐런 화이트가 수감자들을 상대로 성범죄를 저지른 바로 그 여성 교도소였다. 화이트는 콕스보다 몇 개월 앞서 유죄 판결을 받았다. 캐런 화이트 사건이 '남자'(트랜스 여성)를 여성 교도소에 두어서는 안 된다는 미디어의 논평이나 젠더인정법에 반대하는 메시지의 토대로 이용되는 것과는 달리 콕스 사건이 여성 교도소 내 남성 교도관 배치에 대한 반대 주장으로 이어지지는 않는다는 점은 지적할 만하다.

또한, 교도소에 있는 남성을 상대로 벌어지는 높은 수준의 성폭력에 대해 이런 식의 주장이 보이는 무관심도 문제다. 성폭력은 수많은 남성 수감자들에게 영향을 끼치지만, 동성애자거나 양성애자인 남성 수감자(혹은 그렇게 인지되는 사람들)에게 특히 큰 영향을 준다. 교도소 내 남성 강간은 우리 문화에서 정상화되고 받아들여지며, 심지어 유머 소재로도 쓰인다. 교도소에서 폭력이 보통 '나약'하거나 실패한 남성성에 대한 처벌로 작용한다는 점은, 남성을 위한 교도소가 자주 초남성적인 문화를 키워 냄으로써 남성, 여성, 논바이너리인 사람들 모두의 젠더에 대한 피해를 강화한다는 뜻이다. 교도소에 있는 취약한 시스젠더 여성의 안전을 위해 목소리를 내는 사람들은 절대적으로 옳은 행동을 하는 것이다. 하지만 그러기 위해 제안되는 유일한 해결책이 생식기를 토대로 한 이분법적 교도소 제도라면, 폭력이라는 문제는 사실 해결되지 않는다.

교도소는 인간의 불행을 만들어 내는 공장으로서 폭력과 비인간화를 심화하며, 범죄 억지나 갱생 등 처벌을 넘어서서 흔히 교도소가 충족한다고들 하는 긍정적인 역할을 거의 하지 못한다. 교도소에서 생산되는 잔혹성은 이윤을 내기 위한 것이기도 하다. 전체 수감 인원의 5분의 1이 수감된 영국 교도소 열네 곳은 민간 회사에서 소유하고 운영한다. 심지어 영국의 공립 교도소조차 민간 영역에는 엄청난 이익의 원천이다. 법정과 교도소 사이에서 사람을 실어 나르는 보조적 서비스는 물론 유지 보수, 청소, 음식 및 자재 공급 같은 서비스를 제공하는 수백만 파운드짜리 계약을 기업이 보상으로 따내기 때문이다. 민영 회사에서는 수감자의 노동력을 착취하기도 한다. 일하는 수감자에게는 조합을 조직할 권리도 없고 최저 임금도 없다. 보건 안전 관련 규정도 이들에게는 적용되지 않는다. 일하기를 거부하면, 이들은 면회나 감방에서 나와서 지낼 수 있는 시간 등 '특권'을 빼앗길 수 있다.

2017~2018년에는 1만 200명의 수감자들이 공영 교도소 부지에 자리 잡은 외부 회사에서 일했다. 더 나아가 2,100명은 민간 교도소에서 일하고 있다. 연간 총 1700만 시간을 일하는 셈이다.[25] 수감자의 임금은 보통 평일 5일 동안 일하는 대가로 6파운드를 받는 수준에 머문다.

사람을 감금하면 아주 큰 돈을 벌 수 있다. 학자이자 활동가인 안젤라 데이비스가 **교도소 산업단지**라고 부르는 것을 계속 확장하기 위한 보수 정부의 엄청난 정치적 의지가 작동하는 이유다. 이는 가난이나 정신보건 문제 등 사회의 더 깊은 상처를 억누르거나 가리고 감시와 징계, 감금으로 이루어진 체계에 계속 먹이를 줌으로써 자본을 만들어 내는 정부와 기업, 언론의 비도덕적 연합이다. 2016년에 데이비드 캐머런의 보수 정부는 몇 세대만의 최대 규모 교도소 건축 계획을 발표했다. 새로운 '초대형 교도소' 여섯 곳에 더해, 여성을 위한 새로운 '공동체 교도소' 다섯 곳을 짓겠다는 것이었다. 표면적인 의도는 수용 능력을 늘려 교도소의 과밀을 해소하겠다는 것이었지만, 역사상 거의 모든 교도소 확장은 수용 인구의 증가라는 결과로 이어졌다. 트랜스 수감자 '문제'에 대해 가장 인기 있는 해결책이 트랜스 수감자 전용 교도소를 짓겠다는 것이었다니 놀랄 일도 아니다. 이탈리아는 2010년에 세계 최초로 트랜스 교도소를 열었다. 과거 피렌체 근처 포잘레의 여성 전용 교도소였던 곳에는 30명 이상의 트랜스 수감자가 갇히게 되었다. 이들 대부분은 마약 관련 범법 행위와 성매매로 들어왔다. 2018년에 스코틀랜드 정부의 젠더인정법 검토 작업의 일환으로 공개된 자문서에서는 스코틀랜드 정부가 논바이너리 트랜스인을 수용하기 위한 새 교도소를 지을 생각을 하고 있었음이 드러났다. 교도소 산업단지의 작동 기제는 확실하다. 더 많은 새장을 지으면, 그 안에 집어넣을 사람도 더 많이 찾게 된다. 그렇다면 논리적 확장에 따라, '트랜스 교도소'의 정상화는 더 많은 트랜스인이 감금당하는 상황으로 이어질 뿐이다.

가장 취약한 계층에 이르기까지 모든 트랜스인들의 궁극적 해방과 복지는 교도소가 아예 없는 세상을 향해 나아가는 데 달려 있는 이유가 바로 이것이다. 교도소 폐지론은 영국에서 주류에 속하는 주장이 아니다. 반증이 아주 많은데도, 영국에서는 우리에게 여전히 교도소가 필요하다는 믿음이 자리 잡고 있기 때문이다. 그러나 안젤라 데이비스의 주장처럼, 노예제와 사형제도의 철폐 역시 둘 다 한때는 마찬가지로 기이한 것으로 여겨졌다.

무엇으로 교도소를 대체할까? 교도소는 다양한 폭력적 위계질서와 사회적 병폐를 통제하려는 둔기다. 대안적 방법은 감금에 의존하는 사법제도에 없는 복잡성을 다루어야 한다. 데이비스의 말을 빌리자면 이렇다.

> 현존하는 감금 제도에 대해 단 하나의 대안을 상상하는 대신, 우리는 우리 사회 많은 부분의 근본적 변화를 요구하는 다양한 대안들을 상상할 수 있다. 인종차별주의, 남성의 지배, 동성애 혐오, 계급적 편견 등 지배의 여러 구조를 해결하지 못하는 대안들은 최종적 분석에서 재소자 줄이기 운동[사람들을 수감하는 관행의 종식]으로 이어지지 않을 것이며 교도소 제도 폐지라는 목표에 도움이 되지 않을 것이다.[26]

교도소 폐지를 지향한다는 건 오랜 시간에 걸쳐 교도소가 필요하지 않은 사회를 만든다는 뜻이다. 이런 비전은 우리가 아무 대안 없이 모든 수감자들을 즉시 풀어 주기만을 원한다는, 교도소 폐지론에 관한 캐리커처와는 동떨어진 것이다. 교도소 폐지로 가는 지도를 제시한 책 중 하나로, 페이 호니 놉의 1976년 저서 『교도소의 대안: 폐지론자를 위한 안내서』Instead of Prisons: A Handbook for Abolitionists가 있다. 이 책은 출간된 이후 수많은 급진주의 운동에 영향을 끼쳤다.[27] 이 책은 사회에서 교도소의 기능과 힘을 줄이기 위해 우리 사회가 거쳐야 할 다섯 가지 기본 단계를 제안한다. 나는 페미니스트, 인권단체, 그리고 모든 LGBTQ+ 활동가들이 이 다섯 단계를 각자의 정치에 유용하게 녹여 낼 수 있다고 주장하며, 여기에서도 내 주장의 목적에 맞게 변형해 사용한다.

첫째는 새 교도소 건설 중지를 선언하고, 교도소 제도에 대한 금융 지원을 삭감하며, 교도소 제도를 확장하는 대신 축소하는 것이다. 트랜스인들과 LGBTQ+ 활동가들은 페미니스트 단체나 인권 단체와 함께 **모든** 새 교도소에 반대하는 입장을 선명하게 취하고, 새로운 교도소나 감호 시설, 수감동의 개장을 정당화하는 구체적 트랜스 수감자 관리 지침에 반대 로비를 펼치게 된다. 이때는 징역형 등 형법상의 처벌을 트랜스혐오와 폭력을 해결하는 방식으로서 덜 강조해야 한다는 주장이 포함된다.

둘째는 재소자 줄이기 운동이다. 타인에게 위험하지 않은 수감자들을 풀어 주는 것이다. 코로나바이러스 대유행의 첫 거리두기 단계에서 재소자 줄이기 운동은 잠깐 주류적 화제가 되었다. 과밀한 교도소가 코로나바이러스의 전파라는 공중보건 위험을 야기한다는 점이 분명해지자 제안된 해결책은 비폭력적 수감자

트랜스젠더 이슈

전원을 즉시 풀어 주자는 것이었다(단, 대부분의 제안은 코로나바이러스 대유행을 극복하고 나서까지 재소자 줄이기 정책을 영구적으로 실시할 의도가 없었다). 전염병을 제외하면, 비폭력적 범법 행위로 감옥에 들어온 수감자들의 수와 타인에게 위험하지 않은 수감자, 특히 여성과 아동/청소년 범법자들의 수 및 마약 관련법 위반으로 수감된 사람들의 수는 그 자체로 대규모 석방이 가능하고 필요하다는 의미였다.

셋째는 탈감금 운동이다. 이는 마약과의 실패한 전쟁을 그만두고 마약 사용을 비범죄화하거나 성 노동 혹은 가난(즉, 복지 관련 사기)을 비범죄화하는 등 (트랜스 수감자 수를 포함한) 교도소 인구의 증가를 야기하는 행위를 비범죄화하는 단계다.

넷째는 소수에 대한 제약이다(이때는 최대한 짧은 기간에 최소한의 제약만을 부과하고 최대한 인간적인 방법을 사용한다). 이 방법은 교도소 제도 전체를 정당화하는 데 이용되던, 폭력적이거나 가학적이거나 착취적인 상습 범죄자 등 타인에게 정말로 위험한 행동을 하는 극소수 범법자들을 위한 방법이다. 하지만 이 접근법은 폭력과 위험이 끔찍한 개인만이 아니라 우리 사회의 산물이며, 폭력에 강제력과 감금으로 응답해야 한다는 점은 여전히 큰 실패임을 인정한다.

다섯째는 처벌적 방법보다는 지원 서비스가 특별히 선호되는 돌봄 공동체를 만드는 것이다. 우리가 처벌과 복수가 효과적인 동시에 유용하다고 믿도록 사회화를 거치는 현재의 정치적 환경에서는 가장 어려운 단계가 될 것이다. 트랜스 수감자의 경우 이런 공동체의 돌봄이 개입할 수 있다. 아이들에게 젠더 다양성을 가르치고 트랜스혐오적 괴롭힘에 대한 책임성을 가르치며, 노숙 청년을 위해 주거를 공급하고, 적절한 복지 제도를 구축하고, 마약 및 알코올 관련 계획과 정신보건 서비스를 제공하는 한편, 법적 평등 외에도 초기의 간섭과 위기관리 서비스에 대한 예산 지원을 'LGBT 권리'의 일부로 보는 등의 방법이 있겠다.

유색인과 정신질환자는 물론 트랜스인까지(그리고 이 세 집단에 모두 속하는 수많은 사람들까지) 포함하는 취약 계층과 소수자들의 완전한 해방은 처벌에 집착하는 사회를 정상적이고 바꿀 수 없는 존재로 받아들이는 현재의 논의 조건을 거부하는 데 달려 있다. 현재 분위기에서는 가까운 미래에 달성될 가능성이 별로 없는 거창한 요구로 보인다. 그러나 이처럼 대규모의 혁신적인 시각은 유토피아적으로 보일지 몰라도 내부의 사람들 사이에서 연대감을 쌓게 해 주는 실용적 활동에 영향을 끼칠 수 있으며, 실제로도 영향을 끼친다. 풀뿌리 수준에서, 이런 기풍은 영국의 일부 단체와 집단의 활동에 영향을 미치고 있다. 예컨대 '구부러진 철창'Bent Bars 프로젝트는 LGBTQ+ 수감자에게 LGBTQ+ 펜팔 친구를 연결해 준다. 교도소 벽 양쪽에 있는 두 사람 모두가 LGBTQ+ 공동체와 더 강한 관계를 맺도록 하는 것이 목표다. 수감자들이 트랜스 운동과 페미니스트 운동을 포함한 여러 분야에서 일상적으로 한계에 내몰리고 있는 만큼, 우리는 이들을 우리의 운동으로 끌어들이고 그들의 목소리를 증폭할 새로운 방법을 시급히 찾아야 한다.

우리가 범법 행위에 대해 감금을 가장 먼저 활용할 해결책으로 보는 사회에서 그만 눈을 돌려야 한다는 점은 분명하다. 그러나 놀랍게도 현실에서 영국은 그 어떤 범법 행위도 저지르지 않은 사람들조차 자주 가둔다. 차이는, 감금되는 사람들이 이민자이며 우리가 그 철창을 교도소가 아니라 '이민자 수용소'라고 부른다는 점이다. 이 중에는 고국에서 기소되지 않으려고 도망쳐 영국에 망명했지만, 영국이라는 국가에 의해 경악스러운 취급만을 받은 트랜스인 이민자들도 있다. 2015년(통계가 작성된 최근 연도다), '정보의 자유' 조사에 대한 내무성의 응답에 따르면 내무성이 트랜스인이라고 인식한 이민자 수용소의 수감자는 5명이다. 지난 3년에 걸쳐 트랜스인으로 기록된 수감자 21명은 이민 추방 센터에 억류되었다. 내무성이 트랜스인을 비교적 좁게 정의하고 있어서, 어느 정도 의료 절차를 거친 트랜스 남성과 여성을 중심으로 할 수 있다는 점을 생각하면 실제 숫자는 더 많을 가능성이 크다.

7월의 어느 화창한 아침, 나는 국제적으로 유명한 법정 변호사이자 난민 문제 및 성적, 젠더적 정체성과 표현 방법에 근거한 인권 소송 관련 법률 전문가인 S. 첼번 박사를 만나러 갔다. 런던에 있는 그의 사무실에 앉아서, 첼번은 내게 영국에는 1년에 트랜스인들과 관련된 망명 사건이 20건 미만으로 발생한다고 말해 주었다. 그는 영국의 가혹하고 냉담한 접근법이 최악의 순간을 맞은 것은 토니 블레어와 고든 브라운의 신노동당 정부 집권기인 2004~2010년으로, 이 기간에는 성적 지향이나 젠더 정체성을 근거로 영국에 망명을 신청한 개인들이 고국에 송환된다 한들 '조심스럽게' 행동할 것이 '합리적으로' 예상된다면 국제적 보호가 필요하지 않다고 여겼다. 망명 신청자가 박해를 피하기 위해서는 퀴어 정체성을 숨기기만 하면 된다는 영국 정부의 예상은 전부 영국이 퀴어 망명 신청자를 받아들여야 하는 상황을 면피하기 위한 우스꽝스러운 짓이었다. 다행히도 이 주장은 결국 2010 년 대법원에서 무효로 결정되었고, 그 이후로는 트랜스 망명 신청자를 추방하려는 내무성의 시도에 반대해 성공적인 항소가 이루어졌다. 2016년의 어느 사건에서 영국에 사는 33세의 싱가포르 출신 트랜스 여성은 이민국 판사 두 명이 그녀가 고국에 돌아가면 싱가포르 법에 따라 남성으로서 8년간 의무적으로 군 복무를 하지 못했다는 이유로 기소당할 것임을 알게 되면서 체류할 권리를 얻었다.

일부 사례에서는 법 제도가 트랜스 망명 신청자들에게 하나의 통로가 되어 줄 수 있지만, 2010년대에는 제도에서 LGBTQ+ 망명 신청자들을 여전히 회의적으로 대우했다. 이런 시각은 연달아 집권한 보수 정부의 '적대적 환경' 정책에 따라 악화되었는데, 이 정책은 일반적인 반이민 정서를 아우른다. 2015년에 성공적으로 법적 문제가 제기되기 전까지 망명을 신청하러 영국에 온 수많은 사람들은 즉시 억류되어, 각자의 망명 신청이 '억류 관련 패스트트랙 절차'Detained Fast Track, DFT를 거치는 동안 고도 보안 이민자 수용 시설에 감금되었다. LGBTQ+인 사람들은 DFT에 자주 억류되었는데, DFT는 속도를 내서 망명 신청을 심사하기는 했으나 신청자에게 유리한 심사 결과를 내놓는 경우는 드물었다. 내무성은 놀랍게도 망명 신청의 99퍼센트를 거절했다.

사람들이 의지와 상관없이 붙잡혀 있는 총 아홉 군데의 이민 추방 센터를 갖추고 있어 유럽에서 가장 큰 이민자 수용 시설을 두고 있는 영국은 다른 국가 대부분에 비해 더 많은 이민자와 망명 신청자들을 억류한다. 게다가, 영국은 망명 신청자들을 무기한 억류하는 유일한 유럽 국가다. 스톤월과 '영국 레즈비언 및 게이 이민자 단체'UK Lesbian and Gay Immigration Group에서 발간한 2016년 연구보고서에 따르면, 트랜스 망명 신청자들은 수용소에서 특정한 폭력 위험에 직면한다. 도망쳐 온 국가에서의 학대로 이미 외상을 입은 경우가 많은 이 사람들은 자신의 젠더 정체성과 맞지 않는 시설에 일상적으로 억류된다. 이런 곳에서는 보건의료 직원들이 트랜스인들의 욕구에 응할 준비도 되어 있지 않으며, 그럴 자격도 없다. 그 결과 수많은 억류자들이 갑자기 투약을 중지해야 하는데, 이는 신체적, 정신적 고통을 야기할 수 있다. 인도 출신의 어느 트랜스 망명 신청자가 연구자들에게 밝혔듯, 이들은 직원들에게 오해를 받았으며 안전에 위협을 느꼈다. 이들의 말에 따르면 한 가지 문제는 공동 샤워실과 관련된 것이었다. "당연히 사람들이 보고 있을 때 샤워를 할 수는 없어요. 사람들이 저를 보면 큰 문제가 생길 테니까요. 저는 샤워실을 쓸 수 없었어요. 15일 동안 샤워를 할 수가 없었죠. 정말 끔찍했어요."[28] 망명 신청자들이 호르몬을 압수당하는 경우도 있었고, 직원이 일부러 억류자의 젠더를 잘못 부르는 등 차별적인 대우를 한 경우도 있었다.

일반적인 교도소에서와 마찬가지로, 수용소에서 트랜스 망명 신청자들에 대한 잔인성의 패턴은 동성애자와 시스젠더 여성에게 영향을 끼치는 폭넓은 문제의 일부다. 대체로 성인 여성이 거주하는 수용소인 얄스우드는 다양한 정계와 언론계 기관으로부터 광범위한 비판을 받았다(이런 기관들은 보통 급진적인 반감금 정책으로 유명하다고 할 수 없는 곳이었다). 이 수용소는 반복적인 스캔들에 시달렸는데, 그중에는 직원이 화재 시에 억류자를 안에 가둬 놓은 사건에서부터 성 학대가 일어났다는 몇몇 주장, 억류자들이 처우 개선을 요구하며 단식 투쟁을 벌인 사건까지 다양한 사건이 있었다. 2018년에는 당시의 내무 장관 내정자인 다이앤 애벗이 선출되면 노동당 정부에서 얄스우드를 폐쇄하겠다고 선언했다.

영국에서 트랜스 망명 신청자와 수감자에 대한 대우는 복잡하고도 절망적인 문제다. 하지만 교도소 폐지와 모든 이민자 추방 시설의 폐쇄를 공통적으로 요구하는 것은 트랜스 활동가, 시스젠더 페미니스트, LGBTQ+ 운동가들이 협력할 수 있는 한 가지 방법이다. 이런 협력의 목적은 영국에서나 전 세계에서나 우리 공동체의 가장 취약한 사람들을 상대로 한 국가의 억압적 기제에 문제를 제기하는 것이다. 최근에는 LGBTQ+ 망명 신청자들을 비행기에 실어 추방함으로써 정부에 도움을 주는 브리티시 에어웨이 같은 회사가 브라이턴 프라이드 등 LGBTQ+ 행사를 후원하도록 허용되었다. 바로 이런 공동체 공간 내에서의 처벌과 추방 시스템의 정상화야말로 예외 없이 문제 제기의 대상이 되어야 한다. 국가의 압제에 협력하는 데 참여하는 사람들에게는 훨씬 많은 것을 요구해야 한다. 영국은 박해를 피해 도망치는 모든 사람들에게 국경이 열려 있는 나라가 되어야 한다. 또한 영국은 트랜스인들이 경찰력과 교도소의 잔인한 남용을 통한 영국이라는 국가 자체의 폭력에 시달리지 않는 나라가 되어야 한다. 트랜스 공동체, 그리고 영국과 전 세계에 있는 우리의 동맹은 모든 형태의 국가적 폭력과 체계적인 트랜스혐오에 맞서고 있는 우리의 형제자매들을 위해 싸워야 한다.

6 살가운 사촌: LGBT의 T

Kissing Cousins: The T in LGBT

2018년 런던 프라이드는 7월의 무더위 속에서 진행됐다. 열기에도 주눅 들지 않은 대규모 군중이 영국 수도의 거리에 모여 밝게 장식된 퍼레이드 카를 지켜보았다. 퍼레이드 카를 이끄는 사람은 런던 최초의 이슬람교도 시장인 사디크 칸이었다. 퍼레이드는 다양성이나 다문화를 런던이 편안하게 받아들이고 있음을 생기 있게 과시했다. 사실, LGBTQ+ 주류 정치가 당황스럽게도 기업의 후원을 편안하게 받아들이고 있다는 점이 과시되기도 했다. 퍼레이드 카의 로고는 비윤리적 업무 관행이 있는 은행에서부터 동성애혐오 정권을 지원하는 무기 제조사와 LGBTQ+ 망명자들을 죽이고 싶어 하는 정권으로 추방하는 데 협력했던 항공사까지 다양했다.

퍼레이드가 출발하면서, 약 열 명의 여성으로 이루어진 단체가 쉽게 보안요원들을 지나가 행진 맨 앞에 합류했다. "트랜스 운동은 레즈비언을 삭제한다"라는 내용의 커다랗고 노란 현수막을 들고 있던 이들은 "L을 해방하라" 같은 슬로건이 적힌 더 작은 팻말들을 휘두르며, 레즈비언들이 '트랜스젠더 이데올로기'라는 이름으로 어쩔 수 없이 남성과 잘 수밖에 없다고 주장하는 전단지를 나누어주었다. 한 여성은 『핑크 뉴스』의 기자에게 "우리는 프라이드에서 L을 해방시키고 싶습니다. 남자는 레즈비언이 될 수 없어요. 페니스가 있는 사람은 레즈비언이 될 수 없습니다."[1]라고 말했다. 프라이드 진행요원들이 이 여성들을 비키게 하려 하자 이들은 거리에 드러누워 행진을 방해했다. 이 상황을 해결할 수 없었던 진행요원들은 결국 퍼레이드가 계속될 수 있도록 포기하고 이 여성들이 맨 앞에서 행진할 수 있게 해 주었다.

유럽에서 가장 큰 규모의 프라이드 행진이 "남자들이 트랜스젠더라고, 레즈비언이라고 말하며 자신과 섹스하도록 레즈비언을 압박하고 있다."[2] 같은 주장을 노골적으로 내세우는 반대 시위자들을 앞세우는 모습은 영국 및 전 세계 트랜스 공동체에 충격을 주었다. 그토록 크고 기업의 후원을 받으며 경찰의 관리 하에 이루어진 프라이드 행사가 어쩌면 그렇게 쉽게 방해받을 수 있는지에 관한 놀라움을 제외하면, 대부분의 사람들이 놀랍다고 느낀 점은 시위자들이 레즈비언이라는 점이었다. 레즈비언은 이런 행진의 편에 설 것으로 생각되는 사람들이었으니 말이다. 하지만 반대 시위를 벌인 그 여성들의 동기는 확실했다. 그들은 트랜스 여성이 레즈비언에게 존재론적 위험이 된다고 생각했다.

영국에서 프라이드 행진은 46년간 열리며 수많은 반대 시위가 일어나는 계기가 되었다. 보통 반대 시위는 종교적 보수주의자나 거리의 파시스트들이 조직한 것이었다. 하지만 전에는 자신의 정체성이 LGBTQ+라는 우산 안에 들어간다고 생각하는 사람들이 반대 시위를 한 적이 한 번도 없었다. 다양성을 기념하는 행사의 핵심에서 뭔가 심하게 어긋난 것이다. 런던의 프라이드는 이후 그 시위자들이 행진을 이끌도록 허용한 점에 대한 사과문을 냈다. 이런 결정이 트랜스인들과 그 동지들에게 너무도 큰 고통을 주었다며, 제대로 행동하지 못한 건 더운 날씨 때문이었다고 했다.

이 시위에 이어, 트랜스 정치는 물론 심지어 트랜스인들에게 LGBTQ+ 운동에 참여할 권리가 있느냐는 문제를 놓고 LGBTQ+의 다양한 분파 간에 균열이 생겼다는 생각은 우익 언론에서 유독 열렬하게 보도되었다. 그해 10월 4일,『타임스』에서는 트랜스젠더 권리에 비타협적으로 접근한다며 스톤월 재단을 비판하는 글을 실었다. 이 글은 게이 남성인 조니 베스트가 정리하고 가수 앨리슨 모예트를 포함한 17명이 연서한 것이었다. 대부분의 서명자들은 레즈비언이나 게이, 양성애자로 정체화했다. 스톤월의 포용적 접근법이 틀렸다는 데 동의하는, 자신을 "남성에서 여성으로의" 트랜스섹슈얼이라고 설명하는 사람 두 명도 포함되어 있었다. "스톤월이 '트랜스젠더 깡패들을 후원하다'"라는 제목이 붙은 관련 기사에서,『타임스』필진인 루시 배너맨은 "레즈비언, 게이, 트랜스인, 간성 공동체의 지도적 구성원들이 다른 관점을 인정하지 않겠다는 태도에 질렸다며 스톤월에 트랜스젠더 관련 정책을 재고하도록 촉구하는 청원을 시작했다."라고 보도했다. 현실에서 이 글에 서명한 사람들은 대단히 소수였지만,『타임스』의 과장은 LGBTQ+ 공동체 내부의 몇몇 사람들에게는 트랜스인들의 권리가 심각한 분열의 지점에 있다는 (전혀 근거가 없다고는 할 수 없는) 생각에 무게를 더해 주었다.

이러한 언론 보도는 오랫동안 이어져 온 긴장 관계에 불을 붙였다. 이런 긴장 관계는 트랜스인들과 LGB인 사람들의 관계가 가진 정확한 속성만이 아니라, 전통적인 'LGBT'라는 약자를 쓰는 것의 이점을 놓고서도 존재했다(이번 장에서, 나는 좀 더 확장력이 있지만 아직 덜 확립된 용어인 'LGBTQ+'라는 용어를 사용한다). 수많은 이성애자와 시스젠더인 사람들은 레즈비언, 게이, 양성애자, 트랜스인이 모두 'LGBT'라는 간판 아래 들어가는 개념을 이해하기 어려울 수 있다. 그 간판 아래에 들어가는 사람들도 똑같이 혼란스러운 경우가 있다. 레즈비언 페미니스트 줄리 빈델은 이 상황을 "이건 전부 부정한 동맹이다. 사람들이 우리를 한 방에 몰아넣고, 얌전하게 굴라고 했다."[3]라고 표현했다.

　　트랜스 작가인 줄리엣 자크는 이런 차이가 1970년대까지 거슬러 올라간다고 말한다. 그 시기에 동성애자 단체와 트랜스섹슈얼 및 트랜스베스타이트 단체 사이에 벌어졌던 한 가지 '분열'을 이야기하며, 자크는 젠더 정체성과 성적 지향의 차이가 선명해지면서 "공통의 기반이 부식되었다"[4]라고 주장한다. 자크는 "특히 그들이 맺어 온 역사적 관계의 복잡성을 생각해 보면, 각자가 상대편과의 연대는 보수주의적 사회에서 자신들의 명분이 받아들여지는 것을 더 어렵게 만들지도 모른다고 걱정해 온 만큼 이미 어느 정도 적대감이 있었다."[5]라고도 생각한다. 서로에 대한 이런 불편감은 트랜스 작가 패리스 리스가 2015년에 쓴 글에도 반영되어 있다. 2015년은 스톤월이 트랜스젠더 이슈에 관한 활동을 시작하겠다고 발표한 해였다. 리스는 이렇게 말했다. "양쪽 모두가 편협하다. 트랜스인들이 '뭐랄까, 나는 동성애자가 아니야. 내 문제는 의학적인 거야.'라고 말하는 소리가 들리는 한편으로 동

　　　　　　　　　　　　　　　트랜스젠더 이슈

성애자들은 트랜스인들에 대해 '크로스드레서와 변태들'이라고 계속해서 말한다."[6] 트랜스젠더와 시스젠더인 LGB 형제자매들의 관계가 위태로워질 수 있다면, 이들 모두가 한데 묶여 있는 이유는 무엇인가? 이들의 경험이 상당히 다른 경우가 많다면, 연대하고 공통의 운동을 펼쳐 나가는 정치적 이점이 무엇인가?

LGBT인 사람들이 정치적으로 함께 조직화해야 할 중요한 명분 중 하나는 우리야 우리 자신을 서로 다른 종족으로 볼지라도 사회의 나머지 사람들은 우리를 혼동하는 경향이 있기 때문이다. 혹은, 어느 트랜스인이 간결하게 표현했듯이 우리는 똑같은 상대에게 두들겨 맞은 사람들이다.[7] 역사적으로나 현재에나 공유하고 있는 이런 억압은 레즈비언, 게이, 양성애자, 트랜스인의 연대를 끌고 가는 원인이 되며 사실상 그런 연대를 꼭 필요한 것으로 만든다. 미국에서든 영국에서든 우익 포퓰리즘이 점점 성장해 가는 시대에, 눈에 띄는 거리의 파시즘이 경계심이 들 만큼 떠오르고 있는 이 시점에, LGBT라는 네 개의 서로 다른 글자들이 단합해야 할 필요성은 그 어느 때보다도 크다(퀴어, 무성애자, 간성인 등 다른 집단과의 연대도 마찬가지다). 우리 모두가 서로 전쟁을 벌이는 것은 우리를 싫어하는 사람들의 이해관계에 부합하는 일이다. 머독 언론사°와 미국 기독교 우파가 트랜스 해방에 반대하는 LGB를 열렬히 지원하는 것은 우연이 아니다.

LGBT인 사람들의 인권이 독특한 위기에 처해 있는 이 시기, 한때 게이 남성을 "탱크탑을 걸친 남색꾼"이라고 불렀으며 동성

° 보수적 언론인 루퍼트 머독의 언론 계열사인 폭스 뉴스, 폭스 스포츠, 폭스 네트워크, 『월스트리트 저널』, 『하퍼콜린스』 등을 말한다.

혼을 수간과 동등하게 보았던 사람인 보리스 존슨이 총리가 될 수 있는 시기에 그 어느 때보다도 LGBT인 사람들이 미디어에 많이 등장하며 우리를 지원한다고 기꺼이 주장하는 기업들도 많아졌다니 역설적으로 보일지 모르겠다. 이는 기업의 순전한 친절에서 나온 결과가 아니다. 여러 브랜드에서는 무지개 깃발을 쓰면 사회정의에 신경 쓰는 사람들의 선의를 빌려올 수 있다는 점을 인식하게 되었다. 기업들은 반문화적이고 해방주의적인 뿌리를 가진 운동에 참여한다고 주장할 수 있다. 이런 운동이 마케팅 목적에 비추어 "전망이 좋다"고 포장하고, 이로써 자본주의적 현상황을 위협하는 모든 정치에서 이런 운동을 탈각해 여유 있는 사람들에게 되파는 것이다. 과시적 소비가 성 해방과 젠더 해방의 뿌리라는 생각은 LGBT 운동의 근육을 무력증에 빠뜨리는 데에 효과를 발휘해 왔다. 신이 없는 시대에, 대중에게 아편을 제공할 새로운 방법들이 생겨난 것이다.

분열과 소비주의는 둘 다 개인적 정체성을 공통성보다 앞세우는 효과로 이어진다. 자신의 정체성에 대한 감각은 심리적 복지에 확실히 중요하다. 하지만 개인적 정체성을 정치적 목적으로 두면, 유아론唯我論 및 타인과의 분리로 이어진다. 이런 관점에서 보면 정체성은 구성원 자격을 얻기 위한 특정한 기준을 갖춘, 변치 않으며 제한적인 여러 범주로 이해된다. 그러나 LGBT 연합의 정치적 명분은 다른 데서, 다시 말해 네 개의 글자가 모두 공유하는 중첩적이고 가끔 혼란스러운 역사에서 시작해야 한다. 동성애자와 트랜스인들은 가끔 우리가 얼마나 뒤얽혀 왔는지, 또 사회의 다른 사람들에게 우리가 어떻게 다른지 교육하려고 해 봐야 지금까지도 얼마나 뒤얽혀 있는지, 인정하기를 꺼린다. 현실에서, 우리가 정체성에 관한 선명하고도 일관적인 정의로 보고 매달리는 이름표는 여전히 극히 새로운 것이며 젠더와 성적 지향에 관한 언어는 지금도 빠르게 발전하고 있다. 이 책 전체에서 나는 로마 황제 알라가발루스나 17세기 런던 몰리하우스에서 크로스드레싱을 했던 매춘부 등 과거의 사람들을 '트랜스젠더'로 분류할 때 주의해야 힐 필요성을 강조해 왔다. 앞서 살펴봤듯, 그 이유는 젠더 다양성을 이해하는 한 가지 방법으로서의 "트랜스"(원래 'trans'라는 말은 '트랜스섹슈얼'transsexual 혹은 '트랜스베스타이트'transvestite를 말하는 것이었다)의 출현이 성 전도라는 기존 개념에 대한 대응으로 20세기에야 출현한 것이기 때문이다. 동성애자 혹은 양성애자로서의 정체성도 마찬가지다. 이런 단어들은 19세기 이전까지만 해도 어떤 **사람**의 유형을 나타내는 이름표로는 거의 이해되지 않았다. 예전에 인간 성적 지향의 다양성은 일탈적이거나 부자연스러운 **행위**라는 면에서 생각되었다. 성과학은 현대 LGBT 정치의 핵심에 있는 젠더 정체성과 성적 지향을 엄격하게 구분하지 않고 일탈적 행위를 한 묶음으로 보았다. 레즈비언, 게이, 양성애자, 트랜스인으로서의 구분된 정체성은 비교적 최근에 발명된 것으로서, 보통 우리가 역사적 인물들을 살펴보고 그들을 이런 상자 안에 깔끔하고 확정적으로 집어넣지 못하게 한다.

그러나 오늘날의 LGBT에게는 우리 자신의 언어를 통해 과거의 사람들을 이해하고, 현재의 우리가 사용할 수 있는 개념적 도구를 활용해 그러한 역사적 인물의 삶을 그려 보려는 강한 충동이 있을 수 있다. 예컨대 18세기 후반에서 19세기 초반에 걸쳐 살았던 핼리팩스 출신 요크셔 지주 앤 리스터는 보통 레즈비언으로 묘사된다. "최초의 현대적 레즈비언"이라고 설명되는 경우도 있다. 리스터의 사연은 그녀가 암호로 작성한, 여성들과의 정사에 관한 자세한 내용을 포함해 그녀의 생생한 일기장에 보존되어 있다. 다른 여성에 대한 리스터의 정열적이고 배타적인 욕망은 분명히 드러난다. 리스터는 어느 날의 일기에 "나는 오직 둘 중 더 아름다운 성별만을 사랑하며, 그에 따라 그들에게서 사랑받는다. 내 마음은 그들의 사랑을 제외한 누구의 사랑에 대해서도 혐오감을 느낀다."[8]라고 적었다. 그녀는 앤 워커라는 이름의 다른 부유한 여성과 함께 1834년에 성체성사를 받았는데(두 사람 다 이를 결혼이라고 여겼다), 이런 관계 역시 리스터의 성 정체성이 오늘날 레즈비언이라고 부르는 것과 일치한다는 강력한 증거다. 그러나 레즈비언이라는 단어는 리스터가 사망하고 30년이 지난 1870년까지 "다른 여성에게 성적으로 끌리는 여성"을 나타내는 데 쓰이지 않았으며, 20세기 초반이 되어서야 흔히 쓰였다. 리스터가 썼을 법하지도 않고, 알아들었을 가능성도 낮은 용어로 그녀를 지칭해야 할까? '요크 시민사회'The York Civic Society에서는 확실히 그렇지 않다고 느꼈다. 2018년 7월, 이 단체에서는 요크의 홀리 트리니티 교회에 리스터에게 바치는 파란 명판을 세웠다. 이 교회는 리스터와 워커가 함께 성체성사를 한 곳이었다. 명판은 리스터를 레즈비언이라고 설명하지 않았다. 오히려 그녀가 워커와 "혼인 관계"를 맺었다는 점을 언급하며, 그녀를 "젠더 불일치"를 겪은 사람으로 설명했다. 아마 리스터가 동시대인들에게 남성적인 모습으로 유명했으며, '신사 잭'(이는 리스터의 생애를 그린 BBC 드라마의 제목이기도 하다)과 '프레드'라는 별명으로 불렸다는 점을 참조했을 것이다. 그러나 이 단체에서 '레즈비언'이라는 구체적인 용어를 빠뜨렸다는 점은 격렬한 반발로 이어져, 온라인에서 2,500명이 서명한 다음과 같은 청원으로 이어졌다. "앤 리스터가 평생 젠더 불일치를 겪어 온 점은 대단히 확실하다. 하지만 그녀는 레즈비언이기도 했다. 우리 역사에서 이 상징적인 여성이 삭제되도록 허용하지 말라." 요크 시민사회에서는 이에 사과하며, LGBT 공동체의 어느 구성원에게도 불쾌감을 줄 의도가 없었다고 확인하고 2019년에 리스터를 레즈비언이라고 명시적으로 설명한 새 조문이 들어간 것으로 명판을 교체했다.[9]

이미 죽은 빅토리아 시대 여성을 정확하게 설명하는 방법을 놓고 벌어진 이 격렬한 논쟁은 역사에 관한 것이라기보다 현대 LGBT 정치에 관한 것이다. '레즈비언'이라는 단어는 지금도 학교 운동장에서나 술집 앞 취객들의 야유에서 여성혐오적 경멸로 쓰이는 경우가 너무 많다. 혹은 온라인 포르노 카테고리에서 이성애자 남성의 만족감을 위한 도구로 쓰인다. LGBTQ 공동체 안에서조차 레즈비언 문화는 무시당하거나 우선순위에서 밀리는 것처럼 보이는 경우가 많다. 게이 남성의 문화와 비교하면 특히 그렇다. 영국 주요 도시에서는 LGBT 관련 장소가 빠르게 폐쇄되었고 지금도 이런 폐쇄가 진행 중인데, 이때 가장 큰 영향을 받은 것이 레즈비언인 경우가 많았다. 런던이라는, 거의 900만 명이 사는 도시에서 레즈비언 관련 업소는 한 곳뿐이다. 이런 분위기에서, 리스터의 파란 명판에 쓰인 단어가 영국에서 최근 일어나는 레즈비언 하위문화의 실종 및 삭제를 두고 벌어지는 현대적 불안의 표현이 된 것은 이해할 만한 일이다. 자신의 문화와 정체성이 위험에 빠져 있고 언제 사라질지 모른다는 느낌이 들 때 역사라는 닻과 선조들에 대한 기념은 힘을 불어넣어 줄 수 있고, 맹렬히 투쟁할 만한 가치가 있다.

리스터의 분명한 여성으로서의 정체성과 다른 여성에 대한 분명한 욕망을 생각했을 때, 그녀를 '레즈비언'이라고 부르는 시대착오는 긍정적인 면이 더 클 것이다. 덕분에 오늘날의 레즈비언들에게 역사적 아이콘이 생겼으니 말이다. 그러나 다른 경우에는 역사적 인물을 트랜스인으로서 확립하려는 비슷한 시도가 뜨거운 논쟁거리가 되었다. 앤 리스터의 사례를 리스터보다 겨우 2년 전인 1789년 아일랜드의 코크에서 마거릿 앤 버클리로 태어난 제임스 배리 박사의 사례와 비교해 보라. 어린 시절 여성으로 양육된 배리는 성인이 된 이후 공적으로나 사적으로나 모든 인생을 남성으로 살아갔으며, 1865년에 사망하기 전까지 군의관으로서 대영제국 전역에서 활동했다. "사망할 경우, 누구도 그의 신체를 살피지 않도록 엄격하게 유의하라."[10]는 지시가 있었고 처음에는 사망증명서에 남성으로 기록되었으나, 배리의 출생 당시 성별은 그의 시신을 매장할 준비를 하던 여성 한 명이 배리의 주치의에게 돈을 주지 않으면 입을 다물지 않겠다고 협박했다가 실패하는 바람에 폭로되었다. 군대와 의료계의 동료들을 비롯해 살아생전 배리를 알았던 모든 사람들은 그의 생물학적 성별이 공개되자 충격을 받았다. 크림전쟁 시기에 배리는 유명한 간호사 플로런스 나이팅게일과 말다툼을 벌여, 그녀를 공개적으로 비난했다. 배리가 사망한 이후 나이팅게일은 당시 사건에 대해 다음과 같은 글을 남겼다.

'그는'° 군인, 병참부, 인부, 막사를 따라다니는 사람 등 상당히 많은 사람들이 모여 있는 가운데 나를 계속 세워 두었다. 그들 모두 배리가 나를 꾸짖는 동안 신사처럼 행동했던 반면, '그는' 짐승처럼 굴었다. (중략) '그가' 사망한 뒤, 나는 [배리가] 여성이라는 말을 들었다. (중략) 나는 [배리가] 내가 만났던 존재 중 가장 억센 존재였다고 말할 수밖에 없다.[11]

사망 이후 남성으로 기억되고 싶다는 배리의 열망에도, 학계와 재야의 역사학자들은 여성형 대명사를 써 가며 그를 자주 여성이라고 주장했다. 리스터의 파란 명판에 대해 레즈비언들이 보인 반응에서와 마찬가지로, 이런 취급은 트랜스 공동체에서 강한 반발을 일으켰다. 가장 최근에 벌어진 이런 반발은 2019년 2월에 일어났는데, 이를 촉발한 사람은 배리에 관한 역사소설을 쓰면서 그를 여성 대명사를 곁들여 "여자 주인공"이라고 공개적으로 말했던 소설가 E. J. 레비가 촉발한 것이었다. 레비는 배리를 여성으로 그리겠다는 자신의 선택을 아래와 같은 트윗으로 변호했다.

한 가지는 분명하다. 그녀는 젠더 카테고리에 따라 손쉽게 분류되지 않는다. (중략) 배리를 트랜스인이라고 주장하는 것은 복잡한 역사를 왜곡하는 것이다. (중략) 배리가 자신을 트랜스인이라고 여겼으리라는 증거는 없다. 그녀는 군인이 되고 의사가되기 위해서 남자의 옷을 입었다. (중략) 그녀의 신체를 읽는 방식의 변화는 내 소설이 씨름한 문제다. 나는 이 점을 이미 고려했다. 나는 그녀의 전기 작가들이 쓴 표현대로 "she/her"라는 단어를 사용한다.

○   나이팅게일은 'He'라는 표현을 써서 배리의 성별을 강조하고 있다.

5장에서 언급했듯, 역사 속 트랜스 남성을 직업적 성공을 추구했던 여성으로 일축해 버리는 일은 흔히 일어난다. 트랜스 행위예술 시인인 제이 흄은 레비의 입장에 "신물이 난다"[12]고 했고, 트랜스 공동체의 역사가인 모건 페이지는 이런 트윗을 남겼다.

> 역사 속에서 가장 노골적으로 드러난 트랜스 남성의 젠더를 잘못 쓰는 것은 고통스러운 일이다. 이것이 우리를 우리 자신의 역사에서 삭제해 버리려는 의도적인 노력이기 때문이기도 하고, 그가 죽은 이후 남성으로 여겨지기를 그토록 절실히 바랐다는 점이 분명하기 때문이기도 하다.[13]

리스터의 청원서에 서명했던 레즈비언들처럼 페이지의 주장도 본질적으로는 레비를 비롯한 사람들이 여성형 대명사를 계속해서 사용하고 배리를 여자로 묘사하는 것이 역사적 정확성 때문이 아니라 현대의 정치 때문이라는 뜻이었다.

> 대부분의 트랜스인에게 사망 이후 잘못된 젠더로 인식된다는 것보다 더 끔찍한 상황은 거의 없다. (중략) 그건 우리가 자주 처해 온 비참한 운명이다. 과거의 사람이든 현재의 사람이든 우리 공동체의 다른 사람들에게 그런 일이 일어나는 것을 지켜보는 건 트라우마로 느껴질 수 있다.[14]

전기 작가인 제레미 드론필드는 이 상황을 더욱 혼란스럽게 만들었다. 그는 『가디언』에서 이런 의문을 표현했다. "마거릿이 1789년이 아닌 1989년에 태어나 의사든, 군인이든 자유롭게 될 수 있었대도 남성이 되기로 선택했을까? 객관적으로, 나는 그러지 않았으리라 생각한다. 단, 마거릿이 논바이너리 정체성을 가졌을 수는 있다."[15]

논바이너리 정체성을 변장한 여성과 트랜스 남성 사이의 중간점이자 타협점으로 보는 드론필드의 개념은 부정확하고 퇴행적인 것이며, 우리가 LGBT 역사를 이해하는 방식에 더 큰 혼란을 일으킨다. 사실, 원래의 명판에서 앤 리스터가 "젠더 불일치"를 겪었다고 설명하자 일어났던 불안감은 어느 정도 명판에서 리스터가 보통 남성 별명을 썼고 남성적인 옷을 입었다는 이유만으로 그녀를 트랜스인 혹은 논바이너리라고 주장했고, 리스터의 여성성이 제한되거나 삭제되었다는 잘못된 믿음에서 기인한 것이다. 페미니스트적 관점에서 볼 때, 역사 속 모든 부치butch 혹은 젠더 불일치 여성이 여성적인 고정관념에 부합하지 않았다는 이유만으로 후대에 그들을 아예 여성이 아니었다고 선포할 수 있을지도 모른다는 우려는 합리적인 것이다. 이 관점이 실제로 남성으로 살았던 배리 같은 사람들을 삭제하는 데 사용될 수도 있다한들 말이다. 리스터의 명판과 제임스 배리 소설에 대한 비판이 받아들여진 방식에서 보이는 대조는 LGBT 역사가 기억되는 방식이 상당 부분 우연에 달려 있음을 보여 준다. LGBT 역사는 그 역사를 전하는 사람들의 정치와 그 역사를 다시 말하는 맥락에서 누가 더 큰 힘을 쥐고 있느냐에 달려 있다. 명판은 바뀌었지만 소설은 바뀌지 않았다. 이들이 미래 세대에게 전할 이야기는 이러한 결정에 따라 달라질 것이다. 'LGBT'라는 조합된 약자는 네 개의 글자가 대표하는 각각의 이름표가 여전히 아직 100년도 되지 않은 무척 새로운 것이며 우리 선조 중 많은 사람들이 삶이 그들을 네 개의 상자 안에 깔끔하게 집어넣으려는 시도에 포착되지 않는다는 점을 인정한다.

　남성에게 끌리는 트랜스 여성으로서 나 자신의 경험을 돌아보면, 사람들이 나를 '실제로는' 혼란이나 망상을 겪고 있거나 내가 남성으로 나 자신을 표현했을 때에 비해 더 남성적인 상대방을 '낚을' 수 있으므로 트랜지션을 한, 대단히 여성적인 동성애자 남성이라고 생각하거나 그렇게 우기는 일은 드물지 않았다. 학교에서 같은 반 아이들과 친구들이 내가 여성적인 게이라고 우겼던 일은 내가 실제로 10대에 게이로 커밍아웃하는 결과로 이어졌다. 내가 결국 남성으로서 살아가는 데 전혀 편안함을 느끼지 못한다는 점과 남성에 대한 끌림이 아니라 여성이 되겠다는 열망이 내 인생의 가장 중심적인 위기라는 사실을 깨달은 것은 몇 년 뒤의 일이었다. 나는 이런 실수를 저지른 것이 같은 반 아이들의 잘못이라고 생각하지 않는다. 어쨌든 우리는 20세기 내내 의료계에서도 동성애자로서의 정체성과 트랜스인으로서의 정체성을 혼동하는 것이 표준적인 일이었음을 살펴보았다. 1960년대에는 트랜스 모델 에이프릴 애슐리의 남편이 자신의 아내가 법적으로나 의학적으로 남성이라는 근거에 따라 혼인 무효 소송을 냈다. 법정에 의학적 증언을 하면서, 정신과의사 존 랜덜은 애슐리를 "동성애자 트랜스섹슈얼 남성"이라고 설명했는데, 이 말은 법정에 트랜스 여성은 여성의 하위 유형이라기보다는 동성애자 남성의 하위 유형으로 보아야 한다고 제안한 것이었다. 1980년대까지도 성과학자 레이 블랜처드는 트랜스인으로 산다는 것이 성적 지향의 표현이라는 주장을 유지했다. 랜덜처럼 그는 남성에게만 끌리는 트랜스 여성은 여성을 모방하며 살아가는 것이 더 쉽다고 느끼는 여성적 동성애자의 한 유형이라고 주장했다. 마찬가지로, 나의 동성애자 남성 친구 일부는 부모님에게 게이라고 커밍아웃 했더니 어머니가 눈물을 흘리며 결국은 여성이 되고 싶은 거냐고 물었다는 사연을 가지고 있다. 모든 동성애자 남성에게 여성이 되고자 하는 욕망이 있다는 주장은 똑같은 혼돈이 방향만 바꾸어 일어난 것이다. 이들의 어머니는 남성에 대한 성적 욕망이 여성으로 산다는 것과 그 자체로 연관된 것이 아님을 모르고 있었다. 모든 LGBT에 '퀴어'라는 이름만 붙이는 경향이 있는 사회에서, 우리가 겪는 억압도 상당 부분은 똑같아 보인다.

이런 구도가 더욱 복잡해지는 건 현대 LGBT 권리 운동 초기에 '게이'라는 단어가 트랜스인을 포함하는 모두를 설명하기 위해 사용되었기 때문이다. 20세기 현대적 LGBT 인권운동의 탄생은 보통 1969년 6월 28일 이른 시각, 뉴욕시 스톤월 여관에서 벌어진 폭동으로 거슬러 올라간다. 이 사건은 LGBT 가족에 들어오지 않는 사람들조차 들어 봤을 가능성이 큰 사건이며, 영국의 스톤월 재단도 이 사건에서 이름을 따 온 것이다. 스톤월 여관은 마피아 소유의 게이 클럽으로, 이 클럽의 고객은 대부분 10대 후반에서 30대 초반에 이르는 다양한 인종의 동성애자 남성이었다. 손님 중에는 숫자가 더 적을지 모르나 부치인 레즈비언들과 트랜스베스타이트(이 집단에는 트랜지션을 이미 했거나 하고 싶어 하는 트랜스섹슈얼 외에도 여성의 복장을 한 동성애자 남성인 '퀸'도 포함되었다)도 있었다. 새벽 1시가 막 지났을 때 경찰이 스톤월을 급습했는데, 경찰이 수많은 손님들을 떠밀며 체포하자 상황이 폭력적으로 치달았다. 어쩌다 폭동이 촉발되었는지에 관한 일부 설명에 따르면, 어느 트랜스베스타이트가 경찰에게 떠밀린 다음 가방으로 그 경찰의 머리를 후려쳤다고 한다. 다른 설명에 따르면 한 부치 다이크(흑인 레즈비언 연예인 스톰 델라버리라고 구체적으로 언급되는 경우도 있다)가 수갑이 너무 꽉 조인다고 불평했다가 경찰관에게 얻어맞고 반격하는 모습이 목격되었다고도 한다.

(폭동에 참여한 사람 대부분이 화가 나 있었고 약간 취해 있던) 어지럽고 복잡한 상황에 대한 다양한 설명이 있다는 걸 생각해 보면, 현재 이 폭동은 LGBTQ+ 공동체의 다양한 지류에서 다양한 방식의 재전달을 옹호하고 있는 기원 설화 혹은 구전 전통처럼 기능하고 있다. 이때 확인 가능한 역사적 근거에 대해서는 무신경한 경우가 종종 있다.[16] 트랜스 역사가인 수전 스트라이커의 표현을 빌리자면, 스톤월 이야기는 "다양한 정체성 집단이 현재의 투쟁을 위해서 서로에게 덤벼들고, 꽤 격렬하게 싸우는 경우도 많은 사건으로서 궁극적으로는 객관적 확인이 불가능한 역사적 주장을 내놓는"[17] 장이다. 이런 주장에는 스톤월 폭동에서 탄생한 운동에 참여한 몇몇 지도적인 활동가들이 얼마나 두드러지는 인물이었으며 그들의 정체성은 무엇이었는지를 놓고 벌어지는 싸움도 포함된다. 스톤월 이야기의 두 주인공 실비아 리베라와 마샤 P. 존슨은 트랜스 여성으로 여겨지기도 한다. 둘 다 이런 표현을 사용한 적은 없다. 이들은 젠더 불일치를 보였고 여성적 정체성을 표현했으나(리베라는 나중에 자신을 '트랜스젠더'라고 불렀다), 둘 다 자신이 여성이라고 주장하기보다는 '퀸'이나 '트랜스베스타이트'라고 했다. 폭동이 시작됐을 당시 리베라가 그 자리에 있지도 않았을 가능성도 크다. 리베라와 존슨(존슨은 스톤월 당시에 핵심적인 역할을 한 게 틀림없다)은 둘 다 자

신을 게이라고 불렀으며(앞서 언급했듯, 당시에는 모두가 그렇게 했기 때문이다) 폭동 후 몇 년이 지난 뒤에는 자신들의 해방 투쟁을 "게이 파워"라고 말했다. 이 말은 유색인 트랜스 여성(이런 표현은 현대적 의미에서 쓴 것이다—즉, 일관적으로 여성으로 정체화하는 트랜스인을 말한다)이 스톤월 폭동에 참여하지 않았다는 말은 아니다. 존슨과 리베라의 동시대 인물인 메이저 그리핀-그레이시 양은 틀림없이 참여했다. 그러나 그녀의 동시대인 대부분은 죽었다. 이 사람들이 살아 있다면 자신을 트랜스 여성, 논바이너리, 드랙퀸, 젠더 불일치자, 동성애자 남성 등 무엇으로 정체화할지 추정하는 것은 현재의 요점에서 벗어나는 일이다. 스톤월 봉기와 여기에서 촉발된 전 세계적인 게이 프라이드 및 게이 해방 운동은 레즈비언, 동성애자 남성, 양성애자, 트랜스인 및 젠더 불일치자가 국가적 억압과 사회적 낙인이라는 동일한 세력에 맞서 폭동을 일으켰음을 뜻한다. 현대적 운동의 초창기부터 LGBT는 서로 어깨를 맞대고 연대했다. 이런 연대는 이들 공동의 이익을 증진하는 데 가장 효과적인 도구였다.

미국의 스톤월 이야기는 영국인 대부분에게 영국 내에서 일어난 LGBTQ+ 조직 활동의 초창기에 비해 잘 알려져 있다. '영국 게이 해방 전선'은 1970년 10월 13일, 런던 대학 경제학부 지하실에서 처음 회합했다. 이 단체의 창립자 중 밥 멜러스와 오브리 월터는 '미국 게이 해방 전선'GLF의 효력을 보고, 혁명적 정치에 기반을 둔 비슷한 운동을 해 보고자 했다.

GLF는 이성애자 중심 사회에서 평등을 이룩하거나 이런 사회를 개혁하는 데서 그치지 않고 핵가족, 젠더 역할, 가부장제 등 사회 자체에 도전장을 던지고자 했다. GLF는 자본주의를 거부하는 사회주의적 운동이었다. GLF의 1971년 성명서에서는 이렇게 선언했다. "우리는 갖은 제약을 가하는 부패한 이데올로기를 갖춘 현재의 억압적인 체제를 뿌리 뽑기 위해 우리의 정의로운 분노를 활용하는 방법을 보여 주려 한다. 또한 우리는 다른 억압받는 단체와 연대하여, 우리가 제시하는 대안으로부터 새로운 질서와 해방된 생활 양식을 형성할 수 있다는 점을 보이고자 한다." 당대의 설명에 따르면, 트랜스인들이 초창기부터 GLF에 참여했음이 확인된다. 비록 이들이 왜, 어떻게 포함될 수 있는지에 관해서는 어느 정도 혼란이 있었지만 말이다. GLF의 한 레즈비언 회원은 이렇게 회상했다.

> 트랜스섹슈얼과 관련된 문제는 이중적이었다. 하나는 성전환증이 당시에 딱히 잘 알려지지 않아서 수많은 사람들이 그런 것이 존재한다고 믿지 않고, 그들이 이성애자 중심적인 사회가 바라보는 방식 때문에 제대로 적응하지 못한 동성애자 남성일 수 있다고 생각했다는 점이다.[18]

GLF의 다른 회원인 스튜어트 페더도 트랜스인들이 스스로에 대해 가진 관점을 받아들이는 데에는 초기에 어려움이 있었다고 설명한다.

> 처음에 우리는 트랜스섹슈얼이란 수술로 정신이 가로막아 둔 것을 교정하기 전까지 이성애적 모형에 대한 대안을 인지할 수 없는, 이성애적으로 엄격하게 양분된 흑백 고정관념을 가진 게이라고 보았다.[19]

확실히, 게이와 레즈비언 회원들은 트랜스인 개인을 알게 되면서 이런 생각이 사실이 아니라는 점을 깨닫게 되었다. GLF의 일부 트랜스 여성이 남성이 아니라 다른 여성에게도 끌렸으며, 자신을 레즈비언으로 정체화했던 것도 한 가지 이유였다. 시스젠더 여성인 이디스와 결혼한 트랜스인 레즈비언 레이철 폴락은 1971년 영국 GLF 내에 트랜스인들을 위한 최초의 특별 단체를 만들었다. '트랜스베스타이트, 트랜스섹슈얼, 드랙퀸 그룹'이라는 단체였다. 트랜스젠더 스펙트럼에 들어가는 GLF 회원들이 만나 자신의 상황과 정치적 우선순위를 함께 살펴볼 수 있는 공간이었다. 머잖아 이들은 그들만의 정치적 선언문인 「당신의 성별을 선언하라」Declare Your Sex를 펴냈는데, 이 선언문에서는 트랜스 해방 운동을 폭넓은 게이 해방 운동의 일부로 확실히 정체화했다.

많은 게이들은 '동성애자 트랜스베스타이트'와 '이성애자 트랜스베스타이트'의 구분으로 혼동을 겪는다. 하지만 이건 인위적인 구분으로, 우리를 따로 떼어 놓고 우리의 정체성을 부정하고자 하는 사람들이 우리에게 덧씌운 것이다. 트랜스섹슈얼이나 트랜스베스타이트는 트랜스섹슈얼 혹은 트랜스베스타이트이기에 게이다. 우리 중에는 남자에게 끌리는 사람도, 여자에게 끌리는 사람도 있다. 동성애자인 사람도 있고, 이성애자인 사람도 있으며, 레즈비언도 있다. 하지만 우리는 모두 트랜스섹슈얼 혹은 트랜스베스타이트이며, 인정받고 격려받아야 할 것은 이런 정체성이다. 게이로 산다는 것은 공식적 성별의 규칙을 깨고, 가족과 학교, 교회에서 설정한 안내선을 뛰어넘는다는 뜻이다. 우리 중에는 잘못된 사람과 자서 그 선을 뛰어넘는 사람도 있고, 잘못된 옷을 입는 사람도 있다. 그 둘을 다 하는 사람도 있다. 우리는 모두 게이다.[20]

현대인이 듣기에는 이상한 주장이다. 우리는 '트랜스'란 젠더 정체성만을 엄격하게 의미하는 것이고 '게이'는 성적 지향에 관한 것이라고 배웠다. 혹은, 일부 뻔한 말에 따르면 "젠더는 어떤 사람**으로서** 잠자리를 하느냐는 문제고, 성적 지향은 어떤 사람**과** 잠자리를 하느냐는 문제"라고 말이다. 하지만 「당신의 성별을 선언하라」 선언문의 표현은 오늘날까지도 적용되는 중요한 요점을 포착한다. 대부분의 트랜스인은 자신의 성적 지향을 퀴어 등 이성애적이지 않은 것으로 본다는 것이다. 2015년에 전미 트랜스젠더 평등 센터에서 2만 7,715명의 트랜스젠더와 논바이너리인 사람들을 대상으로 실시한 설문조사에 따르면, 응답자의 21퍼센트는 퀴어라는 말이 자신의 성적 지향을 가장 잘 표현한다고 보았고 18퍼센트는 범성애자, 16퍼센트는 게이, 레즈비언, 혹은 동성애자라고 말했으며 14퍼센트는 양성애자, 10퍼센트는 무성애자라고 했다.[21] 이 말은 대부분의 트랜스인들이 이성애자가 아니라는 뜻이다. 'LGBT'라는 용어가 부정확한 가장 큰 이유는 T가 사실상 상당 부분 중첩되는데도 트랜스인을 LGB와는 구분되는 범주라는 함의를 띠고 있기 때문이라고 주장할 수 있겠다.

많은 트랜스인들은 트랜지션 자체가 성적 지향 혹은 성적 지향을 인지하고 설명하는 방식에 변화를 일으킨다고 말한다. 2017년에 『바이스』에서는 〈게이 남성으로 여러 해를 살아온 끝에 레즈비언이 된 트랜스 여성들〉이라는 특집 기사를 실었다. 기사는

트렌스젠더 이슈

남성으로서 살 때는 오직 남자와만 사귀었으나 여성으로 트랜지션을 한 뒤에는 오직 여성과만 사귀었던 트랜스 여성에게 초점을 맞추었다. 트랜지션을 하자, 이들이 끌리는 사람의 젠더도 따라 바뀌었다. 이들은 동성애자 남성으로 살아가다가 동성애자 여성으로 살아가게 되었다. 『바이스』와의 인터뷰에서, 컬럼비아 대학교 정신의학과 교수 월터 복팅 박사는 이런 일이 발생하는 이유가 젠더 역할을 변경하는 행위에 따라 다른 사람들의 젠더를 생각하는 방식이 변화되는 것과 상관이 있기 때문일지도 모른다고 제안했다. "젠더와 성적 지향에 관한 지배적인 사회적 규범에 도전하고 나면, 그 사람은 젠더 정체성을 탐구한 데 더해 성적 지향도 더욱 자유롭게 탐구할 수 있으리라고 느낀다."[22]라는 것이다. 같은 기사에서, 인터뷰한 트랜스 여성 중 한 명인 앨리슨은 자신이 끌리는 대상이 바뀐 이유를 이렇게 설명했다. "'나는 다른 젠더의 입장이 됐어요.' 그녀는 더 이상 남성으로 정체화하지 않았기에 (중략) '남성 이성애에 대해 느끼는 혐오감'을 삼키거나 자신이 남성 이성애에 공모한다고 생각하지 않고도 '여성을 연애 혹은 성적 관심의 대상으로 볼' 수 있게 되었다고 말했다."[23] 달리 말해, 앨리슨은 자신이 오직 여성으로서만 편하게 여성을 욕망할 수 있다고 생각한다. 트랜지션 이전에 여성에 대한 성욕은 그녀에게 지나치게 남자가 된 듯한 느낌이 들도록 했다. 이런 느낌은 젠더 디스포리아 때문에 그녀에게 큰 고통을 주었다. 21세기에 접어들어, 사람들은 이성애자, 동성애자, 양성애자라는 엄격하고도 변치 않는 범주로 표현할 수 있는 것보다 인간의 성적 지향이 훨씬 더 복잡하다는 점을 폭넓게 인정하게 되었다. 트랜스인들의 경험은 이처럼 늘어난 성적 다양성의 한 부분일 뿐이다. 젠더 정체성과 표현 형태가 남성과 여성이라는 범주 밖에 있거나 그 둘 사이를 오가는 사람인 논바이너리의 경우, 인간의 성적 지향에 관한 19세기의 범주는 말이 되지 않는다. 그래서 '퀴어'라는 용어가 인기를 얻은 것이다.

　트랜스인들이 일차, 이차성징을 재지정할 때 쓸 수 있는 다양한 의학적, 수술적 방법들도 인간의 성적 지향에 대한 우리의 이해에 어려운 문제를 제기했다. 우리가 끌리는 대상은 정확히 무엇인가? 성기인가? 남성적, 여성적 기표가 주는 전반적 인상인가? 가슴인가? 목소리인가? 헤어스타일인가? 아니면 이런 것들의 다양한 조합인가? 본능적으로, 많은 사람들은 성적 지향은 특정 성기에 대한 끌림이라고 생각하기 쉽다. 그리고 많은 사람들에게는 우리가 남성과 여성에 대해 기대하는 바와 일치하는 성기가 타인에게 끌리는 주된 이유다. 하지만 예컨대, 여성화된 외모와 신체, 가슴이 있으나 페니스가 있는 트랜스 여성과 가슴 털과 근육, 낮은 목소리, 턱수염과 질이 있는 트랜스 남성의 인구가 늘어난다는 건 같은 신체에 혼합된 성징과 기표가 있을 수 있다는 점을 뜻한다. 내가 아는 사람 중에는 여성에게만 끌리는 남성으로 정체회하면서 오직 페니스가 있는 여성과만 사귀겠다는 사람들과, 페니스가 있는 여성과 사귀는 음순이 있는 레즈비언들, 음순이 있는 남성과 사귀는 동성애자 남성이 있으며 음순이 있는 남성과 사귀는 페니스가 있는 여성도 (당연히) 있다. 그러므로 젠더 이분법에 대한 트랜스인들의 도전은 지적이고 정치적인 것이기도 하지만 신체적이고 성적인 것이기도 하다. 여러 모로, 트랜스인들은 성적 끌림 자체를 이해하는 전통적 방식에 도전한다.

　불행히도 성욕을 이해하고 범주화하는 방식에 관한 이런 일반적 도전은 소수의 게이와 레즈비언들을 불편하게 만들 수 있다. 이들은 마치 누군가가 자신의 성적 지향에 관해 문제를 제기하거나, 그들의 성적 지향을 다시 생각해 보라는 요청을 개인적으로 받은 것처럼 느낀다. 우리가 사는 세상에서는 이성애에 대한 선호가 동성애자들이 품는 성욕에 대해 수치심을 주거나 이들의 성욕을 억지로 없애려고 노력하는 데 보통 활용되므로, 이는 이해할 만한 일이다. 그러나 이런 불편감의 결과는 게이와 레즈비언을 위한 공간에서 일어나는 트랜스인들에 대한 차별로 나타나는 경우가 많다. 2018년 10월, 영국의 한 게이 언론에서는 한 트랜스 남성이 페니스가 없다는 이유로 런던 동부 라임하우스에 있는 게이 사우나인 세일러스 사우나에서 나가 달라는 요청을 받았다고 보도했다. 양성애자 트랜스 남성인 제이슨 스미스(가명)는 현장에서 성관계가 이루어지는 이곳에 가도 되는지 확실하지 않아, 미리 세일러스 사우나의 트랜스인 관련 규정을 웹사이트로 확인했다. 그런 규정은 없었다. 그는 친구와 함께 사우나에서 한 시간 정도 머물다가, 직원에게 나가 달라는 말을 들었다. 다른 손님이 가게에 "여자"가 있다고 불평했다는 것이다. "직원이 와서 나가 달라고 했어요. (중략) 성기 때문에 저는 들어올 수 없다는 거였죠."[24] 나중에 그는 『게이 스타 뉴스』에 이렇게 말했다. 스미스에게 가게가 남성 전용 공간이라고 말하면서, 직원은 (잘못된 정보였으나) 지역 의회의 규정에 따르면 스미스가 세일러스 사우나에 들어올 수 없다고 말했다. 스미스가 직원에게 성별이 남성으로 나와 있는 여권을 보여주자, 직원은 스미스한테 "가슴과 거시기"가 있었다면 괜찮았겠으나 질이 있으므로 안 된다고 했다고 한다. 사우나 직원과 제이슨이 왔다고 불평한 시스젠더 동성애자 남성 고객은 스미스의 성기를 그를 범주화하는 단서로 활용하기로 한 것이다. 그의 다른 신체적 특징이나 법적 정체성, 가장 중요하게는 양성애자 남성이라고 그 자신이 밝힌 정체성은 무시됐다. 제이슨과 어떤 식으로든 상호 작용하지 않았음에도 제이슨의 신체 구조에 대해 느낀 다른 손님의 불편감은 역사적으로 퀴어에게 동성애혐오적 폭력이라는 위험 없이 성관계 맺을 공간을 제공하기 위해 존재해 온 장소에 제이슨을 포함시키는 것보다 중요한 일로 여겨졌다. 물론, 사우나의 모든 남성에게는 트랜스 남성과의 성관계를 거부할 절대적 권리가 있었다. 하지만 신체만을 이유로 트랜스 남성을 선제적으로 제거해 달라고 요구하는 것은 LGBT 공동체 안에서도 트랜스혐오가 얼마나 공공연하게 일어날 수 있는지 보여주는 사례다.

　퀴어 남성 사이에서, 게이들의 공간에 트랜스인을 포용하는 것이 걱정스러운 문제였다면 2018년 런던 프라이드에서 벌어진 트랜스 반대 레즈비언 시위는 퀴어와 레즈비언 여성 사이에서 이 문제가 얼마나 폭발적일 수 있는지 보여 주었다. 그러나 레즈비언과 트랜스인이라는 소수자들 사이에서 발생한 분열 중 하나는 트랜스 여성과 아무 관련이 없었다. 이런 분열은 부치 레즈비언 중에서도 특히 젊은 부치 레즈비언들이 '트랜스 활동가'들에 의해 트랜스 남성으로 모집된다는 믿음에서 기인했다. 1980년대 이후로 일부 레즈비언 공동체에서 반복적으로 나타나 공황을 일으키는 이런 생각은 '부치 탈출'butch flight이라고 불리는데, 그 말은 이성애자 남성으로서의 특권적 삶을 누리기 위해 부치 레즈비언들이 여성성에서 수상하게 '탈출'한다는 뜻이다. 이런 공포에 현실적 근거가 전혀 없는 것은 아니다. 일부 트랜스 남성은 처음에 여성에게 끌린다는 것을 이유로 자신을 레즈비언으로 정체화하고(내가 남자에게 끌린다는 이유로 한때 나를 게이로 정체화했던 것과 같다) 퀴어 여성 공동체로 피신했다가, 결국 자신에게 맞는 것은 트랜지션이라고 판단하기 때문이다. 최근의 사례가 할리우드 배우 엘리엇 페이지다. 그는 처음에 레즈비언으로 커밍아웃했다가 트랜지션했다. 시스젠더 LGB인 친구와 트랜스인인 친구들이 모두 있는 나로서는 일부 가족에서 동성애자인 자녀는 받아들이지만 트랜스인 자녀는 받아들이지 않는다는 점을 잘 알고 있다. 이들에게는 이름과 대명사, 신체의 변화가 그야말로 받아들이기에는 너무 벅찬 것이다. 이런 사례에서, 트랜스 남성이나 논바이너리인 사람은 처음에 거부에 대한 두려움과 어느 정도 타협하는 한 가지 방식으로서 부치 여성으로서의 정체성을 받아들이려 노력한 뒤에야 젠더 디스포리아를 해결하지 않고는 살아갈 수 없다는 사실을 깨닫게 된다. 하지만 자신의 젠더에 대해 깊은 혼란을 경험하며 여러 해에 걸쳐 자신이 젠더 스펙트럼의 어디에 있는지 확신하지 못하는 여성이 소수 있다고 해도 최초에 자신을 레즈비언으로 정체화한 사람들 중 수많은 사람들이 집단적으로 트랜지션을 하고 여성적 정체성을 버리겠다는 의식적 선택을 한다는 믿을 만한 증거는 전혀 없으며 이들이 그렇게 해야 한다는 압박감을 느낀다는 증거는 더더욱 없다.

일부 레즈비언과 트랜스인 사이의 균열을 설명하는 또 한 가지 방법은 시스젠더 레즈비언들이 성적 상대로서 트랜스 여성을 억지로, 혹은 강제로 받아들여야 한다고 느낄 수 있다는 점이다. 나는 수많은 시스젠더 레즈비언이 트랜스 여성, 특히 페니스가 있는 트랜스 여성에게 성욕을 느끼지 않을 것이며 어느 여성에 대한 관심을 표현했다가도 그 여성이 트랜스인임을 알면 생각을 바꿀 것이 확실하다고 본다. 궁극적으로, 모든 사람에게는 무슨 이유로든 성적 경계선을 설정하고 개인적인 잣대에 따라 성적 압박감을 느끼지 않을 권리가 있다. 그러나 게이 사우나에서 쫓겨난 트랜스 남성의 사례에서와 마찬가지로, 이런 상황과 예컨대 레즈비언 데이트 사이트나 레즈비언 바에 있는 트랜스 여성의 존재 자체가 정의상 약탈적인 것으로 여겨져 쫓겨나는 상황 사이에는 차이가 있다. 트랜스 레즈비언에게도 다른 레즈비언들처럼 성범죄자 남성으로 오해받는 대신, 적절하고 합의에 따른 방식으로 성적이고 낭만적인 관계를 추구할 권리가 있다. 일부 레즈비언은 트랜스 여성에게 끌리며 그들과 데이트하는 것도 괜찮다고 생각하는데, 이런 커플은 동료나 미디어 때문에 자신의 성적 지향이 완전히 지워지는 위험을 감수하게 된다. 이런 분쟁은 트랜스 여성이 자신을 레즈비언이라고 부를 권리가 있느냐는 문제에서부터 시작하는 경우가 많다. 2018년 6월 『이코노미스트』에서, 철학자 케이슬린 스톡은 "자신을 트랜스 여성이라고 선언한 사람들을 포함하는 식으로 '여성'이라는 개념을 바꾸면 '레즈비언'이라는 개념에 대한 안정적인 이해도 흔들릴 위험에 처한다."라고 썼다(이 주장에 동의하는 것처럼 보이는 레즈비언 집단이 런던의 프라이드 행사를 방해하기 한 달 전이었다). 스톡은 이렇게 주장했다. "레즈비언은 전통적으로 다른 여성에 대한 성적 지향을 가진 여성°으로 이해되었다." 그러나 나는 '레즈비언'이라는 용어에

°   여기에서 '여성'에 대한 스톡의 정의는 출생 시의 생물학적 성별만이 어떤 사람이 무슨 목적으로든 '남성' 혹은 '여성'이 될 수 있는지를 결정하는 요소이며, 이 점은 결코 달라질 수 없다는 믿음에 근거한다.

대해 오래전부터 "안정적인" 이해가 이루어졌다는 생각은 전혀 부정확한 것이라고 주장한다.

트랜스 레즈비언이라는 정체성의 타당성에 관한 논쟁은 최소한 1970년대 초반에 레즈비언 조직화 현장에 참여할 것이냐를 두고 벌어진, 최초의 기록된 논쟁으로까지 거슬러 올라간다. 1971년, 트랜스 포크송 가수인 베스 엘리엇은 미국 레즈비언 단체인 '빌리티스의 딸들' 샌프란시스코 지부 부회장으로 선출되었다. 그녀는 로스앤젤레스 게이 여성 회담의 오렌지 카운티 다이크 패트롤에도 참여할 수 있었으며, 1973년에 열린 웨스트코스트 레즈비언 회담의 조직위원회 위원이기도 했다. 이 시기에, 그녀를 레즈비언으로 볼 수 있느냐는 문제를 놓고 논쟁에 불이 붙었다. 바로 그 컨퍼런스에서 공연하고자 무대에 올랐을 때, 엘리엇은 레즈비언 분리주의자 단체인 '거터 다이크'의 적대 행위에 직면했다. 거터 다이크는 엘리엇을 레즈비언 행사에서 공연할 자리가 없는 남성이라고 부르며 군중에게 전단지를 살포했다. 분리주의자들이 공격적으로 무대에 접근하자 엘리엇의 공연은 중단되었다. 컨퍼런스 전체가 그녀의 공연을 계속해야 하는지를 놓고 투표하기 위해서였다. 한 시간 뒤, 참석한 여성 1,300명의 표가 계수되었다. 3분의 2라는 대다수가 베스 엘리엇의 손을 들어 주었다. (트랜스 여성을 레즈비언의 현장에 끼워주지 않으려는 저항의 역사에만 관심을 두다 보면, 트랜스 여성이 다른 여성들에게서 압도적인 지지를 받아 온 기나긴 역사를 간과하기가 쉽다.)

> 내 생각은 다르다. 나는 사회적, 법적, 정치적, 그리고 가끔은 의료적 재지정이나 여성으로서의 경험을 통해 트랜스 여성도 '여성'으로 간주되어야 한다고 주장한다. ―지은이 주

앞서 살펴보았듯, 트랜스 여성은 레즈비언이 될 수 없다고 주장하는 사람들은 여전히 있다. 그러나 영국 게이 해방 운동의 초창기에 활동했던 레이철 폴락 같은 트랜스 레즈비언의 존재나, 성적 지향을 가리지 않고 모든 트랜스인이 게이 해방 운동에 참여할 수 있어야 한다는 「당신의 성별을 선언하라」는 선언문은 "게이", "레즈비언", 심지어 "이성애자" 같은 용어를 누가 쓸 수 있는지 이해하기 위해 끌어들일 단일한 '전통'이란 존재하지 않는다는 뜻이다. 이런 질문은 언제나 논쟁의 대상이 되어 왔다. 시스젠더 게이, 레즈비언, 양성애자와 트랜스인의 관계 및 트랜스인이 게이 공동체에 포함되어야 하는지에 대한 우려나 토론은 LGBT 운동만큼이나 오랫동안 존재해 왔다.

현대 LGBT 정치의 이런 역사적 맥락이 중요한 가장 큰 이유는 트랜스인들이 동성애자에게 위협이 된다는 널리 퍼진 미디어의 적대적이고 상투적인 표현 때문이다. 이런 생각은 보통 대체로 이성애자인 독자를 대상으로 이성애자인 칼럼니스트들이 펼친다. 2017년, 대중가수 샘 스미스가 논바이너리로 커밍아웃하고 언론에 자신을 젠더 중립적 대명사로 불러 달라고 요청하자 『타임스』 칼럼니스트 재니스 터너(이성애자 여성)은 가차 없이 샘 스미스의 젠더가 가진 타당성을 인정하지 않겠다고 딱 잘라 거절했다. 사실, 터너는 논바이너리 트랜스인이라는 개념 자체를 거부했다. 〈젠더 정체성을 추종하는 광신자 집단이 아이들에게 해를 끼친다〉는 제목의 기사에서, 터너는 스미스를 트랜스인이나 논바이너리가 아니라 "동성애자 남성"이라고 불렀다. 스미스를 지칭하기 위해 남성 대명사를 쓰면서, 터너는 "내가 샘 스미스를 'they'라는 젠더 중립적 대명사로 부르지 않으려는 것은 그를 존중하지 않아서가 아니라(나는 절대 트랜스인들을 잘못된 대명사로 부르지 않는다) '논바이너리'라는 개념이 성차별적이고 동성애혐오적이며, 무엇보다도 취약한 젊은이들의 정신건강에 해롭기 때문이다."[25]라고 했다. 동성애혐오가 어린 시절에 끼친 영향을 공개적으로 이야기했던 스미스가 사실 동성애혐오자라는 터너의 주장은 터무니없다. 머독이 소유하고 있으며 30년 전에는 동성애자들을 상대로 같은 수사를 무기처럼 썼던 신문에 기고하는 터너가 이런 주장을 했다니 더욱 어처구니 없는 일이다.

1991년에 『타임스』는 재닛 데일리가 쓴, 동성애자 권리에 대한 칼럼을 실었다. 〈동성애자 평등이라는 딱한 사기극〉이라는 제목의 이 칼럼은 터너가 2019년에 다시 불붙인 광신자 집단이라는 비유법을 정확히 똑같이 사용했다. 데일리는 이렇게 씨부렁거렸다. "이제 동성애자의 인생이란 신참을 일으켜 세워 그 숫자를 세어야 하는 공격적인 본능적 공감대가 되었다. [동성애 때문에 치러야 하는] 출산률 저하, 불안정성, 현재는 에이즈로 인한 치명적 위험이라는 형태의 대가를 평가할 능력이 대부분의 16세 아이들에게는 없다."[26] 당시의 타블로이드 신문에서는 동성애자 남성이 어린 사람들을 "모집한다"는 암시를 더욱 노골적으로 흘렸다. 1992년의 총선 당시에 머독이 소유한 『선』지에서는 노동당이 승리할 경우 계획하고 있는 동성애자 권리 운동 확대의 위험성을 경고하는 기사를 실었다. 이 기사는 노동당 우세 지역인 헤링게이 의회에서 운영하는 학교에 다니는 15세짜리 '니키'에 관한 것이다. 기사의 경고에 따르면, 니키가 수학 수업을 듣고 있으리라는 어머니의 생각과 달리 사실 그녀는 "게이 교사에게 레즈비언에 관한 수업을 듣고 있었다."[27]는 것이다.

1980년대와 1990년대에 이루어진 동성애혐오적 언론 보도와 최근의 트랜스혐오적 기사들은 성 착취적인 성인이 어린이들을 모집한다는 공통의 이미지를 활용한다. 유명한 헤드라인으로는 〈트랜스 로비를 잠재우기 위해 아이들을 희생하다〉(『타임스』), 〈10년 뒤면 어쩌다가 트랜스 로비가 어린 시절을 망치도록 놔두었는지 묻게 될 것〉(『텔레그래프』) 등이 있다. 하지만 5장에서 살펴보았듯, 내가 살아 있는 동안에 (이성애자) 평론가들이 영국의 동성애자 인권 발전을 더욱 개명된 국가를 향한 진화의 한 과정으로 보는 일이 점점 더 흔해졌다. 이런 입장을 취하려면, 뒤늦은 깨달음이 아주 많이 필요하며 당시에 동성애혐오가 얼마나 악랄하고 만연해 있었는지에 관한 집단적이고 편리한 기억상실도 일어나야 한다. 한편, 이런 논평은 결혼할 권리나 군대에 들어갈 권리 등 섹스와는 참아 줄 만큼 거리를 둔 이성애 중심주의적 권리를 위해 동성애자들이 싸워 온 전투에 초점을 맞추고, LGBT인 사람들에 관해서나 동의 가능 연령에 관한 법의 범위 내의 평등권에 대해 적절한 교육을 받을 어린이들의 권리를 위한 투쟁은 무시한다. 두 가지 전투 모두에서 '동성애자 의제'를 성적 일탈과 혼동하는 현상이 광범위하게 일어난다. 1998년 ITN 뉴스에서 했던 놀라운 인터뷰에 따르면, 보수당의 상원 의원 영 남작 부인은 동의 가능 연령에 관한 평등권 규정을 "소아성애자의 법"이라고 불렀다. 4년 전에는 토리당 하원 의원 토니 말로가 동성애 인권 운동가들은 "청소년 남성의 비역질을 합법화하려" 하고 있고, 자신은 "어린 소년들을 보호하고" 싶어 한다고 말했다.

이런 동성애혐오적 표현은 최근에 부활해, 트랜스 권리 증진을 억누르는 데 활용되었다. 효과적인 속임수이기 때문이다. 도덕적 공황은, 별로 존재하지도 않는 제도적 권한을 휘두르는 소수자의 권리가 사실상 다수에 대한 위험이라는 내재적 역설에 의존한다. 대중에게 도덕적 혐오감과 오염에 대한 불안감을 뒤섞어 일으킴으로써 이루어지는 일이다. 문제의 집단이 지금은 작을지 모르지만 성장할 것이고, 멋모르는 어린 사람들을 부추겨 가담하게 하리라는 것이다. 성 소수자의 경우, 이런 모집이 있다는 이야기는 그 자체로 유혹과 성범죄에 관한 함의를 띠게 되므로 사회가 소아성애에 대해 느끼는 도덕적 혐오감을 아무 죄 없는 집단에게 돌리는 데 도움이 된다. 부끄럽지만 대단히 효과적인 선동 도구다.

트랜스인들의 투쟁과 광범위한 퀴어 운동의 성 해방을 위한 투쟁이 명백하게 유사한데도, 극단적인 정치적 보수주의자들은 트랜스인들이 LGB 운동과 적극적으로 다를 뿐 아니라 LGB 운동에 상당히 해롭다는 주장을 기다렸다는 듯이 받아들이고 퍼뜨렸다. 이런 사람들 가운데는 전통적으로 레즈비언, 게이, 양성애자의 권리에 반대했던 정치인까지 있다. 2017년 10월, 워싱턴 D.C.에서 열린 초보수적 성향의 가족연구위원회(Family Research Council, 이 단체는 미국 기독교 우파의 한 갈래로, 모든 LGBTQ+ 권리에 본질적으로 반대한다) 모임에서 활동가들은 LGBT 공동체 내에 허구의 이야기를 만들어 내야 할 필요성을 공개적으로 토의했다. "최근에 많은 성공을 거두었다지만, LGBT 연맹은 사실 취약하며 트랜스 활동가들은 합법성을 얻기 위해 동성애자 권리 운동의 도움이 필요합니다." '페어팩스 카운티의 격정하는 부모와 교육자들'이라는 활동가 단체의 학부모이자 책임자인 멕 킬개년은 이렇게 말했다. "트랜스인과 젠더 정체성은 설득하기 어려운 분야이므로, 분쇄 격파를 위해 젠더 정체성에 초점을 맞춥시다." 그녀는 이렇게 덧붙였다. "알파벳 잡탕에서 T를 분리해 내면, 우리는 더 많은 성공을 거두게 될 겁니다."²⁸ 이런 성공의 일부는 '트랜스젠더주의'에 반대하는 종교적 주장을 페미니즘에 근거를 둔 세속적이고 진보적으로 보이며 LGB인 사람들을 '트랜스 이데올로기'의 '위협'으로부터 보호한다는 주장으로 대체하는 것이다. 킬개넌이 발언한 가족연구위원회 정상회담은 당시 대통령인 도널드 트럼프가 기독교 우익 유권자들의 지지를 얻기 위해 같은 해에 연단에 올랐을 정도로 큰 영향력을 발휘하는 단체다. 킬개넌의 주장을 있는 그대로 보아야 한다. 이 주장은 LGBTQ+ 권리를 해체하고 성적으로 보수적이며 반 페미니즘적인 의제를 밀어붙이는 데 전념하는, 재원이 충분하고 광범위한 전략의 일부다. 이들이 시작점으로 잡은 사람들이 트랜스인이다.

이 전략은 트랜스 해방에 저항한다는 단일한 목적에 따라 트랜스 반대 페미니스트들과 기독교 보수주의자들을 연결하려는 미국 근거 단체들의 설립을 통해 너무도 명백히 드러난다. '통로 건너편의 손'Hands Across the Aisle이라는 단체는 오랫동안 레즈비언 인권 운동을 해 온 미리엄 벤-샬롬이 공동 창립한 단체인데, 벤-샬롬은 1976년 동성애를 이유로 미군에서 전역당한 이후 1987년에 유명한 법정 싸움을 통해 처음으로 군대에 복귀한 첫 번째 동성애자다. 2015년, 그녀는 '이퀄리티 포럼'이라는 LGBT 단체의 웹사이트에서 선정한, '2015년 LGBT 역사의 달의 상징적 인물' 31명 중 한 명으로 지명되었다. 반면, 그녀와 함께 단체를 설립한 케일리 트릴러 헤이버는 〈낙태로부터 자유로워지기 전까지 여성은 해방되지 않을 것〉 등의 제목이 달린 칼럼을 써 온 기독교 보수주의자다. 트릴러 헤이버는 동성애가 죄악이라고 생각한다고 인정했다. 다만, 그녀는 이렇게 새로 찾은 동맹에게 이런 생각을 털어놓고 싶다는 충동을 눌러 참고 있다. "내가 친구로 지내는 동성애자가 눈앞에 있는데, 그 사람이 내게 '케일리, 동성애가 죄악이라고 생각해?'라고 묻는다면 제 생각을 이야기하겠죠. 진실을 이야기해야 할 거예요." 그녀는 2018년 『크리스천 포스트』Christian Post에서 이렇게 인정했다.

벤-샬롬과 트릴러 헤이버가 정치적 동침을 하고 있다는 점은 트랜스혐오에 대한 이들의 시끄럽고 광신적인 몰입을 엽기적이고도 경각심이 드는 방식으로 증언한다. LGBT의 상징적인 인물로 환영받은 지 1년 뒤, 벤-샬롬은 트랜스 반대 온라인 청원에 서명한 이후 2016년 밀워키 프라이드 행사의 대원수 자격을 잃었다. 벤-샬롬은 Change.org의 '서명 이유' 칸에 "소위 트랜스 공동체가 우리를 없애고 박멸하려는 데 싫증이 난다."고 썼다.

> 부치라고 불리는 경우가 많은 젊고 강인한 여성들이 강인하고 젠더 불일치를 겪는, 고정관념에 저항하는 여성으로 살아가는 게 아니라 "트랜지션을 해서 남성이 되어야 한다"는 말을 듣는 상황에 분노를 느낀다. 나는 드레스를 입고 자기가 여자라고 말하면서도, 레즈비언들이 "자기들 방식"에 따르지 않으면 남성으로서 권력을 과시하고 폭력을 쓰겠다고 위협하는 자들을 상대하는 데 지친다. (중략) 거시기가 여성의 마술봉이라고 말하며 그걸 휘둘러대는 자들 옆에서 샤워하고 싶지 않다.[29]

이런 편견으로 지역 LGBT 공동체에서 거부당한 벤-샬롬은

낙태 반대, 동성애 반대 로비 활동가들 사이에서 새로운 고향을 찾았다. 이런 단체들은 그녀를 두 팔 벌려 환영했다. "통로 너머의 손 연합으로서 우리는 서로의 차이를 극복하고 우리의 집합적 자산을 활용해 젠더 정체성 이데올로기에 반대하고자 협력하는 데 전력을 다한다."[30]는 것이 이 단체 웹사이트의 성명이다. 이와 비슷한 단체로는 여성 해방 전선The Women's Liberation Front, WoLF이 있는데, 이 단체는 미국에서 트랜스 권리에 반대하는 법적 소송을 벌이는 몇몇 반 LGBTQ+ 단체와 제휴를 맺고 있는 트랜스 반대 래디컬 페미니스트 단체다. 회계연도 2017년에—이 해가 WoLF의 회계 기록을 열람할 수 있는 최근 해다—WoLF는 초보수적인 자유 수호 연합Alliance Defending Freedom에 1만 5,000달러의 보조금을 신청해 받아냈다.[31]

미국의 반트랜스 연합들은 해외 정책에 기꺼이 간섭한다. 2018년, 임신중단에 관한 아일랜드 국민 투표에서 미국 기독교 보수단체들은 페이스북 같은 SNS 플랫폼의 광고용 공간을 삼으로써 아일랜드의 반 낙태 운동을 지원했다. 이들은 아일랜드가 미국에서 벌일 프로라이프pro-life 운동을 시험하기 위한 토양이 되기를 기대했다. 이런 단체들은 아마 영국 LGBT 운동에 분열을 일으키려는 공식적 노력도 지원할 것이다. 영국 자유주의 미디어에서 트랜스 운동이 동성애혐오적일지 모른다는 생각을 퍼뜨리고 있으니 특히 그렇다. 이런 메시지의 온상은 LGB 연맹LGB Alliance 같은 단체가 갑자기 출현한 데서 볼 수 있다. 이 단체는 2019년 10월, T를 제외한 동성애자들의 인권 운동을 위해 런던에 설립된 단체이며 『타임스』, 『텔레그래프』Telegraph, 『데일리 메일』, 『스펙테이터』Spectator 등 우익 언론을 통해 영국에서 가장 크고 자금력이 있는 LGBT 단체인 스톤월에 반대하는 운동에 매진하고 있다.

대서양을 넘나드는 이런 관계는 실제로 존재한다. 2019년 1월, WoLF는 워싱턴 D.C.에 방문한 영국의 트랜스 반대 운동가 단체를 도와 이들을 다양한 의원과 관료에게 연결해 주었다. 이런 영국 방문객 중 한 명이 줄리아 롱이라는 사람으로, 그녀는 지난해 7월 런던 프라이드 행진을 막아섰던 레즈비언 단체의 일원이었다. 롱은 미국 방문 일정의 일환으로 WoLF의 초대를 받아, 보수적이고 동성애혐오적인 싱크탱크인 헤리티지 재단에서 주관한 트랜스 친화적 법안에 반대하는 패널 토론회에 참석했다. 다시 말하지만, 이는 열렬한 동성애혐오론자들과 레즈비언이면서 트랜스혐오적 캠페인을 벌이는 사람들 사이에 연결고리가 존재한다는 놀라운 사례다. 트랜스 인권에 반대하기 위해 우익 동성애혐오자들과 기꺼이 손을 잡는 LGB 인구가 극소수라 한들, 이처럼 부정적인 서사를 기꺼이 영속화하는 데 전념하는 사람이 LGB 중에 한 줌만 있더라도 이런 서사는 정상화된다. 그러고 나면, 이런 서사는 우리 모두에 대한 깊은 혐오감 때문에 모든 LGBTQ+ 권리를 해체시키는 것을 궁극적 목표로 삼는 정치적 보수주의자들과 극우파에게 채택된다.

일종의 잔인함인 트랜스혐오에 저항하겠다는 단순한 도덕적 주장이라면 사회에 의해 비슷한 피해를 입은 모든 사람(시스젠더 레즈비언, 동성애자 남성, 양성애자들이 모두 어떤 식으로든 이런 피해를 보았다)이 우리와 연대할 만한 충분한 이유가 되어야 마땅하다. 트랜스인들의 권리가 제약되는 세계는 우리를 비인간화하는 서사와 우리가 성적 착취를 한다는 통념에 기대고 있다. 트랜스인들의 권리에 대한 제약은 누가 **충분히** 남자 혹은 여자 같아 보이느냐는 기준을 자의적으로 설정함으로써 화장실과 탈의실에서 타인의 젠더화된 외양을 관리하고, 위력과 폭력으로 경직된 기준에서의 탈피를 처벌하는 데 달려 있다. 그러면 아이들도 어른의 모범을 따라, 다르다는 이유로 운동장에서 친구들을 괴롭히게 된다. 트랜스인의 권리를 제약하려면 부모들은 자신의 정체성을 주장하는 아이들을 두들겨 패 굴종시키거나, 전환 치료를 통해 자녀를 심리적으로 망가뜨려야 한다. 이런 외상적 경험은 트랜스젠더든 시스젠더든 모든 '퀴어'에게 영향을 미친다. 어떤 식으로든 이런 방식을 옹호하면, 필연적으로 퀴어로 판단되는 모든 사람들에게 해롭게 이런 방법을 쓰는 것도 정상화된다. 정치적으로, 유럽과 북아메리카에서 동시에 극우적 감성이 성장하고 있는 시기에 이는 파시스트들에게 주는 선물이 된다.

게이 해방 전선의 사회주의자들에게 그랬듯, 이처럼 증오로 가득한 문제에 대한 해답은 억압받는 모든 집단의 연대다. 여기에는 레즈비언, 동성애자 남성, 양성애자와 트랜스인들을 비롯한 모든 퀴어들이 포함된다. 범성애자 혹은 무성애자로서의 정체성을 가진 사람까지 말이다.

2018년 여름, 런던 프라이드에 이어 영국의 모든 주요 프라이드 행진에서는 시스젠더 레즈비언들과 트랜스인들이 "T와 함께하는L"LwiththeT이라는 운동에 참여해 함께 행진했다. 연대를 아름답게 과시한 것으로, 이 운동은 트랜스 포크 가수 베스 엘리엇이 수십 년 전 웨스트코스트 레즈비언 컨퍼런스에서 레즈비언들에게 받았던 지원을 떠올리게 했다. "T와함께하는G", "T와함께하는B" 같은 구호들이 이어졌다. 이런 운동은 SNS에서의 '전

달'이나 '좋아요' 누르기를 넘어서 더욱 성장해야 한다. 계급 의식과 반인종차별주의를 핵심에 둔 LGBTQ+ 연합은 함께 근본주의적 성격을 회복하고 자본주의와 가부장제에 대한 반대를 재확인해야 한다. 내부에서의 싸움과 분열은 우리를 억압하는 우익의 이해관계에 부합한다. 동성애자와 트랜스인들은 "자연을 거스른다"는 비슷한 주장에 함께 맞서 싸워야 한다. 동성애혐오는 지금도 성적 지향 중 가장 큰 가치를 띤 것은 재생산이 가능한 것이라는 선입견에 근거한다. 트랜스혐오 또한 사람이 천명한 정체성은 인간의 재생산에서 맡은 '자연스러운' 역할을 반영할 때 가장 믿을 만하다는 편견에서 나온다. 비슷하게, 시스젠더 여성의 재생산과 관련된 자유는 보수주의 정권에서 가장 먼저 억제해야 할 대상이다. 여성혐오, 동성애혐오, 트랜스혐오는 아주 많은 DNA를 공유한다. 가부장제가 보기에, 우리는 모두 젠더에 잘못을 저지른다.

못난이 자매: 페미니즘에서의 트랜스젠더
The Ugly Sister: Trans People in Feminism

2018년 5월, 나는 영국 인권단체인 국제앰네스티에서 조직한 '역사를 만드는 여성들'이라는 하루짜리 페스티벌에서 사회를 맡았다. 쇼어디치에 있는 앰네스티의 런던 본부에서 열린 이 축제는 인권을 보호하는 전 세계 여성들을 한데 모아 축하했다. 행사는 거의 여성으로만 이루어졌다(오후 패널 토론에 참석한 논바이너리 한 명만이 예외였다). 연사는 배우 올리비아 콜먼 같은 유명인에서부터, 흑인 여성으로서 영국 지방의회에 선출된 최연소 인물이자 온라인에서의 학대를 종식시키기 위한 비영리 운동을 벌이는 글리치Glitch의 창립자 겸 책임자인 세이 아키워워 같은 풀뿌리 활동가까지 다양했다. 이 축제는 여성(혹은 여성의 일부)에게 투표권이 주어진 지 100년째 되는 날을 기념했다.

이 시점에, 나는 앰네스티의 활동을 더 널리 알리는 임무를 맡고 있으며 SNS 팔로워가 많은 비교적 젊은 활동가들로 이루어진 새 단체인 앰네스티 콜렉티브에서 자원활동가로 1년 정도 활동하고 있었다. (나는 신문 기사와 유튜브 영상을 포함에 정신건강의 정치학에 관해 만들어 온 창작물에 더해 트랜스젠더 이슈에 관하여 활동가로서 해 온 작업 덕분에 앰네스티의 관심을 받게 되었다.) 내게 '역사를 만드는 여성들' 사회자 역할이 주어진 건 (사회자 역할이란 모든 패널과 연사를 소개하고, 중요하게는 행사가 시간에 맞춰 진행되도록 하는 것이었다) 런던의 퀴어 행사에서 공연한 적이 있고 활동가 행사에서 사회자 역할을 맡은 경험이 있기 때문이었다. 나는 내가 맡을 역할이 약간씩 애드리브를 곁들여 가며 대본을 느슨하게 따라가는 것이라고 들었다. 나는 패널도, 연사도 아니었다. 그러나 행사의 사전 홍보에 내가 유일한 트랜스 여성으로서 이름을 올렸다는 이유로 축제는 논란에 휘말렸다.

축제 일주일 전, Change.org에는 "영국 국제앰네스티의 '역사를 만드는 여성들' 축제에서 숀 페이를 빼 달라는 청원"이 올라왔다. 머잖아, 이 청원은 트위터와 페이스북, 영국의 부모들이 참여하는 웹사이트인 멈스넷Mumsnet의 페미니즘 게시판에도 올라왔다. 청원을 공유하는 사람들 대부분은 내가 '실제' 여성에게 주어졌어야 할 공간을 점유한 "여성혐오주의자 남성"이라는 근거에서 그렇게 한 것이었다. 더 나쁜 경우, 그들은 내가 젊은 여성과 소녀들의 역할 모델이 되기에는 성적으로 너무 "부적절하다"라고 주장했다. 이런 식의 미끼가 포함된 건, 인신공격에 활용할 증거를 찾아 내 트윗을 뒤지던 누군가가 섹스에 관한 농담을 찾아냈기 때문이었다. 며칠 만에 청원에는 2,000명 넘는 사람들이 서명했다. 서명 숫자를 늘리려고 수많은 사람들이 반복적으로 서명했을 가능성이 있긴 하지만, 그 속도는 무시하기 어려웠다. Change.org는 조사를 통해 청원이 괴롭힘과 증오 발언을 위한 목적으로 사용되고 있음을 알아내고, 딱 봐도 그 이유가 명백히 드러나자 인터넷에서 그 청원을 영구적으로 삭제했다. 대부분의 서명은 남성형 대명사를 사용해 나를 "남자"라고 불렀다. 어느 서명에는 "앰네스티가 학대를 일삼는 변태에게 공간을 내주다니 딱하다."라고 적혀 있었으며, 또 다른 서명에는 "숀 페이는 여성이 아니라, 여성을 끔찍하게 포르노화하고 지나치게 성애화하는 식으로 패러디한 남자다. 이번 행사에 그를 포함하는 것은 여성과 소녀들을 가스라이팅하는 짓이다."라고 적혀 있었다. 트위터에서는 어느 페미니스트 블로거가, 2년 전 무도회에서 무대에 올랐던 내가 PVC 치마를 입은 사진을 공유했다.

> 20년, 아니 10년 전만 해도 이게 페미니즘의 정점이라고 제시될 줄 상상이나 했을까요? 섹스돌처럼 구는 생물학적 남성이 본디지 장비를 착용하고 눈을 게슴츠레하게 뜨고서 입을 벌리고 있는 모습이라니. 이게 여성 해방인가요? 세계 종말인가요?

축제 주최 측에서는 똑같은 소수 집단 사람들에게서 전화와 메일 폭탄을 받았다. 그들은 내가 참여했다는 이유로 오랫동안 단체에 해 온 후원을 취소하겠다고 말하거나, 단순히 나를 빼라고 요구했다. 재단의 SNS 피드는 트윗으로 넘쳐났고, 댓글창은 내 참여에 격분한 사람들과 (알고 보니 이쪽이 훨씬 숫자가 많았는데) 나를 포함한 것을 소리 높여 지지하는 사람들로 분열되었다. 이후에는 앰네스티에서 불가피하게도 『데일리 메일』의 기자들이 보내온, 논쟁에 관해 의견을 내 달라는 문의에 답했다. 우리는 대중의 분노에 나를 노출할 인신공격이 있을 거라고 보고 각오를 다졌지만, 잠을 이루지 못한 채 이틀 밤이 흐르고 난 뒤에는 아무것도 실체화되지 않았다. 앰네스티는 내 곁을 단호히 지키며, 나와 관련을 맺는 것이 자랑스럽다고 답했다. 위험 평가를 거친 다음 행사 자체의 보안이 서둘러 강화되었고, 유명 배우에서 인스타그램 인플루언서에 이르는 다른 참여자들에게 무슨 일이 일어났는지 전달되었다. 처음에 패널로 참여할 예정이던 다른 트랜스 여성인 찰리 크래그스는 나를 향한 트랜스혐오를 보고 난 뒤 축제에서 빠졌다. 내가 축제 자체보다도 큰 이야깃거리가 된 것 같았다. 내가 여성을 위한 공간을 '지배하고' 있다는 생각에 나를 빼라는 운동을 벌이던 자칭 페미니스트들을 생각하면 역설적인 일이었다.

나를 성범죄자처럼 보이게 하려 애썼던 일주일간의 증오 캠페인에 정신적으로나 감정적으로나 지쳐 버린 나는 어쨌든 계획대로 하고 싶었다. 그러나 축제 개막식에서는 짧은 연설을 통해, 내가 당한 극도로 불쾌한 괴롭힘 대부분이 그저 내가 트랜스인이라는 이유로 사기꾼이며 여성을 기리는 축제에 참석할 권리가 없다는 생각에 초점을 맞추었다고 밝혔다. 나는 2개월 전, 런던의 호텔 방에서 친밀한 관계를 맺고 있던 남성 파트너에게 살해당한 흑인 트랜스 여성 나오미 허시에게 관심을 돌렸다. 허시의 죽음은 며칠이나 보도되지 않았다. 영국 미디어는 마침내 그 사건을 언급하기 시작했을 때도 자주 잘못된 이름을 사용하거나 그녀의 젠더를 잘못 지칭하는 등 여성으로서의 그녀의 정체성을 하찮게 여겼다. 나는 영국과 전 세계의 트랜스 여성이 여성으로서 인권침해와 남성 폭력을 경험하는 한 우리가 페미니스트나 여성 공동체의 지원과 연대에 접근할 수 있어야 한다는 건 올바르고 정의로운 일이라고 말했다.

그날의 행사는 성공이었다. 아무런 소요 사태도 벌어지지 않았다. 하지만 나는 이 모든 사건으로 산산이 부서졌다. 축제에 참가한 여성과 주최 측, 내게 응원의 메시지를 보내며 내가 페미니즘을 말하는 목소리이자 자매라고 말한 전 세계 수많은 페미니스트들의 지지에도 불구하고, 일부 시스젠더 여성(과 남성)에게 페미니즘이란 내가 XY 염색체를 가지고 태어났다는 이유만으로 인신공격과 학대, 잔혹성을 보일 핑계에 불과하다는 점을 그때처럼 실감한 적은 없었다.

앞서 살펴보았듯, 페미니스트의 공간에 참여하는 트랜스 여성을 향한 적대감에는 거의 50년을 거슬러 올라가는 길고도 황폐한 역사가 있다. 내게 일어난 일은 1973년 웨스트코스트 레즈비언 컨퍼런스에 출연한 베스 엘리엇을 두고 벌어진 소요를 연상시킨다. 엘리엇은 동요한 나머지 일찍 떠났다. 그녀가 없을 때, 축제의 기조연설자인 래디컬 페미니스트 로빈 모건이 그녀를 "강간범의 정신 상태를 가진 기회주의자이자 위장 잠입자, 파괴자"라고 부르며 모욕했다. 나를 온라인에서 모욕한 사람들이 쓴 것과 정확히 같은 어조였다. 모건은 엘리엇에 대해 "남성을 '그녀'라고 부르지 않겠다"고 말했다.

> 32년간 이 남성중심주의적 사회에서 고통을 겪고 살아남았기에 내게는 '여성'이라는 훈작이 생겼다. 길거리를 한 번 걸어가며 5분 동안 성희롱을 당했다는 이유로(아마 그걸 즐겼을지도 모르는데), 감히 자신이 우리의 고통을 이해한다고 생각하는 남

성 트랜스베스타이트라니? 아니, 우리 어머니와 우리 자신의 이름을 걸고 우리는 그를 자매라고 부르지 않을 것이다. 우리는 백인이 흑인 분장을 한다는 게 무슨 의미인지 안다. 남자가 드 랙퀸이 될 때도 똑같은 일이 일어나는 것이다.[1]

이런 괴롭힘의 사례는 영국 페미니스트 단체에도 만연해 있다. 래디컬 페미니스트인 트리셔 맥케이브는 1978년 버밍엄에서 열린 10번째 '연간 여성 해방 컨퍼런스'에서 일군의 페미니스트들이 이 행사 도중 트랜스 여성을 공격하는 내용의 전단지를 인쇄하려 했다고 말했다.

나는 그 시점에 전단지들을 끝없이 복사하는 데 시간을 전부 써 버리고 실종 아동들을 살펴보고 있었다. 내가 유일하게 인쇄하지 않았던 것은 컨퍼런스에 참석한 트랜스섹슈얼들을 헐뜯는 혁명적 페미니스트들의 전단지뿐이었다. 나는 그들에게 알아서 인쇄하라고 말했다.[2]

맥케이브의 기억에 따르면, 1970년대 영국의 래디컬 페미니스트 집단 사이에는 트랜스 여성의 존재에 대한 불안감이 흔하게 퍼져 있었다. "누가 화장실에서 트랜스섹슈얼을 봤다고 생각하는 등의 사건이 늘 일어났다."[3]

그러나 역사적으로든, 현재에든 트랜스 여성의 포용에 반대하는 사람들은 거의 항상 소수자다. 대부분의 시스젠더 페미니스트들은 트랜스 여성이 운동에 참여해도 아무 문제가 없다고 생각하거나, 그들의 참여를 적극적으로 독려한다. 하지만 트랜스인과 페미니즘에 관한 토론의 상당 부분이 트랜스 여성을 페미니스트 집단이나 행사, 의식이나 조직에 "포용"(혹은 배제)한다는 식의 언어에 초점을 맞추고 있다는 점은 틀림없다. 베스 엘리엇이나 나 같은 인물에게 특정 행사의 무대가 주어진다는 점을 놓고 벌어지는 토론은 "여성이란 무엇인가?", "여성은 어떻게, 왜 억압당하는가?", "페미니즘의 목표는 무엇인가?" 등 페미니스트들의 근원적인 불안감을 잘 드러낼 수 있다. 그러나 이처럼 깊은 질문들이 수면 아래에서 부글부글 끓어오르는 동안에도 가장 중요한 문제는 변함없이 "트랜스 여성을 들여보낼까?"에 머문다. 이번 세기의 첫 20년 동안, 페미니스트의 공간이 누구를 위한 것인가, 그리고 페미니스트의 에너지는 어디를 향해야 하는가를 둘러싼 불안이 온라인 공간을 움직였다. 페미니스트 블로그와 포럼, SNS에서는 누가 페미니즘에 속하는지를 놓고 개념적 논쟁이 벌어졌다.

온라인에서, 트랜스 여성의 포용에 관한 토론은 점점 더 극단화되고 편파적으로 변해 갔다. '트랜스젠더 배제 근본주의 페미니스트'trans-exclusionary radical feminist라는 용어는 한때 자신도 여성이라는 트랜스 여성의 주장을 거부했던 1970년대의 특정한 레즈비언 분리주의자 및 혁명적 페미니스트들에게 쓰인 용어로, 온라인에서는 'TERF'라는 약어로 널리 알려졌다. 거의 항상 트랜스젠더 포용적 페미니스트들이 경멸하는 뜻에서 쓰는 TERF라는 표현을 이 용어로 지칭되는 사람들은 여성혐오적 중상모략이라며 소리 높여 거부했다. 한 가지는 확실하다. 한때 특정한 근본주의적 페미니스트를 지칭했던 'TERF'라는 용어는 최초의 의미를 훨씬 넘어서는 부분까지 확장되었다. 'TERF'는 더 이상 좌익 근본주의 페미니즘 정치를 하는 여성(여성으로만 이루어진 분리주의적 공동체에 살기 위해 남성인 자식을 두고 떠나온, 혁명 정치적 레즈비언을 포함한다)만을 지칭하지 않는다. 현재 이 용어는 트랜스 여성을 여성으로 받아들이는 것에 대한 자신들의 우려가 '[진짜] 여성을 보호하는 것'에 근거를 두고 있다고 정당화하는, 거의 모든 정치적 지향의 트랜스혐오적 악플러나 편견에 사로잡힌 사람을 지칭한다. 내가 보기에, TERF를 별 구분 없이 아무에게나 적용한다고 해서 이 단어가 대단히 유용해지는 것은 아니다. TERF라는 단어를 사용하거나 그 사용에 반대하는 것은 일관적인 페미니즘 정치보다는 트위터 전쟁에서 어느 '편'에 설 것이냐를 나타내는 종족적 정체성을 나타내는 행위다.

오늘날 트랜스인들을 페미니스트 담론에 포용할 것인지를 놓고 벌어지는 격렬한 토론은 특이하게 영국적인 현상이다. 반트랜스 페미니즘의 시발점인 미국을 포함해 다른 영어권 국가의 현대 페미니즘은 대체로 트랜스인의 포용에 합의하고 있으며, 배제주의적 입장을 거부했다. 영국은 상황이 다르다. 영국에서는 트랜스인(특히 트랜스 여성)의 존재에 관한 의구심이 지속되었으며, 트랜스인들의 법적 권리와 보호를 향한 적대감이 미디어에서나 온라인에서나 더 큰 견인력과 영향력을 발휘한다. 앰네스티의 '역사를 만드는 여성들' 축제가 뉴욕이나 더블린, 혹은 토론토에서 열렸다면 사회자로 트랜스 여성이 출연했다고 해서 눈썹을 치켜 올릴 사람조차 거의 없었을 것이다. 내가 마주한 괴롭힘은 내가 트랜스인이라는 사실만큼, 내가 영국에서 잘 알려진 여성이라는 점과도 관계가 있었다.

트랜스혐오가 정통파 페미니스트의 입장으로 여겨지는 영국 페미니즘과, 현재는 트랜스혐오가 노골적인 형태로 드러날 때는 대체로 받아들일 수 없는 것으로 여겨지는 북아메리카 페미니즘의 이런 단절은 국제 페미니스트들이 보기에 당황스럽다. 캐나다 페미니스트 작가인 니콜 클리프는 2017년 트위터에 아래와 같은 농담을 올렸다.

> 정상적으로 보이는 영국의 공개적 페미니스트: 남녀의 임금 격차!
> 나: 그렇지!
> 정상적으로 보이는 영국의 공개적 페미니스트: 트랜스 깡패들이 행패를 부리며 레즈비언 아이들에게 남자와 데이트를 하라고 강요하고 있다!
> 나: 방금 뭐가 지나갔나?!

2018년경에는 대서양을 사이에 둔 이런 차이가 『가디언』의 영국과 미국 지부 사이에서 벌어진 공개적 승강이로 이어졌다. 그해 가을, 『가디언』은 영국의 젠더인정법 개혁안을 지지하는 사람들과 그 법안이 시스젠더 여성의 권리에 대한 위협이라고 보는 사람들 사이의 중간점을 찾겠다는 평론을 실었다. 평론에서는 트랜스 권리에 적대적인 단체의 논점을 인용했다. "'남성의 신체를 가진' 사람들과 기숙사 혹은 탈의실을 같이 써야 한다는 여성들의 걱정을 심각하게 받아들여야 한다."⁴라는 것이었다. 런던에서는 이것이 받아들여질 만한 표현이었던 것 같다. 그러나 아무렇지 않게 유언비어를 퍼뜨리는 이 표현이 미국 쪽 직원에게는 충격이었다. 수많은 미국 페미니스트들이 듣기에 이런 언어는 젠더 정체성에 맞는 공중화장실을 사용하는 트랜스인들을 범죄자

로 만들려는 '화장실 법안'을 통과시키려는 공화당의 초보수주의
자들의 수사를 떠올리게 했다. 이 평론의 트랜스혐오에 대한 충
격이 너무 심했기에 『가디언』의 미국 지부 직원들은 자기 회사
의 공식적 입장에 대한 공개적 반격을 시작했다. 다름 아닌 『가디
언』에서 말이다. "『가디언』에서는 미국의 정치인들이 트랜스 권
리를 제거하기 위해 밀어붙이는 것과 똑같은 젠더 관련 주장을
포함해, 트랜스혐오적 관점을 부추기는 것으로 보이는 평론을 냈
다." 미국 측 기사에서는 이렇게 선언하며 "뉴욕, 워싱턴 D.C., 캘
리포니아 사무실에서 일하는 우리 기자와 편집자 일동은 모두 이
런 우려를 담은 편지를 영국 편집진에 보냈다."라고 덧붙였다. 이
기사는 "미국과 영국의 페미니즘과 진보 정치에는 근본적인 분
열이 있으며, [이는] 영국 주류 담론에서 트랜스적 관점에 대해
놀라운 불관용이 존재한다는 점을 강조해서 보여준다."[5]라고 결
론지었다.

왜 현재 영국 페미니즘의 몇몇 갈래는 이토록 독특하게 트랜
스혐오를 보이는 걸까? 부분적으로 그 해답은 지난 10년간 영국
의 좌파적이고 진보적인 언론에서 반트랜스 페미니즘을 정상화
하려는 집중적인 노력을 기울여, 이런 관점을 그럭저럭 구미에
맞고 괜찮은 논점으로 만들었기 때문이다. 줄리엔 자크는 이런
현상이 일어난 까닭을 다음과 같이 설명한다.

> 그 이유는 이런 주장이 정통으로 통하던 당시에 자리 잡은 세
> 대의 기자들이 오랫동안 살아남았기 때문이다. 이중 다수는 여
> 전히 칼럼니스트나 편집자로서 영향력 있는 역할을 맡고 있으

　　　　　　　　　　　　　　　트랜스젠더 이슈

며, 자신의 지위를 활용해 이런 주장을 주류로 유지하는 한편 트랜스인에 대한 자신들의 반감을 공유하는 젊은 세대의 필진에게 호의를 보였다.[6]

주된 직업적 관심사가 소위 '트랜스 이데올로기'에 회의적인 기사를 쓰는 것인 페미니스트 논평가들의 가내수공업이 2010년대 중반에 있었던 주류의 트랜스 가시성 운동이라는 새로운 물결에 대한 반응으로 일어났다는 점은 틀림없는 사실이다.『뉴 스테이츠먼』의 칼럼니스트인 새라 디텀은 2014년 콕스의 유명 표지에 대한 반응으로 자신의 블로그에 "『타임』 표지에 실린 러번 콕스의 사진이 트랜스젠더 분수령이었다면, 트랜스 정치와 페미니즘이 한 번도 같은 방향을 향한 적이 없다는 점을 받아들여야 할 시간이다."라고 썼다.[7] 디텀의 글에 따르면, 트랜스인의 권리와 페미니즘이 원래부터 공존할 수 없다는 점이 뚜렷하게 드러난 까닭은 콕스의 생김새에 있었다. "꽉 끼는 드레스를 입고 가슴을 앞으로 내밀고 어깨를 뒤로 젖힌 채, 카메라를 내려다보면서도 유혹하는 듯 입을 삐죽이는 모습" 말이다. 콕스가 표현한 여성성에 깃들어 있는 것으로 보이는 문제는 디텀이 보기에 틀림없이 퇴행적이고 본질적으로 반 페미니스트적이었다. 그러나 트랜스 정치 전체를 TV 배우 단 한 명의 신체와 자세, 복장, 헤어스타일을 직접 비판함으로써 재단하겠다는 이런 의지는 시스젠더 여성에 대해서 한 말이라면 명백히 여성혐오적 발언이 되었을 법한 간섭이었다. 페미니스트적 분석인 것처럼 보이지만, 디텀의 게시물은 콕스가 만족스러운 여성으로 보이기 위해 처해 있을 법한 개인적, 정치적, 직업적 압력에는 관심이 없거나 그 점을 신경 쓰지 않는 것처럼 보였다. 콕스는 백인 시스젠더 남성이 표준을 세우는 미디어 환경에서 트랜스인인 동시에 흑인이었는데 말이다.

영국 언론에서도 이와 유사한 분석이 성행한다. '시스젠더'라는 용어의 유효성에 반박하며, 『뉴 스테이츠먼』의 칼럼니스트 빅토리아 스미스는 2014년에 이렇게 말했다. "젠더에 관한 고정관념이 우리에 대한 우리 자신의 경험을 왜곡하고 제한하는 식으로 인간의 경험을 목졸라 왔던 것을 깨부수려면, 인류의 큰 부분을 차지하는 사람들에게 그들이 젠더와 '일치'한다고 말하는 짓은 하지 말아야 한다."[8] 이듬해, 같은 잡지의 부편집장은 유명 페미니스트인 저메인 그리어가 카디프 대학교에서 하기로 했던 강연을 하지 못하게 막는 '연단 빼앗기' 운동이 실패한 것은 "최소한 부분적으로 성차별주의 때문"이었다고 썼다.[9] 사실, 이 캠페인이 이루어진 것은 그리어가 영국 언론에 기고해 온 칼럼과 기사에서 오랫동안 트랜스혐오를 드러내 왔기 때문이다. 이런 글에는 1989년에 그녀가 트랜스 여성을 만난 경험을 다음과 같이 기괴하게 표현한 글도 포함된다.

『여성 거세당하다』The Female Eunuch가 미국에서 발행된 그날, 한 사람이 치렁치렁한 옷자락을 펄럭이며 내게 달려와 내 손을 잡았다. "우리 여자들을 위해 그토록 많은 일을 해 주셔서 고마워요!" 나는 히죽거리며 고개를 끄덕이고 뒤로 물러났다. 거대하고 관절이 불거져 있으며 털이 수북한, 반지 낀 짐승의 발에서 손을 빼려고 했다. (중략) 하늘하늘한 스카프 드레스 너머로 하나하나 헤아릴 수 있는 깡마른 갈비뼈에는 반짝반짝하게 윤을 낸 여성 해방 배지가 걸려 있었다. 나는 "당신은 남자야. 『여성

트렌스젠더 이슈

거세당하다』는 당신한테 해 준 게 아무것도 없어. 꺼져."라고 말했어야 한다. (중략) 그 트랜스베스타이트는 강간범의 손길로 나를 꽉 잡고 있었다.[10]

미디어에서 시스젠더 페미니스트들은 그리어처럼 편견에 절어 있는 사람을, 몇 년 동안 아무 제약 없이 혐오 발언을 해 온 데 대해서 최소한의 책임만을 져도 되는 신성불가침의 존재로 서둘러 변호한다. 트랜스인들을 괴롭혀 온, 찬양받는 페미니스트들의 유산에 트랜스인들이 제기하는 문제는 영국 자유주의 언론의 '토론'에 대한 끝없는 집착에 발목이 잡히고 만다. 한두 명의 트랜스 작가가 '균형'을 맞추기 위해 출연하는 경우는 많지만, 결국은 대부분이 트랜스 권리에 대한 다른 필진의 회의주의에 끝없이 반격하다가 지치고 만다. 트랜스 평론가들이 이처럼 가공 처리된 토론의 유효성에 문제를 제기하며 이런 토론이 사실상 트랜스인에 대한 적대감과 오해를 증가시키는 도구라는 점을 소리 높여 말하면, 이들은 유효한 페미니스트 논쟁에 참여하는 여성들의 입을 틀어막으려 했다는 혐의를 받는다. "여성을 침묵시키는 것"은 성차별주의적 남성이 늘 해 왔던 일이므로, 이런 비난은 트랜스 여성을 상대로 했을 때 특히 위력을 발휘했다. 이때 비난은, 트랜스 여성이 그저 여성성을 주장하는 성차별주의적 남성이라는 것이었다. 반트랜스 페미니스트들이 반복적으로 내세우는, 자신들이 침묵당한다는 주장은 사실 이들의 관점이 텔레비전과 라디오, 신문을 통해 널리 퍼지는 데 대단히 효과적이다. (시스젠더) 페미니스트 새라 에이메드는 다음과 같이 말했다.

어떤 사람에게 자신에게는 무대가 주어지지 않는다는 말을 할 만한 무대가 계속 주어지거나, 그 사람이 자신이 침묵당하고 있다고 끝없이 말한다면, 수행상의 모순이 드러날 뿐 아니라 권력의 작동 기제를 목격하게 된다.[11]

정당하지 않은 적대감과 침묵을 강요한다는 비난은 트랜스 여성만을 향한 것이 아니었다. 위에서 인용한 수많은 사례는 영국의 핵심적인 좌파 진보주의 잡지인『뉴 스테이츠먼』에서 따온 것이다. 이는 페미니스트 레니 에도-로지가 2017년에 출간한 기념비적 저작,『내가 더 이상 백인과 인종 이야기를 하지 않는 이유』Why I'm No Longer Talking to White People about Race에서 백인 페미니스트들이 유색인 여성에게 보이는 적대감을 분석할 때 했던 말을 연상시킨다. 그녀의 말에 따르면 이렇다. "흑인 여성이 인종과 인종차별주의, 교차성에 대해 말하지 못하게 하는 가장 강력한 기술은 늘『뉴 스테이츠먼』을 통해 발표된다. (중략) 이런 식의 기술이 너무 자주 이루어졌다는 이유만으로도 나는 편집장에게 어떤 노선이 있는 것이 아닌지 궁금해졌다."[12]

영국 페미니스트 언론에서 흑인 여성과 트랜스 여성 모두에게 보이는 백인 페미니스트의 적대감을 정상화하는 매체로 에도-로지와 내가 동일한 출처를 지목하게 된 건 우연이 아니다. 트랜스 포용적인 영국의 페미니스트 소피 루이스가『뉴욕 타임스』에 기고한, 〈영국의 페미니즘은 어쩌다 트랜스인을 반대하게 되었나〉라는 제목의 논평에서 보듯 영국 페미니즘의 트랜스혐오가 발생하는 조건은 그 구성에 있어서나 관점에 있어서나 압도적으로 중산층 백인으로 이루어진 영국 학계와 언론계의 합의에서 비롯했다. "중상 계급 백인 페미니스트들은 미국의 페미니스트들과는 달리 흑인과 원주민 페미니스트들의 공격을 당해 보지 않았으므로, 영국에서는 이들의 관점이 어느 정도 신빙성과 영향력을 유지하고 있다."[13]

루이스는 영국 페미니즘의 독특한 성격은 식민주의와 제국으로 이루어진 영국 역사, 그리고 이러한 역사가 식민화된 국가의 여성에게 미친 영향을 못 본 체하는 태도가 두드러지게 배어 있다는 데 있다고 주장한다. 이런 주장은 더블린에서 트랜스 권리에 관한 토론을 주최할 예정이던 영국의 반트랜스 페미니스트 대표단을 꾸짖으며 아일랜드의 페미니스트 수천 명이 서명한 연판장의 핵심이기도 했다.

> 연판장에 서명한 우리는 트랜스 자매들과 손에 손을 잡고 연대한다. 시스젠더든, 트랜스젠더든 함께하는 우리가 아일랜드의 페미니스트다. 트랜스 여성은 우리의 자매다. 이들의 투쟁이 우리의 투쟁이고, 우리의 투쟁이 그들의 투쟁이다. 그들은 국가에서 발행한 그 어떤 증명서가 증언하기 전부터 우리의 자매였으며, 현재에든 미래에든 그 어떤 법안에 무슨 내용이 담긴다 해도 언제까지나 우리의 자매일 것이다.[14]

중요하게도, 이 연판장은 트랜스 여성이 제기한다는 위험에 대해 영국 페미니즘이 보인 적대적 초점 맞추기나, 이와는 대조되게 북아일랜드에서 있었던 임신중단할 권리를 위한 투쟁에는 별다른 관심을 보이지 않은 점을 강하게 공격했다. 연판장 작성자들은 트랜스혐오를 아일랜드의 이웃에게 전파하려는 영국 페미니스트들의 시도가 그저 쇼비니즘일 뿐이라고 명백히 밝혔다.

> 당신들은 제국에 대한 투쟁으로 형성된 나라에서 페미니즘이
> 어떤 모습인지에 관해 조금이라도 이해하고 있는가? 어떤 식으
> 로든 페미니스트로서의 권위를 가지고 이 나라에 올 권리가 있
> 다고 생각하는 당신들은 바로 그 제국주의적 오만함을 띠고 있
> 다는 점을 잠시라도 생각해 보았는가? (중략) 아일랜드는 이미
> 너무도 심한 식민주의를 겪어, 당신들의 것까지 필요하지 않다.
> (중략) 당신들은 이곳에서 환영받지 못한다.

영국 주류 페미니즘의 백인성이나 전혀 검토되지 않은 식민
주의는 이들이 보이는 트랜스혐오 경향과 직접적인 상관관계를
맺고 있다. 첫째, 이들은 대부분 반트랜스 페미니즘의 중심적 믿
음을 강화한다. 그 믿음이란 여성은 여성의 생물학적 특성을 공
유하고(여기에는 질과 자궁을 가지고 태어난 트랜스 남성과 논바
이너리가 포함된다), 비슷한 방식에 따라 여성으로 양육되었으므
로(이는 보통 '여성적 사회화'라 불린다) 다른 지배적 '성 계급'으
로 태어난 시스젠더 남성이나 트랜스 여성으로서는 결코 접근할
수 없는 특별한 경험을 공통적으로 해 온 보편적 '성 계급'이라는
믿음이다. 여성이 아무 차이 없는 보편적 성 계급으로서 거의 같
은 이유, 같은 방식으로 착취당해 왔다는 생각은 그 계급 **내부**의
차별과 위계, 착취를 깎아내리거나 최소화할 때만 작동할 수 있
다. 그러나 흑인과 원주민(혹은 다른 반 식민주의적) 페미니즘은
이처럼 허울만 그럴듯한 보편적 '여성 경험'에 대한 합의를 대체
로 옹호할 수 없다고 본다.

트랜스젠더 이슈

수백 년 동안 노예 제도를 통해 흑인 여성을 비인간화하고 백인이 아닌 모든 사람을 '타자'로 분류해 온 백인 여성들이 유색인 여성과 여성적 경험을 보편적으로 공유할 수 있다는 주장은 기이하게 보인다. 여성적 사회화는 일부 유형의 여성들이 공유하는 일련의 경험을 잘 설명할 수 있으나, 전 세계적 차원에서 볼 때는 여성으로 산다는 것에 대한 문화적 기대와 이런 기대가 부과되는 방식이 대단히 다양할 수 있다는 게 뻔하다. 일부 여성이 인종적으로 열등한 것으로 여겨지며 노동력을 더욱 손쉽게 착취당하는 자본주의적 계급 제도하에서는 똑같은 기대라도 다양한 여성에게 다양한 방식으로 적용된다. 현실에서, 페미니즘을 주도하는 사람들이 지금도 백인 중산층 시스젠더 여성이라는 점은 여성성에 대한 모든 보편적 정의가 단지 이런 여성들의 특정한 인종적, 계급적 경험을 마치 보편적인 것처럼 추정한 것에 불과한 경우가 많다는 뜻이다.

둘째, 식민주의를 무시함으로써 영국(을 비롯한 서구의) 페미니스트들은 남성과 여성으로 나뉘는 엄격한 젠더 이분법을 여기에 동반되는, 남성이 여성보다 위에 있는 위계질서와 함께 부과하는 것이 그 자체로 식민주의의 기제였다는 점을 무시할 수 있다. 수많은 식민주의 이전의 사회와 원주민들은 젠더를 이분법적인 것으로 보지 않았다. 앞서 살펴봤듯 일부 사회에는 둘 이상의 젠더가 있었고, 가족과 양육에 관한 사회적 역할은 대단히 다양했다. 수많은 예시 중 하나만 꼽자면, 17세기에 니타시넌(캐나다의 퀘벡 동부와 래브라도 지방)에 살던 몬타냐스(이누) 민족을 방문한 예수회 선교사 폴 르 죈은 여성이 "엄청난 권력"을 가지고 있으며 "거의 모든 경우에서 (중략) 계획을 세우고 실행할 때,

여행할 때, 겨울을 날 때 선택권을 가지고 있다."[15]라고 말했다. 몬타냐스의 여성들은 남자가 아이를 돌보는 동안 사냥을 나서는 경우가 많았다. 르죈 같은 남자들이 부추긴 기독교로의 개종에는 새로운 위계질서와 더욱 엄격한 젠더 역할의 확립이 필요했다. 식민주의적 선교 활동과 교역 관계가 시작되고 나서 10년 만에 몬타냐스 사람들은 남성의 권위를 주장하며 아내와 아이들에게 폭력을 쓰기 시작했다.[16] 식민 지배에 관한 이런 설명은 사회 자체가 변하면서 젠더에 대한 사회의 이해도 아주 빠르게 바뀔 수 있다는 점을 보여 준다. 이런 이야기는 여성이나 남성(혹은 둘 다 아닌 사람)으로 산다는 것의 의미가 고정되고 안정적인 것이 아니며, 생물학과 정치, 경제, 문화적 요소가 이루는 복합적인 별자리로서 시간이 지남에 따라 변할 수 있다는 점을 확실히 알려 준다.

이러한 복잡성과 대조적으로, 영국의 반트랜스 페미니즘—현재 이런 사조의 추종자들은 의도치는 않았으나 역설적이게도 이를 '젠더 비판적' 페미니즘이라고 부른다(젠더가 어떻게 출현하며 시간과 장소에 따라 어떻게 달라지는지에 대한 비판적 관심이 전혀 없는데도 말이다)—은 아무렇지 않게 미묘한 차이들을 없는 셈 치는 상식적 접근으로 마케팅되는 경향이 있다. 영국의 한 트랜스 반대 블로거가 2018년에 했던 캠페인은 구글 사전에 나오는 '여자'woman라는 단어의 정의를 영국 도시의 광고판에 게시하는 것이었다.

여자

명사

　　이러한 정의는 이후 티셔츠와 토트백을 포함한 다양한 상품에도 적용되었는데, 이런 상품을 쓰는 사람이 트랜스 여성을 '여성'으로 생각하지 않는다는 뜻이었다. 사전의 정의란 문화의 산물이지 문화의 판정자가 아니라는 사실은 차치하더라도, 여기에서 활용된 '여성'의 정의는 오직 생물학적인 부분에만 초점을 맞추고 페미니스트들이 대체로 동의해 온 한 가지 주장을 전적으로 무시했다. 여성으로 산다는 것은 **정치적** 경험, 즉 타인, 특히 권력을 행사하는 타인에게 어떤 취급을 받아 왔느냐에 따라 정의된다는 주장 말이다.

　　여성으로 산다는 것의 의미를 사회정치적 경험이 어느 정도까지 정의하느냐는 페미니스트 토론에서 늘 논쟁적인 측면이었다. 이성애자 페미니스트인 베티 프리던은 페미니스트 운동 내부의 레즈비언들을 '라벤더 위협'Lavender Menace이라고 불러 악명이 높다. 그녀는 레즈비언들의 "남자 같은" 속성이 이들을 별로 여자답지 않게 만들며, 페미니즘의 성공에 위험 요소가 된다고 말했다. 이건 명백한 동성애혐오였지만, 1978년에는 레즈비언 래디컬 페미니스트인 모니크 위티그조차 사회적으로 구성된 '여성'이란 강제적인 이성애와 너무 깊이 맞물려 있는 개념이므로 레즈비언을 배제할 수밖에 없다고 주장했다.

　　　'여성'이란 이성애적 사고 체계와 이성애적 경제 제도하에서만 의미를 띠므로, 레즈비언이 여성과 관계를 맺고 사랑을 나누고 살아간다고 말하는 것은 부정확하다. 레즈비언은 여성이 아니

다.[17]

이후에, 흑인 페미니스트 벨 훅스는 흑인 여성을 상대로 한 인종차별주의와 성차별주의의 특정한 결합이 이들을 여성으로 산다는 것의 사회적 정체성에서 소외시켰다고 주장했다.

> 현대의 흑인 여성은 여성의 권리를 위한 투쟁에 함께할 수 없다. 우리는 우리 정체성의 중요한 부분으로 '여성성'womanhood을 인식하지 않았기 때문이다.[18]

젠더 비판적 페미니스트들이 여성과 남성에 관한 노골적인 생물학적 정의를 고집하는 것은 시스젠더 여성 자신의 페미니스트적 지성사를 모르기 때문에 할 수 있는 주장이다. 여자란 그저 성인인 인간 여성을 의미한다는 생각은 '여성'female이라는 단어 자체가 생물학적 성별을 의미하나 그 성별은 (성기, 생식선, 호르몬, 이차성징, 염색체 등) 여러 특징의 집합을 일컬을 수 있고 그 특징 일부가 수정될 수 있다는 점을 무시한다. 이는 또한 '여성'이라는 용어가 인간에게는 포유류로서 우리가 가진 재생산적 역할을 넘어서는 중요한 사회적 의미를 띤다는 점 또한 고려하지 못한다. 예컨대 '여성'이라는 용어는 법적 성별을 의미할 수 있으며(여러 사회에서는 법적 성별을 바꿀 수 있다), 일상어에서는 '여자'woman나 '여자와 관련된 것'을 의미하는 형용사로 쓰인다. "전부 여성 출연진으로만" 구성된 쇼나 콘서트가 열린다는 이야기를 들으면, 우리는 여자들을 떠올리지 모두가 재생산을 위해 난자를 만들어 낸다는 점을 즉시 의식하지는 않는다(어쨌거나 난

트렌스젠더 이슈

자를 생산하지 않으며 아이를 낳지 않는 시스젠더 여성도 있다). '여성'female이라는 단어는 라틴어 'femella'에서 온 것으로, 이 단어는 '여자'woman를 뜻하는 것이지 "난자 생산자"나 "XX 염색체 소유자"를 말하는 것이 아니다. 이런 식의 정의는 나중에야 이루어졌다. "성인 인간 여성" 광고에서 나타나는 '상식적' 주장은 허울만 그럴듯하다. 사실상 트랜스 여성을 성인 인간 여성으로서 포함하고 있을 짧은 사전적 정의를 타당하게 해석하는 방법은 여러 가지다.

어느 면으로 보나, 시스젠더 페미니스트들 사이에서 트랜스 여성을 여성의 정의에, 혹은 페미니스트 운동에 끼워 주어야 할지를 놓고 벌어지는 토론은 여전히 페미니즘을 주로 시스젠더 여성이 소유한 기획으로 간주한다. 이런 시각에서, 트랜스인은 사기꾼이라는 부정적인 위치에 들어가거나 환영받는 손님이라는 부정적 위치에 들어간다. 포용에 관한 주장은 트랜스 여성의 포용이 가부장제로부터의 해방에 정치적으로 **필수적인** 이유에 관한 진지한 고민보다 트랜스 여성을 자매로서 환영하는 일이 '친절'하거나 '선량'하거나 '옳은' 일인지에 따라 결정되는 경우가 많다. 트랜스인과 페미니즘을 놓고 벌어지는 주류적 토론에서는 가부장제를 해체한다는 페미니즘 운동이 트랜스인의 존재가 띠는 의미를 무시한다는 치명적 오류를 고류하는 경우가 거의 없다. 이들의 존재는 시스젠더 페미니즘을 복잡하게 만들고, 이런 복잡성은 투쟁이란 주로 시스젠더 남성의 억압과 맞서 싸우는 시스젠더 여성의 투쟁이라고 볼 때에만 삭제될 수 있다. 나는 현실이 그와 다르다고 주장할 것이다. 트랜스인들에게 페미니즘이 필요할 뿐 아니라, 페미니즘에도 트랜스인들이 필요하다.

트랜스페미니즘Transfeminism은 트랜스인의 경험을 중심으로 하는 페미니즘에 대한 일련의 관점을 설명하는 용어다. 이 관점은 트랜스인을, 출생 시부터 우리에게 배정된 역할을 거역했다는 이유로 우리를 처벌하는 가부장제에 의해 시스젠더 여성처럼 큰 고통을 겪는 하나의 집단으로 본다. 트랜스페미니즘은 다른 형태의 페미니즘에 대한 라이벌 운동도 아니고, 하위 분야도 아니다. 트랜스페미니즘은 우리를 염두에 두지 않고 표현된 경우가 많은 시스젠더 페미니스트 이론에 트랜스인을 끼워넣을 자리를 찾기보다, 트랜스인의 경험에서 출발하여 페미니스트적 사상과 체계에 **접근하는** 구체적인 방법이다. 당연히, 시스젠더 여성의 페미니즘은 가부장제란 여성들에게 해를 입히면서까지 남성에게 이득을 주고 구체적으로 여성의 힘을 빼앗아 남성에게 힘을 부여하는 제도라는 일반적 원칙에서부터 출발한다. 대체로 어떤 형태든 시스젠더 페미니스트적 사고에서는 성별(생물학)과 적절한 남성/여성의 행동을 지시하는 사회적 구조로서의 젠더를 구분하는 것이 중요하다고 주장한다.

트랜스페미니스트들은 신체의 차이와 그 신체를 해석하기 위해 우리가 활용하는 문화적 서사의 차이는 실제로 존재하지만, 이런 차이가 언제나 쉽게 인지되거나 도식적으로 나타나는 것은 아니라고 믿는다. 성별화된 우리의 신체는 사회적 의미 바깥에서 존재할 수 없다. 그 결과, 우리가 젠더를 이해하는 방식은 성별을 이해하는 방식에 영향을 끼친다.[19] 실재하고 모두가 똑같은 방식으로 관찰할 수 있는 객관적 생물학적 현실이 존재하고, 이와 대비하여 쉽게 폐기할 수 있는, 구성된 주관적 젠더 고정관념이 존재한다는 젠더 비판적 페미니스트 관념은 지나친 단순화다. 우리가 성별의 차이를 인지하고 이해하는 방식과 그 중요성을 강조하는 방식은 너무도 깊이 젠더화되어 있어, 젠더와 성별을 완전히 구분하는 것은 불가능하다.

이 모든 이야기가 약간 어렵게 느껴진다면, 일상적인 사례를 들어보겠다. 나는 페미니스트를 포함한 대부분의 사람이 아이를 모르는 사람에게 맡겨야만 하는 피치 못할 사정이 생길 경우 남성으로 여겨지는 사람보다는 여성으로 여겨지는 사람에게 맡기리라고 생각한다. 나는 이러한 직감—"여자가 더 안전하지"—이 여성은 좀 더 친절하고, 양육을 잘하며, 아이들을 잘 다루고, 남자에 비해 위험하거나 해를 끼치거나 학대를 할 가능성이 적다는 뿌리 깊은 문화적 관념에서 나온 것이라고 주장한다. 그러나 이는 순간적인 충동에 따라서 오직 관찰 가능한 신체적 특징만을 기초로 내리는 판단이고, 신체적 모습에만 근거해 여성이 '타고난' 양육자일 거라고 생각하는 상당히 퇴행적인 젠더 고정관념을 포함하고 있다. 우리가 어린 나이부터 눈에 보이는 생물학적 성 특징과 행위를 연결하도록 교육받은 내용은 다른 사람에 대한 우리의 직관을 형성하는 데 극도로 강력한 힘을 발휘할 수 있다. 이런 해석 과정과, 이 과정이 우리가 타인과 상호작용하는 방식이나 그들을 대하는 방식에 끼치는 영향은 우리가 젠더라고 부르는 체계의 일부다.

하지만 페미니즘은 언제나 생물학적 본질주의(사람의 본성이나 성격이 타고난 것이며 생물학적 특징에서 유래하거나 이와 연관되어 있다고 보는 관념)에 질문을 던져야 한다. 페니스를 가지고 태어난 모든 사람이 페니스를 가졌다는 이유로 더 공격적이거나 폭력적인 성향을 타고났다는 관념은 반페미니스트적이다.

이런 생각은 사실 남성적 폭력이 생물학적 '본질'과 연관되어 있으므로 불가피하고 바꿀 수 없다는 뜻이다. 어쩌면, 심지어 사실 남자의 잘못이 아니라는 뜻이 될 수도 있다. 그러나 반트랜스 페미니즘은 트랜스 여성과 시스젠더 남성이 너무 유사해서 전자를 법적으로나 정치적으로 여성으로 볼 수 없다는 주장을 할 때 생물학적 본질주의에 기댈 수밖에 없다. 트랜스혐오적 페미니즘은 (상상 속의 것이든 현실적인 것이든) 트랜스 여성의 페니스와 연관된 이미지를 강력한 수사적 도구로 쓰는 경우가 많은데, 이는 트랜스 여성이 공격성이나 특권, 위협을 내비친다고 주장하기 위해서다. 2018년 5월에 채널4에서 생방송된 트랜스인과 젠더 비판적 페미니스트의 토론, 〈젠더퀘이크〉에서 이 점이 명백히 드러났다. 이 토론회에서 패널로 나온 트랜스 여성 케이틀린 제너와 모델 먼로 베르그도르프는 반트랜스 페미니스트들이 스튜디오 저편에서 반복적으로 "페니스"라는 단어를 소리치는 식의 방해를 받았다(이 행동으로 시청자들은 영국 방송심의위원회에 200건의 민원글을 올렸다).

최근 영국의 반트랜스 페미니스트 단체에서 쓰는 풀뿌리 전략은 트랜스혐오적 스티커를 영국 전역의 공중화장실에 붙이는 것이다. 이런 스티커에 나오는 흔한 구호 중 하나는 "성별에 근거한 여성의 권리는 페니스를 위한 것이 아니다"(입에 착 달라붙는 표현은 아니라고 하겠다)인데, 이 구호에는 트랜스 여성에게 여성용 시설을 쓸 법적 권리가 없다는 (거짓된) 주장이 들어 있다. 그러나 스티커에는 사실 트랜스 여성에 관한 언급이 전혀 없다. 오히려 냉담한 사업가들을 깎아내리는 용도로 '양복쟁이'라는 말이 쓰이듯 "페니스"라는 말이 트랜스 여성을 비하하는 환유로 쓰였다. 스티커에서 암시하는 바는 페니스만 보면 한 인간에 대해 알아야 할 모든 것을 알 수 있다는 것이다. 그렇다면 생물학적 성별이나 신체 구조에 관한 대화는 거의 늘 의도치 않게 젠더와 행동 방식에 관한 것이 된다. 자칭 "젠더 비판적"이라는 페미니즘에서조차 말이다.

트랜스페미니스트들은 우리가 생물학에 부여하는 사회적, 문화적 의미에 관해 사회에 깊이 배어 있는 가정에 질문을 던지려 한다. 이들은 또한 이처럼 환원적인 모형에 들어맞지 않고, '잘 들어맞지' 않는 신체에 이분법적인 생물학적 성별을 부여하는 데 집착하는 의료기관으로 인해서 역사적으로든 현재든 부당한 대우를 받는 간성인 사람들에 대한 분석도 보통 함께 진행한다. 트랜스인과 간성인 사람들의 경험은 모든 인간이 두 개의 선명하게 구분된 생물학적 성별 범주에 들어가지 않는다는 점을 보여 준다. 사실, 두 개의 분리된 성별 범주가 있다는 믿음 자체가 자연적으로, 혹은 의학적 수정을 통해서 일어나는 성의 다양성을 삭제하는 것이다.

성별과 젠더에 관한 이분법적 모형을 유지, 보존, 강화하는 한, 전 세계적으로 일어나는 여성에 대한 남성의 지배를 해체할 수는 없다. 철학자 로빈 뎀브로프가 깔끔하게 설명하듯, 가부장제는 세 가지 핵심적 관념에 토대를 두고 있다. 첫째, '남성'과 '여성'은 자연스럽고 변경 불가능하며 철저한 이분법이다. 둘째, 모든 남성은 남성적이어야 하고 모든 여성은 여성적이어야 한다. 셋째, 남성성은 여성성과 공존 불가능하며 여성성에 비해 우월하다. 뎀브로프에 따르면, 첫 번째 관념은 "모든 사람이 재생산적 기능(보통은 생식기)에 따라 결정적으로 남성 혹은 여성이 되며,

이는 결코 바뀔 수 없다"라는 의미다. 두 번째 관념은 "남성과 여성이 성적 매력, 복장, 감정, 하는 일, 가족에서의 역할, 기대되는 행동에 있어서 사회에 만연해 있고 엄격한 법칙에 따라야 한다"라는 뜻이다. 또 셋째, "여성적인 모든 것은 반-남성적인 것이고 그 역도 참이며, 남성적인 특징은 여성적인 특징에 비해 값지다"라는 것이다.[20]

여성혐오는 출생 시에 여성으로 배정된 사람들이 여성성의 제약이나 성차별주의적인 남성의 우월성에 문제를 제기할 때만 발생하는 것이 아니다. 시스젠더 여성이 여성혐오를 당하는 **가장 큰** 집단이라는 점을 생각할 때 이런 상황이 가장 흔한 시나리오기는 하지만, 여성혐오가 취할 수 있는 형태가 이것만인 것은 아니다. 오히려 여성혐오는 뎀브로프가 개괄한 세 가지 생각을, 그 생각에 도전하는 **모든 사람**에게 종종 폭력적인 방식으로 부과하는 것이다. 트랜스 여성을 비롯해, 출생 시에 남성으로 배정된 여성적 트랜스인들은 세 가지 생각 모두에 잠재적으로 문제를 제기하는 셈이다. 사회적 트랜지션을 하고 일부 사례에서는 성징을 의학적으로 재지정함으로써 우리는 변경 불가능하다는 성별 이분법의 제한에 도전장을 내민다. 어떤 경우, 여성적 트랜스 여성은 (내가 학창 시절에 그랬듯) '여성적 남성'이라는 어울리지 않는 존재로 처벌받으며, 세상을 좀 더 안전하고 편안하게 살아가기 위해 최소한 남성성의 일부 측면들을 백지화하려는 우리의 결정은 남성성이나 남성적 특징의 우월성에 문제를 제기한다. 많은 가부장주의적 남성에게 가부장제하의 남성이라는 더 높은 지위를 포기하고 여성이 되기로 '선택'했다는 트랜스 여성은 공포스러운 존재다. 내가 이 책에서 보였던 것처럼 전 세계 트랜스 여성이 잔혹한 형태의 신체적, 성적 폭력을 당하는 한 가지 이유다.

　적대적 페미니스트 분석에서 자신의 남성성을 폐기하고 여성이 '되고자' 하는 트랜스 여성의 표면적 열망은 보통 동성애혐오를 내면화했기에 동성애자 대신 이성애자 여성이 되고 싶어 하는 부적응적 동성애자 남성의 병적 특성으로 여겨지거나, 더 흔한 경우에는 그냥 심란한 성도착으로 치부된다. 성차별주의적 남성과 트랜스혐오적 페미니스트들은 둘 다 어느 정도 여성으로 살고자 하는 욕망을 변태적인 것으로 본다. 나아가, 이들은 남성에서 여성으로의 트랜지션 행위 자체가 일종의 부정직과 기만이라고 생각한다. 아마 이것이 온라인에서 익명으로 이루어지는 트랜스혐오적 학대를 마주했을 때 내가 성차별주의적 남성과 트랜스혐오적 페미니스트를 구분하기 어렵다고 느낀 이유일 것이다. 반트랜스 래디컬 페미니즘의 개척자라고 여겨지는 재니스 레이먼드는 1978년작 『트랜스섹슈얼의 제국: 쉬메일 만들기』Transsexual Empire: The Making of the She-male에서 모든 트랜스 여성은 트랜지션이라는 과정을 통해 강간을 저지르는 것이나 마찬가지라고 쓴 것으로 악명이 높다. 그녀는 "모든 트랜스섹슈얼은 진짜 여성의 신체를 인공물로 환원시키고, 여성의 신체를 다시 규정해 감으로써 여성의 신체를 강간하는 것이다."[21]라고 썼다. 트랜지션을 한 여성의 신체가 그 자체로 폭력적이라는 생각은 저메인 그리어의 1999년작 『완전한 여성』The Whole Woman에도 맴돌고 있다. 모든 고삐를 풀고 트랜스섹슈얼에 대해 솔직하게 말하는 장에서, 그리어는 모든 트랜스 여성이 사실 어머니 살해를 저지르는 것이라고 주장했다. "달리 무엇이라기보다, 젠더 재지정은 어머니에 대한 구마 의식이다. 남성이 어머니 행세를 하면서 평생을 보내기로 결정할 때(〈사이코〉에 나오는 노먼 베이츠처럼), 그는 어머니를 살해하고도 처벌받지 않는 것이나 마찬가지다."[22] 다른 곳에서도 그랬듯, 그리어는 이어 트랜스 여성을 강간범과 비교한다.

트랜스 여성을 살아 숨 쉬는 강간 행위로 보는 이런 이미지는 우익 남성과 반트랜스 페미니스트 양쪽에서 모두 쓰는 트랜스혐오적 담론의 강력하고도 끈질긴 표현이다. 두 집단 모두 상대가 이런 표현을 계속 사용할 수 있도록 은폐의 도구를 제공할 수 있다. 이 주장은 트랜지션 자체가 강간이라면, 트랜스 여성이 존재 자체로 이미 죄를 짓고 있는 것이며 처벌받을 것이 예상된다고 나아간다.

이런 수사는 물론 일반인이 현실에서 눈을 돌리게 하는 한 방법이 된다. 현실은, 트랜지션이 대부분의 여성과 소녀가 목숨을 구할 방법으로 보는 행위인 동시에 이들이 폭력으로, 공동체와 가족의 거부를 통해서, 가난으로, 정신질환으로, 성적 학대로, 가정폭력으로, 그리고 물론 살인으로 심각한 처벌을 받을 수 있는 행위라는 것이다. 우리가 남성에게 강간당할 큰 위험에 직면해 있으면서도 페미니스트들에게서는 강간범이라는 비난을 받을 수 있는 건, 미디어에서 트랜스 여성을 일탈적인 남성인 동시에 위험한 여성으로 구성해 내기 때문이다. 트랜스 페미니스트 줄리아 세라노는 이를 '트랜스여성혐오'transmisogyny라고 설명했다. 트랜스여성혐오란, 특히 트랜스 여성을 겨냥하는 독특하고 심각한 형태의 여성혐오다(나는 여기에 트랜스 여성적 논바이너리인 사람도 포함해야 한다고 본다). 트랜스 여성, 트랜스 남성, 논바이너리인 사람들은 트랜스혐오를 공통적으로 경험하지만, 트랜스여성혐오는 젠더 정체성이 이 스펙트럼 중 여성성에 닿아 있는 사람들에게만 이루어진다.

> 트랜스인이 젠더 규범에 맞춰 살지 못했다는 이유만이 아니
> 라 여성적인 특성 혹은 여성성을 표현했다는 이유로 조롱과 무
> 시를 당한다면, 이들은 독특한 형태의 차별인 트랜스여성혐오
> 의 피해자가 되는 것이다. 트랜스인을 소모하는 농담 대부분은
> "드레스 입은 남자"나 "페니스를 자르고 싶어 하는 남자"를 중
> 심으로 이루어지는데, 이는 트랜스혐오가 아니라 트랜스여성
> 혐오다.[23]

나 자신의 경험을 보면, 누군가가 어느 여성이 트랜스인이라
는 것을 알고 그녀가 실제로는 여성이라고 생각하지 않는다고 우
기면서도 여성혐오적인 방식으로 그녀를 대하는 것은 전적으로
가능한 일이다. 역설적으로 보일지 모르겠지만, 세라노가 주장하
듯 이런 현상이 일어나는 이유는 우리의 대중문화와 미디어에서
수십 년 동안 트랜스 여성을 대단히 여성혐오적인 비유의 극단적
현현으로 묘사해 왔기 때문이다.[24] 먼저 우리는 진부하고 퇴행적
인 여성성의 행위자로 제시된다. 허영심이 많고 겉모습에 집착하
며 멍청하고 나약하고 유치하며 특권을 당연하게 받아들이는 사
람들로 말이다. 우리는 동시에 대단히 성애화된다. 관습을 벗어
난 여성성을 보일 경우(혹은 레즈비언일 경우)에는 특히 기괴한
성적 일탈자로 그려지고, 그게 아니라 겉모습이 여성적이거나 남
성과 사귀거나 둘 다에 해당할 경우 굴종적이고 성적으로 수동
적이며 기만적인 것으로 묘사된다. 이번에도 『타임』 표지에 실린
러번 콕스를 "가슴을 앞으로 내밀고" 있는 동시에 "유혹하는 듯

입을 삐죽"거린다고 묘사했던 새라 디텀의 경멸적인 표현을 다시 생각해 보라. 나를 앰네스티 여성 축제에서 빼고자 했던 사람들이 나를 "포르노화"된 사람이자 "눈을 게슴츠레하게 뜨고 (중략) 입을 벌린 (중략) 섹스돌"이라고 묘사했던 경우도 마찬가지다. 이처럼 페미니스트를 포함해 시스젠더인 사람들이 트랜스 여성을 대단히 성애화된 방식으로 묘사하는 방법은 우리를 당면한 과제나 주체성으로부터 눈 돌리도록 하는 데 활용된다. 이는 우리가 여성이 아니라고 생각한다는 사람들에게서까지 겪어야 하는 여성혐오의 한 형태다. 미디어와 문화에서 트랜스 여성이 색정적으로 대상화되는 방식에 더해 모든 흑인 여성이나 모든 동아시아 여성이 성적 고정관념에 갇혀 버리는 등의 특정한 방식과도 동시에 싸워야 하는 유색인 트랜스 여성의 경우는 특히 그렇다.

여성은 본성상 유혹적이며 기만적이라는 여성혐오적 표현은 창세기에서부터 우리 문화에 영향을 끼쳐 왔다. 트랜스 여성에게, 이런 여성혐오적 표현은 트랜스인의 신체가 그 자체로 기만적이라는 관념과 너무도 잘 들어맞는다. 어린 시절, 내가 영국 미디어에서 다른 트랜스 여성을 처음으로 본 것은 2004년의 리얼리티 TV 프로그램인 〈미리엄에겐 뭔가가 있다〉There's Something about Miriam에서였다. 이 프로그램의 콘셉트는 단순하고 잔인했다. 남자 여섯 명이 아름다운 21세의 멕시코계 모델 미리엄 리베라의 사랑을 받고자 경쟁하는 것이다. 시청자들은 그 남자들이 모르는 한 가지 중요한 사실을 알고 있었다. 미리엄은 트랜스인이었으며, 여전히 페니스가 있다는 점이 반복적으로 강조되었다. 시리즈 내 경쟁자들은 미리엄에게 구애하려 노력했다. 그들이 미리엄에게 입을 맞추거나 그녀를 애무하는 장면이 여러 번 방송

되었다. 쇼의 끔찍한 결말에서, 미리엄은 그중 한 남자를 선택했다. 남자는 1만 파운드의 상금을 받고 미리엄과 함께 호화 여행을 떠날 기회를 얻었다. 이후, 우승자와 동료 경쟁자들에게는 미리엄이 트랜스인이라는 사실이 발표되었다. 남성 경쟁자들은 나중에 제작자들을 상대로 소송을 걸기 시작했다. 성폭행, 명예훼손, 계약 위반, 정신적이고 감정적인 피해라는 형태로 개인적 상처를 입히는 데 공모했다는 이유였다.

이 프로그램의 콘셉트 전체가 불쾌하면서도 출연자들을 착취하는 것이었다. 그러나 대부분의 비평가들은 미리엄을 비난했다. 최선의 경우에도 당시 미디어의 논평은 미리엄을 가엾게 여겨야 하는지, 매도해야 하는지 혼란스러워하는 듯했다. 그녀를 여성의 일종으로 여겨야 하는지, 남성의 일종으로 여겨야 하는지에 관해서는 시청자들과 프로그램 제작자들 사이에 더 큰 혼란이 일어났다. 소송에 관해 이야기하면서, 프로그램의 대변인은 "미리엄은 트랜스섹슈얼이니, 저는 그녀를 남자로도, 여자로도 생각하지 않을 겁니다. 미리엄은 끝내주는 생명체입니다."[25]라고 말했다. 미리엄을 주로 여성으로 젠더화하지만, 어째서인지 제3의 젠더 혹은 혼성체로 여기며 타자화하는 말이었다. 하지만 미리엄은 기만적이며 다른 세상에서 온 것 같은, 남성을 유혹하는 여자로 그려졌다. 나로서는 남성에게 적용되는 걸 한 번도 들어본 적이 없는, 아주 오래된 여성혐오적 표현이다. 이 경우에도 트랜스 여성은 진짜 여자가 아니라고 여겨질 때조차 남성으로 여겨지거나 남성으로서 토론의 대상이 되지 않는 경향이 강했다.

외모나 스타일의 여성스러움femininity은 확실히 여성성womanhood과 구분되어야 한다. 많은 남성들이 여성스러움을 표현하기를 즐기며, 여성스러움과 깊은 관계가 있다고 느낀다. 많은 여성들은 전통적인 여성스러움을 거부하고, 일부는 전통적으로 남성스러운 미학을 선호한다. 그러나 여성스러움은 지금도 대체로 여성성과 같은 것으로 여겨지고 인지되며, 이에 따라 폄하된다. 일부 사례에서 트랜스 여성은 여성의 이차성징을 포함해 문화적으로 승인된 여성스러운 신체적 특징을 체현함으로써 다른 사람들에게 시스젠더 여성으로 '패싱'된다. 일부는 특정한 맥락에서만 패싱될 테고, 일부는 시스젠더 여성으로 계속 인지될 것이다. 많은 트랜스 여성은 지금도 '비밀리에' 생활하고 일하는 것을 목표로 삼는다(이 말은, 자신의 이력을 다른 사람들에게 전혀 알리지 않는다는 뜻이다). 당연히 이런 상황에서 트랜스 여성은 주변의 시스젠더 여성이 견뎌야 하는 것과 같은 성차별주의에 노출된다.

다양한 트랜스 여성들은 세상살이와 젠더에 근거한 편견과 폭력을 아주 다양한 방식으로 경험한다. 시스젠더 여성과 매우 비슷하게도, 이들의 구체적인 경험은 계급, 인종차별주의, 나이 등에 따라 형성된다. 그러나 집단으로서의 트랜스 여성이 이런저런 형태의 여성혐오를 겪기 마련이거나, 영구적으로 여성혐오의 대상이 될 위험에 처해 있다는 점은 확실히 말할 수 있다. 페미니즘이 성공하기 위해서는 트랜스 여성의 관점이 필요하다는 점을 이해할 때, 가부장제에서 여성 일반을 처벌하기 위해 만든 바로 그 무기를 트랜스 여성을 관리하고 처벌하는 데도 활용해 왔다는 점을 이해하는 것은 중요하다.

가부장제를 해체하려면 가부장제가 표현되는 방식을 완전히 분석해야 한다. 여성혐오를 경험하는 어느 여성 혹은 사람의 걱정거리를 무시한다면, 페미니스트 운동으로 성취할 것이라고는 가부장제를 폐지하는 게 아니라 젠더화된 폭력과 여성혐오가 계속 허용될 만한 여성의 하위 계급을 만들어 내는 것뿐이다. 현재 여성의 공간에 들어오거나 여성의 서비스를 받는 트랜스 여성의 존재라는 '문제'에만 초점을 맞추면서 왜 그녀에게 그 공간이나 서비스가 필요한지에 관한 대단히 현실적인 문제는 무시하는 페미니스트 담론은 체계적인 트랜스여성혐오를 사주하고 이에 일조하는 것이고, 따라서 가부장제 자체에도 부역하는 것이다. 다양한 젠더로 표현되는 삶을 살아온 사람으로서, 나의 개인적 경험에 따르면 여성을 성적으로 괴롭히거나 비하하고, 동성애자와 양성애자를 동성애혐오적으로 학대하며, 트랜스혐오적 폭력에 참여하는 폭력적인 남자들은 대체로 같은 사람이었다. 그러므로 일부 페미니스트들이 트랜스 여성은 자신이 개인적으로 정의한 여성성의 범주에서 벗어난다는 이유만으로 노동 계급의 여성과 장애인 여성에게 불균형적으로 심한 해를 끼치는 예산 감축 정책을 반복적으로 지지해 온 보수주의 정치인들과 기꺼이 보조를 맞춘다는 점, 그리고 그들이 죽기를 각오하고 싸우기로 한 전쟁터가 바로 여기라는 점은 애석하다.

1972년 1월, 영국 게이 해방 전선의 트랜스섹슈얼 여성들은 「레즈비언 컴 투게더」라는 소식지에 이렇게 적었다.

> 여성 혁명이 기꺼이 모든 여성을 포용한다면, 그 혁명이 얼마나 더 큰 힘을 불어넣고 아름다워질지 생각해 보라. 트랜스베스타이트, 트랜스섹슈얼과 드랙퀸 여성, 동성애자와 이성애자 여성, 흑인, 황인, 갈색인, 백인 여성, 어머니, 딸, 가난한 여성, 부유한 여성, 노동하는 여성, 전업주부인 여성, 직업에 종사하는 여성

이 모두 참여하는 홀러웨이° 시위를 생각해 보라.[26]

현대 독자에게는 이 소식지에 쓰인 몇몇 단어가 불쾌하게 들리겠으나°°, 모든 여성의 연대를 통해 페미니즘이 더욱 강해진다는 요점은 지금도 유효하다.

특히 영국에서, 트랜스 여성과 페미니즘과의 관계나 트랜스 여성이 여성의 공간에 들어갈 수 있는지를 둘러싸고 벌어지는 논란은 일반적인 트랜스혐오적 담론에서 너무 중심적인 자리를 차지하고 있어 트랜스인들과 페미니즘에 관한 다른 모든 논의를 집어삼킨다. 트랜스 여성은 지속적인 비판에 직면해 여성으로서의 타당성과 가부장제 아래서 겪는 억압을 계속 증명해야만 하는 반면, 트랜스 남성은 시스젠더 페미니즘에 의해 완전히 삭제되고 무시당하게 된다. 트랜스인들 사이에서도 트랜스 남성이 어느 정도까지 페미니즘에 포함되어야 하는지는 논란의 여지가 있는 문제다. '여성'은 음순을 가지고 태어나 여성으로 기록된 모든 사람의 성 계급만을 의미한다는 반트랜스 페미니즘의 주장은 트랜스혐오적 페미니스트들이 트랜스 남성을 자기 운동의 일부로 기꺼이 받아들인다는 주장으로 자주 이어진다. 젠더 비판적 페미니즘이 "트랜스인을 배제한다"는 주장에 대한 흔한 응답은, "아뇨, 저희 페미니즘은 트랜스인을 포용합니다. 트랜스 남성을 포용하거든요. 그 사람들은 여성이니까요!"라는 것이다. 물론, 이들이 말

°   런던 북부에 있는 영국 최대의 여성 교도소.
°°   원문에서 인종에 관해 black, yellow, brown 등 현재는 African, Asian, Latin 등으로 바꿔 쓰는 단어가 나오기에 하는 말이다.

트랜스젠더 이슈

하는 포용은 전혀 포용이 아니다. 오직 트랜스인의 젠더를 잘못 부르고 트랜스 남성의 자기 신체와 사회에 대한 경험을 노골적으로 무시할 때만 작동하기 때문이다. 시인 제이 흄은 다음과 같이 말했다.

> 트랜스혐오자들이 트랜스 남성에게 취하는 접근법은 [트랜스여성을 겨냥한 트랜스여성혐오에 비해] 훨씬 더 은밀히 퍼지며, 설명하고 알아보기가 훨씬 더 어렵다. 트랜스혐오자들은 트랜스 남성을 여성으로 보고, 현재 정계와 온라인에서 벌어지는 트랜스혐오의 상당 부분은 '페미니즘'의 탈을 쓴 여성들이 저지르고 있기 때문에, 트랜스 남성은 뭘 잘 모르는 동맹이라는 이해가 퍼져 있다. 우리가 오해에 사로잡혀 있으며, 그저 자신들의 품과 여성성 자체로 맞아들여야 한다는 것이다. 이런 환영은 친절처럼 보이지만 실제로는 그렇지 않으며, 그 실체대로 불러야 한다. 이는 사실 전환 치료의 한 형태다. (중략) 트랜스 남성으로서, 나는 트랜스혐오자들에게 지금도 그렇고 앞으로도 무시당하고, 경멸당하고, 훈수를 듣고, 어린애 취급을 당할 것이다.[27]

내가 이 책의 2장에 등장한 18세의 트랜스 남성 헨리와 이야기했을 때, 헨리는 트랜스 소년이 사실은 '어린 소녀'라는 생각이 트랜스 남성적인 사람들의 의료적 트랜지션 접근권에 관해 더 큰 도덕적 공황을 일으킨다고 지적했다. '소녀들'은 더욱 섬세하고 쉽게 영향을 받으므로 어른의 개입과 보호가 더 필요한 존재로 간주되기 때문이다. 제이 흄도 이에 동의한다. "[트랜스혐오자들은] 우리의 수술과 나이, 자기표현 방식에 집착한다. 트랜스 남성이 신체적 자율성이라는 자신의 권리를 행사하면 이들은 공포감을 느낀다." 헨리의 말에 동조하며, 흄은 트랜스혐오적 페미니스트 담론의 핵심 전략은 트랜스 남성과 신체적 공포를 어린애 취급하는 것이라고 한다.

> 그들은 트랜스 남성이 20대에 접어들고 한참이 지나서까지 우리를 '소녀'라고 부른다. (중략) 이들은 "테스토스테론 중독"(우리 몸에 정상적인 남성 수준의 테스토스테론을 투여해 수염이 자라날 수 있는 상태를 말한다), "신체 훼손", "건강한 신체 조직에 대한 난도질"을 이야기한다. 이들은 실제 그대로의 신체를 가진 사람들보다는 완벽하고 아무런 손길이 닿지 않은 여성적 형태라는 성차별주의적 이상에 더 관심을 둔다.[28]

트랜스 남성을 세뇌되고 망가진 사람으로 취급하는 바로 그 인물들이 이들에게 페미니즘에 참여하면 환영하겠다고 나서는 혼란스러운 상황 때문에 일부 트랜스 남성은 페미니스트의 연대나 지지를 구하기를 꺼린다. 트랜스 남성은 사실 남성이 아니라고 단호하게 말하는 경우가 너무도 많은 문화에서, 다른 사람들이 그를 여전히 여성으로 인지하고 있다는 근거에 따라 자신이 여전히 젠더에 기반한 억압이나 성차별주의를 겪는다고 공개적으로 천명하는 것은 대단히 어려운 일이 틀림없다. 트랜스 여성에게, 우리와 페미니즘의 관계에 관한 논쟁은 보통 우리가 어느 정도까지 여성으로서 억압당하느냐에 달려 있다. 트랜스 남성에게 그 논쟁은 역으로 벌어진다. 트랜스 남성이 가부장제하에서 남성에게 주어지는 특권과 이득을 어느 정도까지 누릴 수 있느냐는 것이다.

　테스토스테론으로 의학적 트랜지션을 한 트랜스 남성은 수염이 나고 시각적으로 남성화된다. 목소리도 낮아진다. 일부 사람들에게는 일부 혹은 모든 맥락에서 이들이 사회에 의해 그냥 남성으로 받아들여지리라는 뜻이 틀림없다. 『타임』에 기고한 기사에서, 샬럿 앨터는 업무, 인간관계, 가족에 관해서 20명 이상의 트랜스 남성을 인터뷰했다. "여성으로 양육되고 사회화된 남성들은 계속해서 세상이 그들을 남성으로 인식하는 순간 다르게 대우한 온갖 방식을 이야기했다." 앨터의 인터뷰는 수많은 트랜스 남성이 트랜지션 이전에 겪어 왔던 직장에서의 성차별주의를 처음으로 깨닫기 시작한다는 점을 밝혔다. 남성으로 보이기 시작하고 남성의 특권을 부여받으면서 말이다. "이들은 실수는 최소화되고 성공은 증폭된다는 것을 알게 되었다. 이들은 자신이 하는 말에 더 큰 무게가 실린다고 말하는 경우도 많았다. 하룻밤 사이에 권위와 직업적 존경을 얻는 것처럼 보였다." 트랜스 남성이 보고한 더 나은 대우는 다른 남성들 사이에 퍼져 있는 성차별주의와 여성혐오를 더욱 잘 인식하게 되면서 상쇄되었다. "이들은 오래전부터 의심해 온 성차별주의적 태도가 확인되는 것도 보았다. 이들은 여성 직장 동료가 남성 직장 상사에게 무시당하거나, 여성 취업 지원자가 욕설을 듣는 경우를 떠올렸다." 남성들은 다른 단점도 보고해 왔다. 인터뷰 대상자 중 한 명인 트랜스 남성 제임스 가드너는 앨터에게 이렇게 말했다. "저는 아이들을 쳐다보지 않으려고 무척 주의해야 합니다. (중략) 아이 엄마나 아기를 볼 수는 있지만, 너무 오래 보면 안 돼요. 위협적이지 않은 존재로 여겨지던 게 그립습니다."²⁹ (가드너의 주장은 어린아이를 낯선 사람에게 맡기는 경우에 관해서 내가 앞서 했던 말을 떠올리게 한다. 사람들이 관찰 가능한 성차에만 근거해, 본능적으로 위험을 판단한다는 이야기 말이다.)

일부 트랜스 남성이 실제로 남성으로서 특권을 얻으며 여성들에게는 위협으로 인지될 수 있다는 사실은 반트랜스 페미니스트 담론에서 전형적으로 무시된다. 이유야 간단하다. 대부분의 젠더 비판적 페미니스트들이 그렇듯 성별이란 변경 불가능한 것이며 트랜스 여성은 의학적 트랜지션을 했는지와 관계없이 남성용 화장실, 탈의실, 쉼터 등을 써야만 한다고 설파하는 페미니즘에 따르면, 마찬가지로 트랜스 남성은 여성용 공간을 써야만 하고 그러도록 권장되어야 한다. 이런 이데올로기의 논리적 귀결점은 목소리가 굵고 턱수염을 길렀으며 남성적인 옷을 입고 남자들이 보통 쓰는 이름을 쓰는 데다가 일부 경우에는 페니스까지 있는 사람이 트랜스 남성이라는 이유로, 혹은 자신이 트랜스 남성이라고 말한다는 이유만으로 여성의 공간에 들어갈 수 있어야 한다는 것이다(공중화장실에서 염색체 검사를 할 수는 없으니 말이다). 여성용 공간에 관한 반트랜스 페미니스트 수사는 트랜스 여성을 겉모습으로 늘 알아볼 수 있으며, 그녀가 어느 공간에 접근하는 것에 문제를 제기할 수 있다는 거짓된 전제에 의거한다. 여러 사례에서 이는 그야말로 사실과 다르며, 남성적인 시스젠더 여성과 간성인 여성들이 외모만으로 '남성'이라고 오인돼 문제 제기의 대상이 되는 상황으로 쉽게 이어질 수 있다. 현실에서, 내가 아는 대부분의 트랜스 남성은 여성이 경험하는 여성혐오에 현재 노출되어 있는 사람들을 위해서 마련된 공간에 들어가 시스젠더나 트랜스 여성을 불편하게 만들려 하지 않는다. 자신이 그런 여성혐오를 경험했더라도 말이다.

트랜스 남성과 트랜스 여성의 이해관계가 다르므로 둘 사이에 긴장관계가 존재한다는 건 트랜스 여성이 트랜스 운동 전체를 '지배하며' 트랜스 남성의 이해관계를 도외시한다고 생각하는 일부 시스젠더 페미니스트들이 아주 좋아하는 상투적 표현이다. 이런 생각은 보통 잘 알려져 있거나 유명한 트랜스 여성이 트랜스 남성에 비해 훨씬 많다는 사실에 근거한다. "[트랜스 여성은] LGBT 운동에서 더 눈에 띄며, 더 어려운 문제들을 제기한다. 트랜스 남성은 아이를 가질 때만 뉴스거리가 되는 것으로 보인다."[30] 기자 헬렌 루이스는 2019년에 이런 글을 썼다(이번에도 『뉴 스테이츠먼』이었다). 트랜스 남성이 '주류 미디어'(시스젠더 이성애자들이 만들고 통제하는 미디어)에서 덜 보인다는 말은 사실이다. 좋은 쪽으로나 나쁜 쪽으로나 트랜스 여성이 훨씬 더 많이 보도되었다. 하지만 주류 미디어를 LGBTQ+ 운동, 혹은 더 구체적으로 트랜스 운동과 등치하는 것은 잘못이다. 가시성이 높아지면 자동적으로 정치력도 커진다는 생각 또한 오해다. 미디어에서 가장 유명한 트랜스 여성이 배우, 모델, 작가 등 모든 여성이 성애화되고 집착의 대상이 되는 업계에서 활동하는 사람들인 상황에서는 특히 그렇다. 미디어에서 이루어지는 트랜스 여성의 상품화와 대상화를(그야 여성성이 남성성에 비해 늘 쉽게 상품화되어 왔기 때문이다) 트랜스 여성이 트랜스 남성을 누르고 의견을 내세운다거나 이들을 통제 혹은 '지배'한다고 말하는 데 활용하는 것은 트랜스여성혐오다. 즉, 이런 식의 활용은 트랜스 여성이 근저에서는 사실 지금도 남성이며 남성의 특권을 누리고 있다는 뜻을 내포하는 한편, 시스젠더 여성들이 그렇듯 유명한 트랜스 여성들이 언론에서 여전히 착취당하고 성애화되고 성도착의 대상이 되는 여러 방식을 삭제한다.

전 세계 주요 트랜스 단체 중 다수는 백인 트랜스 남성이 주도한다. 그런 단체의 수는 매우 많다. 영국에서, 트랜스 권리에 관한 선구적인 법학자이자 '프레스 포 체인지'Press for Change라는 트랜스 로비 단체의 창립자인 스티븐 휘틀은 트랜스 남성이다. 트랜스인이 운영하는 유일한 재단의 운영자인 제이 스튜어트도 마찬가지다. 2020년 11월까지 '스코틀랜드 트랜스 동맹'의 책임자는 트랜스 남성인 제임스 모튼이었다. 민간 병원에서 트랜스 환자들을 위한 젠더 전문 의사로 일해 온 유일한 공개적 트랜스 의사 리처드 커티스도 마찬가지다. 범유럽 비정부기구인 '트랜스젠더 유럽'의 총책임자인 메이슨 데이비스도, '국제 트랜스 기금'의 책임자이자 아일랜드의 트랜스 단체인 TENI의 전직 CEO였던 브로든 지암브론도 그렇다. 미국과 캐나다의 상황도 마찬가지다. 현실은, 재정 상황이 탄탄하고 많은 구성원을 두고 있는 트랜스 운동과 정치 로비의 모든 단계에서 트랜스 남성이 지도적인 역할을 맡을 수 있다는 것이다. 물론, 당연히 그래야 한다. 하지만 대중의 구미에 맞는 몇 안 되는 여성적 트랜스 여성이 반짝이는 잡지 표지에 실린다는 이유만으로 모든 트랜스 남성의 목소리가 무시되고 있으며 그들이 침묵을 지킨다는 시각은 이들을 깔보는 동시에 틀린 것으로, 수많은 트랜스 남성이 트랜스 해방을 위해 이룩해 온 진보를 깎아내리는 것이다.

그러나 트랜스 남성이 우리 문화에서 드러나지 않아 괴로움을 겪고 있다는 것도 사실이다. (늘 그렇듯 이 문제도 인종과 계

트랜스젠더 이슈

급 때문에 복잡해진다. 역사적으로 백인 시스젠더 여성이 유색인 시스젠더 남성을 상대로 자신의 백인성을 휘둘러 온 것과 마찬가지로, 당사자가 트랜스인이라는 점만 빼면 비슷한 상황이 벌어진다.) 트랜스 남성에게 어떤 면에서 페미니즘이 필요한지를 놓고 섬세한 대화가 이루어진 적이 없다는 점은 인정해야 하며, 이런 면에서 트랜스 남성은 계속 부당한 대우를 받고 있는 셈이다. 트랜스 남성과 임신이 신문 기사 제목으로 실린다는 헬렌 루이스의 말은 맞다. 문제는, 영국에서 신문 기사 제목은 늘 자극적이며 항상 시스젠더의 입맛에 맞게 그들이 편집한다는 것이다. 이런 면에서도 영국은 추세에 한참 뒤처져 있다. 사회가 임신을 했거나 임신할 가능성이 있는 사람들에 대해서 해 주는 배려를 트랜스 남성이나 논바이너리인 사람들에게 하지 않는다는 점은 아일랜드의 상황과 뚜렷하게 대조를 이룬다. 태아와 어머니의 생명권을 똑같이 보호하는 아일랜드 헌법 제8조를 폐지하는 성공적 캠페인은 놀라울 정도로 트랜스인을 포용하는 운동이었다. 마찬가지로, 아일랜드에서 안전하고 합법적으로 자유롭게 임신중단을 할 수 있도록 한 '임신중단 권리 운동'Abortion Rights Campaign, ARC은 처음부터 트랜스 포용적이었다. 이 단체에서 연 행사에 트랜스인 연사들이 나온 것은 임신중단이 대체로 여성의 문제이긴 하지만, 아일랜드의 트랜스 남성과 일부 논바이너리 또한 헌법의 이 부분에 영향을 받는다는 현실을 반영한 것이었다.

2018년 5월 헌법 제8조가 국민투표로 폐지된 이후, ARC에서는 아일랜드에서 합법적 임신중단을 최종적으로 허용하려는 의미 있는 법안이 트랜스 남성과 논바이너리인 사람들을 명시적으로 포함하도록 공개 활동을 계속했다. 영국 페미니즘은 이런 접근법에서 힌트를 얻어, 임신에 관해 자신의 신체에 대한 자율성을 갖고 싶다는 바람과 자신의 젠더 정체성을 법으로 인정받고 싶다는 욕망이 트랜스 남성과 논바이너리인 사람들의 인생에 중첩되는 두 가지 문제임을 인식해야 한다. 재생산 능력에 따라 시스젠더 여성이 아닌 사람들도 정치적인 억압을 겪는다는 점을 인정한다고 해서 시스젠더 여성들이 삭제되는 것은 아니다. 오히려 이런 접근법은 출산 관련 건강 상태에 관해 말하려면 남성으로서의 젠더 정체성을 부정하라는 압력을 받는 문화에 갇힌 트랜스 남성의 대단히 현실적인 존재를 인정한다. 이는 젠더와 성별 때문에 심한 고통을 자주 겪어 온 사람들에게 부과되는 잔인한 최고장이며, 어떤 페미니스트도 이런 일에 동참해서는 안 된다.

트랜스 남성은 남성이라는 정체성을 존중받기 위해서 성차별주의, 여성혐오, 트랜스혐오를 부정하는 반동적 입장으로 물러나도록 강요받아서는 안 된다. 현재의 젠더 표현과는 무관하게 어느 시점에든 소녀 혹은 여성으로 취급받은 모든 사람을 위한 페미니스트적 연대는 본능적이어야 한다. 트랜스 남성은 특정한 형태로 트랜지션을 하는 경우 몇몇 형태의 남성 특권을 획득할 수 있으나, 트랜스혐오적 사회에서 그런 특권은 다른 사람들에게 시스젠더 남성으로 보이고 자신의 과거에 대한 정보를 제한할 때에만 조건적으로 주어진다. 심지어 그런 경우에도 트랜스 남성이라는 집단은 여전히 페미니즘의 지지와 보살핌을 받아야 한다는 상당한 증거가 있다. 세계적으로 살해당하는 트랜스인의 대다수가 트랜스 여성인 것은 사실이지만, 트랜스 남성을 상대로도 악랄한 폭력이 벌어진다. 딱 한 가지 사례로, 남아프리카공화국에서는 트랜스 남성이 부치 레즈비언처럼 소위 '교정' 강간의 대상이 된다. 강간을 젠더 일탈에 대한 처벌로 활용해, 이들이 다시 (이성애자) 여성으로 '돌아오도록' 강제한다는 것이다. [주류 영화계에서, 트랜스 남성에 관한 가장 유명한 문화적 표현으로 남아 있는 작품이 힐러리 스웽크가 〈소년은 울지 않는다〉(1999)에서 연기한 브랜든 티나의 이야기라는 점은 시사하는 바가 크다. 브랜든 티나는 1993년에 21세 나이로 집단 강간을 당한 뒤 살해 당한 트랜스 남성이다.]

연구에 따르면, 현대 영국의 트랜스 남성은 심각한 수준의 신체적, 성적, 감정적 학대를 보고하고 있다. 1장에서 언급한 2018년 전국 LGBT 조사에서 밝혀진 바로, 트랜스 여성은 가족이 아닌 사람들로부터 특정한 형태의 학대와 괴롭힘을 더 높은 수준으로 경험하지만, 트랜스 남성은 자기 집의 가해자들로부터 현저하게 높은 위험을 겪는다. 트랜스 남성의 58퍼센트는 가정에서 몇 가지 형태의 학대를 경험한 적이 있다. 이에 비해 트랜스 여성 중 40퍼센트, 논바이너리인 사람 중 47퍼센트가 가정 내 학대를 경험한다. 트랜스 여성이나 논바이너리인 사람들에 비해 트랜스 남성은 자기 집에서 신체적, 성적 폭력을 당한 경험을 더 많이 보고한다.³¹ 트랜스 남성이 경험하는 감정적, 성적 폭력과 가정폭력에 관해서는 더 많은 연구와 공개적 토의가 이루어져야 한다. 반면 트랜스 여성과 시스젠더 페미니스트들은 트랜스 남성의 남성적 정체성을 삭제하거나, 이들의 남성적 정체성이 그들을 여성혐오로부터 자동적으로 보호해 주리라고 지레짐작하는 함정에 빠지지 말아야 한다.

(역설적이게도 '여성 영역'이라고 불리는 경우가 많은) 가정폭력 및 성폭력 지원 부문이 현재 트랜스 남성에게 필요한 지원

을 제공하지 못한다는 점은 지적할 만하다. 남성인 학대 피해자들을 위한 남성 위기 지원 서비스는 존재하지만, 이런 곳에서 일하는 전문 상담가와 지원 활동가들은 보통 시스젠더 남성의 경험을 다루도록 훈련받았다. 트랜스 남성은 그들을 여성으로 본 가해자의 학대에 노출되었을 수 있으며, 그런 경험을 잘 아는 민감한 전문가들의 도움을 필요로 한다. 모든 페미니스트는 트랜스 남성이 자신에게 적합한 서비스를 받을 수 있는 권리를 위해 해온 투쟁을 인정해야 하며, 전문적인 가정폭력 서비스에 대해 지속적으로 예산을 삭감하는 광범위한 보수주의적 정책에 맞서 싸울 때 이러한 문제를 염두에 두어야 한다.

트랜스 남성이 여전히 여성혐오에 근거한 젠더화된 폭력을 경험한다는 점은 명백하다. 로빈 뎀브로프의 시험법을 적용해 보자. 트랜스 남성은 성별 이분법의 존재에 문제를 제기하고, 다른 사람들에게 남성으로 보이지 않을 때는 '남성적 여성'으로 처벌받으며, 트랜스 여성이 남성성과 남성스러움을 버렸다는 이유로 변태로 취급되는 반면 이들은 남자가 되고 싶다는 오해를 하게 된 망상에 사로잡히거나 혼란에 빠진 사람들로 취급된다. 일부 반트랜스 페미니스트들의 관점에 따르면, 이들은 심지어 페미니스트처럼 억압에 맞서 싸우는 대신 자신이 남성의 특권을 차지하려 한 '배신자'로 여겨진다. 앞서 살펴보았듯, 여성혐오는 여러 가지 측면이 있으며 다양한 사람과 다양한 종류의 몸을 다양한 방식으로 관리한다. 페미니즘이 정말로 가부장제에 문제를 제기하려면, 이 모든 방식에 대해 저항해야 한다.

페미니스트 이론을 잘 아는 독자들은 내가 트랜스페미니즘을 탐구하면서 대체로 주디스 버틀러, 잭 핼버스탬 등 페미니즘과 퀴어 이론에 관해 쓴 후기 저작이 트랜스인의 존재를 방어하기에 더 명백한 지점으로 여겨지는 학자들이 아니라 2세대 페미니스트들의 사상을 대체로 인용했다는 점에 놀랄지도 모르겠다 (이런 2세대 페미니스트 중 일부는 현재 포르노와 성 노동을 범죄화하는 데 초점을 맞췄다는 이유로 젊은 페미니스트 사이에서 논쟁적인 인물로 여겨지기도 한다). 그러나 나는 트랜스페미니즘이 과거의 페미니스트 이론에서 새롭게 벗어나는 것이라는 통념을 부수는 것이 중요한 일이라고 본다. 앞서 보았듯, 남성과 여성이라는 범주에 관한 모순, 생물학적 본질주의에 대한 문제 제기, 여성혐오가 (남성을 포함한) 모든 인간에게 끼치는 해악에 관한 다면적 분석의 옹호는 언제나 페미니스트 사조의 핵심이었다. 2세대 페미니스트인 캐서린 맥키넌은 다음과 같이 말했다.

> 나는 누군가가 어떻게 여성 혹은 남성이 되는가에 대해 신경 쓰지 않는다고 늘 생각했다. 내게 그건 중요한 문제가 아니다. 그저 다른 모두와 마찬가지로, 그건 그들의 특별함이자 독특함의 일부일 뿐이다. 자신을 여성으로 정체화하거나 여성이 되고 싶어 하거나 여성으로서 행동하는 사람은 내게 여성이다.[32]

논바이너리 트랜스젠더 정체성에 관한 페미니스트적 태도를 생각할 때 이 점이 특별히 중요하다. 자신이 남성이나 여성이 아닌 무언가라고 말하는 사람, 혹은 그 둘 다에 해당한다고 말하거나 늘 둘 사이를 오가는 사람은 페미니즘의 중요한 관념 중 하나를 증명하는 살아 있는 증거다. 즉, 이들은 젠더가 자유를 제한하고 개성을 제약하는 퇴행적 함정으로서, 사람들에게 자신의 모습과 욕망을 왜곡하여 착취적이고 폭력적인 체제에 복무하도록 강제한다는 페미니즘의 이념을 증명한다. 예술가 트래비스 알라반자의 표현에 따르면 다음과 같다.

> 내가 트랜스라고 말할 때는 탈출이라는 뜻이다. 선택이라는 뜻이다. 자율성이라는 뜻이다. 당신이 내게 지시한 것보다 위대한 무언가를 원한다는 뜻이다. 당신이 내게 강요한 것 이상의 가능성을 원한다는 뜻이다.[33]

이러한 과정에 전적으로 굴복하지 않겠다는 논바이너리인 사람들의 기백 넘치는 거부는 신선한 환기로 여겨져야 하며, 페미니즘은 이런 사람들이 경험하는 해악에 관심을 두어야 한다. 하지만 그러지 않는 경우가 많다. 『가디언』의 칼럼니스트 해들리 프리먼은 2017년 "오늘날 젠더에 관한 논의는 경계선을 확장하는 대신 줄여 가는 경우가 너무 많다."라고 했다.

> 사람들이 자기가 '논바이너리'라고 말하면, 내가 듣기에는 그들이 [아기들이 입는] 분홍색과 파란색으로 이루어진 원지°의 거짓말을 그대로 받아들인 것만 같다. 문제는 모두가 사실 논바이너리라는 점이기 때문이다. 그 누구도 완전히 분홍색 나비들만 그려진 원지나 파란색 자동차만 그려진 원지에 완전히 속하지는 않는다.[34].

°   상하의가 한 벌로 되어 있는 아기용 옷.

프리먼은 이분법적 젠더가 우리 모두를 제약하는 구성물이라는 점, 다시 말해 우리 모두가 그보다 복잡한 존재, 논바이너리 트랜스인이 증명하는 존재라는 점을 받아들이는 것으로 보인다. 하지만 아기 옷에 관한 그녀의 지나치게 단순한 은유는 젠더 이분법이 법, 정치, 의료, 문화, 폭력, 성적 지향을 형성하는, 모든 것을 아우르는 그 방식을 평가절하한다. 기본적으로, 이런 방식은 인간 담론 전반을 의미하는데도 말이다. 프리먼의 페미니스트적 분석이 복장 문제에서 멈추고 더 넓은 함의를 무시하는 것은 이상한 일이다. 논바이너리인 사람들이 법적 인정이나 젠더화된 언어에 관한 재사유(예컨대 중성적 대명사나 새로운 젠더를 표현하기 위한 새로운 단어의 사용)를 요구할 때, 이들은 우리 모두에게 더 많은 자유를 달라고 요구하는 것이다. 어느 면에서, 모두가 논바이너리라는 주장은 틀리지 않았다. 성별 이분법은 강력하고도 만연해 있는 통념일 뿐 실제로는 모두가 스펙트럼의 어느 지점에 있다. '논바이너리'가 지금까지 의미 있는 용어인 이유는 이러한 개념을 정책 전문가, 가족, 학교, 사회에서 활용할 수 있는 형태로 만드는 데 쓰일 수 있기 때문이다. '논바이너리'는 대화가 더 쉽게 이루어지도록 고안된 용어지, 그 자체로 목표가 아니다.

트랜스인의 존재는 모든 사람에게 그간 애지중지해 온 젠더에 관한 관념을 면밀히 검토해 보고, 이런 관념이 한때 생각했던 것만큼 안정적이고 확실한 것인지 고민해 보도록 한다. 이런 현상은 건강한 것이다. 남자와 여자의 구분은 자의적인 경우가 많다. '이분법적' 트랜스 남녀와 논바이너리 트랜스인의 구분도 똑같이 자의적이며, 현실에서는 우리가 시스젠더라고 부르는 사람들과 트랜스젠더라고 부르는 사람들의 정확한 구분도 그리 엄격하게 이루어지지 않는다. 이런 정의가 너무도 불안정할 수 있다는 사실은 수많은 사람에게 대단히 곤란하게 느껴지는 게 확실하다. 그것이 모순과 복잡성, 예외를 받아들이기보다 이분법에 대한 문제 제기를 사소한 것으로 여기기 쉬운 것이다. "우리는 모두 논바이너리"라는 주장은 우리가 사회의 질서를 다시 잡을 때 새롭고 근본적인 분석이 될 수 있겠지만, 관습적으로는 우리 문화에 새겨진 성별 이분법의 흔적을 해체하자는 정치적 요구를 하는 사람들을 조롱할 때 젠더 비판적 페미니스트들이 사용하는 말이다. 하지만 그런 비평가들은 이분법적 젠더 고정관념과 역할에서 우리 사회를 해방시킬 다른 방법을 제안하지 않는다. 이번에도 논바이너리인 사람들에 대한 페미니스트의 적대감은 다양한 젠더 정체성보다 사회적, 법적 신뢰를 더 많이 받아야 한다는 불가피한 생물학적 성별이라는 개념을 재확인하는 것으로, 이런 개념은 가부장제의 논리를 복제할 뿐이다. 1974년에는 래디컬 페미니스트 안드레아 드워킨이 성별과 젠더 범주 둘 모두의 자의성에 대해 인류가 더 많이 의식하고 있다면서 다음과 같은 글을 썼다.

> 호르몬과 염색체에 대한 연구, 인간 재생산의 새로운 수단을 개발하려는 시도(과학자의 실험실에서 만들어졌거나 그로부터 상당한 도움을 받는), 트랜스섹슈얼과의 작업, 아동의 젠더 정체성 형성에 관한 연구로 우리는 생물학적 성별이 확실히 구분된다는 개념에 문제를 제기하는 기본적 정보들을 알게 되었다. 이 정보는 성차에 관한 전통적인 생물학을 성의 유사성이라는 급진적 생물학으로 바꿔 놓으려 한다. 성별이 하나만 있다고 주

장하려는 것이 아니라, 여럿 있다는 것이다. 이와 관련된 증거는 단순하다. '남성'과 '여성', '남자'와 '여자' 같은 단어들이 쓰이는 이유란 지금까지 다른 단어가 없기 때문이라는 것이다.[35]

40년 전부터 드워킨은 현재의 수많은 논바이너리 트랜스인들과 진보적인 시스젠더 페미니스트들이 방어할 수밖에 없는 것이 무엇인지 알고 있었다. 비교적 최근에, 영국 페미니스트 롤라 올루페미는 '여성'이라는 개념을 다음과 같이 설명했다.

> 여성이란 전략적인 연합, 우리가 정치적 요구를 하기 위해 함께 쓰는 우산이다. 여성은 다른 선택지가 주어진다면 다른 방식으로 정치화할 사람들을 위해서 동원될 수 있다. 해방된 미래에 여성이란 아예 존재하지 않을지도 모른다.[36]

당연히 '남성'이라는 개념도 마찬가지다. 페미니즘은 젠더에 기반한 폭력과 위해가 사라지고, 좀 더 즐거운 삶을 살 수 있도록 좀 더 해방된 미래를 위한 급진적 가능성에 관심을 두어야 한다. 그런 일은 젠더를 바라보거나 이해하거나 **수행할** 다른 방식을 찾아볼 자유를 제한하는 것으로 이룰 수 없다.

트랜스인들이 모두 젠더에 관해 급진적 생각을 하는 것은 아니다. 대부분의 트랜스인은 주변의 시스젠더처럼 이분법적이고 퇴행적이며 고정관념에 사로잡혀 있고 반페미니스트적인 생각을 가지고 있을 것이다. 트랜스인들 모두가 젠더에 대해 급진적 분석을 해야 한다는 요구 자체가 일종의 트랜스혐오일 수 있다. 우리는 시스젠더에게 같은 기준을 적용하지 않으니 말이다. 또, 이런 식의 접근은 젠더에 관한 시스젠더의 주장을 자연스럽고 기본적인 것으로 설정하면서 트랜스젠더를 시험하고 탐색해야 할 새로운 이데올로기의 옹호자로 보는 것이기도 하다. 트랜스인은 페미니스트 정책에 발을 담그고 싶어 하든, 그렇지 않든 사회적 존엄성과 개인적 존중을 받을 가치가 있다. 성차별주의와 여성혐오, 트랜스혐오를 전 세계에 단단히 자리잡게 하려고 작정한 듯한 포퓰리스트적 권위주의가 성장해 가는 시대에, 트랜스인을 이해하는 이론적 틀이 페미니스트의 주요 관심사가 되어야 하는 이유조차 이해하기 어려울지 모르겠다. 이론은 중요하다. 이론은 우리가 그 이론에 지적으로 참여하거나 말거나 우리 사회를 형성한다. 내가 이 부분에서 이론을 광범위하게 다룬 이유다. 하지만 이론은 운동의 조직, 자원 배분, 돌봄과 연대라는 실제적인 작업에 보조적인 역할만을 해야 한다. 정치적 연합이 서로가 경험하는 현실의 모든 면을 완전히 이해하게 해 주는 경우는 거의 없다. 오히려, 정치적 연합은 공통의 목표에 기반한 실용적 협력이다. 아일랜드의 헌법 조항 폐지 운동에서 안정적인 성공을 거두기 위해 사람들을 대규모로 동원했던 사례만 살펴보아도 협력 작업을 통해 무엇을 이룰 수 있는지 알 수 있다. 지금도 겁을 먹고 트랜스인을 의식 구조에 받아들이지 못하는 시스젠더 페미니스트들도 여성과 트랜스인들 모두가 2020년대에도 직면하고 있는 상황의 시급함을 생각하면 잠시 멈추어야 한다. 작가 조 리빙스턴이 표현한 그대로다.

'서로 부합하고 잘 지낸다'고 해서, 의제가 서로 뒤섞이거나 선명성을 잃거나 효율성을 포기할 필요는 없다. 전혀 노선이 맞지 않아도 상관없다. (중략) 왜 사람들에게 상처를 주는 데에 힘을 낭비하는가? 시간은 없고, 해야 할 일은 너무도 많다.[37]

변화된 미래

Conclusion: A Transformed Future

자본주의하에서 트랜스 해방은 있을 수 없다. 이건 사실이다. 그러나 자유주의 및 중도주의 LGBTQ+ 집단에게 이런 시각은 인기가 없다. 이 책의 앞부분에서 살펴보았듯, 이들은 다양한 개인적 자유와 보호로서만 '트랜스젠더 권리'를 이야기하며, 사회적 수용을 위한 싸움에서 기업과 유명 회사들을 잠재적 '동맹'으로 보고 그들에게 매달린다. 그럼 진정한 정의는 어떻게 이룰 수 있을까?

트랜스 포용적인 입장을 자처하는 자유주의적 공간에서는 트랜스혐오적 행동을 하는 사람들이 "역사에 역행한다"라는 주장이 인기를 얻었다. 역사에 옳고 그른 면이 있다는 생각은 물론 오류다. 시간의 흐름이 도덕적 진실을 드러내며, 역사가 진보를 향해 나아간다는 통념은 오래된 것이자 매력적인 것이며, 놀랍도록 끈질긴 것이다. 하지만 이런 생각은 우리가 기억하기로 선택한 역사를 조심스럽게 편집하고, 변혁적 사회 혁명에 대해 사후적인 찬양을 함으로써만 가능하다. 이런 찬양은 위력이나 폭력의 사용 등 그런 운동의 더 문제적인 요소들을 평가절하한다. 현대 영국에서, 트랜스 평등권의 지지가 역사의 '옳은'right 방향이라는 주장은 보통 새천년이 시작되던 시기에 동성애자인 사람들이 겪었던 사회적, 경제적 진보와의 비교와 노골적인 동성애혐오가 현재 수많은 자유주의적 공간에서 금지돼 있다는 인식에 뿌리를 두고 있다. 20년의 시간 지체가 있기는 하지만, 트랜스인들도 같은 궤도를 밟으리라는 것이 이들의 희망이다. 현재 언론계와 정치계에서 맹렬히 트랜스혐오를 드러내는 사람들도 몇 년 뒤면 부끄러움을 느끼게 되리라는 것이다.

어쩌면 일부 자유주의자들이 보기에는 또래 집단의 압력이라는, 도덕적 진보에서 잘못된 편에 서게 될지 모른다는 숨은 두려움 정도면 트랜스혐오를 부인하기에 충분한 것일지 모르겠다. 하지만 나는 트랜스인들의 복지와 안전, 존엄성, 해방에 관한 모든 희망을 자유주의적인 도덕 감정에 맡겨 놓는 것은 순진한 일이라고 생각한다. 현실은, 20년 전에 동성애혐오적이었던 수많은 사람들이 오늘날까지도 그런 성향을 유지하고 있으며 과거에 동성애혐오를 했다는 명백한 기록이 있다 한들 그 사람들이 권력이나 인기를 얻는 데 방해가 되지 않는다는 것이다. 영국의 현 총리 보리스 존슨은 동성애자 남성의 군 복무나 학교에서의 LGBTQ+ 포용적 교육, 평등한 결혼권 등에 반대해 온 긴 이력을 가지고 있다. 그는 한 번도 "탱크탑을 걸친 남색꾼"이라는 발언을 취소하지 않았다. 하긴, 그럴 필요도 없었다. 영국 총리가 이런 짓을 저지르고도 빠져나간 걸 보면, 노골적인 동성애혐오가 자유주의적 공간에서야 낙인으로 남아 있다 한들 그리스의 황금의 새벽

트랜스젠더 이슈

Golden Dawn에서부터 프랑스의 신파시스트 집단인 제네하시옹 아이당티테르Génération Identitaire에 이르기까지 유럽 전역의 극우파 사이에서 대대적으로 부활했다는 점은 놀랍지 않다. 영국에서조차 교사들을 조사해 보면, 수많은 이성애자 자유주의자들이 상상하는 것보다 노골적인 동성애혐오가 여전히 흔하게 발생하고 있다는 점을 알 수 있다.

2010년에는 데이비드 캐머런과 테레사 메이 휘하의 보수주의 정부가 주거, 복지, 교육에 관한 예산을 잔인하게 삭감하고 소름 끼치는 보건 민영화를 실시하면서도 사회적 자유주의자로 이미지를 세탁하려 했다. 하지만 2020년대에는 정치적 지형이 매우 다르다. 영국의 트랜스인들은 더 이상 젠더인정법을 개혁하겠다는 메이 정부의 제안이나 스코틀랜드에서 현재 검토되고 있는 같은 법안 등 사회적 수용이라는 빵 부스러기에 넘어갈 수 없다. 사실, 토리당은 늘 트랜스인들의 적이었다. 보리스 존슨 시기의 뻔뻔한 사회적 보수주의는 우리가 그들의 가치에 근본적으로 상반된다는 사실을 더욱 공개적으로 드러낼 수 있도록 해 주었다. 스코틀랜드 독립이나 아일랜드 통일이 어떻게 될지에 관해서 확실한 건 아무것도 없다. 이 시점에서, 트랜스인들이 의회에서 이로운 정책 변화를 일구어 낼 수 있다고 희망할 만한 유일한 방법은 내부 로비와 궁극적으로는 노동당의 선출뿐이라고밖에 할 수 없다.

물론, 트랜스인으로 산다는 것은 의식적으로 선택한 정치적 입장이 아니다. 트랜스 정체성의 선언이 보통 의식적으로 품은 이데올로기의 표현이 아닌 것과 마찬가지다. 트랜스인은 그냥 사람이다. 우리는 대부분의 인간과 똑같은 일상적인 렌즈로 우리가 살아가는 매일을 살펴본다. 어쨌거나 우리는 그냥 살려고 노력할 뿐이다. 그러나 낙인찍힌 모든 사회적 정체성이 그렇듯, 트랜스인이라는 사실을 말하거나 일하거나 의료 혜택을 받거나 트랜스인이면서 시민적 삶에 참여할 능력 **자체가** 정치적인 것이다. 트랜스인들의 번영에 필요한 물질적 조건이 언제나 좌익의 정책과 실천을 통해 이루어진 이유다. 영국에서 우리가 무료 의료를 누릴 수 있는 이유는 좌익이 만든 사회주의적 모델인 NHS 덕분이다. 또 우리는 노동 운동 덕분에 트랜스인이라는 이유로, 혹은 트랜지션을 했다는 이유로 합법적으로 해고될 수 없다. 우익 정당과 정부는 우리에게 별 희망을 주지 않는다. 지난 10년 동안에는 중도파 역시 현실적인 비전을 제시하지 못했다. 이들은 종종 좌익과 협력하기를 거부하면서 예산 절감의 설계자들과 공모해 왔으니 말이다.

이 말은 노동당 자체가 트랜스혐오와 관련해 무죄라는 뜻이 아니다. 노동당 당원들도, 노동당의 핵심적 인물 몇 명도 마찬가지다. 이들은 트랜스 공동체와 완전하게, 공개적으로 연대를 과시하지 못했다. 반트랜스 담론은 노동조합과 지역 정당 등 영국의 좌파 사이에도 생생히 살아 있다. 2017년에는 19세의 트랜스 여성 릴리 매디건이 노동당 로체스터, 스트루드 지부의 여성 관료로 선출되어 당 내부에 유난히 악랄한 트랜스혐오적 반동을 일으켰다. 2018년 초, 노동당 활동가인 제니퍼 제임스가 연 고펀드미GoFundMe 페이지에서는 트랜스 여성을 모든 여성 후보자 명단에 포함하지 말 것을 요청했다. 제임스가 결과적으로 당원 자격을 정지당하기 전까지 수만 파운드가 모금되었다. 노동당의 세력가로서 전직 국방부 장관이며 정신과 전문의인 루이스 무니는

2019년 5월 트랜스 여성에 대해 반복적인 비하 발언을 했다는 이유로 정직당하자 노동당을 탈당했다. 그는 트랜스 여성을 "성폭행범"이나 "프록코트로 물건을 감추고 있는 사람"[1]이라고 불렀다. 젠더인정법 개혁안에 반대하는 사람들 중에는 영국에서 두 번째로 큰 노동조합인 UNITE(노동당의 주요 기부자다)의 서기장 렌 매클러스키 등 수많은 노동조합 운동 지도자들도 포함되어 있다. '영국 여성의 자리'Woman's Place UK라는, 가장 잘 알려진 반트랜스 페미니스트 풀뿌리 단체를 세운 사람은 루스 서워트카로, 이 사람은 공공 및 상업 서비스 노동조합 서기장 마크 서워트카의 아내다. 2020년에는 젠더인정법 운동이 이뤄지던 시기에 반트랜스적 목소리를 여러 차례 증폭해 왔던 사회주의 신문 『모닝 스타』Morning Star가 자사에서 펴낸 트랜스혐오적 만화에 관해 사과하고 그 내용을 취소해야 했다. 스텔라 페렛이 그린 문제의 만화는 침을 흘리는 포식자 악어가 도롱뇽들이 들어 있는 작은 연못으로 슬금슬금 들어가는 모습을 보여준다. 말풍선에서 도롱뇽들은 "하지만 당신은 여기 들어오면 안 돼요! 여긴 우리의 안전한 공간이란 말이에요!"라고 말하고, 여기에 대해 악어는 "우리 예쁜이들은 걱정하지 마! 난 도롱뇽으로 트랜지션하는 중이거든!"이라고 대답한다. 트랜스인을 동물적인 포식자로 그린 이 만화는 영국 좌익의 트랜스혐오를 보여주는 새로운 바닥이었다.

좌파에서 벌어지는 트랜스혐오에 관한 지적 변명은 보통 개인주의적이고 부르주아적이며 계급 투쟁에는 무관심한, 신화 속 '트랜스 이데올로기'에 대한 걱정처럼 그려진다. 하지만 앞서 살펴보았듯, 트랜스인들 대부분은 노동 계급이며 트랜스인들에 대한 억압은 구체적으로 자본주의에 뿌리 내리고 있다. 간단히 말해, 전 세계 자본주의는 지금도 남성의 일과 여성의 일이 다른 범주로 존재한다는 관념에 심하게 의지하고 있으며, 이때 (살림, 양육, 감정노동 등) '여성의 일'은 급료가 짜거나 아예 없다. 이런 분류가 작동하기 위해서는 남성과 여성을 나누는 방법에 관한 선명한 관념이 근거가 돼야 한다.

자본주의가 작동하려면 어느 정도 실업률이 필요하기도 하다. 사람들이 나눠서 할 일이 충분히 있다면, 어떤 노동자도 일자리를 잃을까 봐 걱정하지 않게 되고 모든 노동자는 더 높은 임금과 더 나은 노동 조건을 요구할 수 있다. 반면, 언제든 존재하는 실업의 유령은 고용주들이 노동 조건을 결정하도록 해 준다. 마찬가지로, 심각한 위기 상황에서는 실업자라는 '예비군'이 경제의 필요에 따라 그때그때 고용될 수 있다. 이처럼 의도적인 실업의 체제가 작동하려면 누가 일할 것이고 누가 실업자로 남겨질 것인지 구분하는 방법이 필요하다. 우리 사회에서는 그 방법이 주로 인종, 계급, 젠더, 장애로 이루어진다. 트랜스인의 존재에 대한 사회적 배제와 혐오감은 유용하게도 실업자라는 등급에 남겨질 가능성이 큰 또 한 계급의 사람들을 만들어 낸다(그 사람들이 트랜스인이면서 가난하거나, 흑인이거나, 장애인이라면 더욱 그렇다—이런 트랜스인들의 실업률이 가장 높은 이유다).[2]

좌파에서는 자본주의 체제하에서 어느 정도의 정책과 법적 보호가 있어야 일부 사람들이 한계로 내몰려야만 하는 이런 근본적인 상황을 진정으로 교정할 수 있는지에 대해 더 많은 토론이 벌어져야 한다. 자본주의 내에서 '트랜스젠더 포용'은 언제나 편파적이고, 우리 중 백인과 중산층에게만 유리하리라고도 주장할 수 있다. 그런 토론은 이 책의 범위를 벗어나지만, 트랜스 운동이 그 자체로 '자본주의적'이라거나 돌이킬 수 없이 개인주의적이라는 비판이 표적에서 많이 벗어난 것이라는 점은 강조해야 한다. 물론, 그렇다고 해서 자본주의가 간혹 사회정의라는 말로 정체를 감추는 경우가 없다는 건 아니다. 페미니즘, 인종차별주의 반대, 동성애자 인권 운동의 요구와 슬로건, 미학, 문화 모두가 이와 비슷하게 때때로 기업에 흡수되어 소비자들에게 도로 판매되었다. 지난 5년간 흘러넘친 페미니스트 토트백, 게이 프라이드 티셔츠, 기업의 #BlackLivesMatter 등 상투적 구호만 보면 알 수 있다. 활동가들이 쓰는 언어의 남용은 변혁적인 정치에 관한 급진적 요구가 사기라는 뜻이 아니다. 트랜스 정의나 트랜스 해방도 마찬가지다.

나는 영국 전체는 아니더라도 잉글랜드에서는 노동당만이 트랜스인의 권리를 선거 정치에서 보호할 수 있는 유일한 방법이라고 생각한다. 그러나 우리의 완전한 해방은 의회 정치만으로는 절대 이룰 수 없을 것이다. 트랜스인이 법적 권리나 사회적 수용이라는 면에서 어느 정도 성과를 올리는 것은 전적으로 가능한 일이며, 이런 성과가 이후에 뒤집히는 것도 얼마든지 가능하다. 현대의 과학적 트랜스젠더 연구 및 권리 보호 운동이 처음으로 일어난 곳은 전쟁기의 베를린으로, 이 도시는 퀴어의 사회 활동이 번창하는 곳이었다. 이 모든 일이 1930년대 초반 파시스트에게 빠르게 억압당했다. 현대 EU의 회원국인 헝가리에서는 이미 따낸 법적 권리에 대해 같은 억압이 2020년 초인 지금 이 순간에도 일어나려 한다. 영국인도 우리가 이런 세력으로부터 면역되어 있다고는 생각할 수 없다. 트랜스인의 해방이 국가에 의해 다시 한번 억압될 만큼 영국이 오른쪽으로 치우칠 현실적인 위험이 있다.

이미 우리는 코로나바이러스 대유행으로 일어난 사회적, 정치적 삶의 심각한 변화와 그로 인한 불황, '블랙 라이브스 매터' 운동의 재부상을 보고 있다. 기후 위기는 전혀 해결되지 않고 기승을 부린다. 다음 10년이 지속적인 대변혁의 시기로 여겨지는 가운데, 과학자들은 극단적인 기후 관련 사건에서 유래한 소요로 우리가 죽기 전에 심각한 사회적 붕괴가 일어날 수 있다는 가능성을 경고해 왔다. 기후 위기로 촉발된 대량 이민은 북반구에서 감시와 군사화, 반 이민 인종차별주의로 이어질 수 있다. 이 모든 현상은 트랜스인들을 포함한 억압받는 소수자에게 불균형적으로 심한 영향을 끼칠 것이다.

이런 맥락에서, 공식적인 의회 정치에만 갇혀 있는 선형적 정치 투쟁을 하겠다는 생각은 망상이다. 시위, 시민 불복종 운동, 지역 공동체 활동, 돌봄 활동, 다른 억압받는 사람들과의 교류 확대가 모두 정치다. 우리의 투쟁에는 이 모든 것이 필요하다.

이 책의 첫 부분에서 나는 트랜스인, 특히 트랜스 여성에게 개인적 글이나 회고록을 쓰라는 압박이 있으며 그런 압박에 굴하지 않겠다고 말했다. 주거 문제에서 가정폭력에 이르기까지 내가 이 책에서 다룬 수많은 문제는 내 경험을 넘어서는 것이다. 이는 내 계급과 인종 덕분이기도 하지만, 행운 때문이기도 하다. 내가 커밍아웃했을 때 나를 포용해 준 가족과 좋은 친구들, 지인들, 또 어느 정도 성공을 거둔 직업이 있기에 나는 트랜스인 형제자매 대부분과 같은 방식으로 한계에 내몰리지는 않을 것이다. 그러나 개인적으로 말해, 어린 시절부터 나는 모퉁이를 돌 때마다 나더러 미친 사람, 나쁜 사람, 아픈 사람, 망상에 빠진 사람, 역겨운 사람, 변태, 위험 인물, 사랑받을 수 없는 존재라는 신호를 보낸 세

트랜스젠더 이슈

상에서 계속 살아가는 방식을 익혀야만 했다. 지금도 마찬가지다. 나는 지금도 때때로 나 자신을 좋아하기 위해 노력해야 한다. 나 자신에게 의식적으로 트랜스인이 된 건, 여성스러운 건, 여성으로 살아가는 건 죄가 아니라고 타일러야 하는 날들이 있다. 나는 이 책을 집필하고 이 책에 쓸 자료를 조사하는 과정에서, 어린 트랜스인들이나 그들의 가족과 이야기를 해 보며, 마음 깊은 곳에서부터 이 세상이 내게 부과했던 혐오감과 수치심의 반복적인 이야기와 함께 살아갈 필요가 없었으면 좋겠다고 여러 번 바라게 되었다. 자기연민에 빠지려는 것이 아니다. 내 희망을 포함한 희망은 소중하고 강력하다. 나는 희망으로 이 책을 썼으며, 구조주의 정치와 집단행동에서 쓰는 언어와 개념적 도구를 사용하기는 했으나 트랜스인들을 해방시킬 것은 더 나은 세상을 위한 우리의 공통된 희망이다. 희망은 인간 조건의 일부이며, 트랜스인들의 희망은 우리가 완전한 사람이라는 증거다. 우리는 토론과 비웃음의 대상인 '문제'나 '이슈'가 아니다. 우리는 우리의 삶에서 더 완전하게, 자유롭게 살아갈 가능성을 보는 트랜스인들이 아닌 수많은 사람들에게도 희망의 상징이다. 어떤 사람들이 우리를 증오하는 이유가 그래서다. 그들은 우리의 자유라는 찬란한 풍요에 겁을 먹는다. 우리의 존재는 이 세상을 풍요롭게 만든다.

감사의 말

Acknowledgements

이곳 영국에서나 그 너머의 세계에서나 가장 난처하고 뜨거운 정치적 주제, 내 인생의 항로를 근본적으로 결정해 왔고 앞으로도 결정할 주제에 관한 첫 번째 책을 쓰는 것은 난관이 가득한 일이었다. 그렇기에 나는 경험과 역량을 모두 갖춘 편집자 톰 펜과 함께 일하게 된 것이 대단히 고맙다. 그의 통찰력과 제안은 내 글에서 드러난 몇몇 긴장을 느슨하게 하는 데 도움이 되었다. 또한 그에게는 핵심적인 주장에 독자가 더욱 잘 참여하기 위해서는 무엇을 알아야 하는지 알려주는 능력도 있었다. 이 책은 보조 편집자로서 원고를 검토해 준 에바 호지킨에게서도 큰 도움을 받았다. 펭귄 사의 리처드 더기드에게도 감사하고 싶다. 그는 직접 원고를 교정함으로써, 내게 출판 분야에서 강력한 경험을 쌓은 사람의 도움을 받게 해 주었다. 홍보 담당자인 펜과 마케팅을 담당한 미카의 전문성을 활용할 수 있었던 것도 행운이다.

상상할 수 있는 최고의 에이전트이자 모든 것을 털어 놓을 수 있는 친구인 에마 패터슨이 없었다면 이 책은 전혀 존재할 수 없었을 것이다. 에마가 어느 추운 12월 오후 기차를 타고 브리스틀로 와서, 어떻게 그랬는지 한 시간 만에 궁극적으로 이 책이 될 책에 관한 아이디어를 말해 보라고 영감을 불어넣어 주었을 때까지 나는 트랜스 정치에 관한 책을 쓸 생각이 전혀 없었다. 소수자나 출판계에서 과소대표되는 배경을 가진 작가들에게 그들도 다른 사람의 귀에 들려야 하는 목소리를 가지고 있다고 설득하는 그녀의 능력은 출판업계 전체가 소중히 여겨야 마땅하다. 내가 질문과 걱정거리, 두려움에 사로잡혀 근무 시간이 아닐 때도 자주 보냈던 수백 건의 문자메시지를 받으면서도 불평 한 번 없이 나를 참아 주었던 점도 고맙다. 패터슨의 조수인 모니카도 마찬가지다. 그녀는 질서라고는 없던 나의 직업적 삶에 질서를 잡아 주었다.

나는 트랜스인들에게 큰 빚을 지고 있다. 내가 트랜지션을 하면서 얻은 가장 큰 부산물 중 하나는 사회에서 때때로 보여줄 수 있는 적대감과 불친절에 직면해도 재치와 웃음, 희망을 찾을 수 있는 능력을 발휘해 늘 내게 놀라움을 안겨 주었던 친구들의 공동체다. 이 책을 위해 인터뷰를 해 주고, 나를 믿고 경험담을 들려준 트랜스인들과 그 가족에게 특히 감사한다. 나는 트랜스인이라는 것이 정말로 자랑스러우며, 그렇게 된 큰 이유는 나의 형제자매들 때문이다. 특히, 나는 대역병과 전례 없는 정부, 트랜스 해방을 향한 언론의 공격이 일어나는 중에 이 책을 쓰면서도 제정신을 유지할 수 있게 해 준 트랜스인들에게 감사 인사를 전하고자 한다. 특히 로빈 크레이그, 카라 잉글리시, 로즈 도무에게 감사한다. 이들 모두에게는 내가 혼자 방에 앉아 휴대폰만 쳐다보고 있을 때조차 웃음을 터뜨리도록 하는 능력이 있다. 나는 눈물이 날 때까지 나를 웃길 수 있으면서도, 내가 가장 어려운 시절을 지나올 때 개인적으로 크나큰 응원을 해 주고 내게 귀 기울여 준 쿠첸가를 아는 것을 행운으로 생각한다. 그녀는 훌륭한 작가이며, 나는 그녀의 작품과 생각에서 크나큰 영향을 받았다. 영국 트랜스젠더 예술가와 창작자들에게 길잡이 역할을 해주는 트래비스 알라반자에 대해서도 같은 말을 할 수 있다. 나는 특히 크래시 위글리와 모건 페이지 등 트랜스인 동료와 친구들의 명석함 덕분에 정치에 관해 아주 많은 것을 배웠다. 모건은 친절하게도 시간을 내 4장 초고를 읽고 내가 성 노동자들을 공정하게 다루도록 도움을 주었다. 그녀의 통찰력은 대단히 귀중했다. 영국 트랜스인의 역사에 관한 글쓰기는 로즈 케이브니가 준 정보와 힌트 덕분에 훨씬 쉬워졌다. 케이브니는 40년 동안 영국에서 트랜스인들의 삶에 참여해 왔으며, 지금도 어린 신입들을 환영하고 있다.

마찬가지로 이 책의 초고를 읽어 주고, 내게 이런저런 제안과 더 깊이 연구해 볼 단초를 준 휴 렘미에게도 감사한다. 『데이즈드』의 전 편집자인 토머스 고튼에게도 고맙다. 그는 처음부터 작가로서의 내 활동을 보호해 주었다. 노바라 미디어의 직원들도 마찬가지다. 그들은 내가 작가가 된 초기부터 내게 발언대를 주었으며, 내가 익살스러운 옷을 입힌 동영상 콘텐츠를 만들게 해 주었다. 트랜스인들이 목소리를 낼 수 있도록 자신의 플랫폼을 한결같이 활용해 준 오웬 존스에게도 감사한다.

대역병 때문에 우리 모두가 경험한 고독과 외로움 속에서, 나는 모든 친구들의 응원이 없었다면 이 책을 쓸 수 없었을 것이다.

나의 개인적 삶은 이 책을 쓰는 기간에 몇몇 격동기를 거쳤으며, 엘리 메이 오헤이건의 지혜와 친절함이 없었다면 그 시기를 겪어 낼 수 없었을 것이다. 나 자신조차 나를 믿지 않는 시기에도 꾸준히 나를 응원해 준 아름다운 오타미어에게 감사한다. 나의 사랑하는 친구 젬마 파로처럼 친절하고 신의 있는 친구를 사귀는 행운을 누린 사람은 별로 없을 것이다. 나는 격리 기간 동안, 이 나라의 반대편에서 그녀가 매일 보내온 음성메시지에 정말로 크게 의지했다. 지난 몇 년 동안 너무도 필요했던 현실 도피와 재미를 제공해 준 롭, 패트릭, 매트에게도 감사한다. 온라인에서 내 곁에 있어 준 트위터 친구들에게 목청껏 인사를 전한다(내가 누구에게 인사하는지 여러분은 알 것이다). 또 작가를 돌봄으로써, 초창기에 이 책을 응원해 준 윌 스완넬에게도 고맙다. 지금은 비록 지리적으로 멀리 떨어져 있지만, 나는 영혼으로 친구 조시와 조가 여전히 가까운 곳에 있다고 느낀다(이들은 내가 트랜스인이라는 거창한 비밀을 처음으로 내뱉은 사람들이었다). 이들은 비밀을 털어 놓기에 완벽한 친구이기도 하다. 우리 셋이 머잖아 함께하기를 바란다.

마지막으로, 우리 가족 같은 가족이 있어서 다행이다. 나는 이 책을 강인하고 너그러운 어머니 헬렌에게 헌정한다. 어머니와 내 형제인 시아란, 자매인 에냐에게 얼마나 큰 빚을 지고 있는지는 말로 표현할 수 없다. 모든 것이 고맙지만, 특히 이 책을 쓰는 동안 전염병이 돌아 한데 갇혀 있으면서도 나를 참아 준 것이 고맙다.

옮긴이의 말

트랜스젠더와 관련된 신문 기사가 뜨면, 그 사람이 트랜스젠더 연예인이나 인플루언서든, 트랜스젠더라는 이유만으로 부당한 차별을 받거나 그런 현실에 치여 스스로 목숨을 끊은 사람이든, 댓글창마다 밑도 끝도 없이 악플이 쏟아지는 것은 보기에도 괴로운 일이다. 물론, 댓글창이란 제정신인 사람들이 최선의 모습을 보여주는 곳이라기보다 누구나 밑바닥을 보게 되리라고 예상하고 뛰어드는 진창에 가깝다. 이 공간의 무차별적 폭력에 노출되는 것이 트랜스젠더만인 것도 아니다. 그래서 많은 사람들은, 설령 언론의 스포트라이트를 받을 기회가 주어진다 하더라도 그저 평범하고 눈에 띄지 않는 평화로운 삶을 살아가고 싶어 한다. 하지만 트랜스인들은 남에게 피해를 주는 범죄를 저지른 것도 아니고, 논란의 여지가 많은 정치적 견해를 밝힌 것도 아니고, 연예인이나 유명인사도 아니며, 하다못해 '진상 손님'이나 '무개념 사장'처럼 사회적 물의를 일으킨 것도 아닌데 공론장에

끌려 나와 온갖 댓글의 폭격을 당해야 하는 처지에 놓인다. 오직 트랜스젠더라는 이유에서 말이다.

혹자는 "그야, 트랜스젠더라는 존재 자체가 가십거리고 '물의'니까 그렇지."라고 말할지 모르겠다. 맞는 말이다. 성별이 남/녀로 구분된다는 것이 상식이고, 이처럼 이분법적으로 구분된 성별 체계 위에 가족의 구성 방식, 노동 및 생산물의 분배 방식, 심지어 개인이 서로를 인식하고 상대하는 방식 등 모든 사회적 제도가 구축돼 있는 상황에서, 그 성별 이분법에서 어긋나는 존재인 트랜스젠더는 존재 자체만으로 '물의'다. 범죄자가 '악'을, 정치인이 특정한 이데올로기를, '진상 손님'이나 '무개념 사장' 등이 민폐를, 연예인이나 유명인사가 그들이 저지른 특정한 행동을 상징하게 되어 뭇매를 맞듯, 많은 사람의 인식 속에서 트랜스젠더는 한 인간으로서 다면적이고 입체적인 삶을 살아온 존재라기보다 '이슈'로만 존재하고 그렇게 '씹고 뜯고 맛보고 즐기는' 대상이 된다.

자신이 저지른 어떤 행동이 아니라 정체성의 핵심적이고 바꿀 수 없는 부분 때문에, 존재한다는 이유 자체만으로 그런 대상이 된다는 건 가혹한 일이다. 범죄는 저지르지 않거나 참회할 수 있고, 이데올로기 선언은 철회할 수 있으며, 민폐도 끼치지 않을 수 있다. 많은 비트랜스인은, 자기가 원하지 않으면 유명세를 치르지 않을 수 있다. 하지만 트랜스젠더는 평온한 삶을 살기 위해 뭔가를 '하지 않는' 것으로 족하지 않고, 자신의 존재가 눈에 띄지 않도록 최대한 주의를 기울여야 한다. 그게 아니라면 남들이 쳐다보고 뒷말을 하는 것을 그냥 존재의 한 가지 조건으로 받아들이고, 남들로서는 할 필요가 없는 정신승리를 매일매일 해 가

　　　　　　　　　　　　　　　트랜스젠더 이슈

며 살아야 한다.

트랜스젠더에게 막연한 거부감이 있는 사람뿐만이 아니라 개인에게는 불만이 없더라도 이런 관심이 부담스러워서 트랜스젠더와 거리를 두는 사람들이 다수인 한, 또 이런 제약이 많은 분야의 경제 활동에 직접적인 한계로 이어지는 한, 트랜스젠더는 트랜스젠더라는 이유만으로 다른 사람들이 누리는 기회를 누리지 못하고 애초에 좁은 행동반경 안에 갇히는 셈이다. 트랜스젠더가 아닌 동성애자는 물론 장애인, 가난한 사람, 외국인이나 귀화 노동자 등 수많은 사람처럼 트랜스젠더도 우리나라의 일반적 시민이 자연스럽게 누리는 것을 누리지 못하거나, 그것을 누리기 위해 자신의 정체를 감춰야 한다는 점에서 차별받고 있다. 언론이나 일부 (심지어 페미니스트라는) 사람들이 이들을 잠재적 성범죄자나 변태, 자기 정체를 속이는 협잡꾼으로 몰지 않아도 그렇다. 그들이 "트랜스젠더를 고용하지 않을 자유"나 "트랜스젠더가 싫다는 말을 할 수 있는 자유", 다시 말해 사람을 그 행동이나 공과가 아니라 존재 자체에 따라 차별할 자유를 알량한 궤변으로 옹호하며 "조회수를 빨지" 않아도 그렇다.

이와 같은 현실에서, 트랜스인들이 겪는 현실적 문제를 여러 사회 통계와 인터뷰를 통해 심층적으로 살피고 성실하게 조명하며, 평범한 대한민국 시민이 월급 걱정을 하듯 트랜스젠더가 하는 일상적이고 현실적인 고민을(물론, 차별받지 않는 시민이 보기에는 트랜스젠더의 '일상'이 일상보다는 호러 영화처럼 느껴질지 모르겠으나) 당사자 입장에서 생생히 살려낸 숀 페이의 책 『트랜스젠더 이슈』는 트랜스젠더라는 짜부라진 '이슈'에 생명력을 불어넣고 트랜스젠더 역시 '사람'임을 다시금 인식하게 한 훌륭한 저작이다.

　우리의 현실을 생각해 볼 때, 그녀가 이야기하는 사회주의적인 문제 해결책은 지나치게 이상주의적이고 급진적인 것으로 보일 수 있으며 트랜스젠더 공동체 내에서도 이에 관해서는 여러 이견이 있을 수 있겠으나, 피상적 봉합에 머물지 않고 사회의 구조 깊은 곳에까지 내려가는 저자의 사고와 통찰력, 상상력과 오직 그런 능력만이 드러낼 수 있는 미래에 대한 청사진이 가지는 가치를 부정하기는 어려울 것이다. "우리의 존재는 이 세상을 풍요롭게 만든다"라는 숀 페이의 말처럼, 이 책 역시 삶을 "더 완전하게, 자유롭게 살아갈 가능성을 보여 주는" "희망의 상징"이다.

강동혁

들어가기 **보이지만 들리지 않는**

1   Bannerman, L., 'Trans Movement Has been Hijacked by Bullies and Trolls', *The Times*, 2018년 10월 1일, https://www.thetimes.co.uk/article/trans-movement-has-been-hijacked-by-bullies-and-trolls-lwl3s73vj.

2   House of Commons Women and Equalities Committee, 'Transgender Equality', 보고서, 2016년 1월 14일, https://publications.parliament.uk/pa/cm201516/cmselect/cmwomeq/390/390.pdf, p. 6.

3   Namaste, V., *Sex Change, Social Change: Reflections on Identity, Institutions, and Imperialism*, Women's Press (2판, 2011), p. 63.

1 **트랜스젠더의 삶, 지금**

1   Wood, C. and Jones, S., 'World War 2 Veteran Decides to Live as Transgender Woman at Age 90 and Begins Taking Female Hormones', *Daily Mirror*, 2017년 3월 29일, https://www.mirror.co.uk/news/ uk-news/world-war-2-veteran-comes-10119089.

2   Gilligan, A., 'Parents' Anger as Child Sex Change Charity Mermaids Puts Private Emails Online', *The Times*, 2019년 6월 16일, https://www.thetimes.co.uk/article/parents-anger-as-child-sex-change-charity-puts-private-emails-online-3tntlwqln.

3   'The Paris Lees One', *Political Thinking*, BBC Radio Four, 2018년 2월 9일, https://www.bbc.co.uk/programmes/p05xp3z2.

4   같은 프로그램.

5   *School Report: The Experiences of Lesbian, Gay, Bi and Trans Pupils in Britain's Schools*, Stonewall (2017), https://www.stonewall.org.uk/school-report-2017.

6   같은 보고서.

7   Durwood, Lily 외, 'Mental Health and Self-worth in Socially Transitioned Transgender Youth', *Journal of the American Academy of Child & Adolescent Psychiatry*, 56(2) (2017), pp. 116~23, https://www.jaacap.org/article/S0890-8567%2816%2931941-4/전문; Gurevich, R., 'Using Transgender Youths' Chosen Names May Lower Suicide Risk', Reuters, 2018년 4월 10일, https://www.reuters.com/article/ushealth-youth-transgender-idUSKBN1HH2WH.

8   Todd, M., *Straight Jacket: How to be Gay and Happy*, Bantham Press (2016), p. 73.

9   Hudson-Sharp, N., 'Transgender Awareness in Child and Family Social Work Education: Research Report', National Institute of Economic and Social Research, Department for Education, 2019년 5월, https://assets.publishing.service.gov.uk/government/uploads/system/uploads/attachment_data/file/706344/Transgender_awareness_in_child_and_family_social_work_education.pdf.

10   'School Report'.

11   'School Report', p. 4.

12   Davies-Arai, S., *Supporting Gender Diverse and Trans-Identified Students in Schools*, Transgender Trend (2018), https://www.transgendertrend.com/wp-content/uploads/2019/08/Transgender-Trend-Resource-Pack-for-Schools3.pdf.

13   같은 자료.

14   같은 자료.

15   'School Report'.

16   Goode, Erich, & Ben-Yehuda, Nachman, *Moral Panics: The Social Construction of Deviance Oxford*, Blackwell (2판, 2009). pp. 57~65.

17   둘 다 〈타임스〉의 헤드라인이었다: Turner, J., 'Children Sacrificed to Appease Trans Lobby', *The Times*, 2017년 11월 11일, 그리고 Turner, J. 'Cult of Gender Identity is Harming Children', *The Times*, 2019년 9월 21일.

18   여기에서 나는 사회학자 스탠리 코헨이 처음으로 소개한 개념인 '사회의 적'의 특성에 대해 말하고 있다. 다음을 보라. Cohen, S., *Folk Devils and Moral Panics*, Paladin (1973).

19   Rayer, G., 'Minister to Order Inquiry into 4000 Per Cent Rise in Children Wanting to Change Sex', *Telegraph*, 2019년 9월 16일.

20   Manning, S., 'I've Seen Girls Who've Changed Gender Groom Younger Ones to Do the Same . . . ', *Mail on Sunday*, 2018년 11월 17일, https://www.

dailymail.co.uk/news/article-6401583/Ive-seen-girls-whove-changed-gender-groom-younger-ones-same.html.

21   'School Report', p. 11.

22   'National LGBT Survey Research Report', Government Equalities Office, July 2018, p. 58, https://assets.publishing.service.gov.uk/government/uploads/system/uploads/attachment_data/file/721704/LGBT-survey-research-report.pdf.

23   *The LGBTQ+ Youth Homelessness Report*, akt (2021), https://www.akt.org.uk/report.

24   Mukherjee, K., '"We're just as human as you": One Woman's Experience of being Transgender and Homeless', *Bristol Cable*, 2016년 7월 17일, https://thebristolcable.org/2016/07/transgender-homeless/.

25   Smith, J., 'Homeless Woman's Possessions Burnt In Front of Her by Kingswood Arsonists', *Bristol Post*, 2017년 7월 21일, https://www.bristolpost.co.uk/news/bristol-news/homeless-womans-possessions-burnt-front-225743.

26   Mukherjee, '"We're just as human as you"'.

27   *LGBT in Britain-Trans Report*, Stonewall (2018), p. 6, https://www.stonewall.org.uk/lgbt-britain-trans-report.

28   Ingala-Smith, K., 'An End to Violence against Women' (연설), Woman's Place UK, https://womansplaceuk.org/end-to-violence-against-women/.

29   Ingala-Smith, K. 'The Importance of Women Only Spaces and Services for Women and Girls Who've been Subjected to Men's Violence' (연설), 2020년 1월 20일, https://kareningalasmith.com/2020/01/20/the-importance-of-women-only-spaces-and-services-for-women-and-girls-whove-been-subjected-to-mens-violence/.

30   Lothian McLean, M., '"If they sound like a man, hang up": How Transphobia Became Rife in the Gender-based Violence Sector', *gal-dem*, 2021년 2월 1일, https://gal-dem.com/transphobia-sexual-violence-sound-like-a-man-hang-up-vawg-investigation/.

31   *Supporting Trans Women in Domestic And Sexual Violence Services*, Stonewall (2018), p. 15, https://www.stonewall.org.uk/system/files/stonewall_and_nfpsynergy_report.pdf.

32   더 알고 싶다면 다음을 보라. Finlayson, L., 외, '"I'm not transphobic, but . .": A Feminist Case against the Feminist Case against Trans Inclusivity' (블로그), Versobooks.com, 2018년 10월 17일, https://www.versobooks.com/

blogs/4090-i-m-not-transphobic-but-a-feminist-case-against-the-feminist-case-against-trans-inclusivity.

33 *Supporting Trans Women in Domestic And Sexual Violence Services*, p. 11.

34 'The Challenges of being Transgender and Over 60', BBC News, 2015년 10월 11일, https://www.bbc.co.uk/news/magazine-34454576.

35 Fisher, F. & Fisher, O., 'Growing Older as Me: Cat Burton', My Genderation (유튜브 채널), 2019년 3월 6일, https://www.youtube.com/watch?v=ngWdYCl1bU0.

36 'For Aging Trans People, Growing Old is Especially Isolating', *Vice*, 2016년 6월 14일, https://www.vice.com/en_us/article/jpyym3/aging-transgender-people-growing-old-care-home-abuse.

37 같은 기사.

38 'Dementia Care Advice for Transgender Patients Drawn Up', BBC News, 2018년 3월 12일, https://www.bbc.co.uk/news/uk-wales-43365446.

2 옳은 몸, 그른 몸

1 Leigh, R., 'Transsexual Former Builder Left "half man, half woman" After being "refused NHS boob job"', *Mirror*, 2011년 12월 29일, https://www.mirror.co.uk/news/uk-news/transsexual-former-builder-left-half-188250.

2 House of Commons Women and Equalities Committee, 'Transgender Equality', 보고서, 2016년 1월 14일, https://publications.parliament.uk/pa/cm201516/cmselect/cmwomeq/390/390.pdf, p. 35.

3 Long Chu, A., 'On Liking Women', *n+1*, 30 (2018년 겨울), https://nplusonemag.com/issue-30/essays/on-liking-women/.

4 다음을 보라. https://web.archive.org/web/20140301110310/http://www.salon.com/2014/01/07/laverne_cox_artfully_shuts_down_katie_courics_invasive_questions_about_transgender_people/.

5 Kowlaska, M., 'The Heroines of My Life: Interview with Helen Belcher' (블로그), 12014년 9월 1일, http://theheroines.blogspot.com/2014/09/interview-with-helen-belcher.html.

6 Pollack, R. 외, 'Don't Call Me Mister You Fucking Beast!', *Lesbian Come Together*, 11 (1972년 1월).

7 Bilek, J., 'Who are the Rich, White Men Institutionalizing Transgender

Ideology?', *Federalist*, 2018년 2월 20일, https://thefederalist. com/2018/02/20/rich-white-men-institutionalizing-transgender-ideology/.

8   Balfe, A., 'Don't Leave Breeding to the Breeders', *in Dysphoria: A Map of Wounds*, 트랜스젠더 의료 단체(Trans Health Collective)에서 발행한 소책자, London, 2017.

9   Savage, W., 'Fifty Years On, the Abortion Act Should be Celebrated-and Updated', *Guardian*, 2017년 10월 27일, https://www.theguardian.com/ commentisfree/2017/oct/27/50-years-abortion-act-law-women.

10 See Dhejne, C. 외, 'An Analysis of All Applications for Sex Reassignment Surgery in Sweden, 1960~2010: Prevalence, Incidence, and Regrets', *Archives of Sexual Behavior*, 43(8) (2014년 5월); 그리고 Bowman, C. & Goldberg, J., *Care of the Patient Undergoing Sex Reassignment Surgery (SRS)*, Medical Student Association (2006), https://www.amsa.org/wp-content/uploads/2015/04/CareOfThePatientUndergoingSRS.pdf.

11 Simpson, F., 'Theresa May: "being trans is not an illness"', *Evening Standard*, 2017년 10월 19일, https://www.standard.co.uk/news/uk/ theresa-may-being-trans-is-not-an-illness-a3662451.html.

12 Pearce, R., *Understanding Trans Health*, Policy Press (2018), p. 21.

13 Feiner, N., 'Endocrinology, "Transsexual Agency", and the boundaries of Medical Authority', http://humanities.exeter.ac.uk/media/ universityofexeter/collegeof humanities/history/exhistoria/volume7/ Endocrinology,_Transsexual_Agency,_and_the_Boundaries_of_Medical_ Authority.pdf.

14 Page, M., 'One from the Vaults' 팟캐스트, 4: Valentine's Day Special! (2016).

15 Green, R., 외, 'Attitudes towards Sex Transformation Procedures', *Archives of General Psychiatry*, 15(2) (1966), pp. 178~82 (p. 180).

16 Randell, J., 'Indications for Sex Reassignment Surgery', *Archives of Sexual Behaviour 1* (1971), 153~61 (p. 159).

17 King, D. & Ekins, R., 'Pioneers of Transgendering: John Randell, 1918~1982', Seventh International Gender Dysphoria Conference에서 받은 논문, http:// www.gender.org.uk/conf/2002/king22.htm.

18 Barrett, J., 'Written evidence submitted by British Association of Gender Identity Specialists to the Transgender Equality Inquiry', House of Commons Women and Equalities Committee에서 언급됨, 'Transgender Equality', 보고서, 2016년 1월 14일, https://publications.parliament.uk/pa/

cm201516/cmselect/cmwomeq/390/390.pdf.

19 Davis, N., '"Are you a man or a woman?": Trans People on GP Care', *Guardian*, 2019년 2월 26일, https://www.theguardian.com/society/2019/feb/26/trans-man-woman-gp-care-healthcare.

20 *LGBT in Britain-Trans Report*, Stonewall (2017).

21 잉글랜드 NHS 지역 보건의 조사 2019(NHS England GP Patient Survey 2019) 결과. 31번 문항인 '종합적으로, 당신의 지역 보건의의 의료 서비스를 받은 경험을 어떻게 묘사하겠습니까?'에서 가져온 퍼센트율이다. 83퍼센트의 응답자가 '좋음' 혹은 '대체로 좋음'으로 답했으며 6퍼센트가 '나쁨' 혹은 '매우 나쁨'으로 응답했다.

22 Parkins, K., 'Meet the Gender Reassignment Surgeons: "Demand is going through the roof "', *Guardian*, 2016년 7월 10일, https://www.theguardian.com/society/2016/jul/10/meet-the-gender-reassignment-surgeons-demand-is-going-through-the-roof.

23 같은 기사.

24 Kaveney, R., 'Transphobia is the Latest Weapon in a Raging Culture War', *Red Pepper*, 2017년 12월 5일, https://www.redpepper.org.uk/transphobia-is-the-latest-weapon-in-the-culture-war/.

25 Roberts, A., 'Dispelling the Myths around Trans People "Detransitioning"', *Vice*, 2015년 11월 17일, https://www.vice.com/en_uk/article/kwxkwz/dispelling-the-myths-around-detransitioning.

26 같은 기사.

27 Imbimbo, C. 외, 'A Report from a Single Institute's 14-year Experience in Treatment of Male-to-Female Transsexuals', *Journal of Sexual Medicine*, 6 (2009), 2736~45.

28 Pearce, *Understanding Trans Health*, p. 60.

29 같은 책, p. 64.

30 Pearce, R. (@NotRightRuth), 'In other news, Leeds and York Gender Identity Clinic literally ask for referring GPs to perform a genital exam', 트위터, 2017년 8월 18일, https://twitter.com/NotRightRuth/status/898531765270302721.

31 Barrett, J., *Transsexual and Other Disorders of Gender Identity: A Practical Guide to Management*, Radcliffe (2007), p. 73.

32 'Black Patients Half as Likely to Receive Pain Medication as White Patients, Study Finds', *Guardian*, 2016년 8월 11일, https://www.theguardian.com/science/2016/aug/10/black-patients-biasprescriptions-pain-management-

medicine-opioids

33   Ansara, Y. G., 'Beyond Cisgenderism: Counselling People with Non-assigned Gender Identities', 다음에 수록. Moon, L. (편집), *Counselling Ideologies: Queer Challenges to Heteronormativity*, Ashgate (2010), pp. 167~200.

34   Roche, J., 'Pleasureless Principle: Who Gets to Decide What Your Anatomy is Capable Of ?', *Bitch Media*, 81 (2019년 겨울), https://www.bitchmedia.org/article/pleasureless-principle-anatomy.

35   Turner, J., 'Meet Alex Bertie, the Transgender Poster Boy', *The Times*, 2017년 11월 11일, https://www.thetimes.co.uk/article/meet-alex-bertie-the-transgender-poster-boy-z88hgh8b8.

36   Giordano, S., Children with Gender Identity Disorder: A Clinical, Ethical and Legal Analysis, Routledge (2013), p. 104.

37   Giordano, S., 'Is Puberty Delaying Treatment "Experimental Treatment"?', *International Journal of Transgender Health*, 21(2) (2020), 113~21, https://www.tandfonline.com/doi/full/10.1080/26895269.2020.1747768.

38   Baral, S. D., 외, 'Worldwide Burden of HIV in Transgender Women: A Systematic Review and Meta-analysis', Lancet Infectious Diseases, 13(3) (2012), 214~22.

39   다음을 보라. https://tgeu.org/trans-rights-europe-central-asia-index-maps-2020/.

40   Balfe, 'Don't Leave Breeding to the Breeders'.

3   계급 투쟁

1   Calnan, M., 'Transgender Primark Employee Told She Had a "Man's Voice" Was Harassed, Tribunal Rules', *People Management*, 2018년 2월 12일, https://www.peoplemanagement.co.uk/news/articles/transgender-primark-worker-harassed.

2   *LGBT in Britain-Hate Crime and Discrimination*, Stonewall (2017), https://www.stonewall.org.uk/lgbt-britain-hate-crime-and-discrimination.

3   EU Agency for Fundamental Rights, 'Being Trans in the EU: Comparative Analysis of the EU LGBT Survey Data - Summary' (2015).

4   Survey by Crossland Employment Solicitors, 다음에 인용됨. Andersson, J.,

'One in Three Employers Say They are "less likely" to Hire a Transgender Worker', *Pink News*, 2018년 6월 18일.

5 Rundall, E. C., '"Transsexual" People in UK Workplaces: An Analysis of Transsexual Men's and Transsexual Women's Experiences', 박사 학위 논문, Oxford Brookes University, 2010.

6 O'Driscoll, S., 'Half of Transgender People are Unemployed', *The Times*, 2016년 7월 21일, https://www.thetimes.co.uk/article/half-of-transgender-people-are-unemployed-mkqfmb3d2.

7 *LGBT in Britain-Hate Crime and Discrimination*.

8 Clery, E. 외 (편집), 'Moral Issues: Sex, Gender Identity and Euthenasia', *British Social Attitudes*, 34 (2017), https://www.bsa.natcen.ac.uk/media/39147/bsa34_moral_issues_final.pdf.

9 Godfrey, C., 'This is What Workplace Discrimination is Like for Transgender People', *Buzzfeed News*, 2016년 5월 21일, https://www.buzzfeednews.com/article/chrisgodfrey/this-is-what-workplace-discrimination-is-like-for-transgende.

10 같은 기사.

11 Pipe, E., 'Hate Crime Destroys Lives and Won't be Tolerated in Bristol', *B24/7*, 2017년 12월 1일, https://www.bristol247.com/news-and-features/news/hate-crime-destroys-lives-wont-tolerated-bristol/.

12 Burchill, J., 'Transsexuals Should Cut It Out', *Observer*, 2013년 1월 13일.

13 Moore, S., 'I Don't Care if You Were Born a Woman or Became One', *Guardian*, 2013년 1월 9일, https://www.theguardian.com/commentisfree/2013/jan/09/dont-care-if-born-woman.

14 Krauthammer, C., 'For Democrats, the Road Back', *Washington Post*, 2016년 11월 24일.

15 Lilla, M., 'The End of Identity Liberalism', *New York Times*, 2016년 11월 18일, https://www.nytimes.com/2016/11/20/opinion/sunday/the-end-of-identity-liberalism.html.

16 *Saturday Night Live*, Season 42, Episode 7, NBC (2019년 11월 19일 방영).

17 Lott, T., 'Jordan Peterson and the Transgender Wars', *Spectator*, 2017년 9월 20일.

18 O'Neill, B., 'The Orwellian Nightmare of Transgender Politics', *Spiked*, 2017년 7월 25일, https://www.spiked-online.com/2017/07/25/the-orwellian-nightmare-of-transgender-politics/.

19 Bunce, P., 'Transformed: The Credit Suisse Director Known as Pippa and

Philip', *Financial News*, 2018년 12월 2일, https://www.fnlondon.com/articles/mistranslated-i-split-my-time-as-pippa-and-philip-20171002.

20 *LGBT in Britain-Hate Crime and Discrimination*, p. 10.

21 Shenje, K., 'Why Trans People Need More Safe Spaces to Get Our Hair Done', *Dazed*, 2018년 10월 8일, https://www.dazeddigital.com/beauty/head/article/41725/1/safe-trans-friendly-hairdressers.

22 Raha, N., 'The Limits of Trans Liberalism' (블로그), Versobooks.com, 2015년 9월 21일, https://www.versobooks.com/blogs/2245-the-limits-of-trans-liberalism-by-nat-raha.

23 다음을 보라. https://prideandprejudice.economist.com/why-attend/.

24 Filar, R., 'Trans™: How the Trans Movement Got Sold Out', *Open Democracy*, 2015년 11월 25일, https://www.opendemocracy.net/en/transformation/how-trans-movement-sold-out/.

25 McCheyne, S., '"You are more oppressive than our oppressors": Transphobia and Transmisogyny in the British Left', *New Socialist*, 2018년 3월 15일, https://newsocialist.org.uk/you-are-more-oppressive-than-our-oppressors-transphobia-and-transmisogyny-in-the-british-left/.

26 Editorial, 'Who Decides Your Gender?', *The Economist*, 2018년 10월 27일, https://www.economist.com/leaders/2018/10/27/who-decides-your-gender.

4 성 판매

1 Curtis, R. (감독), *Love Actually* (2003), Universal Pictures. (리처드 커티스 감독, 〈러브 액츄얼리〉)

2 Kidron, B. (감독), *Bridget Jones: The Edge of Reason*(2004), Universal Pictures. (비번 키드론 감독, 〈브리짓 존스의 일기-열정과 애정〉)

3 Coulter, A. (감독), *Sex and the City*, Season 3, Episode 18, 'Cock-A-Doodle-Do', HBO (2000년 10월 15일 방영).

4 Brooks-Gordon, B., 'Calculating the Number of Sex Workers and Contribution to Non-Observed Economy in the UK', 2015, https://www.researchgate.net/publication/323796831_Calculating_the_number_of_sex_workers_and_their_contribution_to_the_non-observed_economy_in_the_UK.

5 Weisman, C., 'Why Trans Porn is Hugely Popular among Hetero Men',

AlterNet, 2016년 6월 2일, alternet.org.

6   Beresford, M., 'Trans Porn is Super Popular in Russia and with Over-65s',
    Pink News, 2018년 1월 12일.

7   'Trans Rentboys: Love Don't Pay the Rent', SWARM Collective, https://
    www.swarmcollective.org/zine/.

8   Fantz, A. 외, 'Turkish Police Fire Pepper Spray at Gay Pride Parade', CNN,
    2015년 6월 29일, https://edition.cnn.com/2015/06/28/world/turkey-
    pride-parade-lgbt-violence/index.html.

9   'Hande Kader: Outcry in Turkey over Transgender Woman's Murder',
    BBC News, 2016년 8월 21일, https://www.bbc.co.uk/news/world-
    europe-37143879.

10 Fedorko, B. & Berredo, L., *The Vicious Circle of Violence: Trans and
    Gender-Diverse People, Migration, and Sex Work*, TvT Publication Series,
    Vol. 16 (2017년 10월).

11 같은 자료.

12 Cunningham, S. 외, 'Sex Work and Occupational Homicide: Analysis
    of a U.K. Murder Database', *Homicide Studies*, 22(3) (2018), https://
    researchonline.lshtm.ac.uk/id/eprint/4647626/1/Sex%20Work_GOLD%20
    VoR.pdf.

13 Goldberg, J., 'John Rykener, Richard II, and the Governance of London',
    Leeds Studies in English, 45 (2014), 49~70.

14 Norton, R. (편집), 'Newspaper Reports, 1728', 다음에 수록. *Homosexuality
    in Eighteenth-Century England: A Sourcebook*(온라인 자료), http://
    rictornorton.co.uk/eighteen/1728news.htm.

15 Transgender Europe, 'Overdiagnosed but Underserved: TransHealth
    Survey', 다음에서 볼 수 있다. https://tgeu.org/healthcare.

16 Smith, M. & Mac, J., *Revolting Prostitutes: The Fight for Sex Workers'
    Rights*, Verso (2018), p. 51.

17 Fedorko & Berredo, *The Vicious Circle of Violence*.

18 Smith & Mac, *Revolting Prostitutes*, p. 141.

19 같은 책.

20 Filar, R., 'Are Sex Workers the Original Feminists?' (블로그), Versobooks.
    com, 2020년 3월 30일, https://www.versobooks.com/blogs/4618-are-sex-
    workers-the-original-feminists.

21 Syndicat du Travail Sexuel, 'Notre collègue Vanessa [*sic*] Campos a
    été assassinée', STRASSsyndicat.org, 다음에서 볼 수 있다. https://www.

liberation.fr/debats/2018/08/17/notre-collegue-vanessa-campos-a-ete-assassinee_1815411/.

22 'Police Officer Had Sex with Prostitute after She was Arrested in Brothel Raid', *Daily Mirror*, 2015년 7월 13일, https://www.mirror.co.uk/news/uk-news/police-officer-sex-prostitute-after-6061472.

23 뉴질랜드 모델에서 제공하는 것들에 대해 더 알고 싶다면 다음을 보라. Smith & Mac, *Revolting Prostitutes*, pp. 195~202.

24 Stahl, A., '"We're Monumentally Fucked": Trans Sex Workers on Life under FOSTA/SESTA', *Vice*, 2018년 8월 2일, https://www.vice.com/en/article/ev8ayz/trans-sex-workers-on-life-under-fosta-sesta.

25 같은 기사.

5 국가

1 https://libcom.org/library/dr-angela-davis-role-trans-non-binarycommunities-fight-feminist-abolition-she-advocates.

2 다음을 보라. https://www.businessinsider.com/pentagon-transgender-medical-comparison-2017-7?r=US&IR=T.

3 Puar, J., 'Rethinking Homonationalism', *International Journal of Middle East Studies*, 45 (2013), p. 33.

4 *LGBT in Britain-Trans Report*, Stonewall (2017), p. 6.

5 'Transgender Hate Crimes Recorded by Police Go Up 81%', BBC News, 2019년 6월 27일, https://www.bbc.co.uk/news/uk-48756370.

6 *LGBT in Britain-Trans Report*, p. 9.

7 Bindel, J., 'Why the Transbullies are a Threat to Us All', *UnHerd*, 2018년 10월 10일, https://unherd.com/2018/10/why-the-transbullies-are-a-threat-to-us-all/.

8 Jacques, J., 'Cross-dressing in Victorian London', *Time Out*, 2012년 2월 16일, http://www.timeout.com/london/lgbt/cross-dressing-in-victorian-london.

9 *LGBT in Britain-Trans Report*, p. 8.

10 Bryant, B. & Stephenon, W., 'How LGBTQ+ Hate crime is Committed by Young People', BBC News, 2018년 12월 21일, https://www.bbc.co.uk/news/uk-46543874.

11   Fae, J., 'Trans Woman: Police pinned me down and pulled off my bra', *Gay Star News*, 2017년 6월 20일, https://www.gaystarnews.com/article/trans-woman-police-pinned-pulled-off-bra/.

12   Reid-Smith, T., 'Police Handcuff Trans Protestors at Glasgow Pride', *Gay Star News*, 2017년 8월 20일, https://www.gaystarnews.com/article/police-handcuff-trans-protestors-glasgow-pride/.

13   Townsend, M., 'Black People "40 times more likely" to be Stopped and Searched in UK', *Observer*, 2019년 5월 4일, https://www.theguardian.com/law/2019/may/04/stop-and-search-new-row-racial-bias.

14   Owusu, M., 'Black Trans People are Disrespected in Life and Barely Acknowledged in Death - Our Lives Matter Too', *Independent*, 2020년 6월 2일, https://www.independent.co.uk/voices/george-floyd-black-lives-matter-racism-tony-mcdade-transgender-a9544131.html.

15   'James Baldwin: The Last Interviews', *Village Voice*, 2017년 2월 24일, https://www.villagevoice.com/2017/02/24/ james-baldwin-the-last-interviews/.

16   Roach, A., 'Female Prison Officers Raped by Inmates Who Self-Identify as Trans', *Sun*, 2020년 4월 12일, https://www.thesun.co.uk/news/11381963/female-prison-officers-raped-trans-rory-stewart/.

17   Abraham, A., 'What It's Like to be Trans in the UK Prison System', *Dazed*, 2019년 11월 6일, https://www.dazeddigital.com/life-culture/article/46703/1/what-its-like-to-be-transgender-in-the-uk-prison-system.

18   같은 기사.

19   Shaw, D., 'Eleven Transgender Inmates Sexually Assaulted in Male Prisons Last Year', BBC News, 2020년 5월 21일, https://www.bbc.co.uk/news/uk-52748117.

20   Community Innovations Enterprise, *Inside Gender Identity: A Report into the Health and Social Care Needs of Transgender Offenders*, CIE (2017), p. 49.

21   'HMP Eastwood Park: Concern over Segregated Transgender Women Prisoners', BBC News, 2020년 3월 18일, https://www.bbc.co.uk/news/uk-england-bristol-51928421.

22   Light, M. 외, *Gender Differences in Substance Misuse and Mental Health amongst Prisoners*, Ministry of Justice (2013).

23   Hopkins, K. 외, *Associations between Ethnic Background and being*

Sentenced to Prison in the Crown Court in England and Wales in 2015, Ministry of Justice (2016).

24 Grierson, J., 'More than 2,500 Prison Staff Disciplined In Five Years, MoJ Figures Show', *Guardian*, 2019년 4월 29일, https://www.theguardian.com/society/2019/apr/29/more-than-2500-prison-staff-disciplined-in-five-years-moj-figures-show.

25 Prison Reform Trust, *Prison: The facts*(Bromley Briefings, 2019년 여름), http://www.prisonreformtrust.org.uk/Portals/0/Documents/Bromley%20Briefings/Prison%20the%20facts%20Summer%202019.pdf.

26 Davis, A. Y., *Are Prisons Obsolete*?, Seven Stories Press (2003), p. 108.

27 Knopp, F. H., *Instead of Prisons: A Handbook for Abolitionists*, Prison Research Education Action Project (1976), 1장, 다음에서 볼 수 있다. https://www.prisonpolicy.org/scans/instead_of_prisons/chapter1.shtml.

28 *No Safe Refuge: Experiences of LGBT Asylum Seekers in Detention*, Stonewall (2016), p. 17.

6 살가운 사촌: LGBT의 T

1 Southwell, H., 'Anti-Trans Group Allowed to Lead Pride in London March after Hijack', *Pink News*, 2018년 7월 7일, https://www.pinknews.co.uk/2018/07/07/anti-trans-group-allowed-to-lead-pride-in-london-march-after-hijack/.

2 같은 기사.

3 Bindel, J., 'It's Not Me. It's You', *Guardian*, 2008년 11월 7일, https://www.theguardian.com/commentisfree/2008/nov/08/lesbianism.

4 Jacques, J., 'On the "Dispute" between Radical Feminism and Trans People', *New Statesman*, 2014년 8월 6일, https://www.newstatesman.com/ juliet-jacques/2014/08/dispute-between-radical-feminism-and-trans-people.

5 같은 기사.

6 Jones, O., 'Stonewall is Right to Bring Our Trans Brothers and Sisters in from the Cold', *Guardian*, 2015년 2월 18일, https://www.theguardian.com/commentisfree/2015/feb/18/stonewall-trans-issues-neglected-progressives.

7   같은 기사.

8   Norton, R., 'Anne Lister, the First Modern Lesbian', 다음에서 볼 수 있다. http://rictornorton.co.uk/lister.htm.

9   'Anne Lister: Reworded York Plaque for "First Lesbian"', BBC News, 2019년 2월 28일, https://www.bbc.co.uk/news/uk-england-york-north-yorkshire-47404525.

10   du Preez, M. & Dronfield, J., *Dr James Barry: A Woman Ahead of Her Time*, Oneworld (2016), pp. 251, 252, 다음을 인용함. Bradford, E., 'The Reputed Female Army Surgeon', *Medical Times and Gazette*, 2 (1865), 293.

11   Letter from Florence Nightingale to Parthenope, Lady Verney (플로렌스 나이팅게일이 레이디 버니에게 보낸 편지, 날짜 미상), Wellcome Institute for the History of Medicine, n.d., 다음에서 인용. https://www.ed.ac.uk/medicine-vet-medicine/about/history/women/james-barry.

12   Flood, A., 'New Novel about Dr James Barry Sparks Row over Victorian's Gender Identity', *Guardian*, 2019년 2월 18일, https://www.theguardian.com/books/2019/feb/18/new-novel-about-dr-james-barry-sparks-row-over-victorians-gender-identity.

13   Page, M., 트위터, 2019년 2월 16일, https://twitter.com/morganmpage/status/1096739245132300289.

14   같은 트위터.

15   Flood, 'New novel about Dr James Barry'.

16   Page, M., 'It Doesn't Matter Who Threw the First Brick at Stonewall', *The Nation*, 2019년 6월 30일, https://www.thenation.com/article/trans-black-stonewall-rivera-storme/.

17   Londoño, E., 'Who Threw the First Brick at Stonewall?', *New York Times*, 2015년 8월 26일, https://takingnote.blogs.nytimes.com/2015/08/26/who-threw-the-first-brick-at-stonewall/.

18   Power, L., *No Bath but Plenty of Bubbles: An Oral History of the Gay Liberation Front, 1970~73*, Continuum (1995), p. 244.

19   Feather, S., *Blowing the Lid*, Zero Books (2014), p. 324.

20   같은 책, p. 326.

21   Jame, Sandy E. 외, *The Report of the 2015 U.S. Transgender Survey*, National Center for Transgender Equality (2016), https://transequality.org/sites/default/files/docs/usts/USTS-Full-Report-Dec17.pdf.

22   Tourjee, D., 'The Trans Women Who Become Lesbians after Years as Gay Men', *Vice*, 2017년 2월 23일, https://www.vice.com/en_uk/article/8qezbp/

the-trans-women-who-become-lesbians-after-years-as-gay-men-412.

23 같은 기사.

24 Besanville, J., 'Trans Man Kicked Out of London Gay Sauna for Not Having
    a Penis', *Gay Star News*, 2018년 10월 31일, https://www.gaystarnews.com/
    article/trans-man-sauna/.

25 Turner, J., 'Cult of Gender Identity is Harming Children', *The Times*, 2019년
    9월 21일, https://www.thetimes.co.uk/article/cult-of-gender-identity-is-
    harming-children-pjvbkjzxq.

26 Daley, J., 'The Sad Fraud of Gay Equality', *The Times*, 1991년 12월 3일.

27 Tides of History (@labour_history), 트위터, 2019년 8월 7일, https://twitter.
    com/labour_history/status/1158995027617558528?s=20.

28 Barthélemy, H., 'Christian Right Tips to Fight Transgender Rights: Separate
    the T from the LGB', Southern Poverty Law Center, 2017년 10월 23일,
    https://www.splcenter.org/hatewatch/2017/10/23/christian-right-tips-
    fight-transgender-rights-separate-t-lgb.

29 'Statement: L is out of GBT', Change.org, 2016년 4월 2일, https://www.
    change.org/p/hrc-statement-l-is-out-of-gbt.

30 다음을 보라. https://handsacrosstheaislewomen.com/home/.

31 Burns, K., 'The Rise of Anti-trans Radical Feminists, Explained', *Vox*, 2019
    년 9월 5일, https://www.vox.com/identities/2019/9/5/20840101/terfs-
    radical-feminists-gender-critical.

7 못난이 자매: 페미니즘에서의 트랜스젠더

1 Stryker, S., *Transgender History*, Seal Press (2008), pp. 102~4. (수잔 스트
   라이커, 『트랜스젠더의 역사』, 이매진, 2016.)

2 Birmingham LGBT Community Trust, 'Gay Birmingham Remembered'
   (2008), http://www.gaybirminghamremembered.co.uk/interview/41/.

3 같은 인터뷰.

4 Editorial, 'The Guardian View on the Gender Recognition Act: Where
   Rights Collide', *Guardian*, 2018년 10월 17일, https://www.theguardian.
   com/commentisfree/2018/oct/17/the-guardian-view-on-the-gender-
   recognition-act-where-rights-collide.

5 Levin, S 외, 'Why We Take Issue with The Guardian 's Stance on Trans

Rights in the UK', *Guardian*, 2018년 11월 2일, https://www.theguardian.com/commentisfree/2018/nov/02/guardian-editorial-response-transgender-rights-uk.

6 Jacques, J., 'Transphobia is Everywhere in Britain', *New York Times*, 2020년 3월 9일, https://www.nytimes.com/2020/03/09/opinion/britain-transphobia-labour-party.html.

7 Ditum, S., 'A Hot Woman on a Magazine Cover' (블로그), SarahDitum.com, 2014년 6월 24일, https://sarahditum.com/2014/06/24/a-hot-woman-on-a-magazine-cover/.

8 Smith, V., 'I Don't Feel I "Match" My Gender, So What Does It Mean to be Called Cis?', *New Stateman*, 2014년 2월 6일, https://www.newstatesman.com/lifestyle/2014/02/i-dont-feel-i-match-my-gender-so-what-does-it-mean-be-called-cis.

9 Lewis, H., 'What the Row over Banning Germaine Greer is Really About', *New Statesman*, 2015년 10월 27일, https://www.newstatesman.com/politics/feminism/2015/10/what-row-over-banning-germaine-greer-really-about.

10 Greer, G., 'On Why Sex Change is a Lie', *Independent*, 1989년 7월 22일.

11 Ahmed, S., 'You are Oppressing Us!', feministkilljoys, 2015년 2월 15일, https://feministkilljoys.com/2015/02/15/ you-are-oppressing-us/.

12 Eddo-Lodge, R., *Why I'm No Longer Talking to White People about Race*, Bloomsbury (2017), p. 162.

13 Lewis, S., 'How British Feminism Became Anti-Trans', *New York Times*, 2019년 2월 7일, https://www.nytimes.com/2019/02/07/opinion/terf-trans-women-britain.html.

14 Redmond, S. 외, 'An Open Letter to the Organisers of the "We Need to Talk" Tour from a Group of Feminists in Ireland', *Feminist Ire*, 2018년 1월 22일, https://feministire.com/2018/01/22/an-open-letter-to-the-organisers-of-the-we-need-to-talk-tour-from-a-group-of-feminists-in-ireland.

15 Leacock, E., *Myths of Male Dominance: Collected Articles on Women Cross-Culturally*, Monthly Review Press (1981), p. 135, 다음에 인용되었다. 'Marxism and Transgender Liberation: Confronting Transphobia inthe British Left', Red Fightback, https://redfightback.org/read/transphobia_in_the_left.

16 같은 책.

17 Wittig, M., *The Straight Mind and Other Essays*, Beacon Press (1992), p. 32. (모니크 위티그, 『모니크 위티그의 스트레이트 마인드』, 행성B, 2020.)

18 hooks, b., *Ain't I a Woman*, South End Press (1981), p. 1.

19 다음을 보라. Butler, J., *Gender Trouble: Feminism and the Subversion of Identity*, Routledge (2nd edn, 1999). (주디스 버틀러, 『젠더 트러블』, 문학동네, 2008.)

20 Dembroff, R., 'Trans Women are Victims of Misogyny, Too - and All Feminists Must Recognise This', *Guardian*, 2019년 5월 19일, https://www.theguardian.com/commentisfree/2019/may/19/valerie-jackson-trans-women-misogyny-feminism.

21 Raymond, J., *The Transsexual Empire: The Making of the She-Male*, Teachers College, Columbia University (2판, 1994), p. 104.

22 Greer, G., *The Whole Woman*, Black Swan (재출간, 2007), p. 93. (저메인 그리어, 『완전한 여성』, 텍스트, 2017.)

23 Serano, J., *Whipping Girl: A Transsexual Woman on Sexism and the Scapegoating of Femininity*, Seal Press (2007), p. 11.

24 같은 책, pp. 11~12.

25 Dean, J., 'Contestants in Transsexual Show to Sue Sky', *Guardian*, 2003년 10월 30일, https://www.theguardian.com/media/2003/oct/30/bskyb.broadcasting.

26 Pollack 외, 'Don't Call Me Mister You Fucking Beast!', *Lesbian Come Together*, 11 (1972년 1월).

27 Hulme, J., 'Transphobes and Trans Men' (블로그), jayhulme.com, 2019년 7월 20일, https://jayhulme.com/blog/transmen.

28 같은 블로그.

29 Alter, C., 'Seeing Sexism from Both Sides: What Trans Men Experience', *Time*, 2016년 6월 16일, https://time.com/4371196/seeing-sexism-from-both-sides-what-trans-men-experience/.

30 Lewis, H., 'How an Email with a Secret Location Led Me to the Most Vibrant Feminist Meeting of the Year', *New Statesman*, 2019년 5월 22일, https://www.newstatesman.com/politics/feminism/2019/05/how-email-secret-location-led-me-most-vibrant-feminist-meeting-year.

31 *National LGBT Survey Research Report*, Government Equalities Office (2018), pp. 57~61, https://assets.publishing.service.gov.uk/government/uploads/system/uploads/attachment_data/file/721704/LGBT-survey-research-report.pdf.

32   Williams, C., 'Sex, Gender, and Sexuality: An Interview with Catharine A. MacKinnon', The Conversations Project, 2017년 11월 27일, http://radfem.transadvocate.com/sex-gender-and-sexuality-an-interview-with-catharine-a-mackinnon/.

33   다음에 인용되었다. Olufemi, L., *Feminism, Interrupted: Disrupting Power*, Pluto Press (2020), p. 49.

34   Freeman, H., 'Let's Drop the Gender Stereotypes - We are All Non-Binary', *Guardian*, 2017년 9월 16일, https://www.theguardian.com/society/2017/sep/16/drop-gender-stereotypes-we-are-all-non-binary.

35   Dworkin, A., *Woman Hating*, Dutton (1974), pp. 175~6.

36   Olufemi, *Feminism, Interrupted*, p. 65.

37   Livingstone, J., 'Transphobia Redefined', *New Republic*, 2017년 2월 17일, https://newrepublic.com/article/140703/transphobia-redefined.

끝맺기 **변화된 미래**

1   Power, S., 'Labour Peer Lord Lewis Moonie Quits Party after Transphobic Tweets', *Gay Star News*, 2019년 5월 15일, https://www.gaystarnews.com/article/labour-peer-lord-lewis-moonie-resigns-after-transphobic-tweets/.

2   Escalante, A., 'Marxism and Trans Liberation', *Medium*, 2018년 7월 12일, https://medium.com/@alysonescalante/marxism-and-trans-liberation-1066d09b7e8f.